NA
PLATEIA
DO
MUNDO

SÁBATO MAGALDI

NA PLATEIA DO MUNDO

Pesquisa, seleção e organização
Edla van Steen

São Paulo
2017

global
editora

© EVS Gestão de Direitos Autorais e Artísticos Ltda., 2016
1ª Ecição, Global Editora, São Paulo, 2017

Jefferson L. Alves – diretor editorial
Gustavo Henrique Tuna – editor assistente
Flávio Samuel – gerente de produção
Flavia Baggio – coordenadora editorial
Jefferson Campos – assistente de produção
Fernanda Bincoletto – assistente editorial e revisão
Alice Camargo – revisão
Sandra Fernandes – preparação de texto
Tathiana A. Inocêncio – projeto gráfico
Maquete da Ópera de Paris, do acervo do Museu d'Orsay, Paris, França – imagem de capa
Ricardo van Steen – capa

Obra atualizada conforme o **NOVO ACORDO ORTOGRÁFICO DA LÍNGUA PORTUGUESA.**

CIP-BRASIL. CATALOGAÇÃO NA PUBLICAÇÃO
SINDICATO NACIONAL DOS EDITORES DE LIVROS, RJ

M164n

    Magaldi, Sábato, 1927-2016
    Na plateia do mundo / Sábato Magaldi ; pesquisa , seleção e organização Edla van Steen. - 1. ed. - São Paulo : Global 2017.

    ISBN: 978-85-260-2349-9

    1. Teatro-História e crítica. I. Steen, Edla van. II. Título.

17-42009   CDD:792.0981
                                                       CDU:792(81)

---

global editora

Direitos Reservados

global editora e distribuidora ltda.
Rua Pirapitingui, 111 – Liberdade
CEP 01508-020 – São Paulo – SP
Tel.: (11) 3277-7999 – Fax: (11) 3277-8141
e-mail: global@globaleditora.com.br
www.globaleditora.com.br

Colabore com a produção científica e cultural.
Proibida a reprodução total ou parcial desta obra sem a autorização do editor.

Nº de Catálogo: **3969**

Para Jacó Guinsburg
e Benjamin Magaldi Mello

Sumário

Introdução 13

Sábato Magaldi: o prazer da crítica – *João Roberto Faria* 19

A floresta petrificada / Robert Sherwood / Teatro Nacional da Bélgica 25
A história terrível mas inacabada de Norodom Sihanouk, rei do Camboja /
    Ariane Mnouchkine.. 27
A lanterna mágica / Alfréd Radok 30
A megera domada / The Bristol Old Vic 32
A morte de Danton / Jean Vilar / TNP 34
A ópera dos três tostões / Giorgio Strehler 36
A rosa tatuada / Tennessee Williams 38
A woman of no importance / Oscar Wilde e *Quadrille* / Noël Coward 40
Actors Company, Londres 42
Allias Serralonga / Els Joglars da Espanha 44
Am-Stram-Gram I / André Roussin 46
Am-Stram-Gram II / André Roussin 48
Artigas, general do povo / Atahualpa del Cioppo / El Galpón 50
As três irmãs / Tchekhov 52
Astad Deboo / Dança hindu 54
Atores franceses 56
Atores ingleses 58
Aucassin et Nicolette 60
Balanço da temporada Périer 62
Balzac no teatro / Comédie Française 65
Bobosse I / André Roussin / Companhia de François Périer 67
Bobosse II / André Roussin / Companhia de François Périer 69
Bobosse III / André Roussin / Companhia de François Périer 71
Bobosse IV / André Roussin / Companhia de François Périer 73
Cabaret / Jérôme Savary 76
Calígula / Kargahe Nemayeshi / City Players do Irã 78
Cassino de Paris 80

Cher vieux troubadour / Cartas de George Sand e Gustave Flaubert 82
Cipe Lincovsky 84
Clássicos em Londres 86
Clavigo / Goethe 88
Colinette I / Companhia de François Périer 91
Colinette II / Companhia de François Périer 93
Collage número 5 / Companhia Italiana Proclemer-Albertazzi 95
Comuna / Teatro de Pesquisa 97
Conversations après un enterrement / Yasmina Reza 99
Corrupção no Palácio de Justiça / Ugo Betti 102
D. João / Théâtre de l'Europe / Jean-Marie Villégier 104
Des aveugles (Cegos) / Philippe Adrien / Théâtre de la Tempête 107
Diabo a quatro / Louis Ducreux 109
Dom Quixote / Teatro Experimental de Cascais 111
Dona Rosita ou a linguagem das flores / Claude Régy 113
Edith Piaf e Jean Cocteau 115
Egmont / Goethe 117
Electra / Antoine Vitez 119
Emília Galotti / Jacques Lassalle 122
Entretien de M. Descartes avec M. Pascal, le jeune / Jean-Pierre Miquel 124
Espetáculos da vida noturna de Paris 127
Essências / Benito Gutmacher 129
Esta noite improvisamos / Lucian Pintilié / Théâtre de la Ville 131
Estela / Goethe 134
Étienne Decroux 136
Fabulatori due / Dario Fo 138
Fernão, mentes? / A Barraca, Portugal 140
Filomena Marturano francesa / Valentine Tessier 143
Genoveva Negra / Grupo Vané, Buenos Aires 145
Ghelderode / Grand-Guignol 147
Grupo Grenier 149
Hedda Gabler / Alain Françon 151
Hein... ou as aventuras do sr. Balão / Yves Lebreton 153
Hipólito e Ifigênia em Áulis / Teatro de Pireu, Grécia 155
Holiday on Ice 157
Home / Groupe Alertes, Grenoble 159

How the other half loves / Actors Company de Londres 161
Il benessere / Teatro San Babila de Milão 163
Incêndio na ópera / Georg Kaiser 165
Inouk, o homem / Teatro Nacional, Islândia 167
Jacob e o anjo / José Régio 169
Jean Marais 171
John Gabriel Borkman / Ingmar Bergman 173
John Gielgud e Irene Worth 176
Kabaret de la dernière chance / Oscar Castro / Teatro Aleph, Chile 178
L' amour vient en jouant / Companhia Claude Dauphin 180
L' avare / Roger Planchon 182
La cantatrice chauve e La leçon / Ionesco 185
La cuisine des anges / Jean-Pierre Grenier 188
La dame de trèfle / Michel Vitold 190
La grande magia / Giorgio Strehler 192
La morte della geometria / Centro de Pesquisa Teatral Ouroboros, Florença 195
La neige était sale / Comédie Caumartin 197
La nuit doit tomber / François Perrot 199
La puce à l'oreille / Georges Feydeau 201
La reine morte / Henry de Montherlant / Jean Meyer 203
La tête des autres / André Barsacq 205
La vedova scaltra / Vittorio Gassman 207
Le bourgeois gentilhomme / Jean Meyer / Comédie Française 209
Le Cid / Comédie Française 212
Le feu de l'amour et du hasard / Marivaux / Comédie Française 214
Le Grand Magic Circus / Jérôme Savary 216
Le Horla / François Lazaro 218
Le Mahabharata / Peter Brook 220
Le maître de Santiago e A volta do filho pródigo / Paul Octtly 223
Le malade imaginaire / Comédie Française 225
Le mariage de Figaro I / Comédie Française 227
Le mariage de Figaro II / Comédie Française 229
Le miracle de Théophile / René Clermont 231
Le misanthrope / Companhia Francesa Jean-Laurent Cochet 233
Le mystère de la passion I / Gustave Cohen 235
Le mystère de la passion II / Gustave Cohen 237

Le rayon des jouets / Companhia Claude Dauphin 239
Le rire de France I / Les Comédiens de L'Orangerie 241
Le rire de France II / Les Comédiens de L'Orangerie 243
Le roi se meurt / Companhia Dominique Houdart 245
Le théâtre et les jours / Livro de Jean-Pierre Miquel 247
Les bonnes / Eric Podor / Grupo O Valete 250
Les caprices de Marianne / Comédie Française 252
Les crachats de la lune / Gildas Bourdet 254
Les fiancés du Havre I / Comédie Française 257
Les fiancés du Havre II / Comédie Française 259
Les fous de Dieu / Théâtre des Noctambules 261
Les mille et une nuits de Cyrano de Bergerac / Compagnie Llorca-Prévand 263
Les temps difficiles I / Édouard Bourdet / Comédie Française 265
Les temps difficiles II / Édouard Bourdet / Comédie Française 267
Les Théophiliens 269
Les trois mousquetaires / Marcel Maréchal 271
Lisístrata e A sapateira prodigiosa / Théâtre de l'Humour 274
Los Cómicos de la Legua / México 276
Los palos / La Cuadra de Sevilla 278
Luca Ronconi 280
Lucrèce Borgia / Antoine Vitez 284
Ludmilla Pitoëff 286
Luís de Lima 288
Madame de la Carlière / Diderot / Petit Odéon 290
Madame de Sade / Mishima 292
Marceau em duas pantomimas 294
Marcel Marceau 296
Marius / Marcel Pagnol 298
Mauriac no palco / Comédie Française 300
Maurice Chevalier 302
Medeia e *Zamore* / André Barsacq 303
Mummenschanz 305
Na montanha ouviu-se um grito / Pina Bausch 307
Noite de reis / Jean Deninx 309
Non si sa come / Teatro Mobile Giulio Bosetti, Itália 311
O crime na ilha das cabras / Ugo Betti 314

O dia seguinte / Luiz Francisco Rebello e *O espelho de três faces* / Jean Grecault 316
O depoimento das cadeiras 319
O eterno marido / Jacques Mauclair 321
O homem do guarda-chuva / Georges Vanderic 323
O melhor teatro em Paris 324
O parque / Claude Régy 332
O poema Robinson Crusoé 334
O que guardei de Londres 336
O rei da sombra / Companhia Bartoli-Cuvelier 338
O teatro de Meyerhold 340
O triunfo do amor / Antoine Vitez / *Seis personagens à procura de um autor* /
    Jean-Pierre Vincent 342
Obaldia 345
Onde Vaz, Luís? / Carlos Avilez / Teatro Experimental de Cascais 347
Ópera de Pequim 350
Oreste / Vittorio Gassman 352
Os Bonecreiros 354
Os justos I / Camus 356
Os justos II / Camus 358
Os justos III / Camus 360
Para onde is? / Grupo Comuna, Portugal 362
Partage de midi / Antoine Vitez / Comédie Française 364
Pedro Manso / Grupo Saltamontes, Equador 366
Phèdre / Racine / Jean-Louis Barrault 368
Philippe et Jonas / Jean-Pierre Grenier 370
Pierrot de Montmartre / Marceau e *A dama das camélias* / Edwige Feuillère 372
Pradel, o mímico 374
Pranzo di famiglia / Società Cooperativa Teatrale G. Belli, Roma 376
Presença americana em Londres 378
Poesia e Musset / Comédie Française 380
Quarenteine / Grupo Plan K, Bélgica 382
Quitte pour la peur e *O pároco espanhol* / Comédie Française 384
Renga Moi / Abatumi Company, Uganda 386
Romeu e Julieta e *La locandiera* / Comédie Française 388
Samka-Cancha / Teatro de la Comedia Marplatense, Argentina 390
Seis personagens / Comédie Française 392

Shakespeare's people / Michael Redgrave 394
Siegfried 396
Sincèrement / Companhia Claude Dauphin 398
Sonho de uma noite de verão / Jorge Lavelli 400
Sud / Julien Green 402
Sur la terre, comme au ciel e Nina / André Roussin 408
Tartufo / Roger Planchon / Teatro Nacional Popular 410
Teatro de Variedades de Amsterdã 412
Teatro em Londres 414
Teatro em Nova York 420
Teatro em Portugal 424
Teatro em Roma 432
Teatro Experimental de Cascais 434
Teatro Negro de Praga 437
Temporada teatral em Paris 439
The labours of love / Barbara Jefford e John Turner 442
The life and times of Dave Clark I / Bob Wilson 443
The life and times of Dave Clark II / Bob Wilson 445
Tio Vânia / Pitoëff 447
Todos contra todos / Adamov 449
Três peças de Ionesco / Cia. Jacques Mauclair 451
Tueur sans gages / Jacques Mauclair 453
Um dia na capital do Império / Grupo A Barraca, Portugal 455
Une fille pour du vent (Ifigênia) / Comédie Française 457
Une grande fille toute simple / Companhia Claude Dauphin 459
Vítimas do dever / Ionesco 461
Waters of the moon / N.C. Hunter e *The deep blue sea* / Terence Rattingan 463
Woyseck / Teatro de La Plaza, Madrid 465
Yerma / Núria Espert 467
Zoé / Comédie Wagram 470

Introdução

Sábato Magaldi nasceu em 9 de maio de 1927, em Belo Horizonte. Bacharel em Direito pela Universidade Federal de Minas Gerais, participou, muito cedo, da revista *O Edifício*, ao lado de Jacques do Prado Brandão, Octávio Mello Alvarenga, João Etienne Filho, Francisco Iglésias, Wilson Figueiredo e outros. Otto Lara Resende, Fernando Sabino, Paulo Mendes Campos e o seu primo Hélio Pellegrino também colaboraram e se aproximaram do grupo mais jovem. Foram seus colegas na Faculdade de Direito, entre muitos, Francelino Pereira e Autran Dourado. Em 1949, mudou-se para o Rio de Janeiro, onde foi chefe de gabinete de Cyro dos Anjos, no Ipase, hoje INSS. Tinha 21 anos. Mas logo acumulou essas funções, quando Paulo Mendes Campos o apresentou ao diretor do *Diário Carioca*, Pompeu de Souza, que o recebeu de braços abertos: "Se você é mineiro, sabe escrever". E ele começou a assinar as críticas teatrais. Mas Sábato sentiu suas limitações e se candidatou a uma bolsa de estudos na França. Lá, um de seus professores era Étienne Souriau, autor do livro *As duzentas mil situações dramáticas*, fundamental para qualquer análise de teatro. Ele gostou tanto que não teve coragem de dizer que era crítico. Ficou no *Diário Carioca* de 1950 a 1953.

Voltou com um certificado em Estética da Sorbonne, em 1953, ano em que foi convidado por Alfredo Mesquita para dar aulas na Escola de Arte Dramática.

Transferindo-se para São Paulo, nesse ano, passou a lecionar História do Teatro na EAD, que mais tarde foi incorporada à ECA/USP, onde criou, em 1962, a disciplina de História do Teatro Brasileiro. Redator do jornal *O Estado de S. Paulo*, de 1953 a 1972, tornou-se, em 1956, titular da coluna de teatro de seu "Suplemento Literário". Redator-chefe e crítico teatral da revista *Teatro Brasileiro*, publicada em São Paulo (nove números, de novembro de 1955 a setembro de 1956), foi crítico teatral da revista *Visão*, de 1968 a 1975, do *Jornal da Tarde*, desde sua fundação, em 1966, aposentando-se em fins de março de 1988.

Doutorou-se na Faculdade de Filosofia, Letras e Ciências Humanas, em 1972, com a tese *O Teatro de Oswald de Andrade*. Em 1983, fez livre-docência na ECA, defendendo a tese *Nelson Rodrigues: dramaturgia e encenações*. Ambos os livros foram publicados pela Global Editora. Prestou, em 1985, concurso para professor adjunto, tornando-se, em março de 1988, professor titular de Teatro Brasileiro e, logo em seguida, professor emérito da ECA/USP.

Em 1978, eu e Sábato nos casamos, vindo de experiências anteriores, e o teatro passou a fazer parte da minha vida. Este ano completaríamos 39 anos de casados. Em 1982 dei para ele, de presente, cópia de tudo o que havia publicado nos jornais paulistas, de 1953 a 1981, graças ao arquivo da Biblioteca Mário de Andrade. Não fosse isso, a pesquisa para *Amor ao teatro* se tornaria quase inviável. Sábato, pelo acúmulo de funções, durante um período, além de professor da ECA era procurador do INSS, assistia aos espetáculos para fazer a crítica quase diária no JT, não tinha a menor ordem nos assuntos pessoais, pois, além de todos esses afazeres, acumulou as funções de primeiro Secretário Municipal de Cultura, no governo de Olavo Setúbal. Ele vivia rodeado de papéis e, às vezes, enlouquecia atrás de um documento ou de um livro. Aliás, neste particular, ele simplesmente saía e comprava outro volume. E, quando precisava consultar o arquivo que eu lhe dera, para escrever artigos longos, na pressa, ele se servia das críticas e jamais as devolvia ao arquivo. Esse foi o maior trabalho, talvez: ir atrás delas. Sábato, na verdade, nunca pensou em publicá-las em livro. Ele argumentava que as críticas eram datilografadas e os títulos eram dados no fechamento das páginas. Encontrei centenas delas anotadas à caneta, ao lado das colunas, com trechos modificados e/ou cortados pela redação, porque um anúncio entrara na página e o texto precisava ser diminuído ou, por outros motivos, aumentado, de repente, tarde da noite. Além disso, havia a colaboração do linotipista cansado que, do nada, modificava palavras, errava nomes, alterava frases. Qualquer jornalista conhece esses problemas. Enfim, ele não queria enfrentar as dificuldades que teria pela frente.

Muita gente me pergunta por que eu, sendo escritora, largo meu próprio trabalho para fazer mais este livro do Sábato. Explico que ele não permitiria uma pessoa estranha consultando seu arquivo pessoal, seus originais, seus 48 ou 49 cadernos manuscritos de quatrocentas páginas cada um que ele intitulou *Crônica teatral* e que não quer que sejam publicados antes de trinta anos da sua morte: serão doados à Academia Brasileira de Letras.

Sábato achava um privilégio poder sair e assistir a um espetáculo quase todas as noites, mesmo que, por exemplo, em Paris, a temperatura estivesse 17 graus abaixo de zero com o Sena congelado. Eu? Nem tanto. Mas descobri que algumas das minhas histórias que eram sempre contos e/ou romances, de repente me surgiam em diálogos, em peças de teatro. Escrever para teatro, sendo casada com um crítico, não é para qualquer um. É preciso ter coragem. Por isso, dos meus 29 títulos publicados, apenas seis são textos teatrais.

Voltando ao Sábato, nos anos letivos de 1985-1986 e 1986-1987, lecionou como professor associado no Instituto de Estudos Portugueses e Brasileiros da Universidade de Paris III (Sorbonne Nouvelle), e, nos anos letivos de 1989-1990 e 1990-1991, também como professor associado no Instituto de Estudos Portugueses e Brasileiros da Universidade de Provence, em Aix-en-Provence.

Uma das suas qualidades: sempre foi cúmplice do teatro, participando, entre outras atividades, como primeiro representante do Serviço Nacional de Teatro, em São Paulo, na administração Edmundo Moniz; foi membro da Comissão Municipal de Teatro de São Paulo e, várias vezes, da Comissão Estadual de Teatro; membro do Conselho Federal de Cultura de 1975 a 1985, licenciando-se, para lecionar em Paris; e membro do Conselho Cultural da Coordenadoria Cultural da Universidade de São Paulo. Durante toda a vida acompanhou de perto o teatro e estava seguro de que ele não é apenas um fenômeno estético, de gabinete. Uma pessoa que só lê textos e assiste a espetáculos não abarca de fato a extensão do fenômeno teatral.

Ganhou inúmeros prêmios, que não vou contar aqui. Mas o site da Academia Brasileira de Letras, da qual era membro desde 1995, contém todas as informações.

Confesso que, quando comecei a pesquisar as críticas, pensei em cotejar com os originais, que nunca foram realmente organizados. Estão todos jogados em caixas de papelão, sem nenhuma ordem. Eu levaria anos e talvez não conseguisse dar cabo da missão. Meu marido mesmo decidiu que eu deveria reunir as críticas como foram publicadas. E, não sei se foi boa a ideia, optei por publicar *Amor ao teatro* apenas com as relativas à sua grande paixão, o teatro brasileiro, e deixar para um outro volume as críticas do teatro estrangeiro, que acabo de selecionar para este *Na plateia do mundo*. São comentários de companhias de teatro que passaram pelo Brasil, das que vieram para os festivais internacionais de teatro, organizados por Ruth Escobar, e dos muitos espetáculos vistos em países como Alemanha, França, Itália, Espanha, Bélgica, Portugal, Inglaterra, Estados Unidos, além de vários países latino-americanos.

Gostaria de encerrar este depoimento reproduzindo opiniões do Sábato em entrevista ou artigos sobre a profissão. Respondendo a uma pergunta sobre a importância que ele atribui à crítica para o sucesso ou o fracasso de uma montagem, Sábato foi categórico. Uma das razões por que sempre escreveu com absoluta liberdade é que nunca acreditou que a crítica tivesse a menor influência na bilheteria. Aliás, era violentamente contra o poder do crítico. Defendia, inclusive, o direito do crítico de errar, dizer besteira. Nos Estados Unidos a crítica é poderosa. Se há trezentos espetáculos simultaneamente em cartaz em Nova York, como é que o público pode escolher? Ele tem de confiar na opinião do crítico. Mas achava isso meio melancólico.

Sobre a melhor forma de um crítico se formar, ele aconselhou que outros profissionais fossem lidos, como Décio de Almeida Prado, por exemplo. A função do crítico é muito objetiva: apesar de assistir à peça como um espectador normal, ele precisa de preparo técnico para explicar bem sua opinião. Um bom profissional deve também ser sensível às mutações contínuas da realidade teatral e, acima de tudo, exercitar escrevendo muito e bem. Isso, aliás, é essencial: um profissional precisa saber se expressar. Preferia um crítico que entendesse menos de teatro, mas que escrevesse bem, a um que não soubesse transmitir seu conhecimento.

Sábato acreditava que os grandes criadores cênicos têm consciência de que só fazem o melhor teatro com fundamento na melhor literatura. Ele não se referia a uma literatura que dispensa a destinação do palco, porque ela, em geral, não se presta a montagens e, sim, a escritores que, sem abdicar de nenhuma exigência literária, dominam o instrumento da cena. Exemplos: Shakespeare e Molière. E, na nossa dramaturgia, entre outros, Martins Pena, Gonçalves Dias, Artur de Azevedo e Nelson Rodrigues. Na opinião dele, enquanto o espetáculo é efêmero, a dramaturgia aspira à perenidade. Os estudiosos contemporâneos, desejando documentar o novo fenômeno da encenação, desdobram-se em ensaios especializados que visam preservar a memória das grandes montagens. A imagem gravada, ainda que permita guardar certos aspectos da apresentação, falseia o choque emocional, porque suprime o contato direto entre o ator e o público, essência do teatro.

Sábato preferia pensar que, embora não restitua a corporeidade cênica, a análise crítica ainda é a mais convincente forma de manter no tempo uma arte que foi feita para o instante. Quanto mais perfeito o estilo do analista, mais viva a presença do espetáculo.

Ao mesmo tempo, ele dizia: se eu tiver acertado 10% da minha opinião, me dou por satisfeito. A modéstia era uma das suas características.

Que falta Sábato faz.

Edla van Steen

Quero fazer aqui um agradecimento especial a Beatriz Albuquerque e Naninha Borges, que me ajudaram na revisão final dos textos, e a Alexandre Ramos pela digitação.

Sábato Magaldi: o prazer da crítica

Em 2014, a escritora Edla van Steen reuniu as críticas teatrais publicadas por seu marido Sábato Magaldi no *Jornal da Tarde*, entre 1966 e 1988, num volume de impressionantes 1 223 páginas, intitulado *Amor ao teatro*. Nesse trabalho notável, feito com carinho e cuidado, selecionou os textos que comentavam os espetáculos feitos por artistas brasileiros, possibilitando ao leitor acompanhar o dia a dia de 22 anos da história recente do nosso teatro.

Edla deixou para um segundo volume as críticas teatrais que tratavam dos espetáculos apresentados por companhias e artistas estrangeiros em São Paulo e no Rio de Janeiro, ou a que Sábato assistiu no exterior. E o resultado é este livro surpreendente, no qual nos deparamos com praticamente todos os grandes nomes do teatro moderno europeu, notadamente os encenadores, cenógrafos e intérpretes que realizaram seus trabalhos na segunda metade do século XX. Ponto positivo a se destacar neste volume é que reúne não apenas os textos escritos para o *Jornal da Tarde*, mas também os que foram publicados no *Diário Carioca*, entre 1950 e 1953.

É preciso esclarecer que Sábato iniciou sua carreira aos 23 anos nesse jornal do Rio de Janeiro e que logo de imediato escreveu sobre espetáculos dados por várias companhias estrangeiras, sem muito entusiasmo, porém. A única que o impressionou foi uma companhia italiana encabeçada por Vittorio Gassman. E a razão para isso é que viu nas montagens uma concepção moderna da cena. O conjunto dos artistas não girava em torno do grande astro, como no velho teatro que se vinha combatendo no Brasil. Sob a batuta do diretor, buscava-se a harmonia, o equilíbrio, a unidade do espetáculo. Nosso teatro vinha dando os primeiros passos na direção da modernidade desde a encenação de *Vestido de noiva*, de Nelson Rodrigues, em 1943. Mas a resistência ao novo era muito grande no Rio de Janeiro. Sábato posicionou-se a favor da renovação, defendendo já nos primeiros textos a atualização estética do palco brasileiro.

No final de 1952, o jovem crítico foi estudar em Paris. Ao mesmo tempo que aprimorava a formação acadêmica, ao longo de dez meses escreveu um expressivo número de textos para o *Diário Carioca*, dando conta do movimento teatral nessa grande cidade que ainda se recuperava do trauma da Segunda Guerra Mundial. Escritores como Sartre, Gide e Camus dominavam o panorama literário, com incursões no teatro, enquanto dramaturgos como Claudel, Anouilh e Giraudoux ainda tinham prestígio junto ao público. Mas era o teatro de *boulevard* que fazia realmente sucesso, com suas fórmulas e convenções que todos conheciam e aceitavam. Por outro lado, nesse início dos anos 1950 surge um teatro de vanguarda que se opõe tanto ao teatro político quanto ao realismo psicológico e ao teatro comercial, e que muitos anos depois será rotulado de "teatro do absurdo". Sábato teve a sorte de ver e comentar as primeiras peças de Ionesco e Adamov. Também pôde conhecer o repertório da Comédie Française e assistir a espetáculos dirigidos por grandes encenadores, como Jean Vilar e Jean-Louis Barrault. Uma breve estada em Londres permitiu-lhe constatar a qualidade dos intérpretes ingleses e o trabalho do diretor como marcas do teatro moderno.

Em alguns textos, a comparação com a realidade teatral brasileira é inevitável, mas isso é feito sem nenhum complexo de inferioridade. Ao contrário, em pelo menos duas oportunidades Sábato pôde verificar que duas montagens do Teatro Brasileiro de Comédia (TBC) lhe pareceram superiores às que viu em Paris: a de *Seis personagens à procura de um autor*, de Pirandello, e a de *A dama das camélias*, de Dumas Filho.

O que se depreende da leitura do conjunto das críticas teatrais desse início dos anos 1950 é que a temporada em Paris foi decisiva para a formação cultural de Sábato e para o seu aprimoramento como crítico – um crítico bastante rigoroso, como poderá comprovar o leitor. Ao voltar para o Brasil, ele poderia ter continuado seu trabalho no *Diário Carioca*, mas optou pela mudança para São Paulo, onde, a convite de Alfredo Mesquita, tornou-se professor de História do Teatro na Escola de Arte Dramática (EAD), que vinha formando artistas para as companhias teatrais ligadas à modernização cênica então em curso. Concomitantemente, dedicou-se ao jornalismo cultural, escrevendo matérias sobre teatro para o "Suplemento Literário" d'*O Estado de S. Paulo* e críticas teatrais para a revista *Teatro Brasileiro*, de efêmera duração (nove números publicados entre novembro de 1955 e setembro de 1956).

Em 1966, com a criação do *Jornal da Tarde*, Sábato volta à atividade crítica, já como intelectual maduro e plenamente preparado para dar conta do movimento teatral de São Paulo, trabalho que realizou num nível de excelência reconhecido unanimemente em nosso meio cultural. As críticas reunidas neste livro complementam o panorama que se encontra em *Amor ao teatro*. São Paulo – palco das principais realizações cênicas brasileiras – acolheu os grandes artistas estrangeiros dos anos 1960-1980, que aqui se apresentaram em festivais internacionais (notadamente os organizados pela atriz e empresária Ruth Escobar) ou em temporadas de uma ou mais semanas.

Para que o leitor tenha uma ideia da abrangência de nomes, espetáculos e tendências abordadas, vale a pena destacar uma parte de tudo o que Sábato viu e comentou: as interpretações shakespearianas de dois monstros sagrados do palco inglês, John Gielgud e Michael Redgrave; encenações importantes da Comédie Française, como a de *O Cid*, de Corneille; a montagem de *Tartufo*, por Roger Planchon; as tragédias *Hipólito* e *Ifigênia em Áulis*, pelo Teatro do Pireu, da Grécia; espetáculos dados pelo mímico Marcel Marceau. Entre tantos trabalhos apresentados em São Paulo, Sábato pôde apreciar alguns mais experimentais que marcaram o período, como *The life and times of Dave Clark*, de Bob Wilson, representado no Teatro Municipal de São Paulo, em 1974. Em dois artigos, ele faz uma descrição minuciosa do espetáculo, que tinha doze horas de duração e um ritmo lento, compensado pela beleza plástica, pelo encantamento em que envolvia o espectador. Os principais artistas do teatro brasileiro foram assistir ao espetáculo, compreendendo a importância do acontecimento, registrou Sábato, para observar com acerto: "A obra de Bob Wilson parece uma síntese de todas as pesquisas artísticas do século XX, que, reunidas numa só concepção, formam uma linguagem nova e reveladora". Não é preciso dizer o quanto o trabalho desse artista foi decisivo para a reconfiguração da cena contemporânea.

No final de 1985, Sábato está de novo em Paris, para dar aulas na Sorbonne. Ao longo de dois anos, envia ao *Jornal da Tarde* mais de trinta textos críticos acerca dos espetáculos que escolheu ver. Numa cidade com cerca de três estreias por dia e que "acolhe todos os valores internacionais, dos clássicos gregos aos contemporâneos de qualquer país", era preciso selecionar com bons critérios, entre eles a consideração de que o teatro é "uma arte superior, questionadora dos problemas fundamentais do homem". Os comentários sobre espetáculos de Ariane Mnouchkine, Peter Brook, Jorge

Lavelli, Antoine Vitez, Giorgio Strehler, Jean-Pierre Miquel, Jacques Lassalle, entre outros grandes encenadores, dão uma densidade ímpar a este livro, que nos ensina muito sobre as inovações estéticas incorporadas pelo teatro na segunda metade do século XX e sobre o próprio ofício da crítica teatral – que Sábato exerceu sempre como atividade intelectual prazerosa, dando o melhor de si para chegar ao leitor com clareza e sólidos pontos de vista.

João Roberto Faria

É professor titular de Literatura Brasileira da Universidade de São Paulo. É pesquisador do CNPq e autor de vários livros, com destaque para *Ideias teatrais: o século XIX no Brasil* (2001), *Do Teatro: textos críticos e escritos diversos* (reunião da produção crítica de Machado de Assis sobre teatro, 2008) e *História do Teatro Brasileiro* (org.), em dois volumes (2012/2013).

NA
PLATEIA
DO
MUNDO

A floresta petrificada

Robert Sherwood • Teatro Nacional da Bélgica
26 de abril de 1953

A floresta petrificada, de Robert Sherwood, apresentada pelo Teatro Nacional da Bélgica, está entre as melhores encenações a que assisti na Europa. Quando se teve oportunidade de aplaudir as boas realizações do teatro francês, algumas do inglês e o Piccolo Teatro de Milão, essa verificação inicial se torna bastante expressiva.

Através de um só espetáculo, eu não poderia ajuizar o mérito do elenco. Examinando o desempenho com a mente voltada para todo o repertório e a destinação do Teatro Nacional, não tenho dúvida em afirmar, porém, que a aventura belga está entre as mais importantes do mundo. Um bom texto, uma boa encenação e um público numericamente vasto – eis o que resume o fenômeno do teatro. Eis o que sintetiza, também, o caminho que vem percorrendo o Teatro Nacional da Bélgica.

A peça de Robert Sherwood guarda um saldo positivo. O autor, homem do tempo, consciente da missão histórica americana, jornalista, político de renome, autor de muitos discursos da campanha eleitoral democrática, participa a fundo do crescimento nacional dos Estados Unidos. Poderíamos chamar a sua peça a epopeia de um país que nasce de uma grande nacionalidade que se afirma? Creio que seria atribuir a *A floresta petrificada* uma importância além de sua pretensão. Mas, em sua fatura, está presente a ideia de um povo que acredita nos seus valores, confia na civilização que instaura, afasta as primeiras crises e os primeiros temores característicos de um organismo que vai encontrar plenitude.

Num posto de gasolina, num recanto deserto do Arizona, a jovem de cotidiano prosaico sonha com a Europa libertadora. Um poeta fracassado e vagabundo passa por ali. Esboça-se o romance. Entrementes, uma quadrilha de *gangsters* famosos assalta o posto-restaurante, até que a polícia, ali mesmo, vai caçá-la. Afasta-se o perigo, mas o poeta havia pedido ao chefe para assassiná-lo, e é atendido. Qual a significação dessa trama?

Aquele intelectual simboliza o mundo decadente, saturado, sem perspectiva, que se suicida ante a força jovem que nasce. Tem bastante romantismo, ainda, para deixar à jovem a sua herança, único bem que carrega. Na caça aos *gangsters* pela polícia, sente-se que o país zela pela segurança dos seus habitantes, sabe manter a ordem. O aparecimento episódico e ridículo de um banqueiro é uma crítica ao capitalismo inconsciente e pernicioso, mas sabe-se que ele será corrigido. Não importa que o autor ridicularize também um membro da Legião Americana e aceite algumas críticas extremistas. Depois que a morte sacode aquele deserto, vê-se que Sherwood fez reinar a soberania americana, o grande destino para se inscrever na história. A liberdade do cidadão está assegurada. O pesadelo não atrapalhará o sono tranquilo e reconfortante da próxima jornada.

É verdade que os personagens são um pouco ingênuos; a estrutura, em tons esquemáticos, simples e algo demagógica. Mas não será isso mesmo o nascimento de um povo?

Jacques Huisman, como encenador, exprimiu todo o realismo vigoroso da história, de onde não está ausente um sopro poético. Marcações precisas, uma cena de tiroteio (explorada geralmente com recursos superiores pelo cinema) que convence. O espetáculo cresce de acordo com o ritmo interior do texto.

Não há desníveis no desempenho. Jacqueline Huisman (esposa do diretor), a jovem; Marcel Berteau, o poeta; Michel Ghaye, o chefe dos bandidos; bem como todos os outros, traçam com firmeza os respectivos personagens. Cenário sugestivo de Freddy Michels, completando a harmonia do espetáculo.

A história terrível mas inacabada de Norodom Sihanouk, rei do Camboja

Ariane Mnouchkine
13 de dezembro de 1985

Um espetáculo que dura nove horas, dividido em duas noites, ou se torna um acontecimento ou logo se afunda em malogro, *A história terrível mas inacabada de Norodom Sihanouk, rei do Camboja* vem lotando permanentemente o Théâtre du Soleil, dirigido por Ariane Mnouchkine, um dos nomes fundamentais do palco francês contemporâneo. A conclusão é óbvia: está-se diante de um empreendimento que bole com a inteligência e a sensibilidade do público.

O primeiro motivo que me atrai na peça de Hélène Cixous se prende à circunstância de que ela dramatiza a biografia de um indivíduo ainda vivo (Sihanouk nasceu em 1922), protagonista de grandes momentos da história de nossos dias. Narrando a vida atribulada de sua personagem, a autora procura oferecer um amplo painel político de 1955 a 1979 – 24 anos importantes no destino da humanidade. Lembre-se de que o Camboja tornou-se independente da França, mas, sobretudo, pela sua situação geográfica na Ásia interessou às táticas bélicas da União Soviética, da China, dos Estados Unidos e do Vietnã.

A autora propôs-se a realizar uma crônica histórica muito mais nos moldes shakespearianos do que brechtianos. Em pormenores, os fatos verídicos são alterados, mas a pretensão ela resumiu assim: "Às vezes três anos se precipitam em uma única cena. Às vezes um dia mundialmente fatídico se representa em quatro cenas, em quatro capitais. Às vezes três anos se passam entre duas cenas, como nada, como a morte. Há cinquenta quadros. Todos são fatídicos. Todos teriam podido passar-se na realidade".

Embora se tente, ao máximo, acompanhar os episódios históricos, sem preconceito ideológico, muitas situações padecem de inevitável esquematismo. Nenhuma das chamadas grandes potências se sai bem nesse intrincado jogo de apoios, golpes, traições. Para analisar esse problema, seria necessário o conhecimento de um analista da política internacional. Fico no aspecto dramático, aquele que tem ou não validade no palco.

Desejosa de apresentar, honestamente, os pontos de vista de todos, Hélène Cixous passa dos poderosos aos oprimidos, de Kissinger, Kossiguin, Chu En-Lai e Pham Van Dong (Nixon não figura entre as personagens, porque não se encontrou um ator que se aproximasse de suas características) aos camponeses, a uma vendedora de legumes e a uma de peixes. Como em Shakespeare, todas as classes estão representadas na ação. E mesmo o espectro do rei morto, Norodom Suramarit, pai de Sihanouk, é frequentemente invocado. Entretanto, apesar do imenso trabalho de síntese, sente-se que a autora não superou em parte a reportagem jornalística. Se ela dominasse mais o instrumento teatral, poderia certamente reduzir à metade a duração do espetáculo, em proveito da eficácia dramática.

São essas, talvez, implicâncias de crítico, porque os espectadores aplaudem em segunda jornada, aliás mais densa que a primeira. Para o êxito da montagem, é fator fundamental a encenação de Ariane Mnouchkine, que assegura a grandeza épica do conjunto. Sabiamente, ela se vale o tempo inteiro da admirável música de Jean-Jacques Lemêtre, que amarra cada cena, pontua os diálogos e não deixa propagarem-se os tempos mortos. O compositor e um executante desdobram-se numa parafernália de instrumentos, muitos dos quais construídos especialmente para a montagem.

O intérprete de Sihanouk precisaria ter o magnetismo que justificasse sua posição de protagonista, e Georges Bigot, que já foi Ricardo II e Henrique IV (de Shakespeare), se espraia em aberto histrionismo, valorizando a composição corporal, os gestos *clownescos*, a voz em deliberado falsete e o revirar de olhos. Comunicação extremamente simpática e espontânea com a plateia. Ao seu lado, mais de uma vintena de bem preparados atores, assinalando-se Maurice Durozier, Odile Cointepas, Hélène Cinque, Guy Freixe, Clémentine Yelnik, Bernard Martin e vários outros. A companhia do Théâtre du Soleil compõe-se de cinquenta figuras, de dezenove diferentes nacionalidades, não faltando a presença do casal brasileiro Naruna de Andrade e Pedro Guimarães.

Ariane Mnouchkine consegue instaurar um clima de verdadeira festa teatral. A ida à Cartoucherie de Vincennes, onde se situa o imóvel (há no local mais quatro outras salas de teatro), é quase uma aventura, para um estrangeiro. Chega-se de metrô ao extremo de uma linha (Château de Vincennes), anda-se um belo pedaço para pegar um micro-ônibus gratuito, fornecido pela companhia, ou um ônibus de linha normal (que deixa um pouco mais longe), e ainda se caminha o equivalente a uma quadra para alcançar a bilheteria. A Cartoucherie (imenso galpão de uma antiga fábrica de armamentos) dispõe de 800 metros quadrados, onde todos os espaços se comunicam. À entrada, em vários ambientes, os próprios atores menos sobrecarregados e outros funcionários vendem comida ligeira e até vinho. Num canto, uma livraria, privilegiando as publicações relativas ao elenco. Entra-se na sala de espetáculos e, à esquerda, os atores se maquilam, à vista do público, sentados no chão.

Os seiscentos lugares da arquibancada, com assento e encosto, logo se esgotam e muita gente permanece nos dois corredores de acesso.

Constitui o palco, para *Sihanouk*, um estrado de dez metros por dez metros, acrescido, ao fundo, de um retângulo, de cinco metros por quatro metros, fechado por imensa cortina amarela, que se abre ao meio. Numa evocação do teatro oriental, há uma passarela na frente, à esquerda, e uma de fundo, à direita, para o movimento dos atores. Curiosamente, todos correm, ao sair de cena, em típica postura do Oriente. Os instrumentos estão visíveis à direita do espectador, compondo o cenário. Em variadas alturas, ao longo das paredes, alinham-se seiscentos bonecos, feitos especialmente para a montagem (para o Festival de Amsterdã, em maio vindouro, serão confeccionados mais duzentos, em virtude das dimensões do local).

Os que usaram a própria condução não se importam de demorar na plateia, exigindo a volta do elenco, no coro de aplausos. Ariane Mnouchkine me disse que gostaria de se apresentar no Brasil – e penso que seria um enriquecimento conhecê-la.

A lanterna mágica

Alfréd Radok
12 de junho de 1970

A lanterna mágica, de Praga, atual cartaz do Teatro Olympia, é um espetáculo destinado a despertar as nossas reservas infantis de espanto e admiração. O objetivo inicial do diretor Alfréd Radok e do cenógrafo Josef Svoboda (considerado hoje o maior do mundo) foi realizar uma síntese de artes, como uma grande súmula das conquistas técnicas do século XX. O resultado mostra bem menos esse projeto ambicioso, mas apresenta uma eficaz sucessão de truques, produzindo efeitos plásticos para maravilhar os olhos do espectador, sobretudo na faixa de idade que vai até a adolescência.

Com base em projeções cinematográficas sincronizadas, conjugando várias telas, *A lanterna mágica* tira seu maior partido do confronto entre o intérprete vivo, no palco, e sua imagem filmada. O arranjo estabelece com frequência um jogo curioso entre o ator e a atriz, que vemos palpáveis, diante de nós, e a sua passagem para os tetos de Cesky Krumlov, uma das mais belas cidades do mundo.

Trata-se de uma revista, no melhor sentido da palavra, e não propriamente de uma síntese de artes, que suporia algo mais sério a comunicar. O espetáculo basta-se quase totalmente no plano mecânico e, desse ponto de vista, não há o que exigir mais dele. O quadro "O patinador louco" ilustra bem o mecanismo da *Lanterna*, pondo um fotógrafo em patins de roda a correr desabalado por uma cidade. Ora ele é filmado em descidas por longas escadarias, ora está no palco, e a ilusão de ótica sugere corridas por ruas movimentadas, em que é preciso desviar-se às pressas de um veículo.

A abolição da palavra comprova que os criadores da *Lanterna* quiseram projetar um espetáculo de linguagem universal, que se basta nos aspectos visuais. A pantomima, o balé, os números acrobáticos e circenses suprem a ausência da literatura. E a liberdade da câmera cinematográfica enriquece de efeitos situações que seriam forçosamente mais simples, apenas com a presença física do ator.

Depois de vários quadros, quando não há mais surpresa, o espetáculo não tem muito a oferecer, embora o programa esteja bem equilibrado e obedeça a um ritmo dinâmico. Esse é, na verdade, o limite da arte estruturada somente com elementos técnicos, sem uma proposta estética maior. Um espetáculo para o homem (que já atinge a Lua) ver o seu progresso técnico no nível mais modesto do palco. E ter duas horas de entretenimento sadio, concebido para a satisfação de plateias de gosto popular.

A megera domada

The Bristol Old Vic
26 de maio de 1971

Não são as vestimentas em parte ousadas – hoje um lugar comum das encenações shakespearianas – que definem a modernidade de *A megera domada*, na montagem de The Bristol Old Vic, anteontem oferecida no Teatro Municipal. A vitalidade, o humor franco, o ritmo intenso, a farsa desabrida, mas conservando a beleza da linguagem, são os atributos principais dessa versão da comédia de Shakespeare.

No início, estranha-se que o diretor Val May tenha cortado o prólogo, que situa a história da "megera domada" como uma representação dentro da representação. Os episódios fundamentais do texto – a submissão da megera Catarina a Petruchio, que com ela se casa estimulado pelo dote – são contados pela companhia teatral ao bêbado Sly, por iniciativa de um nobre, que deseja pregar-lhe uma peça. O espetáculo inglês introduz o público diretamente no núcleo da narrativa, preservando, contudo, o caráter de "teatro dentro do teatro", pela maneira com a qual são visualizados os acontecimentos.

Um cenário em semicírculo, feito de pedaços regulares de madeira, tem uma série de entradas, que permite a flexibilidade de movimentos. Por trás, atores que não participam da ação imediata portam cartazes, que se alteram de acordo com as circunstâncias. A princípio lê-se *Petruchio forever*, *Petruchio fears none*, *Petruchio the champ* e *We love Petruchio*. Depois setas indicam *Gallery*, *Library*, *University* e *Museum*. Na caminhada pelo campo, um cartaz mostra que as personagens estão a cinco quilômetros de uma cidade. Essas brincadeiras tiram a possível reverência histórica a uma obra eterna e lhe devolvem o feitio popular que presidiu a sua criação. Desse ponto de vista, é feliz a cenografia de Alexander McPherson, autor também da indumentária moderna, de excelente efeito cênico. As roupas acompanham a psicologia das personagens, e o vestuário cafajeste de Petruchio, na cena do casamento, funciona melhor do que os farrapos tradicionais.

A trajetória de Barbara Jefford, passando da jovem irascível a esposa amante e submissa, está muito bem marcada, com uma energia e uma autoridade admiráveis. E ela dá a Catarina uma chave psicológica atual – a mulher insatisfeita pelo desamor com que foi criada e desabrochada e se sente realizada quando um homem rompe essa crosta e lhe desperta a natureza. John Porter tem porte, elegância e recursos vocais para fazer um Petruchio convincente, e seria ainda mais eficaz se tivesse magnetismo na truculência necessária.

Pelo exemplo de *A megera domada* não se pode afirmar que The Bristol Old Vic revele o apuro interpretativo dos elencos de primeiras figuras. Há muitos atores competentes, com boa escola, que asseguram o teor profissional do desempenho. A quase pantomima da refeição que Petrucchio recusa a Catarina é feita com bom preparo físico e eficiente agilidade. Intérpretes com a idade certa dos papéis emprestam verossimilhança a todas as situações. Falta o brilho das montagens de exceção.

Ninguém incluirá *A megera domada* entre as grandes peças de Shakespeare. Só um espetáculo de invenção fora do comum faria dela mais do que um divertimento. O trabalho do The Bristol Old Vic mantém-se nos limites de uma produção cuidada, visando ao agrado do espectador. E, sem pretender mais do que isso, ele propicia uma noite agradável.

A morte de Danton

Jean Vilar • TNP
6 de maio de 1953

Como o Teatro Nacional Popular é subvencionado pelo governo francês, não foram poucos os protestos contra a criação da peça alemã *A morte de Danton*. Contudo, depois de vencer a resistência de meios oficiais, Jean Vilar conseguiu levar ao Palais de Chaillot a extraordinária obra de George Buchner, e quem ganhou foi a plateia parisiense.

Ainda não se registrou, na história do teatro, a importância fundamental do gênio alemão, morto com pouco mais de vinte anos na primeira metade do século passado e que parece ter dado um testemunho maduro de nossos dias. Büchner é considerado um precursor do movimento expressionista da segunda década do nosso século, ou, quando muito, o primeiro autor expressionista, aparecido cem anos antes do verdadeiro ciclo histórico da escola. Essa atribuição é pouca para Büchner: tal como o teatro é compreendido hoje, ele é o primeiro dramaturgo moderno. Com uma forma, uma força, uma penetração que poucos autores tiveram depois dele.

A morte de Danton mostra uma tão grande riqueza que sentimos dificuldade em defini-la para o leitor. Em dominá-la, reduzi-la a alguns elementos básicos, para nosso próprio consumo. A cada problema, de qualquer ordem, a peça oferece uma resposta. Poderíamos examiná-la pelo mundo filosófico que instaura, pela concepção histórica, pela psicologia dos personagens, pela relação mais sutil de indivíduo a indivíduo ou do indivíduo consigo mesmo, pela forma teatral e beleza literária – e sob todos os aspectos *A morte de Danton* vale como monumento definitivo do teatro, conquista genial da arte.

Não vamos decompor a complexa estrutura da peça. A ideia de que o revolucionário que para é como se lutasse contra a corrente. A solidão e o vazio do indivíduo que, depois de realizar um milagre, não acredita nele, enquanto os outros não admitem que ele deixe de exercer a tarefa do santo. A sabedoria do personagem que proclama a necessidade de mais guilhotinamentos, pois se eles parassem o povo não teria com que se alimentar. A força histórica de Robespierre e de Saint-Just, que sacrificam o indivíduo e o companheiro em nome de um pretenso bem coletivo. *A morte de Danton* fixa toda a grandeza e a miséria da Revolução Francesa. Um destino inevitável que se afirma, e as contradições internas desse próprio destino, que o tornarão insatisfatório. Quando baixa o pano, em nome da República, a guarda prende a mulher do revolucionário guilhotinado, pois ela exclama: "Viva o Rei!". Não estará aí a condenação de todo um regime? E a fatalidade desse mesmo regime, tornado lei? Da história, Büchner parece tirar a conclusão de um determinismo cruel e absurdo.

Jean Vilar tem nesse espetáculo sua melhor realização. Adaptando-se muito bem ao sistema grandioso e de elementos cênicos do TNP, *A morte de Danton* está servida com perfeição. Grande espetáculo, no qual todos os aspectos estão preenchidos com rigor – direção vigorosa de Vilar; desempenho admirável de Daniel Ivernel (Danton), Vilar (Robespierre), Roger Mollien (Camille Desmoulins), Georges Wilson (cidadão Simão), Michel Bouquet (Saint-Just), Lucien Araud (Paris), Lucienne Le Marchand, Monique Chaumette; bonita música de Georges Delerue; dispositivo cênico de Camille Demargeat; e belas roupas de Léon Gischia.

Nessa última criação do TNP, em que, a nosso ver, Jean Vilar atinge o ponto máximo dos nove espetáculos do Palais de Chaillot (*Lorenzaccio*, dirigida por Gérard Philipe, não lhe fica atrás), paradoxalmente vem-nos uma dúvida sobre o processo de encenação ali empregado; não padece esse sistema cênico, em que se reduz o cenário a simples elementos, de uma certa monotonia? Como já se observou o contrário de abolir o cenário, o TNP não passou a utilizar sempre o mesmo? Na verdade, *A morte de Danton*, apresentação perfeita de Jean Vilar, trouxe também o cansaço. Não sabemos se um novo espetáculo conseguirá vencer esse sentimento desagradável de repetição.

Talvez essa crítica coincida com outra, mais geral, de que toda vez que o encenador quiser impor uma forma pessoal e preestabelecida ao texto, ele incorrerá no erro de deformação. E o equilíbrio dos vários elementos do teatro bem como o estilo irredutível das obras acabará por revoltar-se contra ele.

A ópera dos três tostões

Giorgio Strehler
5 de dezembro de 1986

Talvez o acontecimento da abertura da nova temporada teatral parisiense seja a montagem de *A ópera dos três tostões (L'Opéra des quat'sous)*, na terceira versão do encenador italiano Giorgio Strehler, assinalando os trinta anos da morte do dramaturgo Bertolt Brecht (a música é de Kurt Weill). Pelas características excepcionais da produção, o espetáculo não foi realizado no Théâtre de l'Europe (o antigo Odéon), que Strehler dirige, mas no Théâtre Musical de Paris/Châtelet, pertencente à municipalidade.

Não sei o que mais espanta: se a beleza e a grandiosidade dos cenários de Ezio Frigerio, combinando maravilhosamente com os figurinos de Franca Squarciapino, para dar ao conjunto um requinte plástico raro; se o número de astros do elenco, assinalando-se Milva (Jenny), Barbara Sukowa, a intérprete cinematográfica de Rosa Luxemburgo (Polly), Yves Robert (Peachum), Denise Gence (sra. Peachum) e Michael Heltau (Mackie); se a clareza da leitura de Strehler, a quem o autor escreveu: "Gostaria de poder confiar-lhe todas as encenações de minhas peças para a Europa, umas depois das outras"; se o cuidado dos múltiplos aspectos, do qual participam nove instrumentistas, no fosso da orquestra, sob a regência de Peter Fischer. No Brasil, o que se mobilizou de recursos nessa estreia seria suficiente para custear um ano inteiro de lançamentos.

A monumentalidade do palco é valorizada na concepção cenográfica, aproveitando-se até a parte superior visível, correspondente aos urdimentos. Ao fundo, dois prédios sombrios de Nova York, para onde Strehler transferiu a ação, com suas escadas de incêndio, e, um pouco à frente, dois grandes círculos luminosos, como a movimentar a roda do tempo. Atrás de um muro corrediço fragmentado, em que está escrito o nome da peça, é que se processam as simples, rápidas e sugestivas mudanças de ambientes. A parte didática, relativa aos cartazes, funciona por meio de um anúncio luminoso, em que as palavras se sucedem, como nos noticiários ou na publicidade. E o "distanciamento" se acentua pela utilização de uma passarela, que por outro lado aproxima a *Ópera* das revistas musicais. O quarto nupcial de Mackie e Polly, num achado cenográfico, se arma dentro de uma limusine.

Tamanho capricho estético não diminui a virulência satírica do texto, voltada tanto para a sociedade como para as imperiosas servidões humanas. O espetáculo ressalta o fundo anárquico dessa crítica brechtiana, a ponto de, depois de transpor a história para Nova York, na adaptação de Strehler, manter o desfecho original, em que Mackie, ao invés de ser enforcado, é salvo pelo beneplácito da realeza, que o distingue ainda com um título de nobreza hereditária. Nessa cena, o palco acolhe um típico telão operístico, e as vestimentas acrescentam adereços costumeiros do gênero. Não seria a mudança da história para uma eleição presidencial um tanto gratuita?

Strehler, de acordo com o espírito da obra, atribui o desempenho a atores que sabem cantar. Desse ponto de vista, todos estão muito bem ensaiados e, embora sem voz privilegiada, dão satisfatório rendimento à música. Creio que o encenador errou ao confiar o papel de Jenny a Milva, de longe a melhor em cena. É que ela é excelente cantora (além de intérprete) e, com sua voz admirável, desequilibra o conjunto. A seu lado, os outros desaparecem, sobretudo Michael Heltau. Por isso, nos agradecimentos ensaia-se quase uma vaia para os que têm vozes menores.

Nós, brasileiros, costumamos achar frouxo, frio e sem ritmo o que na Europa representa demorada fruição das palavras. São quase quatro horas de espetáculo, quando ele poderia concentrar-se em duas horas e meia. Ainda assim, depois de minhas reservas à montagem de *L'illusion*, de Corneille, e de *La grande magia*, de De Filippo, ver a *Ópera* me reconciliou com o talento apuradíssimo de Giorgio Strehler.

A rosa tatuada

Tennessee Williams
7 de maio de 1953

Tennessee Williams se destaca como um dos autores americanos mais característicos e de evidência mais justa. No Brasil, Os Artistas Unidos, com Madame Morineau e sob a direção de Ziembinski, encenaram *Uma rua chamada pecado* (*A streetcar named desire*), e o Teatro Brasileiro de Comédia, de São Paulo, tem mais de uma peça dele em seu repertório.

O Teatro Gramont lança, em Paris, *A rosa tatuada*, se não me engano a última peça de Tennessee Williams. A contribuição do dramaturgo americano à cena exigiria um comentário pormenorizado do espetáculo, mas o cotidiano jornalístico imporá a simples sugestão de ideias gerais, que não poderia desenvolver.

Tratando-se de autor com obra expressiva, *A rosa tatuada* me parece produção de menor importância, incapaz de interesse permanente. Acho-a, de princípio, circunscrita em demasia ao universo de O'Neill, de certas peças de O'Neill, em que o sexo selvagem e dominador determina completamente a ação. Um pansexualismo tocado de poesia, mas que atinge o fetiche, e não supera uma região primária do indivíduo. Esse aspecto seria mesmo comprometedor no conjunto da peça se lhe correspondesse uma fatura de alto mérito. A técnica, porém, está repleta de insuficiência e de senões. *A rosa tatuada* é uma peça mal feita, denunciadora de uma série de equívocos, quando o teatro deixa de exprimir-se na sua linguagem para emprestar do cinema outros instrumentos. Se o corte permite à câmara amplas possibilidades, quebra inutilmente a sequência do diálogo teatral. Precisar-se-ia varrer de *A rosa tatuada* inúmeras impurezas para que o texto valesse pela poesia rude e viril.

A encenação patenteia os defeitos. Creio que, simplificando o cenário, o espectador sentiria menos a fragmentação dos episódios. Com as cortinas que a todo instante se abrem e fecham para mudança do dispositivo cênico, desaparece completamente a ideia de um todo maciço, e, para distrair o público, vem à ribalta um cantor negro ou atravessam o palco personagens adventícios. Não figura no trabalho do encenador Pierre Valde a noção de ritmo e de continuidade do tempo.

Lila Kedrova preenche convincentemente o papel de Serafina, presa durante vários anos à memória do marido morto e que depois, pelo instinto irresistível, se lança a outro homem. A propósito, o programa não deixa dúvida de que a rosa tatuada, que o primeiro trazia no peito e o segundo imita, se trata do símbolo do amor total (diremos um amor bem estruturado no sexo), e que a própria mulher vê no seio ao ser fecundada. Quanto aos outros intérpretes, René Havard, o segundo marido, caracteriza com humorismo o tipo italiano popular. As cenas em que as mulheres misturam o italiano à língua da terra (no original o inglês, e aqui o francês – aliás, quase todo o texto – ficam, no espetáculo, de um artificialismo inaceitável, como se elas não soubessem o sentido do que estão falando.

Passível de muitas restrições, a peça não teve também uma encenação conveniente, e o resultado foi um espetáculo irregular, inexpressivo no panorama da temporada parisiense.

A woman of no importance
e Quadrille

Oscar Wilde e Noël Coward
1º de março de 1953

Tratarei nesta crônica de dois espetáculos requintadíssimos, de um gosto absoluto na apresentação: *A woman of no importance,* de Oscar Wilde, encenado no Savoy Theatre, e *Quadrille*, de Noël Coward, levado no Phoenix Theatre. Em ambos, os textos praticamente não existem, ou melhor, guardam, em si, uma parcela diminuta de interesse. É a montagem, a direção e o desempenho que os tornam notáveis.

A woman of no importance se caracteriza pela inconsistência, que independe de um diálogo sempre brilhante, mas isolado da ação. O atual espetáculo comemorativo do "*coronation year*" enxerta frases e conceitos tipicamente wildeanos de outras obras do autor, com o propósito de insuflar mais vida ao fio quase insubsistente da peça. A crítica inglesa não poupou essa liberdade do adaptador. Eu seria tentado a dizer que não vale a pena o seu remonte, e a prova está nas muletas que procuraram arranjar-lhe. Mas essa afirmativa é injusta: o espetáculo se explica pela excelência da montagem, que faz dele um grande espetáculo. Vemos uma direção sutil de Michael Benthall, dando ao conjunto uma plasticidade, uma beleza visual admirável. Cenários e roupas belíssimas de London Sainthill, com uma figura raramente encontrável. E uma equipe de primeiros atores, como Clive Brook, Athene Seyler, Isabel Jeans, Nora Swinburne e vários outros, de um estilo sem reparos. A dicção de Clive Brook me pareceu um pouco prejudicada, e soube que era pelo motivo bastante prosaico da dentadura.

Quanto a *Quadrille*, trata-se da comédia mais recente de Noël Coward, escrita especialmente para o casal anglo-americano Lynn Fontanne e Alfred Lunt. Essa famosa dupla do espetáculo, em setembro de 52, marcou também um acontecimento social. A propósito de Lynn Fontanne e Alfred Lunt, já se disse que se lessem o catálogo de telefone o teatro estaria repleto.

Não tenho a menor dúvida sobre essa afirmativa. Na verdade, o desempenho perfeito de ambos impressiona e só por proposital mau gosto se lembra a sua idade: perto de setenta anos. Eu não daria essa indicação a não ser com o desejo de ressaltar-lhe uma quase desenvoltura absoluta, e Lynn Fontanne, tanto pelo físico como ao dançar, não parece ir além de trinta anos.

Lamentamos, no espetáculo, apenas o convencionalismo da peça, que não foge às características conhecidas do autor. Leve, espirituosa, bem-feita. Falta-lhe, porém, pelos próprios limites do tema, já demais explorado, um certo dom de invenção, uma pequena novidade que se espera sempre de uma obra. O tradicional trio amoroso se compõe de mais um cônjuge, e aí está a "*quadrille*".

Mas devo confessar que não importa a debilidade do texto. O desempenho confere altura ao espetáculo, e graças ao elenco homogêneo, em que se notam ainda Marian Spencer, a Rainha do Hamlet, na encenação de John Gielgud, e Griffith Jones, muito conhecido pelo cinema, onde já interpretou *They made me a criminal*, ao lado de Trevor Howard e sob a direção do nosso Alberto Cavalcanti. Em *Quadrille*, devem ser destacados os lindos cenários, precisos e requintados, de Cecil Beaton.

Eis novos exemplos que explicam a fama do teatro inglês.

Actors Company, Londres

31 de maio de 1976

O nome Actors Company define uma posição e uma política teatral. O primeiro plano conferido ao ator relega a preocupação menor às invenções diretoriais ou às pesquisas de linguagem, tratando-se de elenco inglês. Com a rápida visita da Actors Company, que se encerrou ontem, no Teatro da Universidade Católica, vimos o tradicional palco britânico. A melhor tradição do palco britânico, o que não quer dizer pouca coisa.

A hegemonia dada ao ator, no caso, não significa o preparo físico total, como em Grotowski ou no grupo espanhol Els Joglars, que se encontra ainda entre nós. O bom intérprete inglês entende o domínio da profissão a partir da capacidade de ser versátil em diferentes gêneros e estilos, e de encarar o ecletismo de repertório quase como uma norma do cotidiano.

Por isso a jovem cooperativa, de apenas quatro anos de existência, já encenou John Ford, Shakespeare, Molière, Tchekhov, Feydeau e Iris Murdoch, e viaja agora pela América do Sul, com três autores muito distintos: Bernard Shaw (*Widower's houses*), Harold Pinter (*Landscape* e *Silence*) e Alan Ayckbourn (*How the other half loves*). Seria possível dizer que, não importando a natureza e nem mesmo a categoria do texto, todos os espetáculos se justificam pela dignidade e pela adequação do desempenho.

Abdicando de outros recursos físicos, não cabíveis num repertório que dá procedência à palavra, os atores ingleses mostram, sobretudo, o extraordinário trabalho vocal. Em Shaw, sóbrios, elegantes, irônicos, eles modulam a voz de acordo com a finura do diálogo, obtendo o efeito corrosivo sem um exagero de postura. A perfeita dicção incumbe-se de transmitir a peculiar *verve shawiana*.

Cabe perguntar, porém, se o diretor Philip Grout não poderia ter encontrado uma equivalência mais dinâmica e intensa com a realidade atual, sem devolver a obra a um passado imaginário. Imaginário porque, com esse estilo tão superior e distante, custa acreditar que a peça provocasse tanta celeuma e repúdio da plateia conservadora do século XIX.

Já o silêncio de Pinter é povoado de palavras que não se comunicam. As personagens mergulham em seus solilóquios e praticamente abolem a presença do interlocutor. Nessa linha, Pinter havia construído a sua originalidade, que foi além do *Esperando Godot,* de Samuel Beckett. São obras-primas indiscutíveis. *A festa de aniversário, O inoportuno (The caretaker)* e, sobretudo, *A volta ao lar.* Em *Paisagem (Landscape)* e *Silêncio (Silence)* há quase um regresso de Pinter e Beckett, o que não lhe é favorável. Apesar da mestria dos atores, que dizem o texto com sólida competência, a postura estática nada acrescenta ao prazer da leitura. Esse gênero de teatro literário não tem muita razão mais de ser no palco.

Falta ainda criticar *Como a outra metade ama.* E é possível que, pela importância do cenário, a impressão mude. Nas duas montagens iniciais, a Actors Company, talvez pelas dificuldades dos deslocamentos sucessivos, preferiu utilizar uma cenografia ultrapassada, que não ajuda a criação do clima artístico. Principalmente a biblioteca de telão pintado da peça de Shaw vem de tempos imemoriais no teatro.

Fica para nós da visita, sem dúvida, uma lição de estilo – um estilo que às vezes faz falta ao ator brasileiro.

Allias Serralonga

Els Joglars da Espanha
22 de maio de 1976

Pode-se contar nos dedos os espetáculos que têm marcado o teatro contemporâneo, vistos nas últimas décadas no Brasil. *Allias Serralonga*, que o grupo Els Joglars da Espanha está apresentando no Municipal, ocupa uma posição privilegiada entre eles, pela riqueza inventiva, feita de síntese das mais variadas tendências do palco moderno.

Não há um só elemento que o elenco tenha descuidado. Tudo no espetáculo obedece a uma minuciosa elaboração, que o distingue como altamente sofisticado do ponto de vista artístico, ao mesmo tempo sem fazer nenhuma transigência quanto ao seu destino popular. Criação coletiva da história, desempenho, cenografia, indumentária, música – parece que o conjunto catalão assimilou o que há de melhor em cada campo e fez uma simbiose perfeita, com uma carga de efetividade completa.

A obra fixa, no quadro da Espanha do século XVII, é a trajetória do bandoleiro Joan Sala Allias Serralonga. A história é vista na maneira de Els Joglars, não da perspectiva de Felipe IV e sua corte, mas do povo, com suas vicissitudes. O procedimento aparenta-se ao Théâtre du Soleil em *1789*, no qual a Revolução Francesa não é contada por meio da biografia de seus líderes, mas das camadas populares, que sofrem as consequências das lutas.

A arregimentação dos mais variados recursos começa, em *Allias Serralonga*, pelo prólogo de mímica, interpretado por Albert Boadella (o admirável diretor do espetáculo) no saguão de entrada do teatro. Com excelente domínio, ele ilustra as gravuras que resumem a história do bandoleiro, camponês que se entrega à marginalidade como forma de sobrevivência. A plateia do Municipal foi transformada para ampliar o espaço cênico exigido pela montagem.

O palco do teatro contém um palco menor, de teatro bem convencional, mudando os telões do fundo de acordo com o cenário em que se movimenta a corte. Sobre as poltronas da plateia Fabià Puigserver criou dois novos espaços: do lado direito (de quem olha para o palco) ergue-se uma estrutura metálica, de múltipla utilização; e no esquerdo situa-se um amplo estrado nu, que se presta igualmente a várias funções. Os corredores internos são outros locais em que se movimentam as personagens, pelas estradas ou pelos campos.

Frequentemente ocorre a simultaneidade de cenas nos diversos espaços, em contrastes muito significativos. Pela indumentária e pelo estilo interpretativo, a corte é encarada sempre de forma satírica e caricatural. E os atores servem-se dos canos da estrutura metálica – ora montanha, ora esconderijo etc. – com um virtuosismo corporal inacreditável. O espetáculo requer um fôlego e uma vitalidade de que poucos intérpretes são capazes.

Els Joglars não se perturba diante das linguagens teatrais da vanguarda: incorpora às suas necessidades tudo que lhe pareça válido. E fundem-se no desempenho teatro popular espanhol e Commedia dell'Arte italiana, tradição e modernidade, erudito e popular, ritual e distanciamento crítico, drama, comédia, ironia, grotesco, sarcasmo e violência. Sobretudo violência.

Allias Serralonga é uma explosão da alma espanhola. Pode o espetáculo não se definir por uma originalidade formal semelhante à que distinguiu os inovadores do nosso século. Mas dificilmente outra manifestação artística reelaborou tão bem o melhor legado teatral, transpondo-o numa síntese própria de tanta eficácia. O espectador passa do riso ao nó na garganta. Recebe uma paulada na cabeça. E se emociona o tempo todo, pela poderosa criação.

Am-Stram-Gram I

André Roussin
1º de setembro de 1950

Suponho que a intenção de André Roussin, ao dar o título de *Am-Stram-Gram* à sua comédia, ora levada no Copacabana pela Companhia de François Périer, visou a um duplo objetivo: o de caracterizar um problema específico da peça, que definiria os personagens, e o de situar o próprio trabalho, no resultado do conjunto, como um jogo, uma brincadeira, ou melhor – uma farsa.

No sentido restrito da trama, esse sistema de "tirar sorte", utilizado no mundo da infância, serviu para afastar sutilmente o amigo que em certa hora era demais na harmonia dos amantes. No significado mais amplo da peça, o título foi uma prova de consciência do autor: sucederam-se três atos com muita graça, elogiável senso teatral (sobretudo se for levado em conta que se trata de experiência de principiante), mas tudo não passava de um fogo de artifício, *Am-Stram-Gram* não pretendia uma mensagem com essa ou aquela finalidade.

O valor incontestável da peça reside em sua forma teatral. Considerados em ênfase, na visão triste do poeta, não compreenderíamos que os elementos com que Roussin urdiu a história fossem capazes de ressaltar numa comédia. O que marca *Am-Stram-Gram* são os pormenores, a inteligência dos fatores cômicos, o ritmo de ação dado ao desenvolvimento da narrativa – a presença, enfim, de um teatrólogo, de um autor que na primeira tentativa usa uma linguagem e um processo típicos do teatro.

Sintetizando a trama da peça, tenho receio de empobrecer demasiado a sua significação: Dominique, jornalista, Annie, sua amante, e o amigo Julien vivem em clima de brincadeira e gratuidade. São eufóricos. Despreocupados. Ingênuos em sua existência quase infantil. Eu diria mesmo: irresponsáveis. Ou simplesmente – indivíduos cheios de saúde. Cenas muito bem achadas definiram, no primeiro ato, os caracteres dos personagens. Depois, Dominique é convidado para fazer uma reportagem na Espanha. Pensa recusar, pois o encargo não o interessa. Outros fatos laterais levam Dominique a querer "pregar uma peça" em Julien, para concluir se o amigo ama ou não Annie. Este, percebendo a farsa, usa-a contra Dominique: simula uma fuga com a sua amante.

Evidentemente, estamos no território da farsa. Qual a intenção de Julien ao fugir com Annie? Foi convencer Dominique a realizar a reportagem na Espanha. Uma brincadeira de amigo para arrancar o amigo da preguiça, da displicência. Dominique, voltando da viagem, encontraria a amante à sua espera. Era necessário apenas tornar a farsa convincente. Como as intenções eram boas, e a comédia ligeira não foge à fatalidade de *happy end*, tudo acabou no melhor dos mundos. Resta o espectador: convence-o a inconsistência do argumento?

Acredito que a plateia, no fim do espetáculo, perguntará que força moveu a ação dos três atos. Só por desejo de sistematizar reduz-se a história de *Am-Stram-Gram* a um esquema. Pois a trama está diluída na peça, não é o que tem importância, não tem mesmo importância. Assistiu-se a um espetáculo divertido, que alcança diversos momentos de intensa comicidade. A forma e o ritmo favorecem esse resultado.

Am-Stram-Gram II

André Roussin
2 de setembro de 1950

Ri-se, diverte-se com *Am-Stram-Gram*. O interesse, o imprevisto constante com que se desenvolvem as cenas tornam o espetáculo agradável. Julien é uma composição excelente de personagem de comédia. O inefável Blaise, com as suas relíquias de amor não correspondido, possui momentos deliciosos. Foi bem-sucedido na dupla função de personagem de comicidade e catalítico subsidiário da trama. Como exemplo de inteligência teatral eu citaria, na peça, a cena da farsa mútua de Dominique e Julien. Mas o que fica de definitivo de *Am-Stram-Gram*?

Talvez minha pergunta peque pela colocação inicial. Roussin não pretendeu que ficasse muita coisa de *Am-Stram-Gram*. É um *divertissement* que cessa quando cai o pano. Riu-se muitas vezes, e é o que interessa. Impõe nova pergunta: bastará isso para fazer uma peça de teatro?

Sem dúvida que não. Os valores ressaltados em *Am-Stram-Gram* dizem os aspectos positivos dessa farsa de *boulevard*. Mas a ambição da peça é pequena, o que lhe tira a possibilidade de grande significado.

Na evolução literária de Roussin, esta primeira experiência terá por certo um mérito indiscutível. Nela estão contidas as características que fariam de seu autor a figura excepcional do gênero da comédia ligeira. *Am-Stram-Gram* revela, sobretudo, o autor que se exprime em linguagem de teatro, essa virtude tão rara em nossos dias. Como espetáculo para ser levado em palco estrangeiro, todavia – exemplo do que se faz na França –, a peça deixa muito a desejar. *Bobosse* e *Colinette*, os dois cartazes anteriores de François Périer no Teatro Copacabana, são sem dúvida representativos no gênero de *boulevard*. *Am-Stram-Gram*, última realização da temporada, é, porém, uma peça de valor secundário.

Falta-lhe estrutura mais sólida. É inteligente, mas nada acrescenta aos sucessos conhecidos do gênero. Permanece no plano de *jeu* inconsequente. Uma brincadeira de bom gosto que se esgota na própria duração do espetáculo. Um artifício, uma obra sem finalidade.

Périer trouxe *Am-Stram-Gram* ao Brasil e montou-a como convinha e como podia. A representação fez-se num ritmo dinâmico, que se casou perfeitamente ao conteúdo da peça. Os atores movimentaram-se com vivacidade. Périer teve ocasião de mostrar mais uma vez seu admirável talento. La Jarrige esteve mais fraco, pouco desenvolto e convincente em Dominique. Marie Daëms, muito bem em Annie; Hebey, Lucienne Granier e Guerini corretos nas "pontas" que fizeram. Robert Murzeau, não sendo, pela idade, o intérprete indicado para viver Blaise, recriou o personagem, fazendo-o uma espécie de bobalhão ingênuo.

O cenário, acadêmico e discreto; bonitas roupas, um bom gosto geral. A apresentação, no conjunto, agrada. Com a temporada de François Périer, que agora se encerra, vimos bons espetáculos da comédia ligeira, mostras da variada produção francesa.

Artigas, general do povo

Atahualpa del Cioppo • El Galpón
15 de junho de 1983

Não se pode comentar a frio *Artigas, general do povo,* que El Galpón apresenta até domingo, no Teatro Paulo Eiró. A instituição teatral uruguaia, a de mais legendária e respeitável tradição na América Latina, merece o amplo apoio de todos aqueles que enxergam na arte mais do que simples entretenimento. Fundado em Montevidéu no ano de 1949 e vivendo há cinco anos no exílio (o México é sua generosa sede), El Galpón dignifica hoje a atividade cênica em todo o mundo. Não se trata de uma companhia, mas do emblema de uma coletividade.

Em *Artigas,* criação coletiva, que teve texto final de Rubén Yáñez, o grupo resgatou para o palco a figura do general identificado aos secretos anseios de seu povo, desde a independência até as reformas profundas, necessárias a uma vida mais humana para todos. O trabalho nasceu de uma séria pesquisa histórica, em que se tinha em mente levantar os vários aspectos de uma grande personalidade, inteiramente voltada para os interesses populares.

O espetáculo, por meio de *flashes* sucessivos, articula os elementos que levaram à independência uruguaia e seus vínculos iniciais com a reforma no campo, a reabilitação indígena e a solidariedade americana. Ficam bem claras as raízes da emancipação nacional nos anseios legítimos dos menos favorecidos.

Sem forças para manter a independência econômica, porém, o país tornou-se presa de ambições portenhas, inglesas e portuguesas. E o "general do povo" que havia comandado a luta contra a dominação espanhola transforma-se em "traidor da pátria". O exílio é o destino de quem fere a ambição das oligarquias.

É mais do que evidente o paralelo que os membros de El Galpón viram entre sua trajetória e a de Artigas. A montagem não se reduz a mais uma produção, com a qual se preenche um certo tempo os cartazes e se assegura a sobrevivência profissional. Não se define, também, como mero testemunho político, visando dar um recado de óbvia ressonância em toda a América Latina. Está em jogo a apaixonada biografia do próprio grupo, oferecida para meditação do espectador. Por meio das palavras e do itinerário de *Artigas*, El Galpón conta, comovidamente, a sua história.

Essa integração íntima entre texto e vivência grupal transmite ao espetáculo um calor, uma energia, uma verdade humana que de raro em raro frequenta o nosso palco. Por isso a plateia se emociona e não economiza aplausos, que poderiam ser somente corteses, na recepção a um elenco estrangeiro. Mesmo sem preparo publicitário, o expressivo público presente à estreia fez questão de externar a El Galpón sua sincera solidariedade.

A encenação de Atahualpa del Cioppo e César Campodónico, bem como os despojados praticáveis de Mario Galup, seguem o estilo franco, direto, abertamente heróico de, por exemplo, um Jean Vilar, no Teatro Nacional Popular francês. A cena em que os atores se dirigem, na plateia, a grupos precisos de espectadores, com réplicas diferentes, lembra procedimento idêntico de Ariane Mnouchkine, em *1789*. As rupturas, em que os atores se despem das vestes das personagens para fazer comentários, obedecem ao espírito do estranhamento brechtiano. Nada demais, sem dúvida: as boas lições devem ser aproveitadas.

As várias referências, contudo, datam *Artigas* como concepção. Teríamos preferido que ao vigor espontâneo do texto e do desempenho correspondesse uma direção mais inventiva. É certo que um teatro empenhado tem compromisso com determinada forma de falar ao público. Sutilezas, às vezes, são perigosas, prestando-se a mal-entendidos. As floriaturas criadoras, com as quais se exprime normalmente a vanguarda, não se ajustam à mensagem clara de *Artigas*.

Ainda assim, fica evidente que El Galpón precisa renovar a linguagem cênica. Sua bela participação no III Festival Internacional de Teatro já havia patenteado essa necessidade. A solidez do desempenho, sobretudo de comovente encarnação de Rubén Yáñez como general do povo, não representa tudo. A próxima fase de El Galpón deve juntar, à extraordinária fidelidade um ideal político maior, uma realização artística igualmente revolucionária.

As três irmãs

Tchekhov
9 de junho de 1953

À primeira vista, parecia bem simples resumir o mundo de *As três irmãs,* peça de Tchekhov. Mundo de tédio, de fracasso, de ausência. Mas essa ideia geral se aplica a muitas obras literárias, e o mundo de Tchekhov é inconfundível, tem o poder de convicção que poucos outros atingiram. Essa sugestão, além de vaga, é insuficiente. Como particularizar a grandeza da obra-prima *As três irmãs*?

Tchekhov pinta uma humanidade cujas ambições mais simples são recusadas. Olga sofre de uma permanente dor de cabeça, enquanto leciona, e a condenam a ser diretora da escola, mister mais penoso ainda. Macha casou-se com um medíocre e não pôde realizar o amor com o tenente-coronel Verchinine. Irina resigna-se a casar com o tenente Baron, de quem não gostava, e o outro pretendente o mata em duelo. O irmão André, que se destinava ao magistério, arrasta uma vida de malogro por um casamento vulgar. Um médico também desaprendera tudo e fora culpado da morte de um doente. Todos os personagens estão marcados pela frustração. Os militares, porque vão partir, deixando o ambiente a que se apegaram na pequena cidade. As irmãs, porque, com a partida dos militares, fecha-se ainda mais o vazio de suas vidas. O sonho ainda é deixar a província, voltando a Moscou. Quando o pano baixa, porém, o espectador sente que elas nunca sairão dali, que não adiantaria sair dali. Moscou, símbolo da felicidade distante, é símbolo porque está distante. Conquistada, seria talvez a província de uma cidade ideal – essa é a amarga visão sugerida por Tchekhov sobre a passagem terrena.

No processo dramático, certos recursos podem parecer envelhecidos. Há quem fale da banalidade do tema e dos personagens. Essas considerações, relacionadas a *As três irmãs,* são de um total absurdo, usam indevidamente um dos padrões críticos. Com a peça, Tchekhov mostra que as vidas mais simples são matéria para uma grande obra literária, desde que haja grandeza no tratamento. O clima de poesia banha todo o espetáculo, e emociona a plateia presa a ele num só fôlego.

O Teatro Montparnasse – Gaston Baty tem *As três irmãs* em cartaz em virtude de uma curta temporada parisiense do Centro Dramático do Oeste, uma das iniciativas felizes do movimento de descentralização do teatro francês. A encenação está longe de ser perfeita e é passível do qualificativo de amadora, no sentido pejorativo que se atribui ao termo. Mostra, contudo, a qualidade inicial de transmitir a grandeza da peça – e essa premissa bastaria. Ademais, o espetáculo é preparado com carinho, foi cuidado nos pormenores pelo diretor Hubert Gignoux, que também comanda o grupo.

Gostaríamos de um pouco mais de brilhantismo no desempenho. Ao numeroso elenco, composto de vários atores talentosos, falta possivelmente a tarimba do palco. Como segunda apresentação, o Centro Dramático do Oeste programou *As novas aventuras de Cândido*, peça de Hubert Gignoux inspirada em Voltaire. A seriedade do repertório já coloca o grupo entre as boas realizações do teatro francês.

Astad Deboo

Dança hindu
24 de maio de 1976

Não há arte cuja redução a elementos apenas formais seja tão empobrecida como a dança indiana. O espectador que não conheça o simbolismo dos *mudras* ou gestos das mãos os aprecia pela graça e pela delicadeza, mas perde o significado mais profundo. Ainda assim, o intrincado e bonito jogo das mãos foi suficiente para valorizar a presença de Astad Deboo de sexta-feira até ontem no Teatro Galpão, no programa do II Festival Internacional de Teatro.

Afirma Usha Chatterji que "a dança hindu empresta ao ser humano, mais do que qualquer outra expressão artística da Índia, a preciosa aparência da divindade. Ela é considerada a manifestação física do ritmo cósmico". Por isso Astad Deboo, hoje com 29 anos, recebeu o severo preparo de dois gurus, que o introduziram em alguns dos diferentes estilos clássicos.

Acompanhado por uma gravação e utilizando recursos luminosos mais ou menos convencionais, Astad Deboo entrega-se aos diferentes números, que têm muito em comum. A dança da Índia consagra a batida forte dos pés no chão, e os guizos presos aos tornozelos produzem um ritmo encantador. O público não pode deixar de aplaudir o virtuosismo do dançarino que, num esforço incrível de concentração, consegue isolar o som de uns poucos sininhos, entre os trezentos que usa, no refinado estilo Kathak.

O incenso, queimado no início da apresentação, destina-se a limpar o ambiente das impurezas. E Deboo atua no Kathakali, dança-pantomima tradicional do sul da Índia. Num dos números desse estilo o dançarino exprime várias emoções, entre as quais a alegria, o desejo, a ira, o medo e a inveja. Para nós, é curioso observar o diferente código indiano, que não deciframos com os elementos comuns da mímica ocidental.

O programa inclui uma certa variedade de quadros, que vão da convocação de um exército por Hanuman, rei dos macacos, a um duelo em que o príncipe corta o nariz e o seio de uma diaba, passando por uma criança que joga pedras num pote de manteiga e por invocações que se completam com o contato com espectadores, os quais recebem flores ou um sinal vermelho na testa.

Apesar da gama extensa de motivos e das inspirações dos diversos estilos, a circunstância de ser o programa realizado por um só dançarino e a peculiaridade do código indiano conduzem o público a um inevitável cansaço, pela monotonia do conjunto. Mas, no Festival, o espetáculo vale como um novo dado para que se promova o levantamento do que se produz em arte hoje, em todo o mundo.

Atores franceses

21 de março de 1967

A ideia era pôr todos os títulos meritórios: trazer de Paris quatro bons atores que se dispusessem a colaborar com a Campanha Beneficente Franco-Brasileira, participando de uma noite de gala, na qual seria entregue também o Prêmio Molière. O acontecimento filantrópico-artístico-social se deu ontem, no Teatro Municipal, com o brilho esperado.

Do ponto de vista cênico, devia-se contar mesmo com algumas amostras do talento e do domínio dos intérpretes franceses. O repertório não poderia ultrapassar o conveniente (ou convencional) para uma noite de festa, sendo preferível o já visto e aprovado. A princípio, parecia excessivo incluir num programa forçosamente ameno *A voz humana*, que já se cogita de classificar como tragédia. Na verdade, esse monólogo de Jean Cocteau interessa menos pelo aniquilamento da protagonista do que pelo exercício de estilo da atriz, e Nathalie Nerval tem oportunidade de revelar o seu temperamento trágico, a máscara expressiva, a voz modulada que alcança os mais diferentes efeitos, da ternura à paixão desesperada. Apesar dos refletores que tentavam fechar a atriz, como num ringue de boxe, o amplo proscênio do Municipal prejudicou um pouco a obtenção do necessário clima de intimidade.

Feu la mère de Madame (*A falecida senhora sua mãe*) é um clássico de *vaudeville*, vivendo da graça ininterrupta e cronometrada de réplicas. A substituição à ultima hora da protagonista não comprometeu o rendimento, porque Marthe Mercadier tem a vivacidade e a leveza requeridas das intérpretes de Feydeau. Bernard Dhéran e Michel Duchaussoy, embora muito engraçados, traíam, ao lado dela, típica comediante de *boulevard*, uma longínqua retórica da Comédie Française.

Um jardim poético, cultivado com flores cômicas e de eficácia segura sobre a plateia, revelou, sobretudo, a comunicação de Michel Duchaussoy, que foi pena não se ver em papéis mais exigentes.

Um espetáculo, no conjunto, com o gosto e a finura indispensáveis às iniciativas do gênero.

Atores ingleses

9 de maio de 1966

Três intérpretes ingleses procuraram resumir, sexta e sábado, no Municipal, alguns dos valores mais característicos do variado e rico palco de Londres. Shaw, o clássico moderno, Shaffer, de pretensões sérias, mas sem nunca esquecer um "olho vivo" na bilheteria, e Pinter, rigoroso representante do teatro do absurdo, foram escolhidos para dar uma pequena amostra da dramaturgia britânica atual e, principalmente, do alto virtuosismo de que são capazes os atores de Sua Majestade.

Se o público ficou insatisfeito foi menos por deficiência do prato servido do que pela imensa fome teatral, quando se trata do elenco estrangeiro. As inteligentes pílulas se perdem na imensa área da nossa principal casa de espetáculos, e uma condição básica para se sentir a incomunicabilidade dos seres é que os atores se comuniquem à plateia. O interminável proscênio isolou o pequeno grupo em perigosa frieza, que só seria quebrada por textos de comprovado calor.

Valeu a pena ver a admirável versatilidade de Brenda Bruce, jovem impetuosa em *The village Wooing* e algo desmiolada em *The public eye*, e depois sensual e coquete em *The lover*, para finalmente adquirir toda a postura de velha em *A slight ache*. Ernest Clark tem a proverbial sobriedade britânica, ajustada como luva aos papéis que lhe confiaram. E Michael Gough é mais histriônico, colorindo pela máscara móvel e pela flexibilidade seu desempenho. A direção de Roy Rich se esmera tanto em permanecer discreta que está a um passo do convencional. Agrada, de qualquer maneira, a familiaridade realista no teatro do absurdo, com o que equilibra sempre drama e comédia.

Sobre Shaw uma rápida discussão não adianta nada. Todo mundo sabe que ele, nas melhores peças, conseguiu dar forma teatral a um pensamento discursivo, que se apresenta mais à vontade nas frases de espírito.

Namoro na aldeia não passa de um exercício, brilhante como tudo que ele escreveu. Em *Olho vivo*, Shaffer estabelece um honroso compromisso entre a ligeireza e a ambição artística, e por isso atingiu mais de perto o público. O problema, como se podia imaginar, é com Harold Pinter. *O amante* e *Uma dor sem importância* captam nossa atenção. Há talento, há sensibilidade, há penetração no desgarramento do homem de hoje. O mal é que se espera sempre uma palavra realmente nova da vanguarda, e o que Pinter diz já está mais ou menos expresso ou implícito em Ionesco e Beckett. Depois que Edward Albee sintetizou em *Quem tem medo de Virginia Woolf?* a desagregação moderna, as outras peças do gênero parecem pálidas experiências. Pinter chega com atraso.

No passado, pouca gente viu *Dias felizes*, com Brenda Bruce. Neste fim de semana, o Municipal esteve quase cheio. De dois atores, o elenco passou a três, e esperamos que volte no ano que vem, mais amplo e com repertório sedutor.

Aucassin et Nicolette

19 de agosto de 1952

Esta fábula-canção anônima, do século XIII, constituiu a segunda parte do espetáculo oferecido por Les Théophiliens, no Carlos Gomes. Não se trata, propriamente, como acentua o adaptador e diretor René Clermont, de uma peça de teatro, nos moldes estabelecidos pelo gênero. Há tantos caracteres, porém, com forte vida cênica, que seria uma tentativa maravilhosa levá-la ao palco. Sem dúvida a encenação mostrou que René Clermont estava certo.

Os traços principais de *Aucassin et Nicolette* são os de um conto poético. Uma extraordinária narrativa de amor e aventura, com as constantes do espírito medieval, e ao mesmo tempo uma deliciosa sátira ao procedimento cavalariano. O problema da transposição cênica era o de dosar convenientemente o texto entregue ao jogral e o da ação verdadeira, a fim de que esta não parecesse mera ilustração daquele, e que, por outro lado, não ficassem obscuras ou fragmentárias as rápidas evoluções da história. Num equilíbrio inteligente, o jogral preenche bem os claros da representação, sem desviar para si a importância dos acontecimentos.

E o que se passa no palco? Numa hora de espetáculo, as aventuras do amor contrariado de Aucassin e Nicolette têm progressão vertiginosa. Guerras, fugas, prisões, mortes, naufrágios, regressos de terras distantes – toda a urdidura, enfim, das novelas romanescas. Ao lado do amor puro, fundamental, dos dois jovens, que vencem os obstáculos para se encontrarem, no fim, como protegidos por mão divina, desfilam outros sentimentos menos nobres, em situação de sempre renovada riqueza. E o espectador contempla desde a inflexibilidade paterna, apoiada na mentira, até a estranha luta em Torelore, onde a rainha está à frente de um exército que utiliza peras, maçãs, ovos, queijos, e o rei descansa à espera de que se cumpram os nove meses. Quando Aucassin lhe propõe exterminar os inimigos, o rei lhe diz: "Se você mata todos eles, não serão mais meus inimigos. Não teremos mais guerra, e que farei então?"

Na encenação com tantos episódios e lugares, René Clermont não pensou utilizar a cena simultânea, característica do teatro medieval. Escusou-se, contudo, já que a fábula-canção não é a rigor uma peça, e uma solução intermediária entre elas e as cenas sucessivas, teria maior rendimento, pela continuidade, movimentação e surpresa. E assim mesmo não pecou por anacronismo, já que a montagem foi sugerida, segundo se apressa em esclarecer, pelos *char montés*, onde tomavam lugar atores e músicos da Idade Média, passeando pela cidade.

O espetáculo revela recursos simples, poéticos, que reclamam a imaginação da plateia, e paralelamente tem um movimento feérico, de grande interesse visual. A parte cenográfica, como convinha, é simplificada e sumária, baseada em dispositivos móveis, e as roupas de Ded Bourbonnais, na forma dos espetáculos anteriores, valem pela recriação fiel, beleza e colorido.

Guardando o anonimato, os estudantes-atores da Universidade de Paris foram aplaudidos, mais uma vez, pelo desempenho homogêneo, pelo trabalho das vozes e atitudes. Nicolette destacou-se pelo acento delicado e poético da representação. Aucassin guardou o traço adolescente e romântico, mas apreciaríamos uma voz mais viril. De acordo com uma concepção adequada e de delicioso efeito caricatural, os outros personagens se moveram como bonecos, num segundo plano cheio de leveza, que tanto serviu para a evolução dos protagonistas.

Balanço da temporada Périer

3 de setembro de 1950

Termina hoje a temporada regular da Michodière no Teatro Copacabana. Com os espetáculos de terça e quarta-feira, a preços populares, despede-se do público carioca a simpática Companhia de François Périer.

As cogitações que ocorrem aos interessados no teatro obedecem a diferentes impulsos, agora que se pensa naturalmente em apurar os resultados da iniciativa. Interrompeu-se, em pleno êxito, a apresentação de *Helena fechou a porta*, peça de Accioly Neto. Realizaram-se, por certo, gastos extraordinários, já que era inevitável o prejuízo financeiro pela ousadia do empreendimento. Um balanço sereno, porém, conclui que o significado da temporada supera os diversos aspectos criticáveis.

Quero afirmar, de início, que a simples defesa do teatro nacional não condenaria as prerrogativas concedidas ao grupo francês. No final das contas, Périer permaneceu apenas um mês no palco do Copacabana – um dos muitos teatros em funcionamento da cidade. A categoria dos intérpretes é uma recomendação que não deve ser esquecida. Acredito que a possibilidade de se conhecer Périer, cuja atuação revelou um comediante extraordinário, vale os sacrifícios a que se obriga o espectador.

A finalidade dos patrocinadores da temporada suponho ter sido sobretudo a educativa. Esse adjetivo tem face perigosa e pode ser compreendido sob prisma errôneo. Não quero dizer que precisamos da educação teatral que porventura nos dariam os espetáculos da Michodière. No gênero da comédia ligeira, o padrão de nossas peças melhora dia a dia. Sirva de exemplo a própria temporada de Fernando de Barros no Copacabana, que elevou sobremaneira o conceito desse teatro entre nós. No tocante à apresentação cenográfica, os espetáculos brasileiros foram mesmo mais bem-sucedidos. Nosso elenco é também muito homogêneo. A encenação, o vestuário, os efeitos de luz. O problema é simplesmente de grau, e há compensação nas qualidades recíprocas.

O repertório oferece a discussão principal. *Bobosse* é, realmente, uma ótima peça. Obra-prima no *boulevard*, a realização literária lhe garante perenidade. O segundo espetáculo, em que foi apresentada *Colinette,* não possui a mesma categoria do trabalho de Roussin. Trata-se, contudo, de uma peça bem-feita, representativa da comédia ligeira. Compreendo que *Am-Stram-Gram* tenha sido levada pela necessidade da inclusão de mais uma peça no repertório e por considerar os figurantes normais do elenco que nos visitaria. Pois o valor dessa estreia teatral de Roussin está em nível inferior ao dos demais espetáculos.

A virtude de mostrar que o teatro de *boulevard* possui categoria idêntica ao do chamado teatro sério... Para os meios intelectuais, acredito que Barrault, entre outras mensagens importantes, tenha revelado que a própria chanchada pode ter um tratamento sério. *Occupe-toi d'Amélie* foi um espetáculo excelente, inscrito numa hierarquia maior pela admirável apresentação cênica. Périer veio trazer-nos outras produções valiosas da comédia ligeira. Confirmou a elogiável tradição do gênero, e fez principalmente *Bobosse*, uma peça à altura das boas realizações do teatro.

Mas seria, de fato, esse elemento a principal experiência a incorporar-se à vida do *métier* brasileiro? Um enriquecimento, sem dúvida, não prejudica outro, e estamos num começo do trabalho. Quem teve a iniciativa de trazer a Companhia da Michodière, com os riscos sabidos, pode-se esperar muito em favor do bom teatro. Não me furtarei, porém, a uma pequena advertência. Nossa necessidade maior não é a de teatro "sério"? (Perdoem-me o adjetivo). Há um terrível preconceito, entre nós, em face do teatro apelidado literário. Nesse aspecto, também, a lição de Barrault foi admirável. *Partage de midi*, a peça de Claudel vista como pouco teatral, pela suposta incorporeidade, teve uma apresentação magnífica e ficará na história literária como uma das maiores expressões do teatro moderno. A revolução verdadeira, no palco brasileiro, seria sem dúvida a do bom espetáculo de drama ou tragédia. O assunto requer discussão mais ampla, e por isso apenas o cito.

Problemas diferentes se colocam. O preço elevado dos ingressos, acessíveis a uma plateia muito reduzida (ainda assim três mil pessoas assistiram *Bobosse*). E deve ser lembrado que se tratava de uma maneira – discutível, é certo – de equilibrar os vultosos gastos do empreendimento.

O ideal, também, para uma temporada estrangeira, seria a apresentação de uma peça durante cinco dias. Não há público suficiente para dez representações consecutivas de um só trabalho. Outra questão ponderável: a iniciativa resultaria em ônus financeiro, enquanto as nossas companhias são obrigadas a um aluguel que permite pouca ou nenhuma renda. A intenção educativa justifica o diverso tratamento? Não haveria menosprezo do trabalho nosso, que vem se realizando honestamente? A resposta cabe ao patrocinador. Que pode, inclusive, crer semear para colheitas futuras.

Não obstante os inúmeros raciocínios suscitados, é inegável que o saldo da temporada Périer tem valor positivo. Sem interferência oficial, uma organização particular trouxe uma companhia europeia. Vimos o que se faz no momento em Paris. O elenco de Périer é muito homogêneo, constitui-se de ótimos intérpretes. O ritmo e a coordenação das representações revelaram um alto padrão de espetáculos. É a primeira vez que se tenta, no Brasil, uma temporada regular em língua estrangeira. Nossos atores muito poderiam ganhar com a experiência. Prepara-se o ambiente para novas e vitoriosas realizações futuras. O empreendimento é vital para a cena brasileira. Levou-se, no conjunto, bom teatro. E o que nos interessa é bom teatro. Eis o resultado. Sem tola exaltação da matéria estrangeira. Ou demagógica visão do trabalho nacional. Que o Copacabana faça todos os anos uma temporada como a que acabamos de ter – com essa ou outra companhia estrangeira – é o que auguramos para a permanente vitalidade dos nossos palcos.

Balzac no teatro

Comédie Française
6 de junho de 1953

Muitas vezes critiquei com severidade um espetáculo da Comédie Française. Por experiência própria, o público brasileiro sabe que não se espera dela o que se espera de melhor do teatro. Ao lado de suas qualidades e defeitos, no tocante à realização cênica, uma virtude, porém, deve ser-lhe computada: a riqueza do repertório, que permite ao espectador o conhecimento de grandes obras. Em dias alternados, pode-se presentemente assistir na Salle Richelieu a *Le mariage de Figaro* (Beaumarchais), *Phèdre* (Racine), *Une fille pour du vent* (André Obey), *Les femmes savantes* (Molière), *L'avare* (Molière), *Britannicus* (Racine), *Le bourgeois gentilhomme* (Molière) e *Andromaque* (Racine), além de outras. Na Salle Luxembourg, *Duo* (Géraldy), *Mithridate* (Racine), *Asmodée* (Mauriac), *Les caves du Vaticain* (Gide), *Seis personagens à procura de um autor* (Pirandello) e *M. Le Trouhadec saisi par la débauche* (Jules Romains).

O leitor sentirá que se trata de um trabalho de divulgação da maior importância, e o acompanhamento dessa atividade se impõe para quem deseja conhecer a experiência do teatro francês.

Na Salle Luxembourg encena-se também, atualmente, *La rabouilleuse* tirada por Émile Fabre de Balzac. A peça, em quatro atos, não constitui a adaptação do romance *Un ménage de garçon*, mas aproveita um dos vários episódios do livro, sem mesmo sugerir a proporção verdadeira dos personagens na obra integral. O pintor Joseph Bridau, primeiro personagem desta, entra de passagem em *La rabouilleuse*, e infelizmente até com caracteres infantis e ridículos.

Como toda adaptação, a peça sugere duas perguntas: ela tem valor próprio? Ela equivale, em importância, à obra original?

À primeira pergunta, respondo que *La rabouilleuse* mostra autonomia, vale como trabalho cênico, sem ser uma grande peça. Essa restrição já é uma segunda resposta: referindo-se a Balzac, o valor relativo da peça significa uma condenação para ela. Quando muito, pode-se atribuir-lhe o mérito de ser mais um veículo de propaganda do gênio da *Comédia humana*.

O episódio transposto se refere à vida do burguês Jean-Jacques Rouget, velho que transformou a criada Flore Brazier em sua companheira. Ela tem um amante, com quem pretende viver após estar de posse da fortuna do velho. A família deste, por várias questões, inclusive a herança, se imiscui, até que o sobrinho mata o amante de Flore em duelo, e é depois morto à traição. Flore terá que se afastar e a herança irá para o outro sobrinho, o pintor Joseph Bridau. Em favor da peça, devem ser lembrados a segura evolução psicológica dos personagens e o interesse com que decorre a trama.

De maneira geral, o desempenho é muito bom. Denis d'Inès faz um velho patético, comovente no seu amor. Chambreuil, Paul-Emile Deiber, Raoul-Henry, Georges Vitray, Louis Eymond, Georges Baconnet, Jacques Servière e Jacques Eyser têm muita autoridade nos respectivos papéis, na maioria de militares. Jean Boitel, a *rabouilleuse*, tem cenas excelentes, e outras em que apenas declama. Gilbert Guiraud, sem características viris, compromete o pintor Joseph Bridau. Um cenário sem beleza, mas fiel na reconstituição histórica, enquadra com rigor o episódio.

Bobosse I

André Roussin • Companhia de François Périer
6 de agosto de 1950

Bobosse é, sobretudo, uma peça muito bem construída. Feita com um senso admirável da arquitetura teatral, testemunha que o gênero de *boulevard*, quando "levado a sério" e realizado por um autêntico comediógrafo, possui valores literários equivalentes aos da tragédia ou da melhor comédia.

Disse valores literários para usar uma categoria puramente estética, que não se confunde aos outros resultados a que uma obra artística pode chegar. Evidentemente, *Bobosse*, no fim de contas, não pretende senão divertir. Arma uma situação curiosa, que se aproxima quase do problema pirandelliano, para depois incidir em suas verdadeiras conclusões: não passa de uma história deliciosa, uma brincadeira apresentada com grande brilho. Uma maravilha de bom gosto e inteligência – não me furto a dizer.

Roussin joga um primeiro ato que deixa o espectador em suspenso. Que caminho tomará o segundo, com as indicações que deixa patentes? Mas o novo abrir do pano mostra uma surpresa, mais uma surpresa que o autor se compraz em oferecer. E a peça toma então um rumo definido, dando ao público a chave dos acontecimentos. Essa chave não serve de nada (a não ser para afirmar que um mistério existe), e só a cortina final encerrará o mundo de hipóteses que não empobrece um único momento.

O artifício (chamarei artifício, técnica ou simplesmente forma?) utilizado por Roussin não é uma novidade no teatro. Foi uma utilização consciente e bem assimilada do processo já conhecido. O início do segundo ato sugere imediatamente Pirandello. Mas antes que o espectador conclua tratar-se de uma influência pirandelliana, um personagem se apressa em dizer: "Se eu fosse crítico, situaria vocês dizendo que representam um pirandelismo abastardado". Essa observação não tira o valor das aproximações sugeridas. Lembra, inclusive, o problema da glosa aos assuntos consagrados e permite a discussão em torno da validade de o ator defender seu trabalho fazendo ele mesmo a própria crítica. Mas esse é assunto para outra crônica. No tocante *Bobosse*, vale como subsídio das inúmeras situações inteligentes forjadas pelo autor. E serve para afirmar que as intenções da peça são outras.

Roussin pretendeu fazer uma comédia de *boulevard*. Não podia fugir às exigências do gênero. Depois de mil peripécias, a história tem de acabar bem. Tudo não passava de equívoco. Equívoco que deveria possibilitar o desenvolvimento literário de alguns personagens. E uma recreação da melhor qualidade para a plateia.

O talento do autor está em dar autenticidade ao equívoco. Roussin soube dar muito bem. Se a preparação do final não conduziria necessariamente a aquele fim (tudo na peça é surpresa), a maneira como foi apresentada a solução deu-lhe inegável sabor. O *happy end* não se tornou uma fraude. Não foi preciso forçar a intriga. Nem essa, nem outra saída pareceriam absurdas a uma peça feita de delicioso absurdo. Ademais, os elementos acessórios da trama preparavam convenientemente o clima que constituiria o final.

O Teatro Copacabana montou um excelente espetáculo com François Périer e o grupo da Michodière. A companhia é homogênea, e François Périer um ator como poucas vezes temos visto. Mas não quero avançar sobre minha próxima crônica.

Bobosse II

André Roussin • Companhia de François Périer
8 de agosto de 1950

Indiquei, na crônica anterior, que trataria hoje da apresentação cênica que a Companhia François Périer deu a *Bobosse* no palco do Teatro Copacabana. Embora fossem muitos ainda os problemas da peça a discutir, preferi não ir além de uma introdução ao texto (o espaço, ademais, não me permitiria outro procedimento) para transmitir logo uma impressão do grupo francês que ora nos oferece um espetáculo de Paris atual. Voltarei, posteriormente, às sugestões da peça.

As informações que tínhamos de François Périer e Companhia da Michodière eram sempre as mais lisonjeiras. Chegava até nós o eco do sucesso popular alcançado pelo grupo no gênero *boulevard*. Sabíamos ter François Périer feito admirável criação no Hugo, de *Mains Sales*, que vimos aqui interpretado pelo excelente Jean Desailly. Mas – confesso – o desempenho de Périer no duplo papel de Bobosse e Tony superou minha expectativa. Senti, no Teatro Copacabana, que estava diante de um ator excepcional, como raras vezes temos ocasião de conhecer. François Périer não omitiu uma sutileza de Bobosse. Deu a cada cena a inflexão precisa exigida pela psicologia do personagem. Acentuou em Bobosse o lírico, o terno, o ingênuo – conseguindo fazer do desenhista uma humanidade pungente e comovedora. Quando passou ao ator Tony, intérprete do desenhista Bobosse, não esqueceu que se tratava de um tipo psicológico diferente, não obstante as aproximações tão bem sugeridas pelo autor. E aliou ao personagem Bobosse a característica do *homme dur* do personagem Tony, revelando com absoluta perfeição a fronteira das duas naturezas. Périer demonstra uma versatilidade espantosa. Não titubeia em exprimir os sentimentos mais diversos. No longo monólogo, que é o segundo quadro do segundo ato, fez uma verdadeira exibição de talento. Embora *Bobosse*, pelo seu texto, não desse oportunidade a Périer para utilizar todos os recursos de que o sentimos capaz, não há dúvida em considerá-lo um comediante completo.

Os outros membros do elenco são também muito bons. Não nos estendermos sobre eles não significa que os situemos em plano inferior. Apenas *Bobosse* é o que se chama uma peça para um ator. Os demais intérpretes são coadjuvantes, possibilitam a revelação de um temperamento que preocupou especialmente o dramaturgo. Sendo também necessários, ocupam um lugar mais modesto.

Conduzindo-nos pela ordem de entrada em cena, deparamos, ao lado de Bobosse, com o repórter, vivido por Jean Hébey. Interpretação cheia de vivacidade, que foi enriquecida pela deliciosa brincadeira da voz gaga, longe do microfone, e da voz característica dos locutores sensacionalistas – uma quase metralhadora a pipocar – quando na reportagem sonora.

Lucienne Granier, entre as atrizes, é quem fez o papel mais destacado. Tipo muito próprio para os desempenhos que exigem dotes físicos – ela é uma atriz de escola, segura e de muita graça. Bernard La Jarrige, como Edgar e Leon, revelou-se ótimo cômico. Sóbrio, inteligente, sugestivo, justifica a repercussão que tem na França. Camille Guérini, o *oncle* Emile impostor, muito domínio e boa voz. Robert Murzeau, engraçado e oportuno sempre. Michele Gerard, num papel pouco importante de criada, pôde mostrar como se valoriza com talento qualquer desempenho. Jean Helvet, com pouca oportunidade, e Marie Daëms, a esposa de Périer, mostrando-se de fato boa atriz, apesar de só comparecer na cena final.

A direção do espetáculo, sem pretensões, esteve apenas discreta na sua orientação acadêmica. Os cenários poderiam ter melhor gosto, não necessitando do acúmulo de peças no primeiro ato para estabelecer o contraste necessário com a sala do segundo.

Uma companhia com um bom elenco, um ator excepcional, apresentando uma peça deliciosa, grande sucesso na França – eis a estreia de Michodière no Teatro Copacabana.

Bobosse III

André Roussin • Companhia de François Périer
10 de agosto de 1950

A concepção de *Bobosse* revela um espírito criador sobremaneira engenhoso. Baseado, em última síntese, num problema doméstico da contextura mais simples, a peça supera o motivo inicial pela riqueza prodigiosa de sugestões e pela inteligência do texto. A intriga tem origem num fato da maior banalidade: a mulher do ator Tony o abandona porque havia *rouge* no seu lenço. Depois, concluindo ser a mancha maquilagem da atriz companheira, volta ao encontro do esposo. Haverá tema tão leviano, inconsequente e incapaz de sugerir obra séria?

Bobosse é, porém, uma peça da maior seriedade, o quanto pode ser sério o gênero confessadamente *boulevardier*. Em torno dessa história, tranquila demais para parecer melodrama, armam-se situações de sugestivo valor humano e teatral. Dir-se-á mesmo que essa intrigazinha serviu de pretexto para situar na realidade o talento inventivo do autor. E, da forma como se revestiu, apresentou um caráter natural de necessidade.

Roussin, através dos personagens Bobosse e Tony, estudou o problema da personalidade do ator. Identificando a vida real do intérprete Tony à do personagem Bobosse, que ele representa, o autor sugeriu de início o pensamento expresso por outro figurante: "Digo sempre que representamos no palco exatamente o que somos". Tony não reagiu ao problema dentro das trágicas consequências pirandellianas. Disse apenas que achava o autor idiota e tentou uma afirmação de virilidade que não era propriamente a característica de Bobosse. Mas esse desejo criou um terceiro personagem – o Tony do delírio –, que era de fato o lado violento e másculo de sua natureza (realizado somente no sonho). Os acontecimentos subsequentes do terceiro ato vieram trazer novas diferenciações para os dois personagens, para depois identificá-los numa unidade maior: Bobosse esperaria sempre Régine. Tony se embebedou, para a representação da peça, mas fez tudo isso porque Minouche era insubstituível. O fundo lírico, ingênuo e apaixonado de ambos é semelhante.

Os outros personagens não têm a mesma importância literária. Minouche, a esposa do ator, é mero apoio teatral, para o desenvolvimento psicológico da peça. Aliada ao motivo fútil e esquematizado de sua fuga está outro problema mais curioso: o autor sugeriu que, com a simulação da partida, ela queria provar se Tony era fraco como Bobosse ou teria uma reação viril. De qualquer forma, Minouche é personagem de composição, exigência literária para movimento da intriga.

O problema de Minouche corresponde na peça que representou ao do personagem Régine. Ela é a amante de Bobosse, que o abandona na noite que ele escolhera para se casarem. A razão: Régine fora fulminada de paixão por outro homem, e ela o seguiria a qualquer parte. No caso de Régine e Minouche divergem os caminhos traçados pelo autor. A primeira fugiu para talvez nunca mais voltar. A segunda não tinha motivo real para fugir. E por isso voltou. Voltou, também, para permitir o obrigatório *happy end* do gênero de *boulevard*.

Os demais personagens são também acessórios. Servem para compor a ação da peça, que se mantém pela incidência das situações cômicas. E o clima de leveza, inteligência e comicidade é plenamente realizado – excelente realização literária que é *Bobosse*.

Bobosse IV

André Roussin • Companhia de François Périer
11 de agosto de 1950

O valor de *Bobosse* reside principalmente na sua construção teatral. Considerando a forma a verdadeira expressão da obra artística, situo *Bobosse* como incontestável obra-prima da comédia ligeira. Sem temer as consequências de um julgamento pela solução literária, que é a finalidade de qualquer trabalho do gênero – concluirei mesmo que *Bobosse* é uma das peças jovens mais significativas que têm ocupado ultimamente os palcos.

A inteligente realização de seu texto transparece na primeira cena. O recurso que encontrou Roussin para apresentar os personagens é um achado cênico que garantiu o interesse imediato da peça. Na verdade, não haveria processo mais original, inteligente e bem-sucedido que o da entrevista radiofônica para definir *Bobosse* e encaminhar a sucessão de episódios da peça. Em traços de síntese invejável, configurou-se a história que nasceu na primeira palavra do ator. Os pormenores aparentemente dispensáveis do texto possuem todos a exigência mais explícita, e são sem dúvida os responsáveis pelo valor e pelo êxito de *Bobosse*.

A característica de um personagem, lançada aqui ao acaso, encontrará mais adiante explicação completa, marcando perfeitamente os diversos tipos psicológicos. A propriedade na utilização desse recurso é a garantia, também, do permanente sucesso cômico da intriga.

O jogo de Roussin, na estruturação dos três atos, conseguiu exprimir a forma adequada para o encadeamento dos conflitos. O primeiro ato (sendo o primeiro ato de uma peça que os personagens representam) delineia perfeitamente a atmosfera real da história. Tony já está sugerido no personagem Bobosse. O quadro inicial do segundo ato transpõe o problema para o cotidiano do ator. Repetindo uma situação semelhante, não cansa ou apenas repisa elementos conhecidos. Acrescenta à realidade novos contornos, precisa no plano real a psicologia de cada um. Estabelece curioso paralelo entre a ficção e a suposta vida normal, e abre perspectiva ampla para um caso que poderia cingir-se aos limites já revelados. Segundo quadro desse ato construiu-se do sonho de Tony, que se liberta das amarras conscientes para projetar através do delírio a violência de que no subconsciente é capaz: ele monologa diante de um tribunal, defendendo-se da acusação de haver assassinado a mulher. O terceiro ato inicia com o plano da representação, interrompida depois pela revolta do ator. Tony não aceita o destino que o autor da peça pretendeu fixar, e exige o fechamento da cortina. Por um artifício muito bem arquitetado, encontramo-nos de novo na vida real, onde se passam as cenas até o último cair do pano.

A sucessão dos planos da representação, depois vida real e delírio, de novo representação e finalmente vida real, manteve no texto um cunho de imprevisto nunca esgotado. A unidade do tempo guardou-se também de maneira sutil, correspondendo à intercessão dos planos a necessária evolução psicológica. O primeiro ato da peça representada é a situação do problema, que fica esboçado para desenvolvimento posterior. O primeiro quadro do segundo ato, passado no tempo imediatamente depois da representação, termina colocando o personagem no estágio real, semelhante à situação do ato concluído. Vem a noite (a mulher longe), e o sonho povoado de afirmações. Além de ser um monólogo tecnicamente muito bom, de agilidade contínua em quase meia hora de texto, prepara com inteligência o final. A hipótese da inocência da esposa constitui a base da defesa do promotor: ela abandonara Tony por causa do lenço com *rouge*. E a inconsistência desse argumento é que permite no final a reconciliação de Minouche.

O terceiro ato, levantado sobre outra cena na véspera que sucedeu à noite, indica logo a intromissão da vida particular de Tony no personagem Bobosse. O ator confuso esquece as deixas e num ato de indisciplina paralisa o espetáculo. Os diálogos se sucedem e Tony reafirma sua paixão – até que Minouche, o objeto dela, acaba por surgir. Não é arranjada a volta da esposa senão na coincidência da hora em que chegou. O mais se explica, pela trama da peça. E aí não há o que reprovar, pois do contrário *Bobosse* não seria do gênero *boulevard*, mas um teatro com outros propósitos.

A mesma história incide de três maneiras na peça. Quando se trata da comédia levada pelos atores, é um pretexto para configurar o problema de Tony. E permanece sempre no território do mistério, despertando maior curiosidade no caso real que se vai desenrolar. Há o próprio drama vivido por Tony, e que é a verdadeira história de Bobosse. A terceira incidência, realizada com o *oncle* Emile, é por assim dizer uma forma de coro.

A habilidade de Roussin me pareceu nesse pormenor particularmente bem expressa. O tríplice tratamento da história não lhe tirou o sabor ou pareceu redundância discutível. Cada maneira de abordá-la enriqueceu-a de um aspecto novo. Ademais, a farsa desempenhada pelo *oncle* Emile veio preparar, sob o ângulo caricato, o desfecho real que conclui a peça. Autêntica função do coro, introduzido com graça e perfeita compreensão moderna do problema.

A linguagem de *Bobosse* mantém os três atos em elevado padrão literário. Os diálogos, cheios de sugestões e deliciosos mal-entendidos, sustentam a parte cômica da peça. Foi engenhosa a concepção do monólogo, em que Tony, acusado de crime por um tribunal imaginário, replica às interpelações do promotor e do juiz, e se dirige ora ao público, ora aos jurados.

Bobosse, em síntese, apresenta uma construção admirável. Tão bem representada por François Périer e seu grupo, merece o sacrifício dos pesados ingressos para ser vista no Teatro Copacabana.

Cabaret

Jérôme Savary
22 de maio de 1987

Depois de se ter assistido a *Cabaret* no cinema, onde brilham Liza Minnelli e Joel Gray, sob a direção de Bob Fosse, torna-se temeridade passar em qualquer outra montagem para a obra. O certo é que acabei indo ver o musical no Théâtre Mogador de Paris, e não só não fiquei decepcionado como o espetáculo de Jérôme Savary faz esquecer a versão cinematográfica.

O motivo mais forte para essa adesão é a presença de Ute Lemper no papel de Sally Bowles. Savary descobriu essa alemã de 23 anos em Stuttgart e converteu-a na estrela que apaixonou Lyon, onde a adaptação estreou em maio de 1986, viajando depois pela França, e em seguida em sua própria língua em Düsseldorf (entre 6 de dezembro e 31 de janeiro deste ano), para ter a temporada parisiense prorrogada até julho vindouro, numa sala de 1.700 lugares.

Sem ser muito bonita, Ute Lemper tem o rosto expressivo e pernas longas, dança com absoluto domínio e canta como uma negra norte-americana. Reunião de qualidades que formam, de vez em quando, uma atriz privilegiada, em vias de marcar época. A extrema juventude não contradiz a aparência de mulher experiente e sofrida, necessária de resto para a personagem. Se nenhum fator negativo influir em sua carreira, Ute Lemper prepara-se para ser um dos mitos teatrais do nosso tempo.

Savary reuniu um elenco bastante equilibrado. Magali Noël sai-se muito bem como Fraulein Schneider. Yan Babilée transmite com evidente simpatia Clifford Bradshaw, a personagem autobiográfica de Christopher Isherwood em *Adeus a Berlim,* livro de contos que inspirou a peça *I am a camera,* de John van Druten, e as adaptações musical e cinematográfica. Gérard Guillaumat é comunicativo em Herr Schultz, o judeu que pensa ser passageiro o perigo nazista, porque se considera antes de tudo alemão.

Michel Dussarat, apesar de suas qualidades, não dá ao mestre de cerimônias o mesmo brilho de Joel Grey. As dançarinas, além de bem escolhidas, mostram generosamente suas formas, reproduzindo o clima permissivo de Berlim nos anos 20.

A encenação de Jérôme Savary nada fica a dever a um bom musical norte-americano, o que seria razão suficiente para merecer todos os aplausos. Ele tem o tempo do gênero, concebe soluções engenhosas e sublinha elogiavelmente o aspecto antinazista da obra. Alcança um belo efeito a imensa suástica desfraldada no palco. A orquestra foi colocada num mezanino sobre a área de representação, avançando nos números musicais e recuando quando deve servir apenas de fundo. Fiel ao seu gosto pelo circo, Savary introduz um número acrobático de Julius no Kit Kat Klub, interessante em si mesmo, ainda que distraia o espectador do desenrolar do diálogo.

Os cenários de Michel Lelois, pensados com requinte, sobretudo na decoração da casa de Fraulein Kost (é muito criativo, ainda, o surgimento da cabina do trem), atendem à necessidade de mudanças rápidas dos ambientes. Michel Dussarat (mestre de cerimônias) pareceu-me mais feliz como figurinista. E a coreografia de Jean Moussy não vai além do já conhecido.

Esse *Cabaret* reconcilia os franceses com a comédia musical, gênero que em Paris nunca teve o mesmo favor da Broadway ou do West End londrino. Pergunto-me se o êxito não se deve ao fato de Jérôme Savary ter posto um pouco de sal no puritanismo das criações norte-americanas. As poucas audácias são insuficientes para se concluir que o talentoso animador do Grand Magic Circus, agora responsável pelo Théâtre du 8e de Lyon, tenha colaborado para renovar o estilo da comédia musical.

Calígula

Kargahe Nemayeshi • City Players do Irã
11 de maio de 1976

Para a montagem de *Calígula*, pelos Kargahe Nemayeshi – City Players do Irã, foi completamente modificado o espaço do Teatro Galpão (dança). Biombos isolaram as arquibancadas e o público, espalhado na quase totalidade pelo chão, envolveu os atores numa espécie de arena. Esse o clima propício à cerimônia celebrada coletivamente.

Abandonou-se a iluminação do teatro. Seis grandes refletores, dispostos à volta da área central, e mais dois ao rés do chão, além das velas distribuídas por todo o espaço, criaram o clima misterioso para o ritual fúnebre de Calígula. Estamos em pleno domínio do teatro que, vencendo as barreiras da língua, procura transmitir uma experiência humana ao espectador, através do poder do intérprete.

O *Calígula* de Camus é uma peça de texto, quase uma obra literária, o que pareceria o menos indicado para um espetáculo que precisa comunicar-se além da palavra, já que a plateia brasileira não entende o persa. O grupo iraniano, entretanto, fixou do diálogo o elemento primordial da paixão, que permite avaliar a sinceridade do desempenho, além do conhecimento da língua. O espetáculo transmite, em belas imagens plásticas, uma verdade real, que estimula o tempo todo o público.

Calígula retrata a trajetória de um homem que, diante da morte da amada (a irmã), descobre o efêmero de todas as coisas e a profunda solidão. Num mundo vazio e absurdo, quem sabe o exercício da divindade compensaria a marca do irremediável desamparo. E, nos quatro atos (oferecidos pelo elenco sem intervalo), Calígula vive o simulacro do poder absoluto, até o apaziguamento da morte.

De início, a consciência da solidão torna Calígula livre. Da liberdade sem fronteiras, ele passa à supressão do "outro" e de qualquer obstáculo.

Mas também esse exercício de poder provoca o tédio. Daí o arremedo da divindade, surgindo Calígula em cena com as vestes de Vênus e fazendo-se alvo de um coro de orações. Depois de esgotadas as possibilidades humanas, resta o diálogo com a morte.

Na busca do absoluto, nada responde à vertigem de Calígula. Uma fala sua resume o absurdo camusiano: "Acredita-se que um homem sofre porque o ser que ele amava morre um dia. Mas seu verdadeiro sofrimento é menos fútil: é o de descobrir que a própria tristeza não dura. Até a dor não tem sentido".

Sinto falta de compreender o persa para discutir o desdobramento do protagonista em dois intérpretes. Essa escolha do diretor Arby Ovanessian, além de propor o caráter experimental do espetáculo, justifica-se, segundo as informações, para dar ênfase à esquizofrenia do caráter de Calígula e "para fazer predominar no palco a sua personalidade". Sem poder acompanhar as sutilezas do diálogo, decorrentes da divisão, capitula aí minha capacidade crítica. Há enriquecimento ou simples repetição de um recurso já usado? (Vi nos Estados Unidos um *Hamlet* feito simultaneamente por três atores.)

Seja como for, é fascinante esse contato com o *Calígula* iraniano. Uma experiência rica e insólita em nosso panorama, que atesta já no início a extrema variedade do II Festival Internacional de Teatro.

Cassino de Paris

4 de fevereiro de 1953

O Cassino de Paris é um dos mais célebres teatros musicados do mundo. Nele se apresentaram Mistinguett, Maurice Chevalier, Josephine Baker, Cécile Sorel (vinda do teatro declamado), e muitas outras vedetas internacionalmente famosas. Essa lembrança de alguns nomes bastaria, para brasileiros distantes, como prova do alto prestígio que firmou, desde a fundação, em 1912. Diz-se mesmo, a título de caçoada, que não passou por Paris o brasileiro que não foi ao Cassino e ao Folies Bergères.

Acabei por ir também, ainda presente na memória a observação de muitos elementos do nosso teatro: o Walter Pinto é muito melhor...

Engraçado, não achei diferença ponderável: é o mesmo mau gosto, a mesma sucessão de quadros, a mesma chateação infindável, e que me faz pensar que a revista tinha acabado, quando se tratava apenas do término da primeira parte. A importância brasileira nem se preocupa em nacionalizar algumas aparências: plumas em quantidade, lantejoulas, cenários horríveis, texto indigente, escolha de motivos.

Estou fazendo uma injustiça: a observação se aplica à Praça Tiradentes, às grandes montagens. Percebe-se ultimamente, no Rio, uma tentativa de renovação do gênero, através de algumas experiências. As produções de Cesar Ladeira, em que o texto é mais valorizado, com inovações do processo cômico. E as produções de Carlos Machado, agradáveis, sobretudo pelo ritmo dinâmico, sem fatigar jamais o espectador.

Gay Paris dura mais de três horas, que parecem vinte. Motivos? Os velhos pretextos para despir as coristas, como pose para um pintor, representação de festins históricos, dança exótica, uma pretendida Grécia, não sei mais o quê. Depois, o número sentimental (a prostituta que recebe uma punhalada destinada ao seu preferido), uns engenhos técnicos, acrobacia, ópera, contrafação de dança clássica, tudo muito longo, muito repisado, melhorando bastante se fosse reduzido à metade.

Notei um fenômeno curioso, na plateia de oitenta por cento de velhos de cabeça branca, possivelmente americanos (o programa é redigido em inglês): os aplausos se destinam aos achados técnicos – um automóvel em cena, de cujo motor saem as coristas: um avião a jato, que levaria a equipagem ao planeta Vênus; vistas superpostas de Paris e Nova York, e outras coisas do gênero. No mais, uma frieza completa, ou, talvez, uma contemplação muda.

Vou satisfazer a possível curiosidade de um leitor, que me perguntaria a opinião final. Pois bem, a revista, como apresentação, apesar do mau gosto, me parece melhor cuidada que a generalidade das cariocas (vestuário dispendioso, maior apuro no ensaio de danças etc.). Falta-lhe, contudo, um elemento importante, o valor individual dos intérpretes: quer vedeta Lynda Gloria, como os cômicos, não tem a mesma comunicabilidade de uma Dercy Gonçalves, uma Mara Rúbia, Oscarito, Colé e Walter D'Ávila. No mais, maior profusão de nus.

O que levou um brasileiro, a meu lado, a comentar: talvez eu gostasse, com quinze ou sessenta anos.

Cher vieux troubadour

Cartas de George Sand e Gustave Flaubert
21 de fevereiro de 1986

O público brasileiro já conhece a dramatização da correspondência trocada entre Bernard Shaw e a atriz Mrs. Patrick Campbell, sob o título *Meu querido mentiroso*. Agora tenho oportunidade de assistir, na sala Christian Bérard do Théâtre de l'Athénée de Paris, a *Cher vieux troubadour*, que Bruno Villien extraiu das cartas que se escreveram George Sand (1804-1876) e Gustave Flaubert (1821-1880).

Conta o autor, no programa, que seus protagonistas se encontraram pela primeira vez em 1857, mas a amizade começou efetivamente em 1863. George tem 59 anos; Gustave, 42. Não conheço a volumosa correspondência tratada pelos dois escritores como obra literária, mas apenas a adaptação cênica de Bruno Villien, forçado, certamente, a escolher certos aspectos e aqueles que se prestavam mais ao debate no palco.

Muitos problemas da atualidade francesa e pessoal são passados em revista por Sand e Flaubert, com uma ternura e um respeito de grandes artistas, confessando-se, nas suas mais íntimas inquietações, das dúvidas humanas às estéticas. Certa vez – é engraçado –, sentindo-se impotente para ajudar o amigo, Sand aconselha-o a procurar Victor Hugo, "porque ele tem um lado pelo qual é grande filósofo, sendo ao mesmo tempo o grande artista que te é necessário e que eu não sou". Flaubert repele a recomendação: "Ele me *desolou* a última vez que o vi. O que ele disse de tolices sobre Goethe é inimaginável. Essa visita me tornou literalmente doente".

Sabemos do apego flaubertiano à forma literária. Tenho para mim que nunca houve escritor tão perfeito em livros como *Madame Bovary, Salammbô* e *A educação sentimental*. Nesse contexto, é curioso ouvir as palavras de George Sand: "A arte não é somente crítica e sátira. Crítica e sátira só pintam uma face da verdade. Quero ver o homem tal qual ele é. Ele não é bom ou mau. Ele é bom e mau. Mas ele é alguma coisa ainda, a nuança, que é para mim o objetivo da arte. Parece-me que sua escola não se preocupa com o fundo das coisas e fica muito na superfície. A força de procurar a forma negligencia o fundo. Ele se dirige aos letrados. Mas não há letrados propriamente ditos. É-se homem antes de tudo. Deseja-se encontrar o homem no fundo de toda história e de todo fato. Foi esse o defeito de *A educação sentimental*, sobre a qual tanto refleti, perguntando por que tanta irritação contra um livro tão bem-feito e tão sólido".

Em outra carta, Sand diz a Flaubert para se alimentar das ideias e dos sentimentos acumulados na cabeça e no coração; "as palavras e frases, a forma de que você faz tanto caso, sairá sozinha de sua digestão. Você considera um fim, ela é só um efeito [...]. Guarde seu culto pela forma, mas cuide primeiro do fundo".

Não se pode afirmar que o autor tenha feito uma peça, ao menos em termos tradicionais. Mas o público acompanha, com verdadeiro prazer, o diálogo sempre estimulante, desejoso de penetrar um pouco na intimidade de duas admirações literárias. A palavra em voz alta presta-se também a esse exercício de inteligência.

Não há, no texto, nenhuma rubrica a sugerir a possível teatralização do diálogo. Tudo foi imaginado pela encenadora France Darry, que se valeu, no pequeno palco, de um grande espelho inclinado, que multiplica a presença física dos dois bons intérpretes – Hélène Surgère e Fred Personne. Muitas réplicas são trocadas numa refeição não convencional que os atores fazem numa superfície ao longo do proscênio, parte do cenário bem resolvido por Françoise Chevalier. A diretora procurou, de fato, criar uma ambientação destinada a valorizar as palavras. Um espetáculo experimental, no melhor sentido da expressão.

A companhia Darry-Echantillon, responsável pela montagem, nasceu do encontro, em 1969, do encenador Jacques Echantillon e da comediante France Darry. Primeiro, a Compagnie des Vilains e, depois, em 1975, os Tréteaux du Midi/CDN Languedoc Roussillon. O atual nome surgiu em 1981 e, em seu repertório, figuram *Pegue e não pague*, *Morte acidental de um anarquista* e *Um orgasmo adulto escapa do zoológico*, introduzindo Dario Fo na França. Como brasileiro, fico satisfeito com a possibilidade de grupo tão expressivo apresentar *A morta*, de Oswald de Andrade.

Cipe Lincovsky

15 de agosto de 1981

Um dos poucos monstros sagrados do palco atual – essa a sensação que se tem ao ver Cipe Lincovsky em *Yo quiero decir algo*, que está encerrando o III Festival Internacional de Teatro, no Ruth Escobar. Em seu desempenho, há uma decantação de todos os meios interpretativos que envolvem ininterruptamente o público.

A voz é o instrumento primordial da comunicação de Cipe. Poderosa, aveludada, tirando um partido maior dos tons graves. Ao cantar "Mac Navalha" ou "Lili Marlene", ela liga as frases com uma intenção diferente, que propicia uma nova sonoridade. Às vezes, ressalta a malícia. Sempre, um conhecimento profundo da vida, transformado em revelação permanente para o espectador.

Cipe reabilitou o gênero do cabaré literário há uma década, em Buenos Aires, alternando-o com a montagem de grandes textos do repertório internacional (Ibsen, Pinter, Albee), aparições no cinema (*Boquitas pintadas*, de Puig-Nilsson) e viagens ao exterior. O cabaré literário, não obstante o apurado gosto e a grande versatilidade que exige do intérprete, não pode desenvolver às últimas consequências uma situação ou uma narrativa.

Admiram-se no espetáculo, por exemplo, certos momentos antológicos, entre os quais "Por que estão proibidas as flores no gueto?" ou a cena de abjuração de Galileu Galilei na peça de Brecht, a homenagem a uma artista popular argentina, que equivaleria à nossa Dercy Gonçalves, ou as variações sobre o amor, um texto de Tchekhov ou um poema de Thiago de Mello. É mais do que evidente que a soma de trechos antológicos leva a uma unidade – o horror de qualquer opressão, a ênfase nos valores positivos da existência, a confiança final no Homem. E tudo sem esquecer o lado brincalhão, o gosto lúdico do próprio exercício da vida.

Mas, se é impossível não aplaudir cada trecho isoladamente, não se consegue vencer a ideia de que o espetáculo parece uma colcha de retalhos, destinado a colocar no primeiro plano o virtuosismo da intérprete. E, como colcha de retalhos, há pedaços mais ou menos bonitos e o desejo da plateia de que o conjunto tivesse um tratamento orgânico, para que Cipe se movimentasse num contexto dramático menos fragmentado. Refiro-me, sem dúvida, a uma limitação do cabaré literário, e não da atriz.

Porque Cipe mobiliza os mais diferentes recursos para valorizar sua comunicação. A voz ela alia uma máscara expressiva, que muda a cada nova personagem, com o auxílio de uma peruca, um penteado diferente ou mais uma peça de indumentária. Cipe desenhou seus trajes, que vão do tradicional *one woman show* com pernas de fora, paletó de lantejoulas, cartola e bengala, aos vestidos de noite ornados com peles e um manto para a personificação de Galileu. As mudanças são feitas nos bastidores, com a possível rapidez, enquanto três músicos, nunca exagerando o volume, preenchem os tempos mortos. A única arte da qual Cipe abdica, nesse gênero, é a dança, limitando-se ela a ensaiar uns poucos passos.

Mesmo que eu preferisse ver Cipe Lincovsky num espetáculo concebido especialmente para ela, não deixa de ser um privilégio conhecê-la na plena posse dos dons de comediante completa.

Clássicos em Londres

27 de fevereiro de 1953

Numa rápida estada em Londres, tive ocasião de assistir a nove espetáculos. E os comentarei sucintamente em poucas crônicas, tentando aproximá-los pelo gênero ou pela procedência.

Não é preciso explicar por que esta primeira crítica é dedicada aos clássicos. Numa ida a Londres, procura-se inevitavelmente ver Shakespeare no original. Não tive a sorte de encontrar John Gielgud na encenação elogiadíssima de *Ricardo II,* nem pegarei a sua estreia em *The way of the world,* de Congreve. Fui obrigado a contentar-me com o que se achava em cartaz. E vi *O mercador de Veneza*, pela Companhia Old Vic, e *As you like it*, pela companhia de Donald Wolfit. Comecei, aliás, por um espetáculo grego desse último elenco: *Édipo Rei* e *Édipo em Colona*, de Sófocles.

Pessoalmente, não aprovo a ideia da montagem, num só espetáculo, das duas tragédias gregas. *Édipo em Colona* seria o epílogo natural dos acontecimentos de *Édipo Rei*, mas ambas são tão diferentes, os caracteres dos personagens tão distintos, que se percebe desequilíbrio quando deveria haver continuidade. E a própria encenação padeceu desse mal.

Édipo Rei foi um belo trabalho com Donald Wolfit, muito convincente no herói. Lewis Casson um seguro Tisérias, e uma apresentação homogênea do elenco. Cenário austero e com beleza plástica, e vestuário razoavelmente cuidado. Já em *Édipo em Colona* a montagem é muito inferior, inexpressivos os cenários e pobres e feias as roupas, bem como irregular o desempenho. Na segunda tragédia, o papel de Antígona é confiado a Rosalind Iden, esposa de Wolfit, que nem de longe se aproxima da juventude da heroína. O elenco feminino, no conjunto, me pareceu bastante deslocado.

Vi, como primeiro Shakespeare, *O mercador de Veneza*, pelo famoso grupo de Old Vic. Espetáculo encantatório e poético, de atmosfera feérica.

A representação envolve o espectador, pela leveza e movimento dos intérpretes. Aí, aplaudi Irene Worth como Portia, Paul Rogers como o rico Shylock, e conheci no palco Claire Bloom, a *partenaire* de Charlie Chaplin em *Limelight*. Embora o papel de Jessica não lhe desse grande oportunidade, Claire Bloom, no teatro, não me transmitiu a mesma presença que dá ao filme um dos seus belos aspectos.

Um dos assuntos discutidos de *O mercador de Veneza* foi a montagem de Hugh Hunt. Os costumes de Roger Furse desobedecem à veracidade histórica. Inspiram-se nos modelos da Commedia dell'Arte e dos personagens molierescos, o que lhes tira o cunho propriamente shakespeariano. A intenção do encenador me parece clara: como a peça reflete o clima "carnavalesco" de Veneza, a montagem, com esse espírito, a favoreceria melhor. Embora eu não concorde, em princípio, com tal liberdade, não deixarei de reconhecer que o vestuário contribuiu para proporcionar o ambiente de encantamento. Gostaria, entretanto, que fosse menos pobre e às vezes tivesse maior gosto.

A possibilidade de ver um novo Shakespeare me animou a voltar ao King's Theatre, onde a companhia Donald Wolfit passou a oferecer *As you like it*. E me arrependi amargamente. Nunca imaginei que, na Inglaterra, o autor nacional pudesse ser tão mal levado. O espetáculo pode fazer inveja às piores encenações brasileiras. Preveniram-me de que Donald Wolfit é uma espécie de Procópio Ferreira inglês (bom comediante geralmente secundado por um elenco débil), mas a experiência de *Édipo Rei*, talvez porque Lewis Casson fosse assistente de direção, não me tinha desiludido. Em *As you like it*, contudo, os cenários chegavam ao ridículo, as roupas surradas e muito feias, o desempenho sem o menor brilho. Na segunda e última parte do espetáculo, suportava-se melhor o desempenho pela presença mais contínua de Rosalind Iden, uma Rosalinda de fisionomia um pouco envelhecida, mas muito dinâmica e simpática.

Neste ponto, gostaria de fazer algumas considerações gerais. Reservo o propósito para o último comentário a respeito dos espetáculos londrinos.

Clavigo

Goethe
22 de agosto de 1950

As obras dos autores reconhecidos na categoria dos gênios, além de provocarem, à época em que são escritas, um movimento revolucionário, pelas formas especificamente novas que incorporam à história literária – enriquecem-se, no correr das gerações, de aspectos nunca esgotados e que lhes garantem a permanente atualidade. No caso particular do teatro temos o exemplo típico de *Hamlet*. Interpretado, pelos criadores de tendências controversas, segundo as mais diferentes inspirações, que aparentemente se negam – seu texto comporta todas as liberdades, sem perder por isso a unidade básica de que o autor o dotou. Dir-se-ia, mesmo, ser ideal a interpretação de Hamlet que conciliasse as desencontradas concepções, pois só assim o personagem viveria em sua plenitude.

Goethe pertence à categoria de autores inesgotáveis. As sucessivas gerações, que o transmitiram até os nossos dias, só fizeram reafirmar os elementos de perenidade que compõem a sua obra. Eu seria, assim, ridículo e leviano se pretendesse trazer para os limites de uma crônica o estudo de *Clavigo*, uma das suas peças representativas.

Sinto-me à vontade para tocar no assunto porque desejo simplesmente fazer um registro da edição brasileira, com que a Melhoramentos associou-se às comemorações do segundo centenário do nascimento de Goethe. Ocorrido no ano findo, a editora homenageou a data com o lançamento de três estudos sobre a figura do criador do *Fausto*, além de duas peças – *Estela* e *Egmont*.

Clavigo – o primeiro volume de teatro lançado pela Coleção Goetheana – é uma tragédia romântica. A trama tem lugar na corte de Espanha, em que Clavigo ocupa o cargo de arquivista do rei. Sua história, em linhas esquemáticas, é a história de um homem ambicioso, que almeja fazer uma carreira política, e entra em conflito com o problema sentimental. Os demais personagens vivem em função da intriga que criará essa história.

Como tragédia, *Clavigo* possui todos os requisitos da conceituação aristotélica. O sopro da fatalidade marca todas as naturezas. O horror e a compaixão cercam também a trama. Clavigo é fatalizado pela força da ambição. Herói romântico que é, sua personalidade apresenta duas naturezas inconciliáveis: a sedução do poder e o amor de uma mulher que não facultará sua completa ascensão. O conflito das duas naturezas – a afirmação da inteligência, de um lado, e a prisão da sensibilidade, de outro – determina o mundo de fatalização romântica, que só permitirá ao personagem o equilíbrio na morte.

Maria, símbolo da paixão romântica, é um ser fatalizado pelo amor, pela fragilidade. A traição de Clavigo significa para ela o mergulho na morte. A estrutura sentimental de sua natureza não suporta a indecisão do herói. O próprio conflito pressentido em Clavigo seria capaz de condená-la, como de fato condenou, antes de totalmente realizado.

O suporte cênico da tragédia nasce com a vinda de Beaumarchais, irmão da heroína e vingador de seu ultraje. Esse personagem, criado das memórias de Beaumarchais, como lembra o próprio Goethe nas conversações com Eckermann, representa na tragédia um verdadeiro Oreste romântico. Surgido da França para vingar em Madri o amante que manchou pela simples quebra do compromisso de noivado a reputação de Maria (o argumento é de um romantismo quase incompreensível hoje e não poderia ter a mesma configuração na sociedade de nossos dias), o herói, como na tragédia clássica, vem dar cabo de um erro que se consumou. Agita o mundo quase repousado no sofrimento inevitável para salvar todas as vidas da fatalidade crua. Apenas para testemunhar o equilíbrio de Goethe, a faculdade de reunir em si os mundos opostos, como Gide tão bem soube assinalar – Beaumarchais vai escapar ileso da fronteira da Espanha.

Se a conciliação foi impossível em vida, Clavigo e Maria reconciliam-se na morte. Um perdão geral dissolve os conflitos. A serenidade reina de novo no temperamento clássico. Pintada a tragédia de inspiração sentimental, que fatalizou um amor nascido do romantismo (o problema de Clavigo é também uma tragédia social, no sentimento de que a ascensão da burguesia, expressa naquele movimento, criou o novo herói inconciliável na dialética íntima e exterior) – Goethe expôs, junto da fatalidade que conclui na morte, a fatalidade que conduz à vida. O equilíbrio definitivo se recompõe com a fuga de Beaumarchais – símbolo de que a vida continua.

Escrita numa linguagem que não possui mais para os nossos ouvidos a música antiga, numa forma teatral superada em muitos elementos de sua composição, *Clavigo* permanece como uma tragédia de atualidade sempre renovada, pois é imensa a sugestão do gênio de Goethe.

Colinette I

Companhia de François Périer
18 de agosto de 1950

Antes de tentar a expressão de uma mensagem pessoal, que o individualiza e lhe assegura a originalidade, o ator deve exercitar-se no domínio das diferentes formas de representar, deve aprimorar o instrumento de comunicação com o público. Esse preceito, que é um lugar-comum quase desagradável de se repetir, realiza-se, no caso do teatro, por intermédio da escola. A escola dá uma formação completa de intérprete. Ensina-lhe os segredos do palco, evita que, ao lado das cenas em que a intuição supre as deficiências da forma, o ator se atrapalhe em momentos mais simples.

A companhia de François Périer mostra que teve uma escola primorosa. Todo o elenco possui dicção correta. Sabe andar no palco. Exprimir as emoções com absoluta economia e exato poder de síntese. Domina, sobretudo, o personagem que vai representar. Não se deixa envolver pela sedução do estrelismo. Faz o menor dos papéis com a seriedade e a convicção requerida. Não sacrifica a psicologia da criação do autor, em troca do sucesso fácil que seria o abuso dos recursos em que se distingue. Não se procura amoldar o papel ao seu temperamento. Enriquece – isto sim – a própria personalidade, procurando vestir-se com as características legítimas do personagem.

Essa compreensão individual do problema garante ao trabalho de conjunto uma harmonia perfeita. Foi isso o que vimos na apresentação de *Colinette,* levada agora pela companhia da Michodière, em prosseguimento à sua temporada no Teatro Copacabana. O espetáculo revela coordenação em todos os aspectos. A encenação obedeceu ao espírito da peça. Os cenários contribuíram para a adequada caracterização da atmosfera da trama. Os intérpretes, reunidos pelo sentimento de equipe, ofereceram um desempenho homogêneo e de elevada categoria.

Tivemos ocasião, ao comentar *Bobosse*, de externar nosso entusiasmo pelo trabalho de François Périer. Em *Colinette* o grande comediante francês apresentou-se com o mesmo brilho. Viveu com absoluta precisão o tipo de Polo Leonard. Mostrou-lhe o lado *gauche*, a natureza pura, ingênua e de romantismo quase angelical. Périer, nas cenas mais apagadas, mostra-se o ator excepcional.

A excelente surpresa de *Colinette* foi o aparecimento de Marie Daëms. Embora reapresentasse em *Bobosse*, a "ponta" que fez não nos permitiu conhecer as possibilidades de seu talento. Interpretando agora o papel-título, que oferece maior oportunidade, Marie Daëms pôde marcar um desempenho irrepreensível. É, no palco, companheira perfeita do seu marido François Périer.

Marie Daëms tem uma grande presença, movimenta-se com elegância e revela inteligência e encanto teatrais. Para a comédia ligeira nada deixa a desejar.

Os demais atores reafirmaram o bom desempenho anterior. La Jarrige é um cômico muito seguro, que mantém sua interpretação em nível sempre uniforme. Jean Hébey sabe utilizar seus recursos. No terceiro ato, fez com muita graça o Passerose rouco. Camille Guérine, mesmo em papel secundário, mostrou sua firmeza. As risadas do primeiro ato, acompanhando a conversa dos outros personagens, estiveram deliciosas todo o tempo. Robert Murzeau, embora muito versátil, exagerou às vezes a expressão fisionômica. Finalmente, Lucienne Granier, num personagem pouco destacado, apresentou-se com a correção que já a distinguiu em *Bobosse*.

A coordenação do espetáculo, alcançada pelo encenador, deu a *Colinette* o ritmo ligeiro indispensável a uma comédia, resultando daí uma apresentação excelente, que faz da peça em cartaz no Copacabana um *divertissement* da melhor qualidade.

Colinette II

Companhia de François Périer
20 de agosto de 1950

Colinette tem em sua edição da Gallimard uma epígrafe de Eleonora Duse: "*Ils veulent tous faire de l'amour une chose tragique. C'est tellement plus comique que ça...*"? Pense no motivo que teria levado Marcel Achard a adotar essa epígrafe. Vontade de mostrar que o amor é uma coisa simples. Ironia com a própria peça que escreveu. Ou simplesmente Achard procurou fazer uma brincadeira de bom gosto, um jogo leve cheio de inteligência.

A comédia que a companhia de François Périer representa, agora, no Teatro Copacabana, vem rotulada como pertencente ao gênero do *boulevard*. Por ser do gênero, tem que girar forçosamente em torno de certas características. Há uma situação ideal a realizar, um mal-entendido, uma dificuldade que a torna distante algum tempo, e o esclarecimento final que soluciona os problemas traz o *happy end*. A trama que enche esse esquema depende da originalidade do autor. Mil variações podem insinuar-se através dessa fórmula quase obrigatória. O valor literário da peça ficará condicionado ao interesse dos diálogos, à comicidade sugerida pelo imprevisto das cenas e à finura com que o autor souber abordar os temas passíveis de riso. A dosagem perfeita dos diversos elementos renderá uma comédia destinada ao sucesso. O *divertissement* será alcançado.

Achard, em *Colinette*, não fugiu muito aos recursos geralmente utilizados no gênero. Apresentam-se os indefectíveis *cocus* do cotidiano francês – conscientes, tranquilos, e até orgulhosos –, um marido que julga impossível a traição da mulher, e que terá imediato desmentido de sua crença, esse caso aparentemente ridículo é o pano de fundo da verdadeira história: um amor autêntico se descobre, se realiza. A peça é um atestado de confiança no amor absoluto no amor *coup de foudre*.

Como em geral todas as comédias ligeiras, *Colinette* faz uma reafirmação dos sentimentos elementares. Chamo-os elementares em oposição aos sentimentos intelectualizados, aqueles reconhecidos através do filtro cerebral. Não se encontram, aqui, indagações mais profundas. O amor toca as criaturas, e elas não são mais donas de si. Seguem-no para onde as levar suas exigências. Ressalta de *Colinette* uma poesia simples, uma valorização da sensibilidade média dos indivíduos. Uma humanidade capaz de atingir os diferentes públicos.

O diálogo – "Meu nome é Mario". – "Tanto melhor, meu amigo, tanto melhor". Assim abre o pano, para só fechar depois de muitos momentos de deliciosa brincadeira, e completo o conserva nos três atos um mesmo tom de vivacidade e equilíbrio ágil. O ritmo poucas vezes descansa em cenas menos movimentadas. As respostas vêm rápidas, com inesgotáveis recursos cômicos e mundo de sugestões a transmitir.

Não há descuido na psicologia dos personagens. Um traço de Armande, simples tipo de composição, esboçado numa rápida conversa, e depois concluído numa síntese perfeita – "Então, quiseste consolá-lo?" – "Eu"? – "É tua especialidade, aliás. Já procuravas consolar Lionel. Antes que ele estivesse triste – por precaução". Lembro também o pormenor do marido que, ao fim da experiência de Passerose pelos próprios pés, admitidos como perfeitos, leva-o a andar descalço e aparecer no terceiro ato com a rouquidão de curioso efeito.

Teatralmente, *Colinette* é uma peça bem construída. Prepara-se no primeiro ato a atmosfera para justificar o amor de Polo. Quando a cortina se levanta, no segundo ato, está ele em pleno idílio com Colinette. Ao *coup de foudre* sentimental corresponde o *coup de foudre* cênico. Da mesma forma, são sempre lógicas as entradas e as saídas do palco. Nenhuma situação foi preciso forçar. A trama se desenvolve com espontaneidade, vive da inteligente concepção do autor.

Sem pretender grandes resultados, *Colinette* é uma comédia interessante e agradável. Ao lado do teatro *noir*, que conclui quase sempre pelo aniquilamento, fica também como afirmação simples e confiante de vida.

Collage número 5

Companhia Italiana Proclemer-Albertazzi
9 de julho de 1973

Se a Cia. Italiana Proclemer-Albertazzi tivesse ultrapassado o Atlântico para apresentar somente *Collage número 5*, por certo caberia estranhar a escolha, dentro de um repertório em que já criou tantas obras expressivas. O espetáculo – com o qual ela se despede hoje, às 21 horas, no Municipal – se explica, fundamentalmente, como um complemento de *Pilato sempre*, sua verdade de agora. Não encenar o texto de Giorgio Albertazzi significa ao mesmo tempo uma frustração para o público e para o elenco.

Pelas declarações de Albertazzi à imprensa, *Pilato* representou a fixação de uma crise individual e o encontro de um novo caminho para a companhia. A montagem trouxe uma ruptura em vários níveis: humano, enquanto ele assume uma profunda responsabilidade como cristão; artístico, pela incorporação das novas linguagens do teatro; e da organização, na medida em que a empresa se transforma em "*sociale*", isto é, todos os atores participam das decisões e auferem o mesmo salário.

Depois de duzentas representações na Itália, a vinda de *Pilato* à América do Sul tinha um autêntico sentido evangelizador. Nessa perspectiva, embora fosse possível trazer outros espetáculos, se a companhia recebesse maiores recursos financeiros das autoridades italianas, não caberia preparar uma viagem no esquema tradicional. *Collage número 5* se justificava quase como um epílogo para o reencontro da plateia sul-americana com a grande atriz Anna Proclemer, cujo papel não é tão expressivo em *Pilato*.

Seria contraditória essa proposta com a do espírito da nova empresa "*sociale*"? Na verdade, a companhia conserva o nome Proclemer-Albertazzi e não deveria desfazer-se de um capital tão precioso, acumulado em quase duas décadas de trabalho ininterrupto. De outro lado, quem gosta de teatro aprecia a possibilidade de ver, em circunstâncias diversas, monstros sagrados como são Anna Proclemer e Giorgio Albertazzi.

Collage número 5, no conjunto, deixa uma indisfarçável insatisfação, porque não chega a criar um clima teatral. Está claro que, misturando cenas de peças, uma narrativa de Jorge Luis Borges e poesia de vários momentos históricos, a apresentação estava mesmo mais próxima do recital do que do espetáculo. Apenas o palco do Municipal, na sua imensidão, não se presta muito à intimidade e ao envolvimento necessários ao gênero. A sucessão fragmentária dos textos não chega a constituir uma atmosfera.

O que não impede de reconhecer que, isoladamente, há vários momentos muito felizes. Menciono particularmente o desempenho que Albertazzi faz do *Evangelho segundo São Marcos,* apólogo de Jorge Luis Borges, em que a narrativa parece surgir de uma improvisação do ator. O belíssimo timbre vocal de Anna Proclemer, já perceptível em *Il pianto della Madonna,* de Jacopone da Todi, adquire uma ressonância virtuosística incomum em *L'Onda,* de D'Annunzio, e mesmo na simplicidade de *L'Addio,* de Umberto Saba.

Albertazzi introduz muito bem o monólogo *Ser ou não ser* e passa à cena do quarto, em *Hamlet,* quando interpela a mãe e assassina de Polônio. Pelos gestos, pela postura, pelo tom quase coloquial das intervenções percebe-se que ele procurou trazer a personagem para o nosso tempo – não mais um leitor dos ensaios de Montaigne, mas, como declarou, de Camus, Sartre, Kafka e da condição humana de Malraux. Pena que, numa simples amostra, os trechos de *Hamlet* fiquem perdidos, sem adquirir verdadeira consistência cênica.

Resta o monólogo completo *A voz humana,* de Cocteau, um dos "cavalos de batalha" das estrelas. Se o palco desfavorece a comunicação de Anna e a peça volta hoje melancolicamente datada, é impossível não admirar os recursos interpretativos da atriz. Energia, magnetismo, autoridade, elegância e finura de gestos, e um rosto talhado à romana, mas no qual se inscrevem, instantaneamente, as mais diversas emoções – tudo contribui para esculpir a imagem da grande atriz, que se revê sempre com imenso prazer.

Mas o mérito dos dois atores e o valor isolado de cada texto não vencem a impressão de que *Collage número 5* é ainda um espetáculo por fazer – duas potencialidades em busca de como se aplicar.

Comuna

Teatro de Pesquisa
20 de julho de 1974

São muitas as virtudes da Comuna – Teatro de Pesquisa, elenco português que encerra com *A ceia* (e a seguir com *Para onde is?*), no Teatro Galpão, o I Festival de Teatro de São Paulo: o valor de seus elementos, a seriedade de sua proposta, o resultado artístico do espetáculo.

Talvez, de todos os aspectos positivos da montagem, o que mais me impressionou foi a originalidade do grupo. Ele segue, certamente, um caminho próprio, que se afasta dos conjuntos do gênero em todo o mundo. Em *A ceia* o público vê uma experiência diferente, que assimila as mais avançadas formas de vanguarda e lhes dá um tratamento particular.

O grupo utiliza, como ponto de partida, o prestígio do ritual. De início, os atores permanecem sobre uma mesa desnuda, preparando à vista da plateia a maquilagem. Depois eles põem uma imponente toalha sobre a mesa, a cuja cabeceira, ficam os solenes senhores. Sem obediência a um pobre realismo, os outros atores contracenam o tempo quase inteiro sobre uma mesa. O ritual existe para que seja destruído pela realidade.

É difícil imaginar como, recorrendo a textos tão diferentes, os atores conseguiram interpretar um espetáculo tão orgânico. Mesmo os números aparentemente isolados se integram no todo, que se beneficia de uma rigorosa unidade. A Bíblia, o Alcorão, Brecht e outras presenças não identificadas parecem ter saído de uma mesma pena.

O conjunto é inteligente e se vale da alegoria para exprimir a sua verdade. Em cerca de uma hora, se estabelece um grande painel de relações humanas, em que uns comem e outros são comidos. O elenco se ateve ao essencial, não esquecendo um admirável monólogo da subserviência, interpretado por João Mota com força patética.

Comuna dispõe de um preparo que só pode ter sido dado por laboratórios eficientes, não obstante a juventude de seus membros. A propósito do grupo, cabe efetivamente mencionar a homogeneidade. Os atores não só dominam a palavra como a expressão corporal. Seu desempenho nasce de uma tensão que logo se comunica ao público. Sente-se que eles estão empenhados a fundo em transmitir a verdade humana.

Se Francisco Pestana e Melim Teixeira têm a autoridade dos Senhores, Carlos Paulo, Manuela de Freitas e Luís Lucas dão uma intensidade nervosa aos sons que emitem os deslocamentos. Tem uma grande pungência o seu desespero.

Pergunto-me se a forçosa alegoria de *A ceia* não parecerá hermética ao público ideal a que se destina. O rigor da linguagem artística, manipulado por um grupo de elite segundo seus códigos exigentes, talvez só se torne apreensível por uma plateia de semelhante nível intelectual. A valiosa invenção da Comuna corre o risco de permanecer estranha ao público popular.

De qualquer forma, a vinda do grupo português a São Paulo merece ser saudada com maior entusiasmo. Trata-se de um conjunto que deu fisionomia própria e independente à sua figura artística, depois de absorver as mais interessantes lições da vanguarda internacional. E não se pode esquecer que essa realização de autenticidade surgiu em pleno salazarismo. O que deve ser tomado como um signo de esperança para o teatro brasileiro.

Conversations après un enterrement

Yasmina Reza
29 de maio de 1987

Sempre achei necessário que o crítico lesse o texto para comentar o espetáculo. O ideal seria assistir à montagem, ler em seguida a peça e retornar depois ao teatro, onde tudo seria finalmente confrontado. Está claro que a vida profissional não permite esse cuidado e se fica mais vulnerável diante da criação artística. Ainda agora, quase cometi uma injustiça, porque a visão de *Conversations après un enterrement,* no Théâtre Paris-Villette, não me inspirou o menor desejo de escrever, e eu não estava obrigado a fazê-lo. Por escrúpulo, decidi tomar conhecimento direto da obra de Yasmina Reza, que obteve o prêmio da Fundação Johnson de 1986, e devo reconhecer que a encenação de Patrice Kerbrat me deixara completamente cego aos seus valores.

O prêmio, instituído em 1983, destina-se a ajudar a montagem de textos de autores contemporâneos (*Conversations* é a segunda experiência dramatúrgica de Yasmina, jovem atriz elogiada recentemente pelo desempenho de *Le veilleur de nuit,* de Sacha Guitry, e autora da peça *Jusqu'à la nuit,* transposta para o cinema). Começa a ação quando Nathan cobre de terra o túmulo do pai, na propriedade campestre da família, numa cerimônia a que estão presentes apenas seus irmãos Alex e Edith, os tios Pierre e Julienne (ele cunhado do morto), e Elisa, ex-amante de Alex, envolvida depois com Nathan.

O elemento deflagrador dos conflitos é a presença de Elisa, que Alex não esperava, e acende as sensibilidades. De início, todos falam do morto, e comenta-se até que, viúvo, mantinha relações secretas com a pedicure. Em meio ao preparo de uma espécie de cozido para o jantar, um pouco de bebida para cada um, a chuva que cai lá fora, o passado se vai insinuando para que se desenhe a imagem de todos. A autora não se importa de atribuir ao carro, que não pega, a razão para a volta de Elisa à casa.

Yasmina opta pelo diálogo de subentendidos, de sutilezas, de ironias e de sugestões. E aos poucos o leitor se deixa tomar pela densidade dramática dos conflitos.

Parece que o irremediável da morte afasta o jogo das aparências. Se, até certo momento, o luto obriga a uma conversa de conveniências, a certeza do efêmero acaba por exigir que se assuma a verdade. As aspirações íntimas vêm sucessivamente à tona. Nathan leva Elisa à estação, para pegar o trem, mas resolve voltar com ela: passarão a noite juntos, enfrentando um desafio que não poderia ser mais adiado.

Por outro lado Edith, até então reservada e que chegara a condenar o comportamento de Elisa, informa que telefonou a Jean, e ele virá à meia-noite, partilhando seu leito. Queda de todas as máscaras? Afirmação de vida, depois do enterro? A peça não faz considerações sobre os motivos: desencadeia os acontecimentos numa atmosfera em que as personagens sentem necessidade absoluta de não se trair.

Não é fácil dosar o tom de quase bate-papo inconsequente, que nada tem de dramático, e as exigências da ação interior. Na leitura, sente-se que a autora acertou, embora se equilibrando num difícil limite, com o diálogo prestes a esgarçar-se. Ao fim do texto prevalece a sensação de que se testemunhou uma experiência existencial enriquecedora, ainda que não tenham sido expostos os dramas fundamentais da humanidade.

Ao espetáculo incumbia cumprir a delicada tarefa de revelar o clima da peça na informalidade das "conversas", mas preservando o vigor dos conflitos. O diretor Patrice Kerbrat respeitou a intenção da autora, evitando gritos histéricos, golpes teatrais, interferências abusivas. Faltou, entretanto, o ajuste do ritmo para que o conjunto não se esfacelasse em imagem quase informe.

Na ausência de realismo e no espaço aberto e único, pretendidos por Yasmina, há bonitas soluções plásticas, entre as quais a cena do enterro. Reuniu-se elenco de qualidade, em que nenhum ator está deslocado. Paul Barge (Nathan), Josiane Stoléru (Edith), Jean-Michel Dupuis (Alex), Jean-

-Paul Roussillon (Pierre), Lucienne Hamon (Julienne) e Caroline Sihol (Elisa) transmitem o universo da autora. Mas não venceram a sonolência que se apossou de mim.

Depois da leitura, pergunto-me se visse de novo o espetáculo não mudaria também o juízo sobre ele. Questão a que, ao menos desta vez, não poderei responder.

Corrupção no Palácio de Justiça

Ugo Betti
17 de janeiro de 1953

Sarah e José César Borba, que prometem ao público carioca uma temporada com belos textos, inscrevem em seu repertório *Corrupção no Palácio de Justiça*, do dramaturgo italiano Ugo Betti. Essa peça estreou, recentemente, em Paris, no palco do Théâtre Lancry, que se achava há um ano desocupado.

Ugo Betti tem uma posição de primeira linha no teatro contemporâneo italiano, e muitos o consideram o maior dramaturgo vivo da Península, um sucessor de Pirandello, com a diferença que "os personagens de Betti pensam porque sofrem".

Corrupção no Palácio de Justiça (título que provocou em Paris vários protestos por ser julgado ofensivo à ordem pública) situa, segundo o próprio Betti, "mais que a história da prevaricação de um juiz", "aquela de seus remorsos". Com efeito: movido pela ambição (outro motivo dominante do texto), Cust se coloca numa posição de grande prestígio, e chega a ser nomeado Presidente do Tribunal, quando não resiste à própria consciência, e se redimirá do erro.

Assim exposto, o drama pareceria um simples problema de ordem moral, já bastante explorado. Todos os gêneros literários o vêm gastando, há longo tempo, e é nele que se alimenta grande parte da temática cristã. Embora, sob esse aspecto, a peça mereça uma restrição inicial, julgo que ela se imponha através do tratamento dos personagens, de ação simples, mas de evidente grandeza. Há um belo caso psicológico na figura do Presidente, que se atrapalha e se indicia como culpado, não obstante inocente. Croz, o primeiro juiz, é o personagem mais curioso, que, depois de obter a confissão de Cust, morre dizendo-se corrompido, para... Em suas palavras mentirosas, há várias intenções: salvar a reputação do Tribunal, num sentido mais aparente, e, sobretudo, ser o demônio na consciência de Cust, ou, se quiser, o instrumento divino para que esse, desesperado de si mesmo, encontrasse a paz na confissão.

Betti armou admiravelmente a trama para que a ambição de Cust tivesse a mais alta recompensa, e nesse momento seu poder terreno ruísse por inteiro, ante o drama ético. A inteligência maquiavélica o fez atravessar lutas difíceis, mas, solitário e vencedor, sucumbiu pelo remorso. O remorso é a força tremenda, que o persegue mais que os obstáculos que procurou transpor.

A encenação é de Yves Villette, jovem de 26 anos que dirige pela primeira vez em Paris. Foi aluno de Dullin, marionetista com Gaston Baty, e trabalhou muito na província. Vê-se que deu o melhor de si mesmo, com a pequena experiência, e se saiu bem. O espetáculo, montado no palco de poucos recursos, convence, é vigoroso, mantém todo o tempo o espectador. Eu lhe observaria certos primarismos, como o desempenho por demais esquemático dos outros juízes, numa bajulação de tola caricatura.

Constant-Remy, primeiro juiz, Stéphane Audel, o juiz Cust, Camille Bert, o presidente, destacam-se no elenco, onde Yves Villette, como arquivista, apesar das limitações do papel, não me pareceu um ator de muitas possibilidades.

D. João

Théâtre de l'Europe • Jean-Marie Villégier
9 de janeiro de 1987

Tenho minhas dúvidas sobre o acerto da iniciativa: trazer para o Théâtre de l'Europe de Paris o elenco do Teatro Nacional D. Maria II de Lisboa. Interpretando em português *D. João*, de Molière, dirigido pelo francês Jean-Marie Villégier e com cenários e figurinos do também francês Patrice Cauchetier. Em Portugal, nada a objetar. Mas, na França, faria mais sentido apresentar uma visão inteiramente portuguesa da obra genial, da mesma forma que Cacá Rosset mostra no exterior uma leitura brasileira de *Ubu Rei*.

Como os críticos portugueses encaram o problema? Sinceramente, não sei. Com os meus botões penso que se trata de uma perspectiva algo colonizada. O potencial público francês, de resto pouco numeroso na estreia, aplaudiria os atores portugueses em papéis que marcaram, por exemplo, as carreiras de Louis Jouvet, Jean Vilar e Daniel Sorano, numa montagem que leva a garantia da assinatura de Jean-Marie Villégier, de quem Jacques Drillon escreveu, em *Le Nouvel Observateur:* "Ele continua, mesmo em português, um dos melhores servidores dos clássicos franceses, amoroso, fiel, imaginoso, entusiasta". Se em Lisboa se justifica esse exercício intelectual, em Paris eu preferiria ver os eventuais erros de um encenador português. "Talvez seja um raciocínio brasileiro, desacostumado da diluição das fronteiras do Mercado Comum Europeu..."

Não consigo evitar o pensamento: foi bem aprendida a lição do diretor francês? Os intérpretes portugueses podem exibir-se, sem vergonha, diante da plateia que assistiu aos valores originais? A crer-se no comentário de Jacques Drillon, "Carlos Daniel, que vive o papel-título, tem o sorriso brilhante, o porte conquistador que fazem o sedutor irresistível: prodigioso ator, decididamente".

Discordar de um francês, em terreno tão delicado, é no mínimo temerário. Acontece que *Don Juan* me apaixona especialmente, e ademais tive oportunidade de aplaudir Jean Vilar e Daniel Sorano na encenação inesquecível de Teatro Nacional Popular francês. Falta a Carlos Daniel, antes de tudo, a dimensão do pleno mistério da personagem, que se espraia para o campo metafísico. E sua prosódia, às vezes incompreensível para um brasileiro (o que não acontece com os outros atores), prejudica a musicalidade do texto, excetuada, é bem verdade, a famosa réplica sobre a hipocrisia.

Já António Rama exprime as contradições de Esganarelo, São José Lapa tem uma forte presença de D. Elvira. Lúcia Mara é uma Carlota cheia de seiva, Luís Pinhão compõe muito bem a figura do Pobre, Igor Sampaio faz um D. Carlos com exigida nobreza, Ruy de Carvalho tem a dignidade de D. Luis e Mário Pereira mostra na justa medida a presença cômica do sr. Domingos. O leitor brasileiro deve ainda anotar os nomes de Ruy de Matos (Gusmão), Manuel Coelho (Joaquim), Henriqueta Maya (Maturina), António Banha (Expedito), João de Carvalho (D. Alonso), Paulo D'Araújo (Baptista) e Nuno Franco (Ragotim).

Evidentemente, Jean-Marie Villégier domina a profissão e tem bons achados. É muito divertida a cena em que D. João seduz Carlota, sob os lençóis postos a secar em um varal. Não há passos em falso, exegeses gratuitas na concepção. Eu gostaria de um pouco mais de audácia. E, sobretudo de um ritmo mais intenso, que amarrasse melhor a sucessão de cenas. Certamente, não me acostumo à lentidão europeia, que por pouco anula a dramaticidade.

O dispositivo cênico fixo, elegante nas linhas sóbrias, funciona nos quadros de interiores. No momento, porém, em que uma tora de madeira sintetiza a floresta, fica um tanto deslocada a menção a árvores, quando se veem as paredes da ampla sala.

Essa é, na nova temporada, a primeira produção do Théâtre de l'Europe no Odéon Théâtre National (*A ópera dos três tostões* acha-se em cartaz, excepcionalmente, no Théâtre Châtelet). Agora em janeiro, Giorgio Strehler apresentará em italiano sua montagem de *La grande magia*, de De Filippo, com o elenco do Piccolo Teatro de Milão, que tive ocasião de comentar, ao vê-la em Roma. E em fevereiro o Teatro Tanganyika de Moscou oferecerá em russo *O jardim das cerejeiras*, de Tchekhov, *Ralé*, de Górki, e *A guerra não tem rosto de mulher*, de Alexievitch, sob a direção de Anatoly Efros. A vocação europeia do empreendimento não se interromperá, apesar das restrições de verbas no próximo orçamento.

Des aveugles (Cegos)

Philippe Adrien • Théâtre de la Tempête
12 de dezembro de 1986

Se eu tivesse lido antes *Des aveugles (Cegos),* romance de Hervé Guibert, edição de Gallimard e Prêmio da Fondation Fénéon de 1985, nunca imaginaria que ele fosse adaptado para o palco. No entanto, o espetáculo, apresentado no programa do Festival de Outono de Paris, continua em cartaz, no Théâtre de la Tempête, em virtude do êxito que alcançou.

Entre as 150 ofertas teatrais da cidade provavelmente eu o deixaria de lado, porque não é cômodo, para um estrangeiro, o acesso a Cartoucherie de Vincennes, onde se localiza também o Théâtre du Soleil, dirigido por Ariane Mnouchkine. Mas impeliu-me a curiosidade pelo trabalho do encenador Philippe Adrien, sempre muito elogiado pela crítica, e que a atriz carioca Márcia Fiani escolhe como possível diretor de *Anjo negro,* de Nelson Rodrigues.

Trocando em miúdos: Philippe Adrien teria o meu aval para montar a tragédia brasileira, desde que os entendimentos cheguem a bom termo. Transformar em espetáculo romance tão particular, em que prevalece o tempo todo a narrativa, comprova um talento cênico evidente. Hervé Guibert tem tamanha consciência de que sua obra é romanesca e, na escrita, atingiu a melhor forma da narrativa, que decidiu nunca publicar a peça, cuja dramaturgia está assinada por Dominique Boissel.

Philippe Adrien lidou com um texto que não foi concebido originalmente para o palco e que só adquire vida cênica pela habilidade da adaptadora e pelo poder da encenação. A seu crédito, contam de imediato o preparo do elenco, em que transparece extrema familiaridade com o mundo dos cegos, e a mestria em criar um clima forte, do qual o espectador não se desliga.

A intenção de *Des aveugles* é a de penetrar, de maneira nada convencional, no universo dos cegos. Ninguém encontrará aí a imagem de criaturas humildes, frequentemente expostas à piedade pública, por estarem privadas do mais importante dos sentidos. Guibert parece utilizar a cegueira para ir ao fundo das motivações interiores das personagens, como se a visão facultasse apenas o contato com a superfície de tudo. As razões íntimas emergem, assim, com vigor insuspeitado.

A trama, que envolve na peça nove criaturas, se centraliza num estranho triângulo amoroso, formado por Josette (Daisy Amias), seu marido Robert (Patrick Catalifo) e o massagista Taillegueur (Charles Nelson). Todos vivem num instituto de cegos, com uma autonomia de movimentos que surpreende a um ignorante no assunto.

Ao invés da relativa passividade, que se associa aos hábitos de quem não pode debater-se sozinho nas ruas, o texto mostra a violência das paixões, a que não assusta a ideia do crime. Aos poucos, o texto mergulha o público num mundo que o espanta, pela inacreditável semelhança com os horrores do seu cotidiano. Acrescido de particularidades que não lhes são familiares, como a criação de ratos, no quarto de Josette.

O encenador transforma os sucessivos monólogos em tensos diálogos, imprimindo dramaticidade ao conjunto. Os atores devem ter estudado a fundo o comportamento dos cegos para reproduzir-lhes tão bem o andar e a opacidade dos olhos. Não é comum observar-se tanto empenho num elenco.

O cenário de Yves Bernard, simples nos seus poucos elementos, exige complicada maquinaria, porque há paredes que se deslocam, além de cortinas transparentes, que imprimem clima irreal a certas cenas. O efeito plástico é sempre muito bonito. Mas, talvez por vir de um país em que as produções procuram ser econômicas, por falta de recursos, eu vejo um certo desperdício de dinheiro em toda essa parafernália. Sem tanto mecanismo acionado, *Des aveugles* não seria muito diferente do que é.

Diabo a quatro

Louis Ducreux
22 de maio de 1953

Reconheço a dificuldade de renovar a comédia *boulevardiére* do triângulo amoroso, às vezes acrescida de um quarto elemento que não lhe modifica a estrutura. Já não me irrito mais quando um novo espetáculo apresenta a mesma situação surrada: fico atento ao trabalho do autor, curioso para saber se ele conseguiu acrescentar uma novidade, por menor que seja. Não é transigência do crítico, não. É uma atitude lúcida, para continuar na profissão. Porque do contrário... No caso de *Zamore*, por exemplo, louvei o achado inteligente de Georges Neveux. Uma exceção, que sustenta o ânimo para se aguentar mais uma dezena. A boa vontade que me despertou *Zamore,* levou-me ao teatro Montparnasse-Gaston Baty para assistir *Le diable à quatre*, do múltiplo Louis Ducreux, autor, diretor, compositor, intérprete, ora no papel de *Helena ou a alegria de viver*, de André Roussin. Uma decepção. Um fogo de artifício, que logo se esvai. Preciso arranjar novas energias para enfrentar outra peça do gênero.

Como sempre, o primeiro ato até que promete. Bem armado, com bons achados cômicos, uma feição diferente de encarar a história. No momento de tomar a mulher do amigo, o herói não o faz às escondidas, embora mesmo antes do casamento se encontrasse com ela uma vez por semana. Sendo também casado, propõe-lhe que troquem as mulheres. – Com quê? Pergunta o outro, que não entende a proposta. – Nada, é a resposta. O outro, mais apalermado, não esconde o espanto; então vamos dá-las de graça?

Finalmente a situação se esclarece, a troca é feita, em caráter experimental, e, como não podia deixar de ser, os resultados não satisfazem o proponente. Até aí tudo bem. O segundo ato passa. Louis Ducreux tinha duas saídas: ou adotar o *happy end* convencional do reajustamento das duas famílias na base antiga, ou tentar um golpe de força, propondo um novo fim. Ele preferiu a segunda hipótese, e saiu-se mal. O pano cai com um riso amarelo do espectador. Os esposos logrados dão-se bem na condição que lhes criaram, e os culpados querem a volta do casamento antigo. Diante da recusa, a mulher, farta, vai viver com um terceiro homem. O solitário proponente desfaz-se de tudo e vai experimentar a aventura da solidão. Ainda aí, tudo bem. Por que a peça não convence?

Louis Ducreux foi traído pela convenção do gênero, não obstante a mudança que procurou fazer. Não basta esse encaminhamento dado aos personagens. É preciso que as psicologias estejam de acordo com os efeitos cômicos procurados. Nessa perspectiva, a falsidade da peça é insustentável.

O segundo ato mostra a antítese do primeiro. Os causadores da situação, que descobrem não suportar a vida em comum, tentam reconquistar o cônjuge. Não conseguem, e vão-se embora. Solução lógica, mas imprevista. Imprevista porque o autor, para alimentar o segundo ato, criou cenas dúbias em que se espera legitimamente a reconciliação dos casais. Os dois lares parecem frustrados. O primeiro logo se declara. O segundo se revela pela insatisfação, pelos lapsos denunciadores. Estando o companheiro há três dias no hospital, a mulher não o visita. Como esse há muitos outros sintomas. Por isso a sua felicidade e a recusa dos legítimos esposos não parecem fundamentadas. Louis Ducreux procurou quebrar o fim banal, mas, prisioneiro das fórmulas tradicionais, não lhes deu autenticidade. Para se renovar o tratamento psicológico, impõe-se também a renovação da técnica.

O espetáculo, porém, chega a ser agradável pelo desempenho. Dificilmente os atores franceses não representam a contento a comédia de *boulevard*. André Valmy, Jean-Marc Thibault, Micheline Dax, Jacqueline Noëlle e Steve Passeur (no papel inútil de uma cartomante) mantêm um bom nível interpretativo. Ao jovem diretor Michel de Ré, pelo ritmo preciso e flexibilidade das marcações, certamente cabe grande parte do êxito da montagem.

Dom Quixote

Teatro Experimental de Cascais
7 de junho de 1980

Um belo cartão de visita, *Dom Quixote*, que o Teatro Experimental de Cascais apresentará até amanhã, no Teatro Ruth Escobar, inaugurando a temporada em São Paulo, constituída de mais cinco espetáculos diferentes. A qualidade do elenco e da encenação, a escolha do repertório e a linha cultural traçada permitem afirmar, desde já, que se trata de uma companhia estável de primeiro plano em todo o mundo.

Eu receava que a montagem, concebida originalmente em 1967, parecesse demasiado datada, presa a alguma tendência que então se afirmava e não corresponderia mais aos reclamos de hoje. Com efeito, certo gosto pelo ritual e soluções da indumentária remetem a fórmulas da essência artaudiana, particularmente fecunda na década de 60.

Corrigindo o possível irracionalismo dessa escola, o diretor Carlos Avilez valoriza a palavra e compõe quadros plásticos de grande nitidez e força lógica. Talvez haja até excessos de marcações, cujo desenho se acompanha dentro dos movimentos gerais. Desse ponto de vista, aliás, cabe elogiar o gosto seguro e o conhecimento pictórico do encenador.

Impõe-se à plateia o domínio do elenco, não só nos papéis principais. Agrada ver atores para os quais não tem segredo a expressão vocal, modulada para quaisquer efeitos. E a ela se alia a riqueza de gestos e atitudes, impedindo que se pratique apenas um teatro acadêmico da palavra.

Pelas maiores oportunidades recebidas, sobressaem Antônio Marques, um Dom Quixote de imponente figura, talvez deixando transparecer um pouco os andaimes da construção da personagem; Ruy de Matos, um Sancho Pança de vigorosa seiva popular; João Vasco, um estalajadeiro de sólida postura; e Isabel de Castro, Fernanda Coimbra, Cecília Guimarães e Luísa Salgueiro, em vários papéis.

O espetáculo não alcançaria esse rendimento sem o apoio da adaptação que Yves Jamiaque fez da obra genial de Cervantes. É certo que a síntese de quase três horas não poderia abarcar a complexidade do romance. Muitas passagens estão suprimidas e a condensação anula forçosamente certas sutilezas. Mas o autor francês soube captar o espírito do Quixote e dar-lhe uma digna dimensão cênica, que propicia instantes de pura teatralidade, como aquele em que as lanças jogadas contra o herói simbolizam o cárcere.

A visita ao Brasil do conjunto português é, por todos os títulos, meritória e compete agora ao público prestigiá-la, a fim de consolidar um intercâmbio efetivo que tanto tarda.

Dona Rosita ou a linguagem das flores

Claude Régy
17 de março de 1953

Mais de uma vez ouvi que a França incorporou ao seu cotidiano teatral dois autores estrangeiros: Ibsen e García Lorca. A explicação desse fenômeno talvez ainda seja dada por um critério francês. Para o crítico brasileiro, pouco familiarizado, pelo tempo, com a mentalidade parisiense, a consonância se justifica, além do inequívoco mérito universal dos dois dramaturgos, pela sua linguagem poética, que pode encontrar paralelo na melhor tradição da França.

Agora, acha-se no cartaz do Noctambules outra peça de García Lorca: *Dona Rosita ou a linguagem das flores*. O êxito do espetáculo, no caso, se deve mais ao prestígio do texto que ao mérito especial do desempenho, contrariando a quase generalidade das apresentações, em que os atores são os responsáveis pela permanência do cartaz.

Dona Rosita é uma das bonitas peças do poeta espanhol. Pensamos que o seu teatro tem validade maior pela beleza dos temas e pelas cenas de forte poesia, sem se distinguir particularmente pela arquitetura dramática. Nesse texto, preferiríamos talvez uma construção mais sólida e densa, mas não deixaremos de reconhecer que a própria nudez da forma teatral se ajusta à psicologia dos personagens, seres pequenos tocados pela solidão e pelo abandono. O drama de Rosita é o drama de amor que se alimenta de uma imagem que fugiu. O primo e noivo parte de Granada para Tucumán, com a promessa de riqueza e casamento, e por lá se perde em outro compromisso. Rosita se mantém fiel à palavra, até que se descobre, de repente, a Dona Rosita, aquela cuja oportunidade já passara. É de grande beleza a cena em que confessa já saber há algum tempo do abandono, mas mentia para os outros e para si mesma, numa espera eterna que parecia apenas a do primeiro momento. Com o conhecimento dos outros, ruirá o sonho até então defendido, e só restava a realidade prosaica da traição.

Através do ambiente doméstico, García Lorca traça os caracteres das pequenas vidas burguesas, com sabor autêntico e visão poética: o tio mergulhado entre flores e que se arruína para o enxoval de Rosita; a tia que passa todo o tempo a fiar; a ama, velha companheira da família e que é mais um membro dela; o cortejo de pretendentes; os costumes populares, com as solteiras que catam maridos e as más línguas que comentam a vida alheia. Um quadro simples e verdadeiro, cujo valor está no tratamento de poesia.

O papel de Dona Rosita é vivido por Silvia Monfort, muito elogiada pela crítica na criação de Electra. Pareceu-nos que o seu registro seja mais da tragédia que dos acentos líricos. No começo, quando Rosita está saltitando e feliz, seu desempenho parece forçado, artificial. Papel e intérprete só se unem no terceiro ato, de força dramática maior, quando Silvia Monfort pode utilizar seus dons espontâneos.

Assisti ao espetáculo numa das noites em que Maria Helena do Amaral, jovem atriz brasileira, substituiu Pascale de Boysson no papel de uma das solteiras. E sua criação estava muito segura, na justa medida que exigia o personagem. Maria Helena do Amaral certamente aproveitou dois anos de estudo na Éducation Par le Jeu Dramatique, escola de teatro fundada por Jean-Louis Barrault, e no Curso de Teatro Elisabetano, em Stratford-upon-Avon. Em 1951, Maria Helena do Amaral tinha aparecido na cena do Vieux-Colombier, em *La nuit du volador*, de J. M. Conty. Auguramos que essa promissora atriz volte ao Brasil para trazer ao nosso palco os conhecimentos adquiridos na Europa.

Em *Dona Rosita*, que tem desempenho homogêneo, destaca-se Andrée Tainsy na ama e Héléna Manson na tia. A encenação de Claude Régy aproveitou a contento a pequena área do Noctambules, e o cenário de Jacques Marillier e Michel Sonkin soube fixar a atmosfera no texto.

Edith Piaf e Jean Cocteau

19 de maio de 1953

Como só em outubro se inaugurará a temporada da companhia Madeleine Renaud – Jean-Louis Barrault, o Teatro Marigny vem realizando curtas apresentações de outros elementos. Há pouco, foi o Piccolo Teatro de Milão. Agora, é o casal Edith Piaf-Jacques Pills, num programa de canções e com a montagem, na última parte, do monólogo de Jean Cocteau *Le bel indifférent*.

A crítica musical escapa ao domínio desta coluna, e por isso deixo de abordar as composições selecionadas entre as mais expressivas do repertório dos dois cantores, aliás, bastante populares no Brasil. De Edith Piaf, podia-se ouvir "*Télégramme*", "*Padam*", "*Hymne a l'amour*", "*La p'tite Marie*", "*Je t'ai dans la peau*", "*Les amants de Venise*", entre outras. De Jacques Pills, "*Ça gueule ça madame*", "*Vide ton sac*", "*Quand je t'embrasse*", "*Mais qu'est-ce qui m'arrive*", "*Tous mes rêves passés*", também muito aplaudidas. Se não comento o aspecto musical, faço um reparo ao estilo interpretativo de ambos, mais acentuado em Edith Piaf: uma excessiva dramatização, com batidas no peito e na cabeça, parecendo tango argentino em filmes de ínfimo cabaré.

Essa falta de noção dos recursos teatrais no canto me fazia temer pelo desempenho de *O belo indiferente*. A surpresa foi agradável. O monólogo de Cocteau ganhou grande consistência, a situação forçada da mulher que fala, sem resposta do marido, adquiriu uma certa autenticidade, escorreu o tempo com interesse evidente do espectador.

Edith Piaf sabe dosar o efeito cômico da história, e, sem uma dignidade sóbria de Jacques Pills no silêncio, o resultado não seria o mesmo.

O êxito do espetáculo, porém, está intimamente ligado à belíssima direção de Raymond Rouleau. Esse talentoso homem de teatro, que interpreta Siegfried e dirige *La neige était sale*, criou uma atmosfera dramática intensa, com apoio em acertada iluminação e boa música de fundo. O cenário de Lila de Nobili, de concepção semelhante ao do drama de Georges Simenon, favorece o clima da peça. Sente-se, nos dois trabalhos de Rouleau, que se trata de um encenador poderoso, que conhece a fundo a técnica de levantar um espetáculo e envolver com inteligência o espectador.

Egmont

Goethe
24 de agosto de 1950

Gide, na "Introdução ao teatro de Goethe", ressalta admiravelmente um dos aspectos essenciais do gênio alemão: seu sentimento e desejo de ser um homem "representativo", ou "mais exatamente – exemplar". São palavras de Gide: "Parece não se ter lançado na vida senão para isso: 'servir de exemplo ao universo'". E a tese é ilustrada com a citação das últimas palavras de Egmont, antes do sacrifício que lhe impuseram: "Que eu me torne um exemplo".

Além de ser um raciocínio absolutamente justo sobre a personalidade de Goethe, a referência à obra, buscada para ampará-lo, não poderia servir-lhe melhor no intento. É que *Egmont* já pertence à grande fase de Goethe, fase em que se realiza a plenitude do seu talento. O personagem Egmont possui a universalidade das mais completas criações goetheanas.

A própria tragédia apresenta maior riqueza de situações e problemas. Há uma sólida arquitetura literária na grandiosidade dos cincos atos. Tipos humanos os mais diversos, concepções e afirmações de vida contraditórias confrontam-se em *Egmont* dentro de perfeito equilíbrio teatral.

Egmont não se limita a traçar personagens representativos. Dá o testemunho de sistemas de vida em choque. Simboliza toda uma concepção dos problemas sociais, dos problemas humanos – enfeixa uma fundamentação filosófica da existência. A ideia de liberdade que Egmont vive vale por uma definição metafísica do homem Goethe. E isso sem que fiquem prejudicadas as características peculiares da expressão artística.

Qual é a noção de liberdade exposta em *Egmont*? O assunto é demasiado amplo, e confesso que o trataria sem a profundidade que requer, se o examinasse apenas em função das indicações da peça. Egmont é um símbolo, e um símbolo existe pelas situações que representa. No caso, o expresso é toda uma visão da época em que viveu Goethe.

Ficarei, por isso, no simples enunciado do problema. Egmont é uma personalidade "superior". Um homem dotado de poder extraordinário. Capaz de reunir atributos poucas vezes coexistentes: é um chefe, um dirigente, na plena investidura do cargo, e que consegue ser um modelo de liberdade. Mais ainda: é um modelo de lealdade e submissão ao poder real. A intriga da peça nasce dos conflitos surgidos entre essa concepção e a concepção menos compreensiva dos temperamentos ditatoriais. Resta da história o exemplo: o mundo continua como está, o herói é sacrificado em holocausto à doutrina que pregou, e fica de sua experiência a semente lançada. Terá ela frutos?

Goethe sugere certamente que não foi vão o esforço de Egmont. Fernando, o próprio filho do duque d'Alba, o opressor que lhe decretou a morte, recolhe o ensinamento da vida de Egmont. Será sem dúvida um continuador de sua conduta. Rebelar-se-á contra a tirania paterna para auxiliar a evolução inevitável da liberdade. A ideia pura e a realidade triste se negam, mas Egmont não prega a revolução. Aceita a determinação superior, porque acredita na hierarquia e no equilíbrio, apesar do erro. Vence a luta íntima e enfrenta com serenidade a sentença de morte. Sem que haja na expressão significado pejorativo – *Egmont* é um funcionário da ordem. Diria melhor: um clássico.

De permeio ao problema central da tragédia, múltiplos outros se colocam. Clarinha, a amante de Egmont, interpreta o amor romântico, abnegado e indiferente às consequências. Na figura da princesa regente, pinta-se o conflito interno dos governos. Através de vários habitantes da cidade, há o coro do povo que deseja afirmar a liberdade, não obstante as contrafações do poder. O duque d'Alba, personagem psicologicamente oposto a Egmont, e apresentado na realização literária em plano idêntico ao dele – simboliza a autoridade, despótica, a ética tão divulgada que não escolhe os meios para atingir o fim. O mundo variado e imenso de personagens, representando uma visão total da vida, faz de *Egmont* uma tragédia no sentido estrito dos tipos criados, como também uma tragédia no mais amplo significado do conteúdo social. A forma teatral, sempre adequada e construída numa arquitetura grandiosa, foi o veículo perfeito para a exteriorização desse mundo.

Egmont, ao lado de ser uma das obras mais expressivas do gênio de Goethe, é um marco decisivo da história literária.

Electra

Antoine Vitez
16 de maio de 1986

Antoine Vitez, diretor do Théâtre National de Chaillot, é a minha descoberta, com algum atraso, do palco francês de hoje. Havia admirado dele as montagens de *Lucrèce Borgia*, de Victor Hugo, e *Il trionfo dell'amore (Le triomphe de l'amour)*, de Marivaux, esta última interpretada pelo elenco do Piccolo Teatro de Milão. Por isso, corri para assistir à estreia de *Electra*, de Sófocles, na terceira versão do encenador, totalmente diversa das anteriores, a primeira de 1966, em Caen, e a segunda em 1971, em Nanterre.

O espectador é provocado, antes de mais nada, pelo belíssimo cenário de Yannis Kokkos, entre a tragédia grega e uma pintura de Hopper. Não se está mais no antigo palácio de Agamenon, usurpado por Egisto e Clitemnestra, mas diante de uma parede alta, encimada por estátuas, e cujas três portas dão para uma comprida sacada, a cavaleiro do porto, semelhante ao Pireu atual. O desgaste do tempo se completa pelo prosaico mobiliário moderno – penteadeira à esquerda, cama de ferro de Electra e mesa com cadeiras de palhinha à direita, onde as personagens de vez em quando tomam vinho grego de resina. Os figurinos de Yannis Kokkos aproveitam a indumentária comum dos nossos dias.

Evidentemente, Antoine Vitez, que pelas fotos realizou uma *Electra* "clássica", há vinte anos, cujo cenário se resumia às tradicionais plataformas de madeiras, lembrando as escadas de Reinhardt, quis mostrar agora que a tragédia de Electra prescinde do vínculo à Grécia de dois milênios e meio atrás. Por isso ele fez também uma nova tradução, fluente, simples, liberta de arcaísmos e de referências eruditas.

Em princípio, não morro de amores por essas modernizações, e acredito que por nenhum resquício conservantista. Penso que observar o estilo antigo (ao menos nas linhas e na indumentária) ressalta a modernidade da obra. Não há o menor sentido em reconstituição arqueológica, porque não se consegue ressuscitar o mesmo público, dotado de crenças e informações distantes das da plateia contemporânea. Mas o distanciamento temporal sublinha, a meu ver, permanência de certos valores, aumentando a força da palavra clássica.

Não foi esse o raciocínio que norteou Vitez. Ele preferiu situar as personagens no cotidiano, e Clitemnestra passa esmalte nas unhas. Electra usa chinelos ou está descalça, e Egisto parece um malandro provocador, que procura dinheiro debaixo do colchão. Os signos são bem do nosso tempo, longe da conhecida idealidade sofocliana.

Dessa perspectiva, tudo funciona muito bem, talvez salvo em dois pormenores. Não creio nesse cenário doméstico, bem justificada a presença contínua do corifeu, e, malignamente, não se consegue evitar o pensamento: por que o preceptor vem trazer a falsa notícia da morte de Orestes, se hoje há telefone ou na pior das hipóteses telegrama? Não consigo separar a ambientação cenográfica do diálogo, que por sua vez se liga a todo um contexto de comportamento.

A liberdade utilizada por Vitez atinge alguns momentos muito expressivos. Cito, por exemplo, a cena em que Electra pega a caixa em que estariam as cinzas de Orestes e vai chorar escondida entre os lençóis. Toda a sequência final é feliz. Colocam o cadáver de Clitemnestra na cama de Electra e Egisto o descobre, acalentando a errada alegria de que ele seria o do inimigo Orestes. Firme, Orestes comanda a vingança contra o assassino do pai, Agamenon, afinal consumada atrás das portas, fora da vista do espectador, como preceitua a poética aristotélica.

Mais importante que essas observações é o clima geral do espetáculo. Não negarei que *Lucrécia Bórgia* e *O triunfo do amor* despertam minha adesão irrestrita, enquanto *Electra* comporta diversas dúvidas. Deve-se reconhecer, porém, que o projeto é mais ambicioso e deliberadamente polêmico.

Nesse quadro, tornam-se normais os debates. Senti-me o tempo inteiro interessado, preso às sucessivas propostas, que nada têm de gratuitas ou arbitrárias. Fascina a vitalidade da montagem, animada pelos desempenhos vigorosos de Evelyne Istria (Electra) e Valérie Dréville (Clitemnestra) num elenco bem preparado.

Li que Antoine Vitez, com a mudança do governo, não continuaria à frente do Théâtre National de Chaillot. Não me vejo autorizado a discutir o assunto, porque me faltam todos os dados da questão. Posso afirmar, contudo, que poucos encenadores encarnam, como ele, a tradição e a modernidade do palco francês. E seria uma pena se ele não tivesse condições de prosseguir, com meios idênticos aos atuais, a instigante trajetória artística.

Emília Galotti

Jacques Lassalle
29 de novembro de 1985

Só mesmo em Paris. Peguei o metrô, fiz o que se chama correspondência (troca de linha e de trem) e fui até Créteil, outro município, passando por dezesseis estações. Lá, depois de atravessar um shopping moderníssimo, andei mais uns 500 metros, até chegar ao Centro Cultural, onde há um teatro de mais de mil lugares, para assistir a *Emília Galotti*, de Lessing, no desempenho do Teatro Nacional de Estrasburgo.

Por que tanto sacrifício? Em primeiro lugar, por causa do convite do ensaísta e professor Bernard Dort, conselheiro do grupo e tradutor da peça, elogiado por todos, pela teatralidade, fluência e elegância do diálogo francês. Depois, porque estava curioso por conhecer o único teatro "estatutariamente nacional" fora de Paris. Finalmente, em virtude do interesse que me desperta a obra do autor alemão, que escreveu a importante *Dramaturgia de Hamburgo* e a belíssima peça *Nathan, o sábio*, que Miroel Silveira encenou em São Paulo, com o elenco do Teatro da Escola de Comunicações e Artes da USP.

Emília Galotti havia sido criada no último Festival de Avinhão, no mês de julho, colhendo aplausos gerais. Jacques Lassalle, diretor do espetáculo, escreve no nº 9 do jornal, publicado pela organização: "Por que Paris? Porque se sabe bem que se, aos nossos olhos, a ideia de descentralização e a necessidade de enraizamento não se tornaram letra morta, não há aventura artística em França que possa prosseguir muito tempo sem o aval de Paris. É o preço necessário ainda, é necessário o aval de Paris".

Pelos comentários dos críticos parisienses, cabe concluir que esse aval foi alcançado. O TNS (sigla do Théâtre National de Strasbourg) não terá dificuldade em prosseguir sua expressiva jornada, custeando um elenco estável, várias salas e uma escola especializada. Essas são vantagens de um país que leva a cultura a sério, talvez como seu emblema de maior mérito, sem usar a desculpa dos problemas econômicos para impor a censura à inteligência e à criação artística.

Preâmbulo tão encomiástico faria supor que adorei a montagem. Neste ponto, entram outras questões. Sabe-se a importância histórica dessa "tragédia burguesa", escrita em 1772, e que anuncia o que o teatro teria de mais avançado no século XIX. Espantamo-nos com a paixão do príncipe de Guastalla pela jovem burguesa Emília Galotti, levando o ministro Marinelli, desejoso de agradar ao amo, a sequestrá-la e assassinar aquele que deveria ser seu marido. A noção de honra leva o pai de Emília a matá-la, embora confiasse plenamente na pureza de seus sentimentos. Quantos dramas evocam *Emília Galotti*?

Mas a verdade é que as cenas se compõem quase sempre com não mais de duas a três personagens, o que torna um tanto penosa a progressão da história. E o tempo francês (ou europeu) é bem diferente do nosso, brasileiro – sempre ágil, inquieto, nervoso, mesmo com o risco de parecer superficial. A encenação de Lassalle, apesar da beleza plástica, da qualidade do elenco e do rigor da exegese, provoca um tédio mortal. Faz-se um esforço quase sobre-humano para não dormir.

Maria Carré (Emília Galotti), Marie-Catherine Conti (Cláudia Galotti, sua mãe), Patrice Kerbrat (o príncipe), Claude Degliame (a condessa Orsina) e outros são atores que dominam completamente os papéis. No caso de uma viagem do TNS ao Brasil, eu não recomendaria a inclusão de Emília Galotti no repertório, porque nosso público não se ligaria no espetáculo.

Entretien de M. Descartes avec M. Pascal, le jeune

Jean-Pierre Miquel
22 de novembro de 1985

Quem poderia imaginar que uma conversa de Descartes com o jovem Pascal se tornasse peça de teatro – e boa peça de teatro? Basta ir ao Petit Odéon, no conjunto do Théâtre de l'Europe de Paris, dirigido por Giorgio Strehler, para se chegar à conclusão de que *Entretien de M. Descartes avec M. Pascal, le jeune* não é um diálogo a respeito de posições filosóficas divergentes, mas um conflito resolvido em termos dramáticos.

O milagre deve ser creditado ao autor Jean-Claude Brisville, que já teve outros dois textos apresentados em Paris. A ideia do *Entretien* surgiu, ao acaso, de um bate-papo com o encenador Jean-Pierre Miquel, responsável, aliás, pela feliz montagem. Brisville inteirou-se de que os dois filósofos se tinham efetivamente encontrado, no dia 24 de setembro de 1647, num convento próximo da parisiense Place Royale, e imaginou, por falta de documentos, o que debateram.

Havia o perigo de se reduzir a peça a excertos de ideias antagônicas dos pensadores. Descartes contava então 51 anos de idade e morreria três anos depois, em 1650, de pneumonia, depois de concluir o *Tratado das paixões da alma*. Pascal tinha apenas 24 anos e, como aparece em cena, muito doente, preso do seu radicalismo religioso.

O pretexto de que se valeu o dramaturgo para desencadear o conflito: Pascal propõe a Descartes que encabece um abaixo-assinado, defendendo PortRoyal das acusações de heresia. Descartes recusou-se, sob a alegação de que não concordava com a religião sombria dos jansenistas. As ideias dos dois filósofos filtram-se inteligentemente, em experiência de vida, como se brotassem do debate instaurado naquele instante. Inegável argúcia, sob o prisma da dramaturgia.

Embora o encontro se desse numa cela, era difícil resolver o problema cênico, num palco de apenas três por quatro metros. Reduzindo a ambientação ao essencial – uma cama de solteiro, à direita, uma mesa e duas cadeiras, ao centro, e uma janela, deixando filtrar luzes de variada intensidade, à esquerda, além da cruz, na parede de fundo –, Françoise Darne criou o quadro sóbrio e austero da ação.

Jean-Pierre Miquel não quis superar as dificuldades da situação apelando para fogos de artifício. Ao contrário, como convém às personagens e ao tipo de encontro, os movimentos nada têm de espalhafatosos. A certa altura, Pascal não se sente bem, mas se limita a deitar na cama, pondo-se um pouco à vontade. O espetáculo concentra-se na interioridade do desempenho.

Henri Virlogeux é um Descartes descontraído, amante da vida, cujo modelo, tanto da personagem como do intérprete, não está longe do Galileu brechtiano. O Pascal jovem de Daniel Mesguich é tenso, sofrendo ininterruptamente por não repetir o martírio de Cristo. No confronto, fica mais simpática a sabedoria vital de Descartes, encarnada com perfeição por Virlogeux.

A plateia dispõe de apenas 85 lugares, lotados desde a estreia com enormes filas de espera, antes de cada sessão. Admito que esse gênero de jogo intelectual possa ser muito caro aos franceses. Ainda assim, se se mostrasse enfadonho, o público não o prestigiaria, e muito menos não lhe reservaria uma ovação, no final.

Pergunto-me se devo recomendar o *Entretien* a dois atores profissionais brasileiros e fico em dúvida. Não temos a mesma familiaridade com o pensamento dos dois protagonistas, conhecido na França desde os bancos escolares, clássicos que são da língua. Creio, porém, que o espetáculo interessaria demais aos estudantes, sobretudo aos dos cursos de Filosofia e Religião (examinada, também, nas relações com a Ciência). Um desafio para um instigante exercício de inteligência e sensibilidade.

O Petit Odéon anuncia seu programa, até os primeiros meses de 1986: de 3 a 29 de dezembro, *Jogos de mulher*, dos poloneses Krzysztof Zanussi e Edward Zebrowski, sob a direção de Henning Brockhaus; de 7 de janeiro a 8 de fevereiro, *Atriz de uma certa idade para interpretar a mulher de Dostoiévski*, do soviético Edgar Radzinski, sob a direção de Viviane Théophilidès; de 18 de fevereiro a 1º de março, *A verdade/O trio em pedaços,* do italiano Italo Svevo, sob a direção de Enrico D'Amato (todas criações em francês); e, finalmente, no Théâtre de l'Athénée, de 1º a 16 de fevereiro, *Elvire Jouvet 40,* extraído do livro *Molière et la Comédie Classique,* de Louis Jouvet, sob a direção de Brigitte Jacques. O Théâtre de l'Europe mantém-se fiel ao espírito em que foi concebido.

Espetáculos da vida noturna de Paris

2 de abril de 1953

Sabe-se que uma das grandes tradições parisienses são os espetáculos da vida noturna. Em todos os gêneros encontra-se uma infinidade de shows, desde a revista às experiências de vanguarda. Há alguns anos, nessa última rubrica, destacam-se dois cabarés, que a propaganda cretina inscreve entre as chamadas "*soirées* existencialistas". Os programas e os preços levam em conta a moeda estrangeira, e possivelmente o show tenha perdido alguma coisa com a propaganda cretina que inscreve entre as chamadas *soirées* tanto o Clube da Rose Rouge como a Fontaine des 4 Saisons e oferecem vários aspectos dos melhores de Paris.

À parte números de canto, dos quais não me ocuparei, percebe-se que os "Frères Jacques fizeram escola", em ambos os shows existe uma sequência de *sketches* teatrais e uma apresentação de marionetes. A Rose Rouge encena *Cinemassacre*, direção e desempenho de Yves Robert e alguns outros atores muito bons, e as marionetes são de Yves Joly. A Fontaine des 4 Saisons apresenta *L'ecole du crime*, com a homogênea companhia Grenier-Hussenot (que, no teatro da Gaîté-Montparnasse, vive atualmente *Philippe e Jonas*, de Irwin Shaw), e as marionetes são de Georges Lafaye.

Cinemassacre faz uma paródia de cinema, apresentando *sketches* que seriam tirados de Hitchcock e de Cecil B. DeMille. *Um parisiense na América* (o inverso de *Um americano em Paris*), um número inspirado no propagandista Jean Mineur (felizmente, no Brasil não há nada semelhante), de Vittorio De Sica, de Howard Hughes, um *far-west*, um Marcel Carné e uma cena muda. Como trabalho teatral, a realização de Yves Robert, com cenários de Jean-Denis Malclès, é da melhor qualidade. Ritmo interpretativo surpreendente, composições justíssimas e de admirável inteligência, e a caricatura vai ao fundo dos assuntos tratados. Fala-se em Cecil Cinq Mille, o homem italiano de De Sica perde as calças e não a bicicleta, e se põe a chorar nos braços do filho, e a imitação de Carlitos é perfeita, restituindo-lhe todo o cômico e a poesia. Ainda no Rose Rouge, Yves Joly faz bonitos trabalhos de marionetes, onde ressaltam as composições com as mãos enluvadas. Entre elas, as *Profundezas submarinas*, com formas belíssimas criadas com as luvas brancas, e *Banho de mar*, em que um homem e uma mulher, simbolizados por duas mãos, despem-se, atiram-se na água e são depois presos.

A *Escola do crime*, na Fontaine des 4 Saisons, parte de uma boa ideia – o ensino evidentemente absurdo dos processos para matar. Mas o desenvolvimento não é muito bem-feito, e cenas boas intercalam-se com outras sem o mesmo interesse. Vale o desempenho da companhia Grenier-Hussenot. Em compensação, as marionetes de Georges Lafaye são extraordinárias. Redimem o desaponto que eu tinha sentido, num espetáculo de benemerência (de que participava também o mímico Étienne Decroux) com as marionetes de Jacques Chesnais. Georges Lafaye faz composições abstratas, com bastões que se alongam e curvas que se movem, e tem um número delicioso de sensualismo apenas com uma cartola e uma pluma. Com esses dois elementos, e uma voz que diz, em tons diferentes, John e Marsha, o quadro sugere com perfeição e sutileza uma cena amorosa.

O espectador sente que esses programas da vida noturna não pertencem à diversão estandardizada, mas trazem ao teatro várias experiências que o renovam e o alimentam.

Essências

Benito Gutmacher
1º de novembro de 1975

A mímica tem sua gramática e suas leis. Pode-se reconhecer um mimo por certos gestos e atitudes que evocam os mesmos gestos e atitudes de outro mimo. Surge em São Paulo Benito Gutmacher, para apresentar-se até amanhã no Teatro de Dança (Galpão), e se é obrigado a concluir que esse raciocínio não corresponde à verdade. Porque Benito Gutmacher não lembra nenhum outro mimo. Distingue-se por um estilo muito pessoal, de extraordinário vigor.

Nem cabe afirmar que a mímica define o estilo de Gutmacher. Há em sua maneira elementos de expressão corporal – terrivelmente rigorosa, com um domínio físico raro, mas que não se deixa levar por nenhum virtuosismo gratuito. E ele usa algumas figuras de dança, como usa também a palavra e o ruído. Gutmacher é mais um artista que recorre às multimídias na ânsia de comunicação total que distingue grande parte da arte hoje.

Pelas características físicas, e pela violência no seu desempenho, Gutmacher foi comparado pela crítica francesa a Antonin Artaud ("o teatro foi feito para abrir coletivamente os abcessos"). Pelo que se pode deduzir da teoria artaudiana e da imagem do grande artista num filme, a comparação parece válida. De fato, nenhum intérprete se doa ao palco com tanta fúria como Gutmacher.

Seu procedimento apela sempre para a síntese (daí o espetáculo chamar-se *Essências*). Não há desenvolvimento psicológico, não há narrativa que conte uma história. Gutmacher isola um motivo carregado de significado e sintetiza numa frase e até numa palavra. E a frase ou a palavra são repetidas até a exaustão, em inflexões diversas, iluminando uma parcela da realidade. Uma experiência fundamental se transmite ao público.

Assim, por exemplo, Gutmacher fala "Não, violência não" e, a seguir, "Por que não violência?". A verdade daquilo que ele pretende exprimir é vivida visceralmente, chegando à plateia com toda a carga emotiva. Não se consegue ficar insensível à angústia com a qual Gutmacher encarna todos os problemas, culminando no quadro "Universalmente" – sacrifício do homem crucificado.

O processo de iluminações progressivas aproxima-se da técnica do expressionismo, à qual Gutmacher emprega uma insuspeitada modernidade. A crispação, o sentimento do holocausto, o horror pela humanidade mergulhada no caos não escondem a crítica por vezes irônica e sarcástica. Benito Gutmacher vive para o público a explosão de uma rica e desconcertante personalidade.

Esta noite improvisamos

Lucian Pintilié • Théâtre de la Ville
10 de abril de 1987

Os primeiros quadros são de um deslumbramento total. O diretor romeno Lucian Pintilié, hoje com carreira de êxito na França, na Inglaterra e nos Estados Unidos, mostra em *Esta noite improvisamos,* no Théâtre de la Ville de Paris, um virtuosismo raro e capacidade de levar às últimas consequências os sortilégios da encenação. Numa cena, frisas, camarotes e balcões de um teatro, erguidos dentro do palco, transformam-se, como por encanto, num cabaré. Tudo indicava que um realizador moderno se vingava da sátira feita por Pirandello aos excessos da profissão.

Ce soir on improvise (Questa sera si recita a soggetto), a última peça da trilogia do "teatro dentro do teatro" (as anteriores são *Seis personagens à procura de um autor* e *Cada qual à sua maneira),* desloca a indagação estética para o conflito "entre os Atores transformados em personagens e o seu Diretor". O dr. Hinkfuss, diretor do espetáculo a ser montado em *Esta noite improvisamos,* abole o nome do dramaturgo e pretende coordenar o desempenho a ser improvisado pelos atores, com base num conto de Pirandello. Diz ele, respondendo ao público: "Seu nome (o do autor) não figura nem nos cartazes. Mesmo porque, de minha parte, seria injusto responsabilizá-lo pelo espetáculo desta noite. O único responsável sou eu! Escolhi uma pequena novela sua como também poderia ter escolhido a de qualquer outro. Preferi a dele, porque dentre todos os escritores de teatro é, quem sabe, o único que compreendeu que a obra de um escritor acaba no momento mesmo em que ele acabou de escrever a última palavra. Ele se responsabilizará frente aos leitores e frente à crítica literária. Não pode nem deve responsabilizar-se frente aos espectadores e críticos dramáticos, que julgam sentados numa poltrona de teatro [...]. Porque, no teatro, a obra de um escritor não existe mais [...]. A obra de um escritor está aqui (mostra os papéis). Que faço dela? Torno-a matéria de minha criação cênica e sirvo-me dela como me sirvo da habilidade dos atores escolhidos para representar os papéis, segundo a interpretação que eu lhes dei. [...] Num outro teatro, com outros autores, outros cenários, outros movimentos e outras luzes, o senhor deve admitir que a criação cênica será fatalmente outra. E com isso parece ter demonstrado que o que se julga no teatro não é nunca a obra de um escritor – eterna no seu texto –, mas, sim, esta ou aquela criação cênica que alguém faz, uma diferente da outra. Para julgar o texto seria necessário conhecê-lo; e isso no teatro não é possível, através de uma interpretação que, feita por certos atores, será uma, e, feita por outros, será fatalmente outra. A única solução seria que a obra pudesse representar-se por si mesma, não mais com os atores, mas com as próprias personagens que, por um milagre, assumissem corpo e voz".

A partir das premissas pirandellianas, parece que Pintilié pretendeu dar uma resposta às críticas do dramaturgo, fazendo um espetáculo perfeito, que utilizasse toda a magia própria do encenador e por assim dizer prescindisse de uma possível leitura diretamente do texto. Durante muito tempo, a montagem progride como maravilhoso fogo de artifício.

Aos poucos, porém, o malabarismo começa a cansar, e se sente que secou a invenção do diretor ou o diálogo exigia tratamento menos espetaculoso e mais profundo. Perdido nas lucubrações da maquinaria, Pintilié se esqueceu de trabalhar o desempenho, e os atores, vários dos quais do melhor nível, estão distantes de um rendimento satisfatório. Não reconheci, por exemplo, a autoridade de Maria Casarès (a atriz que interpreta o papel de composição) e a energia de Nada Stancar (Mommina), e Anne Alvaro; permanece chorosa e monótona (a cantora). Impõe-se Jean-Marc Thibault (o primeiro cômico) e Christian Blanc (Hinkfuss). Não deixa de impressionar a movimentação de 43 atores, dois músicos e oito crianças mobilizados no espetáculo.

Ao fim da estreia, achei que poderia aplicar-se à montagem de Pintilié aquilo que Pirandello pretendeu criticar, escrevendo a peça: "A possibilidade de obter todos os efeitos, a técnica levada à sua perfeição máxima, está acabando por matar o teatro. Basta às vezes a esses *régisseurs* um esboço de comédia, que permita levar à cena coisas nunca vistas nela, para movê-

-los a fazer um espetáculo. As danças, as acrobacias, o circo equestre, as mutações rápidas de cena e com máquinas potentes e perfeitas acabaram por tornar-se outros tantos meios de corrupção do próprio teatro. Eu, com o meu drama novo, pretendo reagir contra essa tendência". E, por fim: *Esta noite improvisamos* é justamente uma batalha contra o *régisseur* em nome da obra de arte, a qual, quando é viva e potente, acaba sempre por derrubar os castelos de cartas da encenação. No caso, a encenação de Lucian Pitilié derrubou o texto de Pirandello.

Estela

Goethe
23 de agosto de 1950

Situar um volume isolado de um autor, no conjunto de sua obra, e estar na perspectiva da história literária são um dever da crítica, que pretende fazer um estudo da criação estética sem omitir-lhe os mais profundos contornos. A crítica, esclarecida pela visão panorâmica da obra, não se prejudica na objetividade do exame de um só livro; valoriza, ao contrário, certas características ainda mal definidas, mas que talvez já sejam o motivo secreto da existência daquele trabalho. O estudo da evolução de um autor, através do alinhamento cronológico de sua obra, vem precisar o significado de qualquer volume disperso. Dá-lhe a verdadeira dimensão. Com a reunião do exame objetivo de um livro, e da visão conjunta da obra, fica perfeitamente configurada a mensagem do autor.

A função crítica assim compreendida é que, no plano da realização literária, gera o ensaio. Como – a começar do problema do espaço, e considerando que o tratamento completo do assunto exigiria uma revisão de toda a obra goetheana – não pretendo atrever-me a fazer um ensaio, a nota sobre *Estela* nenhuma intenção crítica possui. Tive apenas em mente informar o leitor que não a conhece dos problemas que compõem sua trama.

Estela, quando representada na Alemanha, causou, segundo diz a crônica, um grande escândalo. Isso porque são analisadas e reconhecidas em pé de igualdade a esposa e a amante do herói. Não se sabe qual das duas é maior modelo de virtude. Em aspectos diferentes, ambas se equivalem. Se a fatalidade da morte não separasse aqueles destinos tão próximos, não sei a que fim levaria a solução decantada pela própria esposa, ao narrar a história da outra que disse ao marido: "Nós duas te pertencemos por igual. E toda aquela ventura, aquele amor, teve por asilo sagrado a mesma casa, o mesmo leito, a mesma sepultura".

A que conclusão didática se lançou Goethe ao lembrar esse episódio? Seria ele o equilíbrio ideal de uma conciliação sempre buscada? A coexistência consciente de mundos antagônicos? E, dentro da concepção clássica, haverá mesmo situações opostas ou todas não se completam para que se preserve a unidade? A tragédia de *Estela*, de inspiração também romântica, supunha um final condizente com essa tendência, e por isso o equilíbrio clássico deveria ser outro.

Fernando, herói romântico, é talvez o atestado de que a marca da mocidade de Goethe está muito presente. Entre o amor da esposa e o da amante, incapaz de decidir-se, termina no suicídio. É clássico no sentimento de que reconhece as duas forças, sob um prisma de equivalência. Se romântico tornaria uma o símbolo da virtude, com prejuízo da outra, destituída de grandeza. Mas ainda romântico, não pode conciliar a esposa e a amante, e se suicida. Suicídio, símbolo do Romantismo.

Em toda sua estrutura, Estela é um personagem de feitio romântico. Fugiu com Fernando, ainda menina. Durante a sua ausência, alimentou-se do seu amor e da realização de obras de caridade. Com a volta do amante, foi de novo a criança feliz e sonhadora, que se conduz pelo júbilo do coração. Porém, apesar dessa natureza, Estela tem outro aspecto da personalidade de Goethe. Diante da esposa real de Fernando, abdica de seu lugar, entrega-se à renúncia, chega à serenidade da consciência interior. Se vai morrer é que as ilusões românticas desvaneceram-se sem remédio. Mas ainda aí o equilíbrio, a dignidade olímpica se impõe: pedindo aos outros que se retirem, tem o orgulho de dizer que morrerá sozinha.

Quem tem a característica mais acentuada de Classicismo é Cecília, a esposa de Fernando. Goethe talvez a tenha escolhido propositadamente para esse fim. Sendo a esposa legítima em quem se justificariam as reações desenfreadas, as reivindicações românticas – é ela, em verdade, quem oferece a lição mais firme de equilíbrio. Passada a fase inicial do sofrimento, recolheu-se na renúncia, na aceitação refletida do próprio destino. Resignada, diz ao marido que a amante lhes pertence. E a Estela moribunda se queixa: "Pensei que te houvesse conquistado para nós".

Goethe, também nessa tragédia, revelou a universalidade de sua concepção. A grandeza dos personagens paira acima de uma visão particular e os integra na galeria dos tipos imortais. *Estela* guarda, no conjunto, a perenidade das obras clássicas.

Étienne Decroux

2 de junho de 1953

O nome do mímico Étienne Decroux já é familiar dos brasileiros que se interessam pelo teatro. De vez em quando, um jornal publica uma nota sobre sua atividade, aparece uma entrevista, volta ao Rio alguém que teve ocasião de estudar com ele. Maria Clara Machado, professora do Curso do Serviço Nacional de Teatro, ainda recentemente aproveitou os ensinamentos de Decroux. Luís de Lima, ator português que ora leciona na Escola de Alfredo Mesquita, em São Paulo, e que pertenceu ao elenco de Marcel Marceau, fez seu aprendizado profissional com o grande teórico da mímica.

Em entrevista que nos concedeu, Decroux exprimiu o conceito de mímica e situou-a entre as outras artes. O leitor que conheceu as suas declarações pode aprender os princípios que dirigem o seu trabalho.

A excessiva austeridade e o rigor profissional não são veículo para a consagração popular de Decroux. Sabe-se que as exigências de um espetáculo, em certos momentos, obrigam a arranjos, e Decroux é um intransigente, não faz concessões, o que limita a possibilidade de se apresentar em público. Com efeito, Decroux só encena uma mímica depois de um lento e sólido preparo da *troupe*. As necessidades de subsistência muitas vezes dispersam os elementos, e o trabalho começa de novo na estaca zero. Essa é a razão por que o nome de Decroux não se acha regularmente nos cartazes. Mas ele vai lançando aos poucos os seus alunos, que restauram daqui e dali o prestígio da mímica. Barrault e Marceau aprenderam com ele. Teremos no futuro um ressurgimento dessa belíssima arte?

Decroux e mais onze elementos ofereceram um espetáculo no teatro da Cidade Universitária e têm programada uma série no Círculo Paul Valéry. Entre os números, estavam algumas de suas criações importantes e duas estreias: *O campo de concentração* e a montagem de um poema de Victor Hugo.

As representações significativas foram *As árvores*, *Usina*, *O marceneiro*, *Luta antiga* e *O espírito brincalhão*. Nesses trabalhos, Decroux capta a essência dos respectivos temas e a sugere através da expressão corporal. Quanto a *As árvores*, Decroux apreendeu o ciclo de sua vida e o recria para o espectador. Na mímica da *Usina* e do *Marceneiro* são encarnados os gestos e as atitudes peculiares das atividades, no que têm de desumano pelo mecânico, no poético e mesmo no exaltante.

O campo de concentração procura reconstituir a vida dos prisioneiros, até o sacrifício final. Segue-lhe uma cena em que uma mãe acaricia uma poltrona vazia – complementação que me parece desnecessária e sugerida por um sentimentalismo piegas, pouco, aliás, do efeito de Decroux. Acredito, porém, que ele o tenha acolhido, na preocupação de encontrar a linguagem que atinge todos os espectadores, ainda mais que o despojamento absoluto na transmissão dos caracteres essenciais torna um pouco herméticos os seus quadros.

Num primeiro plano, ao lado de Decroux estão seu filho Maximilien e Marise Flach. Toda a *troupe* revela preparo técnico e conhecimento exato dos meios a empregar. Faz parte dela Isabelle de Lima, esposa de Luís de Lima, que, viajando breve para o Brasil, vai com certeza participar em São Paulo do movimento teatral que ali se consolida dia a dia.

Fabulatori due

Dario Fo
24 de janeiro de 1986

Paris conserva um hábito de charme irresistível: em rua estreita, de velha e maravilhosa arquitetura, cheia de atrações insuspeitadas, de repente surge um luminoso especial, anunciando restaurante e teatro. Um desses locais encantadores está na Rua Quincampoix, nº 20, próximo do Châtelet e a 50 metros do Beaubourg (Centro Georges Pompidou) – o Théâtre du Tourtour, de apenas 150 lugares, num conjunto em que há restaurante e bar conjugados.

Outra particularidade desses ambientes é que, em horários diversos, cujo início vai das 18h30 às 22h30, sucedem-se três espetáculos. No caso do Tourtour, a noite começa com *Fabulatori due*, extraído do *Mistero buffo*, de Dario Fo; prossegue com *Touchez pas à Carmen Cru*, baseado nas histórias em quadrinhos de Lelong; e termina com *Classés X*, em que jovens modelos procuram fazer humor insolente. As montagens, por se realizarem em palco pequeno, de recursos limitados, têm de ser simples, visando antes à inteligência que à riqueza visual.

Meu interesse dirigiu-se, naturalmente, para *Fabulatori due*, por causa de Dario Fo, hoje tão ligado ao teatro brasileiro. Como os atores franceses interpretam o admirável homem de teatro italiano? A circunstância de o levarem no Tourtour mostra que o veem mais próximo da vanguarda, do experimental, que das grandes encenações, como a de Marília Pêra em *Brincando em cima daquilo*.

Fabulatori due reúne cinco monólogos do *Mistero buffo*: "O nascimento do jogral", "A ressurreição de Lázaro", "Bonifácio VIII", "As bodas de Canaã" e "O parvo e a morte". Dois atores revezam-se no desempenho: Gerárd Audax, que também assina a direção, e Christian Sterne. Inicialmente caracterizados como monges que convidam o público a participar de uma noite de orações. Os intérpretes desdobram-se em numerosos papéis, além de entoar algumas canções italianas.

Mistério bufo, como se sabe, é o título de uma peça de Maiakovski, inspiradora direta de *O homem e o cavalo,* do nosso Oswald de Andrade. No caso da imensa obra de Dario Fo, a fonte certamente é a mesma (o mistério medieval, representação sacra, fixando desde a criação do mundo até o Juízo Final), a que ele acrescentou o grotesco de sua maneira peculiar de ver a realidade. Os ortodoxos talvez sintam nas suas liberdades com temas religiosos algo de blasfemo. Recebo as brincadeiras como a expressão de um humorista irreverente, que se compraz em improvisar sobre os temas sérios, fazendo graça a propósito de tudo.

Volto à pergunta: qual o estilo francês de transmitir Dario Fo? Responder, com base numa única encenação, seria imperdoável leviandade. Posso, no máximo, opinar sobre esse *Fabulatori due*. Eu vou já adiantando meu ponto de vista: se eu tivesse assistido a uma representação do próprio Dario Fo, com certeza aplaudiria abertamente Gérard Audax e Christian Sterne.

Eles, com simplicidade de recursos, fracionam-se nas múltiplas personagens caracterizando-as em pinceladas sintéticas. É nítido seu esforço de compor a testemunha da ressurreição de Lázaro, sofrendo todo tipo de dificuldade diante da cova; o papa Bonifácio, ou a morte e o parvo dialogando. O empenho dos intérpretes leva o público ao riso constante e ao aplauso efusivo, no final do espetáculo.

Mas está evidente a construção cerebral, o trabalho a partir da análise racionalista dos textos, quando Dario Fo sugere o improviso contínuo, o caminho livre do surrealismo. Apesar dos seus méritos, esse *Fabulatori Due* não apreendeu o espírito espontâneo da Commedia dell'Arte.

Fernão, mentes?

A Barraca, Portugal
4 de junho de 1983

Um belo exemplo de fascínio da linguagem teatral consequente – eis o que resumiria o significado de texto de encenação de *Fernão, mentes?*, que o elenco português de A Barraca oferece até amanhã, no Teatro Faap. A par do prazer do jogo, presente em todo o desenrolar do espetáculo, avulta a meditação lúcida e bem-humorada sobre o relacionamento entre os povos, desnudada a realidade crua que os gestos aparentemente superiores encobrem.

Fernão Mendes Pinto (c. 1510-1583), o autor da *Peregrinação*, que Hélder Costa transpôs tão inteligentemente para o palco, não veste o conquistador renascentista como herói ou nobre missionário. Situa-o na dura luta pela sobrevivência cotidiana, cheia de contradições: ora feito escravo, recorrendo a qualquer expediente para safar a pele; ora esperto na acumulação de bens materiais, sem escrúpulos de nenhum tipo; ora o simples sanguinário, que saqueia pela força maior das armas, como denuncia o menino chinês a Antonio Faria: "Eu sei que estou entre gente má. Vi-vos louvar a Deus, a rezar, mas a esquecer que Ele proíbe que se roube e se mate. Depois de mortos ireis pagar por isto tudo" (redução teatral). Quem, ao tomar conhecimento desse relato sobre o oriente, não se lembrará do processo de colonização do Brasil?

Louve-se, tanto em Fernão como em Hélder, a postura objetiva, que não deturpa a realidade em função do proselitismo. O autor não tira conclusões (aliás, desnecessárias), não comparece rígido e moralista, a deitar regras sobre o comportamento. As situações, de plasticidade que sugerem naturalmente o palco ou o cinema, armam-se por meio das personagens, motor de um rico livro de aventuras.

O protagonista, pobre-diabo precursor da imensa galeria de desprotegidor da sorte, que povoa a literatura e o teatro modernos, surge em cena na plenitude de sua humanidade. Até mesmo a crise religiosa e a passagem pela companhia de Jesus encontram-se na narrativa. Os pedaços de alguém, movido ao sabor das circunstâncias, acabam por juntar-se, como história não edificante mas profundamente verdadeira.

A habilidade dramatúrgica de Hélder Costa, além da captação da essência do livro, está na síntese com que lhe deu teatralidade. As incontáveis personagens do original estão distribuídas por apenas dez atores, todos em cena no decorrer do espetáculo quase inteiro. Havia que recorrer, assim, a constantes mudanças de cenário e de roupas, para que seguisse a "peregrinação".

Poucos acessórios, panos de características diversas, aceleram as transformações, sob o fundo imutável de um mapa. A terra que então se imaginava preside as façanhas, riscados os mares por linhas da trajetória que se empreendeu. Solução simples, engenhosa, que dinamiza o diálogo, embora, na metade da segunda parte, se instaure um certo cansaço, pelo acúmulo de peripécias. Talvez, mesmo em prejuízo da imagem múltipla do livro, Hélder pudesse sacrificar um ou outro episódio, em razão dos limites físicos do espectador.

No prefácio da edição de seu texto, Hélder Costa afirma que o encontro com Augusto Boal, de dois anos, "foi definitivo para o sentido de pesquisa do grupo. Com Augusto Boal, A Barraca adquiriu profundos conhecimentos sobre as formas de teatro popular". Lembre-se de que Boal encenou com o conjunto, no espírito do que havia realizado no Brasil, *A Barraca conta Tiradentes* e *Ao qu'isto chegou – Feira popular de opinião*. *Fernão, mentes?* assimila, da melhor forma, o Sistema Coringa, proposto por Boal, e o desenvolve numa diretriz própria, de excelentes resultados artísticos.

A primeira lição, muito bem aproveitada, está na possibilidade de confiar numerosos papéis a um núcleo de dez atores, capazes de transmudar-se permanentemente. Outra acha-se na admirável integração da música de Fausto, Zeca Afonso e Orlando Costa no desempenho, rendimento que, mais que *Tiradentes, Zumbi* alcançou entre nós. Hélder libertou-se, porém, da rigidez atribuída à personagem protagônica, incumbida de provocar empatia, em contraste com o estranhamento das demais (Tiradentes interpretado por um só ator). Na montagem portuguesa, ao contrário, Fernão divide-se entre vários atores (seis homens e quatro mulheres), identificado por um barrete que passa de cabeça a cabeça, simbolizando a justa ideia de que ele "somos nós todos".

O elenco não desperdiça uma intenção. A malícia e a ironia são ingredientes que enriquecem o jogo interpretativo, obedecendo a sutil entrosamento, que provoca o riso contínuo da plateia. Atendendo em parte a tipologia do ator, sucedem-se as personagens no acidentado périplo, sem que tenha sentido promover destaques ou apontar insuficiências. Um grupo maravilhosamente afinado, numa unidade estilística rara de se ver hoje em dia.

Fernão, mentes? vai buscar no passado um ensinamento que aproveita no presente, servindo de advertência aos que escamoteiam seus secretos desígnios sob palavras enganosas. Humaníssimo, é uma realização que merece ser amplamente prestigiada.

Filomena Marturano francesa

Valentine Tessier
19 de novembro de 1952

A ida ao Théâtre de la Renaissance, de que foi diretora, entre outros, Sarah Bernhardt, a fim de assistir a *Madame Filoumé*, encenada no Brasil por Jaime Costa e Heloísa Helena, teve para mim vários significados: primeiro o de conhecer Valentine Tessier, um dos nomes justamente mais célebres da cena francesa; segundo, o de confirmar certas opiniões sobre a média dos espetáculos daqui e dos nossos; por último, um outro, que escapa ao teatro, mas que repercute também dentro dele, pelo seu caráter genérico.

Comecemos por ele. Numa conversa telefônica, Jean Clairjois, empresário e diretor das mais importantes *tournées* francesas à América do Sul, convidou-me para ver a peça do napolitano Eduardo De Filippo, adaptada por Audiberti. Em virtude de compromissos assumidos, preferi o dia seguinte. Como não havia tempo demasiado, Clairjois pediu-me para buscar os ingressos no controle do teatro. Qual não foi a minha surpresa quando, na manhã seguinte, o primeiro correio me trouxe os convites. Ao menos para mim, essa pontualidade francesa é espantosa. Envergonha-me os inúmeros encontros a que cheguei atrasado, das promessas que fiz para me esquecer minutos depois. Se o Rio não me degenerar outra vez, pelo menos esse grande ensinamento levarei da Europa.

Mas passemos ao teatro. Sobre a peça, não é necessária uma nova informação, já que foi muito comentada e aplaudida pelo público no Brasil. Por mim, ela me agrada pouco. Acho-a sentimentaloide, escorregando para o melodrama, armada com propósito moralizante – bombonzinho cristão para as almas piedosas. Inegavelmente, porém, Filomena Marturano é um personagem curioso, natural e espontâneo na sua autenticidade popular.

No caso, o que importava era conhecer Valentine Tessier. E ela não decepcionou. Reúne a vulgaridade da mulher que saiu do prostíbulo à interiorização da mãe que suportou vinte e cinco anos de sacrifícios e humilhações para prover aos filhos. Nesse sentido, seu desempenho é mais completo que o de Heloísa Helena, sem gritos excessivos, comedida, consciente, consequente. Valentine Tessier tem o dom de prender a plateia, numa sutileza quase imperceptível.

Yves Denlaud – o Domenico Soriano – está longe do talento de Jaime Costa. O personagem, em certas cenas, rende muito menos que o visto no Brasil. Entretanto, com ele pude fazer a confirmação aludida no início: o desempenho não se prejudica, também, por descaídas, por desequilíbrios inexplicáveis num ator maduro, comuns quando o intérprete brasileiro pretende um efeito diverso do texto. E essa observação se aplica ao conjunto.

Jean Darcante, que dirigiu o espetáculo, mostra-se apenas o profissional correto. Tudo muito direito, muito justo – não há um particular que comprometa. Os outros atores fazem o que lhes incumbem, o cenário de Douking não é bonito, mas não desagrada, as luzes estão bem jogadas, o vestuário normal; o espetáculo, enfim, vale pela limpeza, pela simplicidade digna. E é isso o que geralmente nos falta no Brasil: espetáculos limpos. Com exceção dos trabalhos de Os Artistas Unidos, das encenações de Silveira Sampaio e de uma ou outra companhia, isoladamente, aquele adjetivo não pode ser a toda hora empregado no Rio.

No tocante à média das produções, alimento cotidiano dos palcos e das plateias, essa é a nossa deficiência mais grave. Não falo aqui de espetáculos excepcionais, das tentativas de *avant-garde*. Fico no rotineiro, no comum, naquilo que é, também na França, o mais divulgado e querido diariamente pelo público. Repetirei um lugar-comum, mas acho que nossa primeira conquista, que, aliás, vem sendo feita numa elogiável progressão – é a da dignidade e limpeza das montagens.

Genoveva Negra

Grupo Vané, Buenos Aires
10 de abril de 1971

Não há muitas diferenças na crítica de *Genoveva negra* (cartaz das sextas, às 23 horas, e dos sábados, às 24 horas, no Teatro Vereda), em relação à de *Casa de 1 hora e ¼*, espetáculo oferecido na última temporada pelo Grupo Lobo, de Buenos Aires. O Grupo Vané, formado por atores que pertenceram a outro conjunto, continua a mesma linha de pesquisas, sem uma característica realmente nova, que leve a reformular o juízo sobre esse gênero de experiências.

Algumas das virtudes dessa tentativa artística estão na procura de quebra das convenções teatrais, no rigor do desempenho e no propósito de criar sínteses expressivas de comportamento humano, sintomáticas da civilização neurótica de hoje. Tem uma inegável eficácia a cena em que o casal, depois da troca de carícias, se agride com as mútuas cusparadas na cara. Em quase todos os jogos, aliás, se observam fixações de relacionamentos patéticos, surpreendidos na sua essência.

Por mais que se queira atribuir a *Genoveva negra* uma inspiração diferente, a "fantasia" parece um prolongamento ou uma derivação de *Casa 1 hora e ¼*. Só que a montagem anterior, talvez por reunir maior número de artistas e buscar uma exploração do espaço, resultava mais rica e estimulante. *Genoveva negra* não alcança uma autonomia que represente uma conquista. A proposital pulverização da palavra não sugere apenas a incomunicabilidade: incorre num hermetismo que dificilmente chega ao espectador.

As propostas dos seis jogos diferentes não se enunciam com nitidez, obrigando o público a um esforço interpretativo que o exaure depois de algum tempo. Esses verdadeiros quebra-cabeças de que não se fornecem as chaves acabam por dispersar a atenção.

Vê-se que Alícia Monteiro, Adriana Toledo e Carlos Trafic atingiram um extraordinário domínio corporal, que lhes permite concentrar-se ou relaxar-se de acordo com as circunstâncias. O físico se torna para eles dócil e maleável, submisso aos mais variados comandos. Não são muitos os atores que utilizam tão bem o próprio corpo.

Mas *Genoveva negra* mostra, por outro lado, a insuficiência apenas da técnica. Não se consegue vencer a impressão de que se presencia um exercício, o preparo de um espetáculo e não o espetáculo propriamente dito. Esse é o ônus de certas formulações de vanguarda – exploram um veio que se incorporará mais tarde a uma linguagem ampla e definitiva.

O trabalho desses talentosos jovens argentinos já rendeu o que tinha que render. É preciso que eles partam para uma realização mais universal e fecunda.

Ghelderode

Grand-Guignol
22 de janeiro de 1953

O histórico teatro do Grand-Guignol apresenta, num espetáculo, *La farce des ténébreux*, de Ghelderode, e um ato de André Roussin – *Les barbes nobles*. A peça do popular autor de *A cegonha se diverte* não tem outro fim senão completar o tempo maciço que os franceses exigem do teatro, acostumados que se acham a longas horas de representação. Leve, graciosa, no início, se desvanece subitamente, acabando sem que o esperássemos. É até difícil lembrar o que se passou.

Mas o importante na apresentação da Companhia Georges Vitaly (um dos melhores diretores de Paris) são os três atos do belga Michel de Ghelderode. Num trabalho permanente, há mais de trinta anos, só agora Ghelderode começa a gozar de grande voga, sendo já apreciadas, no Brasil, as obras de sua autoria que a Nouvelle Révue Française vem publicando.

Tratar dessa peça, isoladamente, é difícil, porque ela apresenta características comuns com as outras produções da dramaturgia ghelderodiana. Situá-la no conjunto também é tarefa a que não me posso aventurar, porque não tenho à mão seus volumes. Vou contentar-me com uma informação para o leitor. E direi assim que *La farce des ténébreux* me parece um grande cântico em louvor da mulher, ou, se quiser, uma exaltação da vitalidade do homem, completado com a descoberta feminina. Fernand d'Abcaude vive num mundo de fantasmas, cultivando a noiva morta, enquanto fenece encerrado no quarto. A noiva é um símbolo de pureza, e ele não admite o desrespeito à sua memória, quando, numa farsa muito estranha, tramam salvá-lo pela iniciação sexual. A invocação à prostituta-deusa, aí, é de inegável beleza poética, e finalmente o herói encontra vida. Curioso como o autor, negando a pureza pela desmoralização da noiva, acaba por encontrar o caminho da realização do homem através da mulher, sem permitir um fim negativista, como seria a perspectiva strindberguiana. *La farce des ténébreux*, em última análise, é uma glorificação do instinto humano.

Numa forma tão estranha como apresentação do tema, a peça tem cenas belíssimas, ao lado de outras lentas e algumas que cansam o espectador. A direção de Georges Vitaly é muito bem-sucedida, feita com inteligência e humorismo sutil. Contribuíram para o seu êxito os cenários e figurinos de Felix Labisse e, sobretudo, um desempenho excelente do jovem Jacques Jouanneau, no papel de Fernand l'Abcaude. Um espetáculo muito curioso, entre os mais expressivos das novas manifestações francesas.

Grupo Grenier

7 de fevereiro de 1953

O Grenier é um dos grupos de província mais famosos da França. O programa do espetáculo, na atual temporada de Paris, contém uma apresentação de Jean-Louis Barrault, em palavras entusiastas. Ele se afirma como um grupo de vanguarda, que alia as experiências de laboratório às encenações rigorosas, dos clássicos. Um de seus atores – Daniel Sorano – destacou-se tanto que hoje é o primeiro cômico da companhia Jean Vilar, onde tem atuado com excepcional talento.

Deixei de ver, na rápida temporada do Teatro Varietés, *A megera domada*, de Shakespeare, muitíssimo elogiado pela crítica. Vi o segundo espetáculo – *L'âge canonique*, comédia de um estreante, Christian Lude, saudado com simpatia. Confesso que o conjunto me decepcionou por completo – achei muito fracos texto e desempenho.

Não vou desmerecer a peça pelo tema, bastante divulgado na literatura: sabemos que um bom autor poderia dar-lhe outro tratamento. Numa paróquia, opõe-se o formalismo de um padre idoso às ideias revolucionárias de um padre jovem, que discutem sobre algumas situações propostas. A criada, de idade canônica, aparentemente beata, e que escondia ligações escusas, depois descobertas. Uma mãe que tinha obtido do marido consentimento para a primeira comunhão do filho, desde que estudasse catecismo só um ano, e não dois, como exigido. Diante desses dados, reage um e outro padre – o primeiro ameaçando a criada de expulsão, a menos que se casasse dentro de uma semana, e, no outro caso, não permitindo a primeira comunhão: o segundo, defendendo a criada contra o rigor da "cura", e, quanto à criança, não vendo inconveniente no menor preparo para a comunhão. A tese defendida – uma reabilitação do formalismo contra a transigência excessiva, e procurando mostrar a profunda sabedoria desse formalismo – abona as instituições eclesiásticas e tem até uma inegável originalidade, com referência ao maior valor que damos sempre à quebra de convenções. Tudo isso, porém, é exposto com muito primarismo, muita ingenuidade, sem um inteligente conflito entre as duas ideias. Ademais, a fatura teatral é péssima, faltando ao autor o conhecimento de técnicas elementares. Por exemplo: todo gesto e atitude são acompanhados de uma explicação oral, como no caso: um personagem vai abrir a porta e diz: "vou abrir a porta", senta-se e diz "estou cansado, por isso me sento" etc., etc. – num pleonasmo cênico inadmissível. Seis cartas, mais ou menos, são lidas no palco, como muleta para suportar a debilidade da ação. Para fazer graça, mistura-se o francês ao latim, e, depois de uma longa tirada na língua de Horácio, o público aplaude delirantemente o esforço de memória do ator, sem compreender nada.

Já que falei em aplausos, lembro, ainda uma vez, a generosidade da plateia em Paris. Os êxitos, no Rio, estão longe de refletir-lhe a manifestação. Há uma mola, em cada espectador, diante das seguintes situações: entradas "cinematográficas"; saídas espetaculares, com uma espécie de meia-volta militar; registro vocal mais alto que o da conversa doméstica; períodos alentados, ditos de um fôlego; um ator se ajoelhar bruscamente diante de outro; conceitos moralizantes; e cenas boas mesmo. Exemplificando o penúltimo ponto: o ator fala – "a Igreja deve compreender os homens e não os homens a Igreja" e aí o teatro vem abaixo. Como a peça se mostra rica em frases semelhantes, o público a interrompe de dois em dois minutos.

O desempenho é completamente amador, no sentido pejorativo que acostumamos atribuir a essa palavra. Jean Bousquet, no velho pároco, me pareceu falso e artificial. Os outros bastante bisonhos. Só a criada, Yvonne Selmy, e Pierre Taverna, como seu amante, tinham mais graça, ainda assim procurada.

Faço um exame de consciência: não estaria criticando o espetáculo com essa severidade por ser apresentado em Paris onde se deve exigir o melhor nível? Não, no Rio eu conservaria idêntico julgamento.

Hedda Gabler

Alain Françon
15 de maio de 1987

Foram tantos os elogios a *Hedda Gabler,* e é tão amoroso meu interesse por Ibsen que eu não poderia perder a montagem do Théâtre Clarté de Annecy, trazida para o Théâtre de l'Athénée-Louis Jouvet de Paris. No início da atual temporada, vi, no Théâtre de Boulogne Billancourt, *Casa de bonecas,* mas nem escrevi sobre o espetáculo, porque fiquei muito decepcionado com o desempenho de Candice Patou. Agora, críticos franceses se perguntam se o autor norueguês substituiria Strindberg para o pessoal de teatro, porque Jacques Lassalle acaba de montar *Rosmersholm* no Théâtre National de Strasbourg, e André Steiger, *Espectros,* em Genebra.

Moda ou não, Ibsen pertence ao repertório normal de uma cidade que acolhe todos os valores internacionais, dos clássicos gregos aos contemporâneos de qualquer país. No Brasil, quando Tônia Carrero ou Dina Sfat se animam a produzir Ibsen, a imprensa sublinha a excepcionalidade do acontecimento, sempre cercado de cuidados especiais. Talvez porque, em Paris, a escolha seja mais banal, as estreias não ultrapassam uma certa rotina. E minha expectativa de testemunhar algo extraordinário se esvai em desencanto.

Para ser franco, embora essa *Hedda Gabler* seja bem melhor que a versão de *Casa de bonecas*, está longe de atingir nível satisfatório. A fragilidade compromete os vários aspectos do espetáculo: a direção de Alain Françon, o desempenho de Dominique Valadié no papel-título e a cenografia de Nicolas Sire. Na verdade, nada há a ressaltar na encenação, que teve o copatrocínio do Domaine Théâtral-Jacques Toja e da Compagnie Robert Hossein.

Alain Françon, que criou o Théâtre Clarté há quinze anos, é considerado grande especialista do teatro contemporâneo e teve oportunidade de montar repertório invulgar, em que estão presentes, entre outros, Brecht, Carlos Reyes, Armand Gatti, Kroetz, Sade, von Horváth, Vinaver, Strindberg, O'Neill, Enzo Cormann e Faulkner. Para o próximo Festival de Avinhão, no mês de julho, ele encenará *Uma lua para os bastardos*, de O'Neill, depois de haver realizado *Longa jornada noite adentro*. Um currículo respeitável.

Acontece que essa *Hedda Gabler* não se distingue por nenhuma focalização especial. Trata-se de espetáculo frouxo, e algumas liberdades indicam o "moderninho" (Tesman, o marido de Hedda, que em um certo momento anda de um lado para outro sem camisa, e uma vergastada desferida gratuitamente pelo juiz Brack no traseiro de Hedda.) O cenário prefere as soluções acadêmicas, sem requinte nas linhas.

Mas o maior descontentamento vem de Dominique Valadié. Hedda é um papel extremamente difícil, que reúne neurose, crueldade, desamor, insatisfação, ilusão da beleza estética (acima dos prosaísmos do cotidiano) e forte impulso autodestrutivo. Na pior das hipóteses, ele exige da atriz visível densidade interpretativa.

E o que transparece do desempenho é a constante superficialidade, associada ao gênero do *boulevard*. Não se acredita na transcendência dos atos de Dominique e muito menos no suicídio do desfecho. Tive o pensamento maligno de que Claire Wauthion, intérprete da sra. Elvsted, renderia muito mais como Hedda, a começar pela beleza e pelo calor da voz. Jean-Claude Durand tem o mistério de Lovborg, Bertrand Bonvoisin parece um pouco perdido como Jorge Tesman, e Jean-Yves Chatelais não compõe a figura do juiz. Muni, apesar da simpatia, sugere participar de um trabalho popular do antigo teatro, no papel de Júlia Tesman.

Por enquanto, das encenações europeias de Ibsen, incluindo o *João Gabriel Borkman* de Ingmar Bergman, gostei de fato de Vanessa Redgrave na montagem londrina de *Espectros*.

Hein... ou as aventuras do sr. Balão

Yves Lebreton
17 de maio de 1976

Usando calças pretas largas, desabotoadas na parte superior e presas por suspensórios, uma camiseta branca simples e um chapéu velho enterrado na cabeça, à maneira tradicional dos *clowns* – vagabundos, Yves Lebreton desce ao palco do Teatro Ruth Escobar (Sala Gil Vicente) por meio de uma mangueira. Começa assim *Hein... ou as aventuras do sr. Balão*, festa teatral de uma riqueza poucas vezes vista em qualquer cenário.

O ponto de partida de Lebreton é a mímica, mas não o identifica nenhum parentesco com Marcel Marceau ou com outros nomes conhecidos. A gramática de sua arte define-se por total originalidade, numa mescla de pantomima, expressão corporal, acrobacia, uso raro de palavras e associação surrealista de imagens e movimentos. Sua matéria aproxima-se da dos primitivos cômicos do cinema, na sucessão desenfreada de *gags* e brincadeiras.

Os poucos acessórios em cena participam, cada um por sua vez ou conjugados, de animação promovida por Lebreton. Aparentemente, eles têm pouco em comum, na frenética associação desenvolvida pelo ator, eles ganham vida e renovam a cada instante o jogo proposto. A própria mangueira presta-se a diversas combinações, desde que o ator a sopre ou morda, ou faça com seus movimentos um interessante balé.

Ora Lebreton lida com uma cadeira, ora um balde (que por algum tempo cobre sua cabeça), ora um carro de criança, ora uma raqueta, ora um guarda-chuva, ora uma mala cheia de jornais. As diferentes disposições dos objetos prestam-se a saltos ou a traçados geométricos, e a raqueta desempenha tanto uma partida imaginária como é instrumento para uma destruição (no mundo de posse que ele descobre).

Uma bexiga menor e uma maior proporcionam diversas criações do ator, que se relaciona sempre com a plateia, através de olhares de recusa e depois de cumplicidade. Os jornais, cujo cheiro nem sempre é agradável, prestam-se a diferentes metamorfoses: a um instante de beleza lírica em que Lebreton compõe com uma página um buquê de flores e o presenteia a uma espectadora.

As aventuras do sr. Balão desenvolvem-se do palco para a plateia. Acesas as luzes, Lebreton caminha por cima das cadeiras e estabelece um contato direto com os espectadores. Não satisfeito com a confusão que lança, busca uma escada de madeira e sobe para o balcão. Tudo é pretexto para uma nova *gag* do ator: canos pregados à parede, provavelmente para sustentar refletores, tornam-se o apoio para evoluções acrobáticas. Lebreton acaba levando uma espectadora para o palco e, com sua colaboração, faz as improvisações finais.

A vitalidade explosiva de Yves Lebreton é, até agora, a responsável pelo espetáculo mais comunicativo e esfuziante do II Festival Internacional de Teatro. Esse moto-contínuo envolve tanto os adultos como encantaria as crianças. Fora do quadro do festival, *Hein... ou as aventuras do sr. Balão* poderia cumprir uma longa carreira em cartaz.

Hipólito e Ifigênia em Áulis

Teatro de Pireu, Grécia
19 de agosto de 1968

Para os estudiosos de teatro, que sempre viram na tragédia grega a fonte de toda a atividade cênica, assistir à montagem de *Hipólito*, sábado, no Municipal, pelo Teatro de Pireu, valeu como a descoberta do segredo de sua profissão, no que ela tem de mais autêntico e puro. De certa forma, a austeridade da encenação de Dimitris Rondiris até surpreende, pela absoluta ausência de efeitos menores, pela recusa intransigente de qualquer apelo ao compromisso fácil do espectador.

Simplicidade e majestade aliam-se todo o tempo para a obtenção de uma atmosfera grave, carregada de sentimentos verdadeiros. Não é preciso conhecer a língua grega para acompanhar a inexorabilidade da sucessão dos acontecimentos, num ritmo intenso e solene, em que personagens e coro questionam em postura superior o destino humano. Os atores de porte nobre, com voz muito bem educada, de melodia triste, encarnam simultaneamente a grandeza e a miséria de nossa condição.

Tudo é tão simétrico, perfeito e ordenado que ficamos tentados a pensar no espetáculo como um quase academismo. Logo retificamos: esse despojamento é o signo da arte clássica, no que ela tem de mais intemporal e permanente. Um gesto a mais, um movimento menos dosado romperiam aquele equilíbrio harmonioso.

Sabe-se que Eurípedes, relativamente a seus predecessores, desenvolveu as psicologias, e os desempenhos revelam uma nuança psicológica, sem perda de sobriedade clássica. Elsa Vergi é uma Fedra que se consome na paixão proibida pelo enteado Hipólito. Este, no desempenho de Kostis Galanakis, guarda a pureza do repúdio moral ao incesto. Antonis Xenakis passa a indignação insensata de Teseu à dor pela perda injusta do filho. E é de grande força o relato de Nikos Lycomitros no papel do mensageiro. A musicalidade e os passos delicados do coro, em deslocamentos de sutil coreografia, envolvem o público em serena beleza. Um feliz conúbio de texto e montagem, para se atingir um momento privilegiado de arte.

Ifigênia em Áulis, uma das últimas tragédias de Eurípedes, com a qual o elenco grego se apresentou ontem, provocou a mesma adesão do espetáculo da véspera, ressalvadas as diferenças de intensidade das duas obras. Enquanto *Hipólito* revela uma presença aterradora da fatalidade, *Ifigênia* é mais brilhante, prosaica, feita de golpes teatrais malabaristicamente encadeados. Agamenon aceita o ônus de sacrificar a filha Ifigênia, para que os ventos sejam propícios ao exército grego acampado em Áulis, e depois se arrepende. Menelau, seu irmão, exige dele a obediência ao oráculo, e mais tarde se enternece ante a ideia de que a sobrinha seja imolada no altar de Ártemis. Aquiles parte de uma rusga com a família átrida, para logo se arvorar em defensor de Ifigênia. E esta, a princípio temerosa implorando ao pai que a poupe, resolve partir para o sacrifício, consciente da missão superior que desempenha na futura vitória dos gregos. E a substituição final que Ártemis faz da jovem por um cervo é mais um imprevisto cênico.

A montagem fica assim mais colorida, e o coro evolui com maior variedade de movimentos. Confirmam-se os excelentes desempenhos de Elsa Vergi, Antonis Xenakis e Nikos Lykomitros. E Ifigênia mostra que Miranta Zafiropoulou não é apenas a Miss Grécia de beleza rara: é também uma ótima atriz, sensível e expressiva, e com muito bonita voz.

Holiday on Ice

23 de abril de 1971

Holiday on Ice, em nova temporada no Ginásio do Ibirapuera, atingiu aquele nível na indústria do entretenimento popular que se pode preferir uma ou outra edição, mas se sabe que há sempre um admirável domínio técnico dos patinadores no gelo. O atual programa, bem dosado nos seus componentes, é um dos que tem mais condições de agradar o público.

Há os quadros para a apresentação do conjunto como "Feriado em festa" e "Valsa magnífica", onde aparece o virtuosismo das oitenta figuras, em composições inspiradas nos movimentos de balé. O público infantil se diverte com "A arca de Noé", resumindo numerosos bichos, indicados por uma indumentária que procura reproduzir sua forma. E a parte cômica está bem definida, principalmente pelos Zelenkas, responsáveis por um belo número em barras paralelas, que evoca o humor e o ritmo do cinema mudo.

Dessa vez o Holiday mostra em "Protesto" o problema dos *hippies*, acentuando a sua preocupação pacífica. Em princípio, é louvável que um grupo de patinação, naturalmente mais propenso à fantasia, se volte para um tema social contemporâneo. Não se estranhará, porém, que, reduzido à coreografia sobre o gelo, esse "protesto", se torne vazio. Fica-se mais inclinado a achar graça nos *hippies*, hoje um ornamento folclórico da nossa civilização.

Além de um bem ensaiado elenco de "*hol'icers*", o *Holiday* apresenta uma série de valores individuais. Assinalam-se a experiência de Jo-Ann McGowan, a destreza de Martin Minshull e a elegância e refinamento dos irmãos checos Jan Sramek e Bohunka Šrámková. Desmond Scott altera o feito de Guilherme Tell, cortando com os patins a maçã colocada sob a cabeça de sua "*partner*".

Esse gênero de espetáculo não se liberta das grandes plumas e da indumentária brilhante. Ainda assim, será justo observar que o exagero não ofende tanto o gosto, como nas vezes anteriores. Quem sabe o Holiday modernizará um dia a sua concepção de montagem, sem perder o apelo para o grande público?

O espectador que ainda aprecia o prazer desse tipo de divertimento encontrará nessa nova visita do Holiday um motivo para renovar a sua admiração.

Home

Groupe Alertes, Grenoble
13 de fevereiro de 1987

Às vezes, um espetáculo, aparentemente simples, tem a capacidade de ir ao fundo das coisas, tal a carga de humanidade que filtra. Acabo de viver uma experiência do gênero com *Home*, peça do autor inglês David Storey, na versão francesa de Marguerite Duras, que o Groupe Alertes de Grenoble apresenta no Théâtre de la Tempête de Paris.

Uma mesa e duas cadeiras de ferro, sobre um imenso chão de pedrinhas brancas, criam a paisagem desolada do cenário. Canto abandonado de um jardim? Espaço neutro para sublinhar a solidão? No decorrer do diálogo, vê-se que as personagens surgem no pátio de uma clínica psiquiátrica. Mas nem o dramaturgo nem a diretora Chantal Morel procuram definir em demasia a situação, para que ela salte do particular para algo genérico.

Esclarece a encenadora que, há cinco anos, realizou uma primeira montagem de *Home* que, apesar de bem recebida, se distancia muito da atual. Certas indicações transmitidas aos intérpretes escondiam seu propósito de ver Jack, Harry e os outros revoltarem-se contra a instituição psiquiátrica: "agora tudo é mais imóvel, fixado sobre um cascalho branco, pobres seres humanos presos à abóbada terrestre. Não penso mais no asilo, não se deve pensar nele, seria muito redutor. As palavras, as frases interrompidas, eu as escuto no ônibus, na mercearia, nas nossas conversas, na minha cabeça, todos os dias... É disso, antes de mais nada, que eu quero falar, dessas fendas, desses gritos que habitam o homem e fazem sua poesia. E o teatro permanece e permanecerá para mim o espaço privilegiado dessa linguagem. É preciso fazer tudo para dizer o indizível, isso é urgente".

Home, que significa lar, casa, adquire significado mais amplo, na medida em que "o universo fechado é uma ilha inglesa ou o mundo, ou ainda o cérebro. *Home* é também, simplesmente, nosso olhar interno". O propósito da montagem foi o de atenuar seu caráter documentário, para materializar, de preferência, os caminhos interiores do pensamento. No que, segundo Chantal Morel, o texto se tornou obra da sutil escritora de *A amante inglesa*, *Moderato cantabile* e *O amante*.

O espetáculo se tece em torno do silêncio, das réplicas entrecortadas, das sugestões que não se completam e ficam no ar. Aos poucos, reconstituem-se pedaços da vida anterior de Harry e Jack, bem como, no quadro seguinte, de Kathleen e Marjorie, para finalmente surgir Alfred, em isoladas acrobacias com uma cadeira ou a mesa. Esse *no man's land* evoca, inevitavelmente, a atmosfera de Beckett, ou de Pinter, em cuja tradição *Home* se inscreve, sem em nada perder sua autonomia e beleza.

O resultado poderoso da comunicação não ocorreria se a encenadora não houvesse encontrado os intérpretes ideais, diferentes e mesmo contrastantes nas características, mas harmoniosamente orquestrados. À circunspecção britânica de Gilles Najean (Harry) opõe-se o trabalho mais solto de Dominique Laidet (Jack), enquanto Christine Brotons (Kathleen) parece mais alheada de tudo, Edith Winkler (Marjorie) compõe uma figura sóbria e Pierre David-Cavaz (Alfred) se concentra na manipulação dos objetos.

Sabemos que a política de descentralização cultural, patrocinada pelos polpudos subsídios do governo, já havia criado polos importantes em Strasbourg, Lyon e Marseille, entre outras cidades. *Home* prova que Grenoble participa, com privilégio, do mapa artístico da França.

How the other half loves

Actors Company de Londres
1º de junho de 1976

De um ponto de vista estritamente teatral, *How the other half loves*, levado no domingo, em despedida, no Teatro da Universidade Católica, foi o espetáculo de maior rendimento na rápida visita da Actors Company de Londres. E o motivo é simples: como a comédia de Alan Ayckbourn não oferece muitas dificuldades e o elenco inglês se compõe de indiscutíveis valores individuais, o resultado mostrou-se mais adequado do que nas montagens de Shaw e de Pinter.

Em *Widowers' houses*, sentiu-se a falta de uma visão mais moderna do humor shawiano. O impecável estilo dos intérpretes não se revelou suficiente para aproximar o texto de uma sensibilidade atual, guardando a virulência de Shaw. Os problemas com *Landscape* e *Silence* dizem mais respeito ao instrumental dramático utilizado por Pinter. A encenação, no conjunto, permaneceu insatisfatória.

Já Alan Ayckbourn não tem a mesma pretensão artística e procura, em *Como a outra metade ama*, fazer apenas uma comédia sugestiva, baseada apenas num achado – um achado cenográfico mais do que literário. Os quiproquós ou, por outra, as sugestões cômicas lembrariam Feydeau, pela agilidade exigida dos atores e pelo gosto quase mirabolante de multiplicar os momentos confusos. A sucessão de *gags* estaria próxima também das peripécias do cinema mudo.

O achado de Ayckbourn resume-se em conduzir ações simultâneas em dois apartamentos que ocupam o mesmo espaço no palco. Ou, melhor: cada sala divide-se em três paredes e elas ficam lado a lado com a do outro apartamento. Uma parede, por exemplo, interrompe-se, cortando um quadro pelo meio, e, depois de encaixar-se no pedaço da parede do outro apartamento, prossegue na parte que lhe faltava, inclusive completando o quadro. O mesmo sucede com os móveis – mesas e sofás.

Os atores deslocam-se na mesma área, sem se encontrarem, por pertencer ela a espaços diferentes, e já aí o trânsito provoca a comicidade. O marido de um apartamento é amante da mulher do outro e os telefones tocam, em mesas que ficam lado a lado. O achado tira os seus maiores efeitos quando os dois casais recebem, em noites sucessivas, um outro casal para jantar, e os tempos são simultâneos no palco. As peripécias à volta da dupla mesa tornam-se invariavelmente engraçadas.

A Actors Company prova, na prática, a ausência do estrelismo e a perfeita homogeneidade dos atores confiando os principais papéis a Moray Watson (o marido traído) e Neil Stacy (o adúltero), que em *Widower's houses* fizeram simples pontas. Simon Cadell, que havia sido o galã em Shaw, interpreta agora num papel de composição, sem cair no exagero ou na vulgaridade. E Barbara Murray, Stephanie Turner e Helen Cotterill são atrizes talentosas e muito seguras nas suas personagens.

A direção de Kim Grant limita-se a dar credibilidade à movimentação e a peça não pedia mais do que isso. Em resumo, um bem-feito teatro comercial, que os ingleses talvez saibam fazer melhor do que os outros povos.

Il benessere

Teatro San Babila de Milão
1º de agosto de 1970

O atraso na chegada da cenografia e da indumentária não foi negativo para o elenco do Teatro San Babila de Milão somente pela perda de uma noite no Municipal: a troca de récita de estreia de *Il ventaglio* para *Il benessere*, ontem apresentada, deve ter oferecido uma imagem muito pior do conjunto italiano ao público de São Paulo, nesse primeiro contato que vale como um cartão de visita.

O texto de Franco Brusati e Fabio Mauri, lançado em 1959, pode representar uma contribuição à dramaturgia de seu país, pelos problemas que levantou, num momento preciso de sua história. O bem-estar trazido pela prosperidade do pós-guerra provocou uma série de crises morais, de que o cinema nos tem mostrado muitas facetas. Mas essa obra não logrou universalidade nem valor de permanência, capazes de justificar a presença numa excursão, que pretendia mostrar as peças incorporadas ao acervo da literatura dramática italiana. Por mais que a Itália ainda esteja sufocada pela voz dominadora de Pirandello, há outras tentativas mais apreciáveis em seu teatro contemporâneo. A escolha de *Il benessere* parece ligada ao discutível propósito de dar a uma primeira atriz, no caso Diana Torrieri, um papel de *prima-donna*, interpretado na criação por Laura Adani e mais tarde, em Paris, por Melina Mercouri.

O texto é velho, palavroso em demasia, sugerindo muitos caminhos que não aprofunda e acaba por desperdiçar. Mas, numa encenação de qualidade, talvez ele pudesse disfarçar melhor suas fraquezas. Na montagem de Sergio Velitti, *Il benessere* afunda totalmente. No Brasil, os efeitos que o encenador mobilizou eram considerados, há alguns anos, "moderninhos". Hoje em dia ninguém se atreve a usá-los, porque são de uma caducidade insuportável. Velitti quer fugir do realismo com brincadeiras luminosas, ridículas e um acompanhamento musical ultrapassado. Além do mais, quando uma personagem é citada, aparece no primeiro plano, ilustrando a fala com movimentos primários. Sobretudo no início o espetáculo descamba para uma caricatura sem propósito.

Nesse quadro, é de se lamentar o papel que os atores são obrigados a representar e alguns nada têm a ver com isso. Não há temporada de teatro italiano em que não surjam ao menos dois ou três intérpretes excepcionais, e nesta estreia a grande revelação é Paolo Ferrari. Ator maduro, de presença convincente, dominando todos os recursos interpretativos, distingue-se desde logo entre os melhores artistas estrangeiros que já recebemos. Vejamos agora o que o grupo fará com Goldoni, porque por enquanto não tivemos teatro de poesia, mas apenas mau teatro.

Incêndio na ópera

Georg Kaiser
7 de junho de 1953

Quando esta crônica for publicada, *Incêndio na ópera* já terá saído de cartaz do Teatro Babylone. Existência curta de pouco mais de uma semana, com casas vazias, e uma noite mesmo sem apresentação, por falta de público. *Incêndio na ópera* é de autoria do grande dramaturgo alemão Georg Kaiser – a meu ver um dos cinco maiores escritores de teatro deste século. Como posso explicar esse tremendo insucesso?

De início, a peça não se inclui na relação das obras-primas do autor. Mas o argumento não basta. Qualquer trabalho, mesmo insignificante, de um dramaturgo como Kaiser, contém sempre qualidades extraordinárias. Assistindo à montagem do Babylone, não precisei retificar nenhuma opinião sobre o mérito de *Incêndio na ópera*. Bela peça, forte, intensa, de um escritor cujo talento não se pode desconhecer. Qual a causa do malogro?

Antes de formular uma resposta, quero sintetizar o significado da peça. Obra de um desesperado sopro neorromântico, ela instaura uma verdadeira metafísica do amor. O personagem, após uma crise moral, se tinha dirigido ao orfanato para oferecer casamento a uma desconhecida qualquer que o aceitasse. O pano se abre quando, na sala, ele conversa e não quer que nenhum barulho perturbe o repouso de Sylvette. Próximo de casa irrompe o incêndio na ópera, e pouco depois ela aparece, única sobrevivente – sem justificar a traição, mas proclamando apenas a felicidade de estar viva. O personagem recusa aquela aparição, e Sylvette acaba por entregar-se às chamas.

É de grande beleza o episódio em que o personagem não aceita a presença de Sylvette e traz para casa uma morta, a fim de velá-la como se fosse a própria esposa. Com o gesto suicida, Sylvette faz a purgação da culpa – a culpa maior de ter visto o casamento como uma burla do personagem e só então ter sabido que era sincero o seu amor. A morte vinha redimir o equívoco, dava-lhe a grandeza que ela não tinha percebido. Na atitude dos dois personagens, não é difícil sentir o impulso de um absoluto.

No entanto, como a linguagem de *Incêndio na ópera*, em certos trechos, contém preciosismos, de fato inaceitáveis hoje, muita gente não viu mais que esses defeitos e condenou o espetáculo na íntegra. Não querendo discutir essa visão estreita, imagino também outro motivo para o insucesso da peça, e me escuso do primarismo da hipótese, cuja veracidade, contudo, acho difícil contestar.

Incêndio na ópera, no prisma banal e prosaico, se define como a história do marido que toma ao trágico a traição da esposa. Ora, o teatro francês do *boulevard* (enraizadíssimo no povo) não tem feito mais que ridicularizar o marido enganado, e este rir também da própria situação. Naturalmente que um drama como o de Kaiser há de parecer *démodé*, antiquado, estúpido nas suas consequências. Prosseguindo essa brincadeira, acabaríamos de traçar a psicologia de duas culturas diferentes e impermeáveis.

Não adiantou que Eléonore Hirt representasse com admirável vigor Sylvette, que François Chaumette caracterizasse bem o personagem, e Chauffard, Maurice Garrel e Gabriel Cattaud dessem o desejado rendimento aos outros papéis.

A deliciosa ópera sem música – *Si Camille me voyait*, apresentada depois – revela em Roland Dubillard um ator cheio de promessa. Para um jovem de vinte anos, as qualidades de espírito e leveza são dignas do maior elogio.

Inouk, o homem

Teatro Nacional, Islândia
13 de maio de 1976

Não é de hoje a dúvida do homem sobre a civilização que ele mesmo criou. O romantismo já pregava uma volta à natureza como possível panaceia para os males da cidade em *Inouk, o homem*, que o Teatro Nacional (Grupo Inouk) da Islândia estreou anteontem no Tuca, atingindo duzentas representações; o tema: efeitos da chegada dos produtos do nosso consumismo a uma aldeia esquimó.

Todos sabemos os resultados da transmissão dos valores brancos ao mundo negro ou indígena. Ninguém se ilude mais com o papel civilizador do homem, misturado a uma sede de posse e de domínio, às voltas com um processo de desfiguração dos elementos nativos e autênticos. A independência por toda parte alia-se à recuperação da identidade tradicional, contra os poluentes alienígenas disfarçados sob quaisquer máscaras.

O elenco islandês, ao menos pelo que é dado acompanhar, através das imagens em cena, procura contrapor a vida tribal do esquimó ao que lhe sucede após o presente de uma espingarda, de lenços, de enlatados e de bebidas em garrafas. O mundo primitivo e o "civilizado" sucedem-se em vivências esclarecedoras. Talvez, dos espetáculos até hoje encenados no II Festival Internacional de Teatro, em língua que escapa ao nosso entendimento, seja esse o mais compreensível e assimilável pelo público.

Inouk é uma criação coletiva de cinco atores, com a colaboração do etnólogo Haraldur Ólafsson. Para realizar o espetáculo, o grupo despendeu vários meses de preparo, incluindo uma viagem à Groenlândia, onde pôde observar os costumes locais. Resulta nítido, na montagem, o cuidado na fixação do mundo diferente dos esquimós.

A criação coletiva deve ter proporcionado o perfeito entendimento entre os atores, que se valem da mesma linguagem de gestos e demais recursos expressivos. Tendo como cenário um simples suporte para peles, eles recriam tudo no palco: o som do vento e da tempestade de neve, os cachorros que puxam o trenó, o barco que desliza ao movimento de um remo. O preparo do elenco, tanto vocal como físico, não sofre restrições.

O festival, até agora reunindo três conjuntos estrangeiros, já se caracteriza, de um lado, pela diversidade, e de outro, por uma significativa semelhança de propostas estéticas. Como, a não ser numa iniciativa audaciosa, poderíamos ver, simultaneamente, elencos da Uganda, do Irã e da Islândia, tão distantes no espaço e com trajetórias artísticas tão próprias e inconfundíveis?

Além de uma paralela preocupação com o estudo do homem, os elencos visitantes, até o momento, parecem centrar o seu trabalho na figura do ator. Os africanos, os iranianos e os islandeses fazem de tudo no palco, levando às últimas consequências o conceito do ator completo para quem a palavra, o canto e a expressão corporal se conjugam e se intercalam de acordo com a necessidade do momento. Esse ideário estético é, também, o que anima os mais atualizados profissionais brasileiros.

Jacob e o anjo

José Régio
18 de janeiro de 1953

Uma jovem equipe, dirigida por Jacques Charpin, estreou, no Studio des Champs-Elysées, *Jacob e o anjo*, do grande poeta português José Régio. O texto, salvo edição rara, em livro, era praticamente desconhecido, pois a montagem em Lisboa foi interditada após o terceiro espetáculo.

Não pretendo estender-me sobre a peça, aguardando o original português, para um necessário cotejo com a adaptação francesa, assinada por J. B. Jeener. A imprensa parisiense prodigou-lhe os maiores elogios, considerando-a em geral uma grande obra, que merecia o sacrifício financeiro de um grupo que se lança.

A versão francesa não me deu a mesma impressão. Se o tema é bonito, e há passagens de incontestável altura poética, o tratamento especificamente teatral me parece menos feliz, e o espetáculo se perde em cenas muito alongadas, outras que se ajustam pouco ao nó básico, diluindo-se muitas vezes o nervo da ação. A propósito de *Jacob e o anjo*, acho que se pode dizer: se o texto vale pelo poeta, esse poeta não transmitiu a linguagem do dramaturgo – no sentido em que T.S. Eliot critica tão bem a própria obra, e, no caso, com muito menos motivo que José Régio.

O tema bíblico inspira a obra, dá-lhe a justificativa fundamental. Mas não examinarei esse aspecto, bem como a tessitura dos personagens, causa da interdição portuguesa. Espero fazê-lo sem os limites obrigatórios desta crônica.

Quanto à encenação, revela o esforço de vários atores jovens que não mediram sacrifícios pessoais para servir ao teatro. Jacques Charpin desfez-se de negócios para tentar a aventura. Um bonito guarda-roupa, dispendiosíssimo, atesta o propósito honesto do empresário-encenador.

O desempenho, porém, fica a desejar. Faltou altura ao espetáculo. Talvez fossem necessários atores mais experientes, ou jovens com maior força de intérpretes. Existe, também, uma justificativa: logo na estreia, um dos atores teve que ser substituído, o que provocou insegurança quase geral. Daí, possivelmente, a impressão de que faltou amadurecimento ao espetáculo.

Jacques Charpin, vivendo o rei, estava à vontade no papel, mostrou-lhe a forte dramaticidade. Jean-Marc Lambert, que tem uma bela voz e é um ator firme, prejudicou o "bobo-anjo", personagem de duas faces de que ele não revelou as possibilidades, Françoise Adam, que parece talentosa, não era indicada para desempenhar a rainha. O mesmo se pode dizer do generalíssimo, faltando também convicção física a vários outros. Luiz de Lima, o mímico português da companhia Marcel Marceau, caricaturou bem "o poeta oficial", utilizando convenientemente seus conhecimentos especializados. Faltou-lhe maior domínio da voz. Cabe um elogio aos cenários e os figurinos de Jean-Denis Maillart, bem como à música do jovem compositor Yves Claoué.

Sendo *Jacob e o anjo* um espetáculo de difícil êxito de público, já interessado no destino das encenações francesas, faço votos para que melhor se ajuste e afirme o prestígio de um dos grandes nomes da literatura contemporânea de nossa língua.

Jean Marais

20 de janeiro de 1953

Conhecia Jean Marais através do cinema, e sempre o achei um péssimo ator, não sei se essa é a opinião de meus colegas, críticos cinematográficos, mas nunca aceitei seu jeito artificial, sua incapacidade de comunicar vida autêntica ao papel. Depois de encenar *Brittanicus*, na Comédie Française, ele interpreta ali, desde algumas semanas, *Xipharés*, da tragédia *Mithridate*. Muito elogiado pela crítica francesa, ainda assim não venci a desconfiança e fui à Salle Richelieu por curiosidade de conhecer o espetáculo, ainda mais que o contrato de Jean Marais termina em breve com a "Casa de Molière", e seus novos projetos (um filme e *tournée* pela província com *La machine infernale*, de Cocteau) não subentendem uma renovação. Confesso que o seu desempenho me surpreendeu – não que o achasse um grande trágico, um comediante de dotes excepcionais, como exige, aliás, esse gênero teatral. Mas Jean Marais cumpre bem o que lhe pede o personagem, fala com *tenue* os versos de Racine, convence como presença. E é engraçado, para nós, ouvir na plateia rumores femininos e masculinos: "que belo homem!"

Esse nariz de cera, um tanto brincalhão, não deixa pressentir que eu tenha levado muito a sério o espetáculo. Pelo contrário. *Mithridate* foi um dos que mais me agradaram, até agora, na Comédie. Há uma grande dignidade na apresentação, os principais personagens, sobretudo, são transmitidos dentro da exigida estatura trágica. A *mise-en-scène* é do famoso ator Yonnel, e, sem qualquer ideia inovadora, comunica, pelas possibilidades dadas aos intérpretes. Todos têm as suas grandes cenas, e o público não lhes poupa aplausos, interrompendo a representação ao fim das tiradas. Yonnel, como Mithridate, embora às vezes sincopasse as frases, tirando a espontaneidade do ritmo, fala com admirável beleza os versos racinianos, e a tragédia nos prende na sua força. Annie Ducaux mostra também intensidade interior, e Jean Davy, no outro filho de Mithridate, completa com convicção o ciclo dos principais personagens. Embora os cinco atos sejam dados sem intervalo, e acredito que não haja resistência capaz de dominar a fadiga, sai-se satisfeito pelo eficiente banho clássico.

Para completar o espetáculo, representa-se ainda *La coupe enchantée*, de La Fontaine, e *Champmeslé*. Direção do simpático ator Jacques Clancy, tão conhecido no Brasil através da temporada de Jouvet e dessa última da Comédie Française, elenco de onde se afastou recentemente. A comédia, deliciosa, diverte todo o tempo, no desempenho de Jacques Charon, Jean-Paul Roussillon, Henri Rolland, Gisèle Casadesus e outros, também muito conhecidos no Brasil. Eu ficaria mais contente se ao seguro desempenho correspondesse uma apresentação melhor, no tocante aos cenários. O guarda-roupa, nas duas peças, foi feito com capricho e colabora para a boa impressão que nos deixam os grandes textos e o exato trabalho dos intérpretes.

John Gabriel Borkman

Ingmar Bergman
3 de janeiro de 1986

Eu morria de desejo de assistir a uma montagem teatral de Ingmar Bergman, cujo cinema tanto me apaixona. Paris, que tem consciência de seu papel de capital artística do mundo, acolhendo o que se faz de melhor, por toda parte, trouxe para o Théâtre de l'Europe a última realização do diretor sueco no Bayerisches Staatsschauspiel de Munique, nos nove anos de exílio, antes de retornar a Estocolmo: *John Gabriel Borkman*, obra de fase final de Henrik Ibsen (1894). Mas não posso dizer que fiquei entusiasmado.

Começo a me perguntar a razão do relativo desapontamento. Talvez porque o espetáculo fosse interpretado em alemão, língua que não domino, e o texto é tão importante nele (li antes, porém, uma tradução francesa de M. Prozor, em volume especialmente preparado para a temporada parisiense, e tinha condições de acompanhar réplica por réplica o diálogo). Ou quem sabe a peça, sem despertar o virtuosismo fácil do encenador, recurso que, às vezes, nos seduz, exige mesmo um rigor pouco brilhante?

Quando não se conhece a língua, os aspectos plásticos adquirem especial relevo, e a vista passeia com insistência pelos cenários e figurinos. A indumentária de Gunilla Palmstierna-Weiss, aliás, esposa do dramaturgo alemão Peter Weiss, me parece muito feliz – sóbria, elegante, fugindo às indicações óbvias das rubricas. Já a cenografia, de que ela também é autora, não tem o mesmo efeito, quem sabe pela passagem do palco original para o do Théâtre Odéon. Convence a austeridade da sala da casa decadente, com poucos acessórios. Num espetáculo desse nível deixa de ser aceitável uma parede que balança. No desfecho, está-se diante da fachada, e depois uma cortina preta fecha em círculo ao fundo para dar credibilidade ao deslocamento das personagens na neve. Solução engenhosa, prejudicada por dois pormenores: na plataforma branca inclinada, que serve de chão, um acabamento lateral estava descolado, e desde o início existia um banco fixo, à frente, quebrando a ideia de mudança de lugar.

Bergman sugere concentrar-se na interpretação, sem dúvida o ponto alto da montagem. Estranhei um pouco, é verdade, uma certa histeria dos atores (reminiscência do estilo expressionista?) quando Borkman está mais próximo dos arroubos sufocados. É um prazer assistir a um desempenho tão homogêneo, em que as maiores oportunidades favorecem Hans-Michael Rehberg no papel-título, Christine Buchegger, como sua mulher Gunhild, e Christa Berndl, na personagem de Ella, sua cunhada (irmã gêmea da mulher) e antiga paixão.

Ainda que *John Gabriel Borkman* não figure entre as obras de Ibsen que mais me seduzem, penso que ela ganharia outra atualidade, no Brasil, por ser o protagonista antigo banqueiro que vive trancado em casa, depois da condenação, por falência fraudulenta. No plano psicológico, é muito interessante a disputa entre as gêmeas, vinculadas sentimentalmente ao mesmo homem (motivo, em múltiplas variações, do nosso Nelson Rodrigues). E, não obstante o clima sombrio, que evoca a "luta de cérebros" strindberguiana, a palavra final não é de pessimismo, porque Erhart Borkman, filho do banqueiro, educado pela tia, liberta-se dos compromissos familiares que pretendem impor-lhe para tentar um caminho de felicidade pessoal.

O espetáculo inscreve-se no programa da terceira temporada do Théâtre de l'Europe, dirigido por Giorgio Strehler. De 8 de outubro a 1º de dezembro, fez-se uma reapresentação de *L'illusion*, de Corneille, sob a responsabilidade do encenador italiano (fiquei muito decepcionado com o grande homem de teatro, de um esteticismo frio e que, ao menos na véspera da despedida, deixou o rosto dos atores quase no escuro, sem que se pudesse observar seu jogo fisionômico). Já a 14 de janeiro estreia *Seis personagens à procura de um autor,* de Pirandello, em coprodução com a Comédie Française, sob a direção de Jean-Pierre Vincent. De 18 a 23 de fevereiro, será a vez do National Theatre britânico, oferecendo *The real inspector Hound,* de Tom Stoppard, por ele encenada, e *The critic,* de Sheridan, sob a direção de Sheila Hancock. Finalmente, de 25 de fevereiro a 1º de março, no original italiano, o Teatro Stabile de Catania apresentará *Il berretto a sonagli,* de Pirandello, sob a direção de Lamberto Puggelli. Embora se critique, à boca pequena, que são excessivos seus gastos, o Théâtre de l'Europe vem mostrando uma gama expressiva de trabalhos criados em diversas partes do velho continente.

John Gielgud e Irene Worth

1º de dezembro de 1966

Não se viram ontem, no Municipal, apenas *Os homens e mulheres de Shakespeare*: o recital de John Gielgud e Irene Worth valeu como súmula de interpretação da obra shakespeariana. Através da recriação, em cenas antológicas, de algumas das grandes personagens do bardo de Stratford-Upon-Avon, o público pôde receber uma lição do mais puro e perfeito estilo clássico de viver Shakespeare.

Não acreditamos que se possa dizer os versos e a prosa de qualquer gênero cultivado pelo autor de Hamlet melhor do que John Gielgud. Inicialmente, caberia indagar se suas características físicas se prestam a tantos papéis diversos. Alto, o rosto corado, um toque de distinção, nobreza e distância parecem mais propícios às comédias sofisticadas de Noël Coward, em que, aliás, ele sempre se sobressaiu. Surgem também na mente do espectador as figuras sutis e ambíguas do teatro tchekoviano, outro campo interpretativo em que "Sir" John obteve tantos triunfos. Aos poucos, com uma musicalidade vocal e uma emoção contida capazes de oferecer uma imagem profunda de quaisquer heróis, a galeria shakespeariana vai desfilando diante da plateia com uma nitidez absoluta, sem que os cenários e os trajes sejam necessários para transmitir o clima da obra.

Gielgud tem uma visão aristocrática do desempenho de Shakespeare. Os reis e os nobres que povoam a dramaturgia elisabetana sugerem a ele uma interpretação elevada, que nada tem de realista. Confessamos que nos custa imaginar a elegância de Gielgud no Globe Theatre de Londres, no início do século XVII, quando a proximidade do público popular deveria exigir do ator até uma certa truculência. O refinamento de Gielgud é muito mais de salão, reclamando a presença de espectadores educados, afeitos ao requinte da linguagem de Shakespeare e às mil gamas de quem domina todos os segredos do palco. Discreto, intimista, com uma simplicidade que nasce de total depuração, Gielgud cresce em cena para exprimir a tragicidade e a solidão de Ricardo II e Rei Lear.

Irene Worth não lhe fica atrás. Na primeira parte, a vibração e comunicabilidade franca da atriz atingem de imediato a plateia (Gielgud não tem mais o ímpeto juvenil requerido de Romeu). Já a segunda parte, que exigia uma intimidade muito maior com o drama histórico e a tragédia de Shakespeare, não encontrou Irene Worth inteiramente dentro de todas as personagens. Não se viu o perfil completo de Volumnia ou de Lady Macbeth.

No conjunto, *Man and woman of Shakespeare* não trata apenas do amor. Numa amostra inteligente, revela toda a humanidade do mais complexo dos autores teatrais.

Kabaret de la dernière chance

Oscar Castro • Teatro Aleph, Chile
27 de fevereiro de 1987

Kabaret de la dernière chance, em cartaz no Bataclan de Paris, de imediato me introduziu numa atmosfera familiar. Não somos impunemente latino-americanos. O exilado Teatro Aleph chileno criou um espetáculo que poderia passar também por brasileiro. Senti nele um humor nostálgico, uma autoironia atrapalhada, um eco melancólico do nosso subdesenvolvimento, que não podem deixar indiferente um crítico tupiniquim.

Comédia musical, no sentido de que, ao lado de uma história tênue, que não se pretende muita dramaturgia, há a possibilidade de evocar bonitas canções, já que a ação se desenvolve mesmo num cabaré. E desfilam também para o espectador alguns números de dança e de variedades, realizados naquele difícil limite em que precisam sugerir domínio incompleto dos meios artísticos, e o público desavisado não sabe se é representação de falta de mestria técnica ou fragilidade mesmo. Vi com muito sabor o esforço claro de aparentar virtuosismo.

A autoria de *Kabaret* está dividida entre Oscar Castro, diretor do grupo, e o francês Pierre Barouh, amigo de Vinicius de Moraes, Baden Powell e Antônio Carlos Jobim, e que, longe do Brasil há muitos anos, não esqueceu o português. Barouh, além de narrador, interpreta com sensibilidade algumas canções. E Oscar Castro é o dono do cabaré, desdobrando-se, em situações contraditórias, sempre muito divertido.

Para que o leitor tenha uma ideia da trama, resumo-a em poucas palavras. Esse cabaré está autorizado a funcionar a três mil quilômetros da catedral de Santiago, em meio ao deserto de Atacama, junto da Cordilheira dos Andes. José Aceituno e sua mulher, Etelvina Linares, querem aproveitar uma oportunidade excepcional para transformar em permanente a autorização provisória de funcionamento: estará ali, para ver a passagem do cometa Halley, o Presidente da República. Pergunta-se a que hora é esperado o chefe de Estado, e bem no estilo sulamericano, responde-se que ele chegará na hora em que chegar. O aparato policial, a presença de um embaixador, o uso do inglês e outras particularidades compõem uma deliciosa sátira de costumes.

O grupo, com cerca de trinta figurantes, incluindo os músicos, recria uma simpática ambientação de cabaré. Os próprios atores servem as mesas e o enorme espaço do Bataclan participa do espetáculo. Interpreta-se no meio do público, na passagem central que leva ao palco, em mesas estrategicamente situadas, e no final todos se confraternizam com os espectadores, numa dança festiva. Sem exotismo, sem folclore, uma autêntica presença do Chile, e por extensão da América Latina.

O Teatro Aleph foi fundado, em Santiago, em 1968. Até 1973, criou seis peças, participando de vários festivais internacionais, sobretudo na Europa. A ditadura de Pinochet não demoraria a alcançá-lo: em 1974, quando apresentava há um mês *Al principio existia la vida,* ocorreu a interdição da montagem e foram presos todos os membros do grupo. Após dez dias de interrogatório, seis artistas foram libertados, Oscar Castro e um colega transformaram-se em hóspedes de campos de concentração, e outros dois até hoje estão desaparecidos. Com a libertação dos dois prisioneiros, em novembro de 1976, juntaram-se a eles, no exílio francês, mais quatro intérpretes do elenco antigo, e o Aleph se recompôs, em Paris, acrescido de atores de diferentes nacionalidades. De lá para cá, as vicissitudes habituais da sobrevivência dos exilados, despertando às vezes apoios importantes, como o de Gabriel García Márquez, que promoveu, em 1980, uma excursão do grupo a vários países da América Latina. Em 1984, o Aleph levou diversas criações aos Estados Unidos e ao Canadá. E a atual temporada, no Bataclan, decorre do êxito obtido pelo *Kabaret* numa pequena sala de administração de barro, e há muitas do gênero em Paris.

Pena terem desaparecido os festivais internacionais de teatro da hoje deputada Ruth Escobar, num dos quais o público brasileiro poderia conhecer o Aleph. E faço votos que a ditadura chilena caia depressa, para que o grupo retome o trabalho em sua terra.

L'amour vient en jouant

Companhia Claude Dauphin
23 de agosto de 1951

A Cia. Claude Dauphin ofereceu ontem no Copacabana o último espetáculo de sua curta temporada. Como já havia transmitido minhas opiniões gerais sobre o elenco, preferi escrever sobre *L'amour vient en jouant* depois de assistir a *Jean de la Lune*, a fim de ajuizar completamente as qualidades dos atores, prejudicados por um repertório abaixo do seu nível.

O quarto programa foi muito fraco. O original de Jean Bernard-Luc revela absoluta inconsistência, e a interpretação não lhe ficou adiante. Admira até como um autor conseguisse tecer três atos em torno de nada. Esse, aliás, seu único mérito. Manter uma dezena de atores de pé, sem que, a rigor, se perceba bem o que os move, ou sentindo que a base da ação repouse em fragilidade demasiada, incapaz de justificar personagens e tramas. A peça é uma versão inferior de tudo que se realizou no gênero – *Convite ao baile*, de Anouilh, por exemplo.

O elenco, talvez pelas limitações do texto, não viveu um dos seus momentos felizes. Claude Dauphin utilizou recursos que até nossa chanchada vem abolindo: tremores esquisitos, ao servir um "porto", invadidos pelo medo: empurrões que o levavam a dar saltinhos entre duas mulheres. Lamentável, para um ator de grande talento como ele. Brigitte Auber, que teve uma estreia excelente em *Le rayon des jouets*, bastante inexpressiva num papel a que parecia não se ter afeiçoado. Lily Mounet, muito à vontade, convincente. Gérard Séty, fraco. Gabaroche, correto. Michel Marsay e Jean Helvet, fazendo rir, sem necessidade da gesticulação exagerada. Monique Gerald, viva; José Artur, no ar, numa personagem sem razão de ser, e Jean Hébey, ótimo no *valet* Edouard, a que deu naturalidade, graça e presença cênica.

A última récita daria ensejo à Cia. Claude Dauphin de fazer um belo espetáculo, como acontecera anteriormente com *Une grande fille toute simple*. *Jean de la Lune* reteve sobre ela, na lembrança do público, uma boa impressão. E se o mesmo elenco voltar ao Rio, em outra temporada, será conveniente que medite um pouco mais sobre o repertório, para que a plateia brasileira corresponda ao seu inegável talento.

L'avare

Roger Planchon
10 de janeiro de 1987

Os encenadores de grande personalidade correm o risco de, conhecidas suas inovações, se tornarem repetitivos ou, inscritos no consumo, darem lugar a outros, que trazem novidades diferentes. Por isso eu temia o reencontro com Roger Planchon, diretor do Teatro Nacional Popular francês de Villeurbanne, que já fez memorável excursão ao Brasil. Mas a montagem de *L'avare*, de Molière, em cartaz no Théâtre Mogador de Paris, guardando a mesma linha de *Tartuffe*, comprova que sua leitura dos clássicos ainda nos surpreende muito favoravelmente.

O acerto de Planchon está em que ele não trata a peça ou a personagem como abstração, um achado fora da realidade. O espetáculo não busca a essência do "avarento", como não quis também definir o "tartufo". O encenador se empenha em contar uma história, situando-a no cotidiano, quando indivíduos de classes sociais distintas se acotovelam, têm relações complexas e conflitantes. É o corte num dia qualquer da vida de uma família, em que de repente acontecem coisas inesperadas. Ocupa o primeiro plano o movimento normal da casa, o trabalho doméstico, o jogo prosaico dos interesses de todos, onde de súbito irrompe o insólito, instaurando o clima de fantasia.

Observa Planchon, inteligentemente, que "Harpagão é avaro, mas não o avaro. A avareza não é o dado, nem o móvel da personagem, mas uma compensação: é, no fim, seu consolo". Para o diretor, a preocupação de Molière não é a de pintar um caráter. Harpagão é um "homem de negócios que pretende livrar-se dos filhos adultos, limpar a casa e refazer a vida". Os bens materiais asseguram a compra de uma jovem, que usaria o corpo para livrar-se, juntamente com a mãe, da pobreza.

Essa concepção, de base realista, se casa muito bem com o cenário do italiano Ezio Frigerio, que fez a admirável ambientação de *A ópera dos três tostões,* na montagem de Giorgio Strehler, e tem sido colaborador de Ronconi, Fellini, Bertolucci e Liliana Cavani, além de numerosas óperas. No caso de *O avarento,* ele diz ter-se inspirado em certos ambientes do campo italiano, em sua infância: "Lugares nus, utilitários, essas granjas, por exemplo, em que se guardava o trigo. Mas nem a arquitetura do século XVII nem a pintura de Rembrandt me serviram de referências. No meu cenário, certos pormenores de arquitetura não têm nada a ver com a época, mesmo se – acredito – a proposta é bastante realista".

O figurinista Jacques Schmidt, ao contrário, confessa ter "olhado de maneira muito atenta a pintura flamenga, Rembrandt, Frans Hals, escoimado de todos os pintores menores em cuja obra se acham muitos detalhes da vida cotidiana. E as cabeças, na pintura holandesa e espanhola, são extremamente modernas: as perucas aparecem nelas rarissimamente. Enquanto a pintura francesa do século XVII mostra apenas as roupas da corte, de fato raramente usadas, já que eram vestidas apenas para a exibição pessoal".

Dentro desse quadro sólido, o ator se sente mais à vontade, e é o que transparece no desempenho. O papel-título foi confiado a Michael Serrault, que tem todas as qualidades para encarná-lo: a máscara expressiva, o olhar simultaneamente ingênuo e esperto, a voz poderosa, o misto de cômico e patético. Annie Girardot, que admiro desde o filme *Rocco e seus irmãos,* de Visconti, e que interpretou a versão francesa de *Apareceu a Margarida,* de nosso dramaturgo Roberto Athayde, não se importa de viver o papel menor da "intermediária" Frosine, a que empresta inegável brilho.

Talvez os dois casais de jovens não estejam à altura do protagonista, com exceção de Sylvie Orcier (Elise), formada no Conservatório Nacional de Arte Dramática, em 1981. Philippine Leroy-Beaulieu (Mariane), a jovem mãe de *Três homens e um berço,* filme de Coline Serreau, ainda é crua no palco, o mesmo acontecendo com Pierre-Loup Rajot (Cléante) e Fabrice Everhard (Valère).

Não vou esconder que estranhei uma cena de quase intimidade sexual de Elise e Valère, no início do espetáculo, que a cerimônia dos diálogos subsequentes não faria de maneira nenhuma prever.

Vencedor do prêmio atribuído pela crítica ao melhor espetáculo no item da Descentralização, *L'avare* lota diariamente uma plateia de 1.700 lugares (portanto maior que o Municipal de São Paulo), numa temporada prevista de quase quatro meses. Quem se atreveria a dizer que o teatro não continua a ser um grande acontecimento na França?

La cantatrice chauve e La leçon

Ionesco
25 de janeiro de 1953

Creio que pouca gente, no Brasil, ouviu falar do romeno Eugène Ionesco. Eu conhecia dele algumas referências críticas, quando da criação de *La cantatrice chauve*, há dois anos, no Théâtre de Noctambules, e de *La leçon*, ano passado, no Théâtre de Poche. A mesma equipe retomou agora os espetáculos no Théâtre de La Huchette, e foi lá que eu tive oportunidade de aplaudir Eugène Ionesco.

Afirmar que se trata de tentativa nova em teatro seria muito e seria pouco. Muito, porque experiências semelhantes no terreno da linguagem já foram tentadas, e pouco, porque o resultado é mais do que simples experiência – é uma realização, uma obra definida, importante. Muito importante, a meu ver.

Ionesco, que chama *La cantatrice chauve* uma "antepeça", diz que a linguagem ali empregada representa clichês, "é uma paródia da linguagem, assim como a peça é uma paródia de peça". Mas admirei, sobretudo, em seu trabalho, o poder dramático, a violência com que agride o espectador, sem utilizar os processos comuns da ação. Nenhuma das peças tem continuidade de ação. O clímax não vem do desenvolvimento de uma história, mas do exaspero crescente das palavras. E o veículo é a comédia, não o drama. Diante dos lugares comuns disparatados dos personagens, rimos sem parar. A associação surrealista é o que permite o encaminhamento. Aos poucos, o riso se prende na garganta, a loucura passa de cômica a dramática. Só nos refazemos, no final, porque Ionesco, se procurou mostrar o absurdo e a inanição do cotidiano, repõe todos os valores no vazio mundo do cotidiano.

Em *La cantatrice chauve*, dois casais ingleses, um capitão de bombeiros e uma empregada, que não têm nada para se falar, nada para se comunicar, falam demasiado. Apenas falam, sem sentido. A peça resolve um admirável paradoxo: só usar a palavra, quando a finalidade é mostrar que a palavra no cotidiano é um instrumento sem ressonância. Em *La leçon*, o autor chega a outra conclusão: através de uma aula, onde o professor se perde nos mais terríveis solilóquios culturalistas, enquanto a aluna apenas se queixa da dor de dentes, o crime é a única válvula para aquele desencontro. Era a quadragésima aluna que o professor assassinava. De um lado, a moral quase prosaica de que a cultura não salva ninguém, expressa nas palavras da empregada: "a aritmética leva à filologia e a filologia ao crime". De outro, o irreconciliável da introspecção e do cotidiano, conduzindo à loucura que é a abolição pretendida do cotidiano.

Estranho um recurso tão parecido nas duas peças: na primeira, quando a empregada fala, fala, fala, e vai exasperando os convivas, o patrão a afasta da sala e a liquida com uma martelada na cabeça. Em *La leçon*, a aluna aumenta a intensidade de *mal aux dents, mal aux dents*, até que o professor lhe corta o pescoço. As pessoas falam na luta contra o vazio, e o incômodo das palavras as condena, por fim. A propósito dessa profilaxia através do crime, em *La leçon*, eu lembraria a peça *Arsênico e alfazema*, onde se pretende salvar as pessoas não da ignorância, mas da doença, do sofrimento e da velhice.

Ionesco decompõe o cotidiano, mostra-lhe a irremediável solidão. Uma cena, em *La cantatrice chauve*, impressiona pelo patético: o marido fala para a mulher – "Tenho ideia de que a conhecia antes". Cada um revive, de sua parte, os acontecimentos que o marcaram, para no fim acharem que as coincidências não diziam nada. Por último, uma coincidência inapelável: "então dormimos na mesma cama, portanto devemos ser marido e mulher!" – e se reconhecem, se beijam, começam um novo idílio. A caricatura do matrimônio burguês tem aqui uma das expressões mais sintéticas e mais convincentes no domínio literário.

E o espetáculo não vale apenas pelo texto. Penso mesmo que se não houvesse uma encenação tão perfeita, tão admirável, as peças não chegariam à plateia. Os encenadores são dois jovens: Nicolas Bataille e Marcel Cuvelier. Os intérpretes são também jovens. Para que citar o seu nome, se à distância nada significam? O cenógrafo é Jacques Noel, o mesmo que trabalha com Ded Bourbonnais, para os espetáculos de pantomima de Marcel Marceau.

Digo que, pelo menos até o momento, assistir a essa peça, no mesmo palco em que se levou (se não me engano) *Um Deus dormiu lá em casa,* de Guilherme Figueiredo, foi o mais importante para mim, em Paris, em matéria de teatro. Lembrei-me, a propósito, do nosso grupo O Tablado, de Martim Gonçalves e Maria Clara Machado, que poderia, a meu ver, fazer no Rio a mesma experiência.

La cuisine des anges

Jean-Pierre Grenier
19 de fevereiro de 1953

Numa visão panorâmica da vida teatral, constata-se facilmente que as boas comédias se tornam cada vez mais raras. Essa observação até levou o dramaturgo Marcel Achard a escrever: "em 1952, o cômico é a *avant-garde*!". Seria curioso examinar os fundamentos da atual situação e concluir até que ponto é verdadeira essa frase. Não é esse o nosso propósito, mas sim o de elogiar uma boa comédia, que se destaca no conjunto das peças destinadas ao riso.

La cuisine des anges, estreada em janeiro do ano passado, no Teatro Vieux Colombier, passou ao Teatro Ambassadeurs, e agora, de novo no *foyer* de Jacques Copeau, já atingiu mais de trezentas representações. Em 1952, levantou ainda o Prêmio Tristan Bernard e mereceu justos aplausos da crítica.

Não afirmarei que se trata de uma obra-prima do gênero cômico. Analisada com extremo rigor, creio mesmo que *A cozinha dos anjos* não revele valores permanentes, e caia no esquecimento dentro de uma dezena de anos. Dentro da produção atual, e que faz o cotidiano dos espetáculos, é inegável que ocupa um lugar de importância. O ideal médio do teatro seria que todas as comédias tivessem o mesmo nível seu, e o desempenho estivesse sempre à altura desse *spectacle*: André Certes.

A trama pode ser considerada original: num bazar de Caiena, capital da Guiana Francesa, três forçados se misturam à pacata vida dos moradores. O bazar é gerido pela família Ducotel – pai, mãe e filha. O proprietário é um primo, esperado para examinar a contabilidade do homem honesto, mas bastante fantasista. Ele chega, acompanhado de um sobrinho, por quem a filha Isabelle está apaixonada, e tem lugares indecentes na história. Isabelle se decepcionará com o rapaz que deseja a herança do tio e um casamento rico, e seu pai se vê atrapalhado com a vaguidão dos seus números. Os três forçados os salvam: um quarto personagem, Adolfo, pequena cobra que os acompanha, se encarregará de libertar a terra daqueles maus. Termina o distúrbio na família, os forçados partem, e cai o pano.

Agrada na peça o clima de simpatia e de saúde, a naturalidade com que a ação decorre, a segurança e a precisão da intriga. O autor, Albert Husson, tirou o título de um quadro de Murilo, baseado numa anedota: num convento, quando os monges cozinheiros adoecem, os anjos vêm substituí-los. No texto entende-se que os forçados com os mesmos bons propósitos aparecem para afastar as dificuldades da família Ducotel.

Penso, contudo, que sem um bom desempenho o espetáculo não teria o mesmo interesse. E o do elenco é muito equilibrado, perfeitamente correto. Inteligente, fluida, a encenação de Christian-Gérard. E deve ser salientado o comediante Jean Parédès, que, possuidor de grandes qualidades, concentra a maior atenção. Além de uma invejável naturalidade interpretativa, mostra domínio perfeito e riqueza admirável de gestos e atitudes.

La cuisine des anges é uma peça que, bem encenada no Brasil, certamente teria a acolhida do público. No caso, não por índices negativos, mas por um cômico inteligente, e eficaz. Se essa opinião já foi emitida por alguém, associo-me a ela de bom grado.

La dame de trèfle

Michel Vitold
24 de janeiro de 1953

La dame de trèfle, encenado no Théâtre Saint-Georges, é um dos espetáculos expressivos da leva teatral que precedeu o fim do ano, marcando o início de nova *saison*. Para mim, coloca mais uma vez um problema curioso, o do valor de texto e desempenho na composição do fenômeno cênico. Explico-me: o grande espetáculo se define pelo equilíbrio desses elementos, aliados ainda aos acessórios. Aqui a peça de Gabriel Arout não resiste a uma análise séria, e, no entanto, deixei o teatro imensamente satisfeito, pelo admirável nível da apresentação. Por certo o número limitado de intérpretes – apenas quatro – proporcionou o encontro mais fácil da homogeneidade. Eu omitiria, porém, um aspecto importante, se não assinalasse que, na linha do desempenho tradicional, *La dame de trèfle* me pareceu o espetáculo até o momento melhor representado a que tive ensejo de assistir em Paris.

Gabriel Arout, à guisa de apresentação, informa que em *La dame de trèfle* conta uma história de amor. Esse é um ponto de partida, ou a intenção última do texto. Não me agrada, contudo, a maneira como lançou essa história de amor. Investigando o caráter básico da composição, serei levado a afirmar que a peça me parece essencialmente subliterária. A pesquisa sobre o cerne do amor (penso que é essa a proposição de Gabriel Arout) repousa, no caso, em conceitos e fórmulas que, à força de repetidos, incorrem naturalmente no mau gosto, na banalidade pretensiosa, na subfilosofia de almanaque. E assim deparamos com frequência definições: sobre amor e desejo, felicidade, diferença entre *honnête femme* e *femme honnête*, que o autor, aliás, chega a reproduzir no programa.

De início, a peça deixa supor que trata um simples problema de dupla personalidade. A mulher casada, fiel ao marido, resiste no plano da vida consciente ao amante verdadeiro que acaba de encontrar. Sabedora de que ele frequenta uma casa suspeita – *La dame de trèfle*, ela iria ali, na sua segunda personalidade, realizar o desejo reprimido. O personagem masculino tenta identificar as duas mulheres tão semelhantes, e o autor se compraz em baixar o pano na atmosfera de mistério. Impossível que se torna, pelas coincidências sucessivas, um esclarecimento completo das personalidades femininas. Além de concluir que o autor não soube como acabar a peça (a cena final não convence, absolutamente), eu diria ainda que o interesse de teatralidade, de envolvimento da plateia, tentado através do mistério, vive no terreno do inverossímil, caindo no confronto do cotidiano. O texto, portanto, baseou-se em premissa falsa.

E sentir, a par dessa análise, que o espetáculo traz uma grande satisfação. Ela se deve ao desempenho irrepreensível de Madeleine Robinson, Michel Vitold e Lucienne Bogaert, e ainda Solange Certain, uma criada na exata medida. Madeleine Robinson encarna Isabelle e Ada, a mulher casada e a prostituta, num limite de equilíbrio, de sutileza e seguras características verdadeiramente impressionantes. Nenhum exagero quer de uma parte, quer de outra. Apenas o maior traço de domínio, na primeira, e o de carnalidade mais espontânea, na segunda. Completando o comunicativo temperamental dramático, uma técnica perfeita.

Michel Vitold, que dirigiu o espetáculo com extraordinária firmeza, emprestando-lhe a finura que o texto não tem, não padece também de nenhuma restrição, senão que, de princípio, não pareceria fisicamente o intérprete indicado para o papel. O talento, contudo, é tão forte que sua presença logo se impõe. Cabe informar que Michel Vitold seria substituído alguns dias depois por William Sabatier, a fim de realizar uma *tournée* no estrangeiro.

No hebdomadário Arts, Gabriel Arout escreveu: "Se com tais intérpretes a peça não viver, é que ela não tem nenhuma razão de vida". No teatro Saint-Georges, *La dame de trèfle* vive, não há dúvida, porque o espetáculo agrada. Sou tentado a dizer, porém, que ela não tem razão de vida, a não ser como exemplo de um paradoxo do teatro: a possibilidade de um mau texto permitir um excelente desempenho.

La grande magia

Giorgio Strehler
9 de maio de 1986

Decididamente, não tenho sorte com Giorgio Strehler. Todo mundo pôs nas nuvens *L'illusion*, de Corneille, que ele encenou no Théâtre de l'Europe de Paris, e fiquei bastante insatisfeito porque não via a cara dos atores. Imaginei que, por erro técnico, teria havido problema de luz na noite em que assisti ao espetáculo. No Teatro Argentina de Roma fui ver sua montagem de *La grande magia,* de Eduardo De Filippo, com o elenco do Piccolo Teatro de Milão, e o palco estava escuro o tempo quase inteiro. Deixei-me tomar por uma cólera santa.

Sejam quais forem as razões estéticas de Strehler, considero sua postura um desrespeito profundo pelo ator. A nitidez da máscara é essencial à plena comunicação e, sem ela, perde-se um elemento importante do desempenho. Ainda mais que ele próprio afirma que "o nosso teatro é um teatro da palavra. As relações com o espaço, as composições mais claras e mais significativas, os gestos mais graciosos não servem senão para fazer ouvir a voz: tudo é preparado unicamente para esse fim".

Um crítico italiano me disse que a iluminação de Strehler é perfeita na sede do Piccolo, em Milão, e fora de lá, efetivamente, ele não tem o mesmo rigor. Por outro lado, o diretor francês Jean-Pierre Miquel me confessou que toda sua geração foi influenciada pelos efeitos luminosos de Strehler. Que diabo, enxergando bem tudo, por que só não distingo a expressão facial de atores quando por ele dirigido? Lembro que a atuação do Piccolo em *Il trionfo dell'amore (Le triomphe de l'amour)*, de Marivaux, na montagem do francês Antoine Vitez, foi uma das mais admiráveis na minha atual temporada europeia.

Feito esse desabafo, sem nenhum propósito iconoclasta (seria cretino não admitir que Strehler se coloca entre os maiores encenadores do mundo), vamos aos aspectos positivos. Aquilo que seria "a grande magia" do teatro. A cena em que Maria Di Spelta (Eleonora Brigliadori), mulher do protagonista Calogero Di Spelta (Franco Parenti), foge com o amante Mariano D'Albino (Gerardo Amato), tendo a cumplicidade do outro protagonista, Otto Marvuglia (Renato de Carmine), professor de ciências ocultas e célebre ilusionista; sugestão e transmissão do pensamento são extraordinariamente bem resolvidas, num barquinho que atravessa os corredores da plateia. Uma simpática poesia popular colore toda a representação.

A análise do texto de Eduardo De Filippo reclamaria uma larga série de prós e contras. O grande crítico Eric Bentley, no livro *In search of theater*, defende-o da acusação de que seria quase um plágio de Pirandello, por ter "insistido no fato de que as ilusões eram necessárias porque a verdade era maior do que aquilo que se pode suportar". Bentley chega a mencionar as aproximações com *O prazer da honestidade, Mas não é uma coisa séria* e *Henrique IV*, e conclui que se trata de pirandelismo superficial. O teatro dialetal de De Filippo liga-se menos a Pirandello do que a Nápoles, e a peça se alimenta da "ideia da vida como jogo, o mundo como espetáculo".

De fato, desaparecida Marta, Calogero aceita a sugestão de Marvuglia segundo a qual ela se encerrou numa pequena caixa, que ele nunca abre. Desiludida da aventura amorosa, Marta tenta retornar ao marido, tempos depois, mas ele não a reconhece: ela está fechada para sempre naquela caixa, liberta das fragilidades do mundo. Por mais brilhante que seja o arrazoado de Bentley, a aproximação com o *Henrique IV* pirandelliano rouba, para mim, o mérito do achado de Eduardo, convertido em mero subproduto, não obstante diversos outros valores. Não consigo subtrair à originalidade, apesar dos ensinamentos históricos em contrário, o papel da condição artística fundamental em nosso tempo.

A magia da narrativa, de qualquer maneira, é matéria-prima para as evoluções de Strehler. Tenho certeza de que, estivesse o palco um pouco mais iluminado, eu me renderia ao jogo requintado dos atores. De Carmine prefere os gestos mais estetizantes que a tônica popular de De Filippo. Entretanto, nessa linha, sua criação tem absoluta coerência e sólido rendimento. Franco Parenti, que já obteve merecido êxito em São Paulo, está mais preso ao desempenho natural, sem esquecer a obsessão ilusória. E o *Piccolo* reúne um elenco de primeira qualidade, para entregar pequenos papéis a ótimos atores, como Vici De Roll vivendo o *maître* do Hotel Metropol.

Os cenários de Ezio Frigerio, os figurinos de Luisa Spinatelli e as músicas de Fiorenzo Carpi completam o quadro elogiável do espetáculo. A gente se embala com os exercícios de ilusionismo do professor Otto Marvuglia, criados por Silvan. Em conclusão, fico irritado por não poder aceitar sem reservas *A grande magia*.

La morte della geometria

Centro de Pesquisa Teatral Ouroboros, Florença
29 de maio de 1976

Na relação de espetáculos até agora encenados no II Festival Internacional de Teatro, *La morte della geometria*, em cartaz na sala Gil Vicente do Teatro Ruth Escobar, é o que se poderia mais convencionalmente classificar como experiência ou proposta de vanguarda. O Centro de Pesquisa Teatral Ouroboros, de Florença, inclui entre suas premissas "a recusa da linguagem verbal enquanto o sistema codificado de comunicação, em troca da pesquisa de um 'discurso' enquanto a linguagem total".

A escrita poética de Giuliano Scabia produziu uma "ideia-ação" de Pier'Alli. Explicam os realizadores que se trata de um breve poema em cinco jornadas, constituindo um momento de meditação sobre a morte (a morte de um companheiro de trabalho: Paolo Scheggi, pintor, escultor e criador de espaços).

O autor, antes de começar o espetáculo, tentou estabelecer uma comunicação verbal com o público, mencionando o concreto e o abstrato envolvidos na proposta. Diante da intervenção de espectadores, segundo os quais teatro se faz no palco e não por meio de explicações, deu-se início à montagem. Mas terminada a representação, formou-se ao redor do autor, na plateia, um grupo, para ouvir *a posteriori* a bula. A simples necessidade de acrescentar ao desempenho um discurso explicativo mostra que faltou à "linguagem total" o rotineiro e eficaz elemento verbal.

Se o público pretender decifrar o significado da "identificação entre pensamento e viagem", compenetrando-se da "figura do homem/barca", julgará *A morte da geometria* apenas hermética, um exercício próximo da gratuidade. A procura de signos intelectuais, relacionados com a meditação sobre a morte, não se exprime de maneira nenhuma no que é dado ver.

O espetáculo poderá ser apreciado pela beleza plástica das composições, aliada ao interesse da música. Os atores deslizam pelo palco em passos que lembram a dança e a mímica, utilizam-se de varas, que se movimentam em belas formas geométricas, e a luz e a cor criam linhas de bonitos efeitos.

A morte da geometria funciona como esculturas móveis ou desenhos que se multiplicam no palco. A esse título, é possível apreciar o envolvimento visual e auditivo produzido pelo espetáculo. Não há dúvida de que o grupo Ouroboros atingiu um apreciável requinte formal, válido como pesquisa a ser aproveitada numa montagem que não houve.

O rebuscamento, o complicado aparato de palavras para justificar um espetáculo que deliberadamente aboliu a palavra sugere, mais que o início de um caminho, o beco sem saída de uma experimentação que tende ao vazio. *A morte da geometria* não esconde mais que uma esterilidade criadora, por não enfrentar verdadeiramente o problema da comunicação.

La neige était sale

Comédie Caumartin
5 de maio de 1953

Ao levantar-se a cortina da Comédie Caumartin para *La neige était sale* (*A neve era suja*), fiquei impaciente com o prólogo inútil, antiteatral, desagradável nos seus princípios moralizantes. Inicia-se o primeiro quadro, e surpreendeu-me a ação sombria, carregada de mistérios, pontilhada de silêncios e possibilidades. Mas a ilusão não demorou muito. O que parecia atmosfera sartriana desvaneceu-se em história banal, como tantas outras que a psicanálise ao alcance de todos infelizmente inspira à literatura e ao cinema. Tive raiva por ter quase caído no conto de Georges Simenon.

O que é a história? Frank Friedmaier, jovem de vinte anos, filho da proprietária de uma pensão alegre, mata um soldado da tropa que ocupa o lugarejo, faz o comércio ilícito, entrega a adolescente que ama a um amigo repugnante. Não é preciso lucidez para se perceber que seus gestos são comandados por um sentimento diferente da ausência de escrúpulo moral, da vontade de enriquecer ou desse impulso de conspurcar o objeto do amor. Há muito do desejo de afirmação contra o mundo, mesmo se essa afirmação é pelo aniquilamento de si mesmo. Mas está patente que a origem da atitude vem da condição de sua mãe, que tanto poderia fazer dele um santo (por que não um homem comum?) ou o crápula que ele se reconhece. A análise simples vai indicar no episódio com a namorada um sintoma desse tão falado Édipo. No fim, condenado à morte, Frank sente a dificuldade e a grandeza do honesto *métier* de homem. Já nem pode sonhar com a vida tranquila e doméstica, um filho nos braços. Suas núpcias são de distância e silêncio. Não compreendo como *La neige était sale* não tenha inspirado até hoje um *best-seller* brasileiro.

Não compreendo, porque o espetáculo não é de agora. Danièle Delorme adoeceu, tiveram que ser interrompidas as atividades de sua companhia, e para diminuírem os prejuízos do teatro que ela dirige resolveu-se às pressas fazer a representação. Quando foi criada, se não me engano há dois anos, o jovem era vivido por Daniel Gélin e o narrador-policial por Raymond Rouleau. Na atual encenação, Jacques Amyrian substitui Gélin e Michel Vitold toma lugar de Rouleau, que se acha em *Siegfried*.

A direção é que é desse último. Excelente, cheio de inteligência, irritante, num certo sentido, porque chega quase a iludir sobre a peça. Rouleau cria uma atmosfera densa, sabe carregar o silêncio, sugere profundidade onde há vazio. O ritmo caminha numa fronteira sutil em que, um pouco mais lento, daria lugar ao tédio.

O desempenho transmite muito bem a peça, mais do que ela merece. Michel Vitold, com forte presença; Jacques Amyrian, um jovem ator que progride de espetáculo para espetáculo e me parece uma das melhores promessas da cena francesa; Lucienne Bogaert, sempre admirável nos papéis de dona de pensão; e Evelyne Carral. Françoise Lugagne, France Descaut e todos os outros. Bom cenário de Lila de Nobili. É uma pena que seja tanto barulho por nada.

La nuit doit tomber

François Perrot
7 de abril de 1953

O fato de que o nome de Tania Balachova encabeçava o elenco levou-me a assistir a *La nuit doit tomber* (*L'homme qui se donnait la comédie*) logo após a estreia. No horário regular, Tania Balachova trabalha diariamente no teatro Hébertot, no desempenho de *Le dialogue des carmelites,* de Bernanos. A peça policial pouco convidativa de seis horas da tarde, enquanto à noite prossegue a carreira de êxito de *En attendant Godot,* de Samuel Becket. Afirmei que o nome de Tania Balachova me tinha apressado a ver o espetáculo. Com efeito, além da criação excelente que faz no drama bernanosiano, Tania Balachova goza no meio dos jovens de grande prestígio, como professora das mais capazes e devotas. Seu curso de interpretação reúne uma equipe de valor que lhe dedica enorme respeito e carinho.

O resultado do espetáculo está muito aquém das possibilidades do elenco. Percebe-se, de início, que, embora encenado com capricho e seriedade, não apresentava muitas exigências, a começar pelo texto. A trama policial, pelo menos na tradução e adaptação do inglês de Pierre Rocher, tem um interessante primeiro ato, prolongado em outros três bastante inferiores. Um jovem empregado de hotel assassina uma hóspede, torna-se a companhia imprescindível de uma velha que habita nas proximidades (e onde decorre a ação), e acaba por assassiná-la também. No caráter de cinismo, de quase gratuidade, que a peça lhe dá, no primeiro ato, estava o interesse da história. Depois aparecem as sugestões psicanalíticas, as dúvidas morais e a intromissão de um caso amoroso, e a peça fica vulgar, melodramática, perdendo mesmo toda a curiosidade sob o aspecto policial. Uma bobagem, no fim das contas.

Há de se pensar que com essa matéria a encenação não poderia ambicionar muito. François Perrot, como diretor, procurou aproveitar a inteligência dos efeitos próprios do gênero. Tania Balachova atua com muito mérito, e empresta forte dramaticidade à cena em que se acha sozinha no palco. Jacques Amyrian compõe bem a figura do assassino, sobretudo nas cenas de cinismo. Catherine Sellers, Tatiana Moukhine e Laurette Brunius, entre outros, asseguram o equilíbrio do elenco. O cenário de Olesia Sienkiewicz, feito com os elementos clássicos das novelas policiais, sugere a atmosfera de mistério.

La puce à l'oreille

Georges Feydeau
14 de fevereiro de 1953

Proclamar a excelência de Georges Feydeau talvez seja um truísmo dispensável, mas, de qualquer forma, sempre eficaz para permitir uma definição em face de teatro. Como clássico do *vaudeville*, Feydeau sugere para muitos palavras menos entusiastas, em virtude de uma possível inferioridade do gênero. Outros não abonam essa opinião: valendo a forma, o resultado do espetáculo, todos os caminhos literários seriam válidos, e aí o autor de *Occupe-toi d'Amélie* passaria a um domínio altamente qualificado.

Se Feydeau não alcança a universalidade de Molière, contudo, seu lugar é excepcional na história do teatro, e resiste a toda comprovação os processos cômicos que utiliza. Feydeau dispôs da mais perfeita engrenagem teatral que se conhece. O mecanismo de suas peças tem precisão matemática, e é quase inacreditável que realizasse intrigas tão complicadas, quiproquós tão bem urdidos, numa surpresa inesgotável.

La puce à l'oreille ocupa atualmente o cartaz do Teatro Montparnasse – Gaston Baty, com um êxito merecido. Porque, a par das qualidades do texto, a apresentação se situa num nível extraordinário – uma *mis-en-scène* perfeita de Georges Vitaly, e uma execução de primeira ordem dos intérpretes.

Para quem viu mais de um texto de Feydeau a semelhança da construção prejudica o total efeito da comicidade. Ainda recentemente, assisti na Comédie Française a *Le dindon*, bastante parecido na intriga, e assim o riso não me veio tão fácil.

Em *La puce à l'oreille* a mulher suspeita o marido de infidelidade, prepara-lhe uma armadilha, e daí mil outros casos surgem para embrulhar a trama. Seu segundo ato, como sempre, chega quase ao absurdo, pela riqueza de movimentos, e quando se pensa que não sobraria nada para desvendar a complicação, as últimas cenas ainda acrescentam novos imprevistos. Feydeau, no plano ético, parte dos postulados da moral comum, onde os sustos não vencem as preservações dos bons sentimentos, e tudo acaba por se esclarecer. Poderia ser-lhe imputada a leviandade dos caracteres que apresenta, mas essa é uma marca da moral burguesa e do próprio meio retratado.

O ritmo, a beleza das marcações, a finura do tratamento fazem da direção de Georges Vitaly uma das melhores a que me foi dado até hoje ver. No gênero, eu lembraria apenas o *Occupe-toi d'Amélie*, de Jean-Louis Barrault, que, a seu favor, contaria o maior requinte dos cenários e roupas, requinte que não teve o bom trabalho de Roger Chancel.

No desempenho é preciso destacar Pierre Mondy, pela dificuldade do duplo papel do burguês Chandebise e do criado de hotel Poche. Esse ator se mostrou de um virtuosismo admirável. A rigor, porém, só com sutilezas se poderá estabelecer valores, no rendimento do numeroso elenco, que se compõe ainda de Albert Rémy, Jackie Molho, Pascal Mazzotti, Lucien Hubert, Camille Fournier, Marthe Mercadier, Jacques-Henry Duval, Jean Le Poulain, Louis de Funès, Arlette Gilbert, Suzanne Demars, Michel Michalon e Frédéric Valmain.

La reine morte

Henry de Montherlant • Jean Meyer
25 de junho de 1952

Tivemos oportunidade de escrever, domingo, no suplemento literário, sobre o texto de *La reine morte*. Resta-nos comentar a apresentação da Comédie Française, que constituiu a terceira récita noturna da temporada do Municipal.

Infelizmente, não vimos a encenação de Os Comediantes, há alguns anos, a cargo de Ziembinski e com cenários e figurinos de Santa Rosa. Teríamos uma referência segura para julgamento deste espetáculo, bem como seria possível estabelecer um paralelo de útil caráter informativo para o leitor, que pôde assistir à versão brasileira, nas duas únicas semanas de cartaz.

Considerada isoladamente, esta produção da Comédie é irregular, com elementos positivos e deficiências sensíveis. O desempenho, com base no poder verbal da peça de Henry de Montherlant, transmitiu, sobretudo, a beleza auditiva, onde a ênfase tem lugar superior à dramaticidade, a declamação ao impacto emocional. É certo que esse defeito pertence inicialmente ao texto. Mas a realização, ao invés de procurar contorná-lo, acabou por expô-lo em todas as consequências, ressaltando a superficialidade conceituosa e de bela música das palavras.

Não advogamos que o diretor fundamente o seu trabalho em achados e invenções cênicas. Ao contrário, na justa tendência atual de valorizar-se precipuamente o intérprete, uma de suas virtudes mais importantes será a de apagar-se atrás da cortina, como se não fosse o mediador do espetáculo. Essa convicção não importará, contudo, em desconhecer a harmonia que lhe cabe traçar, a valorização plástica do conjunto, sem prejuízo da autenticidade psicológica. A respeito da direção de Pierre Dux, diremos que, talvez confiando cegamente na mágica das palavras, ou não acreditando em mais nada, soltou os atores à mercê dos diálogos, e esqueceu o arranjo do palco. Assim, são geralmente pobres e inexpressivas as marcações, onde os personagens secundários permanecem em posições rígidas, ou quando, por outro lado, se verifica uma cena absolutamente inverossímil, como a da Infanta falando a Inês, ao lado do Rei, que depois de longo tempo ouve murmúrios.

No desempenho, Maurice Escande tem o principal papel. Pode-se sentir a sua formação clássica pela belíssima fala de declamador, dando ressonâncias admiráveis às palavras. Entretanto, a possível preocupação de efeito musical pareceu-nos causa de maior frieza da ação, já que Escande se emaranha um pouco no próprio virtuosismo. E soa como um certo cansaço a exagerada tônica nas paroxítonas de fim de frases, ocasionando, inclusive, uma monotonia rítmica.

Sem ser a atriz naturalmente indicada para viver Inês de Castro, pois seu traço dominante é cômico, Hélène Perdrière desincumbe-se bem do papel. Jacques Clancy, em D. Pedro, obedece às indicações do autor, faltando-lhe, porém, maior audácia interpretativa. Renée Faure, ao encarnar a Infanta, exprimiu a altivez e a posterior simpatia por Inês, merecendo restrições por ter usado um nervosismo algo extrovertido e superficial. Em outro personagem de relevo – Egas Coelho – Jacques Charon adotou, a nosso ver, linha discutível, já que os conselhos ditos ao rei, em tom autoritário e superior, não se coadunam com a personalidade que este lhe traça, ao dizer: "*Debout! Homme, debout! On est tout le temps à vous relever. Vous êtes tout le temps à genoux etc...*" Tão precisa indicação sugeriria preferivelmente uma interpretação sinuosa, não obstante a confissão violenta de Egas Coelho: "*J'étais né pour punir*".

A sala do palácio, o jardim de Inês e o exterior do castelo são bonitos cenários. A outra sala, do último ato, não é aceitável, sobretudo com as colunas em espiral. O vestuário tem belas criações, numa maioria de figurinos medíocres, entre os quais os de Inês e o de D. Pedro.

La tête des autres

André Barsacq
23 de dezembro de 1952

Em *La tête des autres*, o promotor Maillard consegue a condenação à morte de um inocente. A publicação propaga que o autor Marcel Aymé pede, realmente, a cabeça da justiça. Aproveitando-me da sugestão fácil, eu pediria, por fim, a cabeça do dramaturgo.

O espetáculo alcançou, no Teatro Atelier, espantoso sucesso. O público o interrompe de minuto a minuto. Não é aplauso, somente. Há violenta torcida, como diante de uma jogada sensacional. Da peça, eu me lembrava apenas das grandes discussões que suscitou, a propósito da sátira à magistratura e das alusões aos colaboracionistas que se beneficiam do poder. Se não me engano, pensaram em interditá-la. Não me lembro, porém, de um juízo artístico. Não sei se a crítica seria aceita ou não. Vai, portanto, minha única opinião, sem outra referência para o leitor: *La tête des autres* é um atentado ao teatro.

Depois de condenado à morte, o jovem músico de jazz se evade e, por acaso, se introduz no automóvel do seu condenado e posteriormente em sua casa. Lá, descobre a mulher com quem passara a noite do crime e que era a única prova de sua inocência. Mulher de outro magistrado. Confusa, ela confessa a verdade, e surgem então os outros problemas: como inocentá-lo, sem escândalo? Finalmente a providência benfazeja indica o verdadeiro criminoso, e o herói não resiste à mulher que tentou perdê-lo mais de uma vez.

Nesses meandros, o condenado se torna exímio moralista, e leva a magistratura a lavar suas roupas sujas. Que oportunidade para o autor! Desfilam as tiradas impressionantes, as frases oratórias – "a justiça sempre encontra um culpado, quando precisa de um culpado"; "se você fosse menos categórico em reconhecer o rapaz, eu daria um jeito de imaginá-lo ainda criminoso e ficar em paz com a consciência"; "Não quero a prisão de Dujardin (verdadeiro criminoso), porque amanhã talvez precise fazer dele um ministro ou embaixador; etc, etc, etc.". Eu precisaria guardar de memória toda a peça para citar as imbecilidades. E o público delira frenético.

A encenação é de André Barsacq, ilustre homem de teatro que já esteve no Brasil (em 1936 ou 1937), com a sua Compagnie des 4 Saisons, e que sucedeu ao grande Charles Dullin como diretor do Teatro Atelier. Não o critico além da culpa de ter aceitado a peça: ele apenas soltou o texto, sublinhando as intenções para delírio da plateia. O que fazer? E lamento que Yves Robert, que tem um desempenho excelente no herói, perdesse seu tempo com esse papel. Os outros atores convencem, também. E são aceitáveis os cenários de Jean-Denis Malcles.

O espetáculo trouxe-me impressões contraditórias. Como não conheço *Clérambard*, não quero avançar uma opinião definitiva sobre Marcel Aymé, autor dos mais considerados atualmente em França. Não compreendo, também, como nenhum tradutor e adaptador oficial brasileiro não tenha levado *La tête des autres* a uma companhia, evidentemente transferindo alusões. Não compreendo, da mesma forma, como o tema, ou a sugestão do tema, não tenha inspirado a nenhum autor profissional brasileiro outra peça, na mesma linha. Em compensação, tive uma alegria patriótica: pude confirmar que a burrice não nos pertence apenas, e é também de um grande público francês. O que equivale a ratificá-la universal, desculpando os nossos erros de país novo.

La vedova scaltra

Vittorio Gassman
3 de julho de 1951

Eis que, de fato, achamo-nos diante de um grande conjunto italiano. As companhias que nos visitaram, das últimas vezes, embora reunindo um ou outro elemento de valor, não nos proporcionaram espetáculos tão cuidados, em que a harmonia e o equilíbrio testemunham uma autêntica concepção do teatro. Não se observa, nem de longe, o erro do trabalho girando em torno do primeiro ator, o sacrifício do resultado total em troca da oportunidade maior oferecida a um intérprete. Ao mesmo tempo, o sentido verdadeiro da obra se revela na aliança entre o espírito da época em que se concebeu e o gosto moderno, que lhe patenteia a universalidade e a permanência.

Dizer quem é Goldoni, numa crônica forçosamente ligeira, pelas imposições do espaço e da curta temporada da Companhia do Teatro Italiano, no Municipal, resulta quase absurdo. O clássico da comédia peninsular, que realizou, no século XVIII, a revolução do texto contra os cânones esgotados da Commedia dell'Arte, quis mostrar em *La vedova scaltra*, ao lado das tradicionais personagens de sua galeria, os caracteres de diferentes nações num *scherzo* galante e quase romântico. É certo que os traços são de caricaturas, e o próprio autor, nas "Memórias", penitenciou-se da excessiva leviandade com que pintou o francês. A peça contenta-se com os aspectos mais elementares e primários, mas transparece da trama, alegre e despretensiosa, um inegável sabor – uma fatura que dá às cenas e às falas um grande encantamento, símbolo de uma ficção plenamente realizada e capaz de envolver o espectador.

A direção de Luigi Squarzina é excelente. O jovem encenador soube unir a fidelidade aos traços reais das personagens ao indispensável clima de fantasia, onde se movem na verdade aquelas personagens. Colombiana e

Brighela abrem uma outra cortina, simbolizando que se faz teatro. O ritmo vivo e intenso mantém a atmosfera de quase sortilégio, permitindo que o diálogo não perca a qualidade de pincelada rápida e definidora. Creio que Squarzina pode colocar-se, sem favor, entre os maiores diretores da nova geração italiana.

Quanto ao elenco, deve ser observado, de início, que a homogeneidade dos atores não possibilita que uns se destaquem muito sobre os outros, senão pelas oportunidades oferecidas pelos papéis. Diana Torrieri, a viúva astuciosa, soube compor com graça, delicadeza e inteligência a personagem. Correta, apenas não revelou grande voo. Vittorio Gassman, no espanhol orgulhoso de sua árvore genealógica, esteve muito seguro, possuidor de inegável personalidade, embora não fosse o momento de mostrar do quanto é capaz. Mario Scaccia, um bom ator, no papel do francês cometeu alguns exageros que lhe comprometeram a virilidade. Com toda a dignidade, Mario Feliciani no aristocrata inglês. Giorgio Piazza, dos pretendentes à mão de Rosaura, o mais fraco, com voz em certas cenas pouco audível e uma pequena firmeza de atitude. Elena Zareschi, que as informações da crítica europeia credenciam como grande atriz, não teve ainda nesse espetáculo sua verdadeira oportunidade. Bem, Ferruci Stragni e Mario Ferrari, e mais duas revelações para a plateia: Zora Piazza, uma agilíssima e grandiosa Marionette, com movimentos leves e bela flexibilidade, além da linda voz, e Raoul Grassili, um delicioso Arlequim, com boa impressão fisionômica e ritmo de bailarino, emoldurando admiravelmente o tipo popular, trapalhão e inteligente.

Os cenários e os guarda-roupas são de primeiríssima qualidade. Justifica-se que Mario Chiari esteja entre os maiores, na especialidade, de sua terra. O ambiente de comédia setecentista reflete-se no apuro das linhas modernas. A exuberância do rococó no gosto das cores e dos desenhos.

A estreia da companhia italiana significou, em síntese, um espetáculo completo.

Le bourgeois gentilhomme

Jean Meyer • Comédie Française
21 de junho de 1952

Com a apresentação de *Le bourgeois gentilhomme*, em primeira récita do Municipal, a Comédie Française deu ao público carioca, que não a via há treze anos, a alta medida da fase que agora atravessa. Não temos dúvidas em afirmar que a *comédie ballet* de Molière proporcionou aos seus intérpretes naturais um espetáculo requintado, onde o texto, a direção, o desempenho, a música, o vestuário e a cenografia se entrosam em admirável unidade, oferecendo-nos um dos conjuntos de maior beleza visto aqui, ultimamente.

Para um crítico, o comentário objetivo à obra de Molière importaria quase numa repetição do que a história literária vem consagrando nestes trezentos anos. Deve prevalecer, pois, o critério subjetivo, em que o espectador vai descobrir aquilo que particularmente o toca, e as características que não falam à sua sensibilidade. Com essa premissa, reconheceremos que o tipo de Monsieur Jourdain é perfeitamente válido, atualíssimo na pretensão de viver um sonho acima de sua categoria, e que o cotidiano prosaico, pelo ridículo, pela burla, pelo bom-senso, não consente. Como sátira de costumes *Le bourgeois gentilhomme* desmascara o *nouveau-riche*, através dos processos mais infalíveis: o burguês que não pode adquirir, de uma hora para outra, as maneiras do fidalgo; o aparato de mau gosto, expresso até numa roupa de corte absurdo; o pacato ingênuo e cego às coisas, cuja podridão Molière da mesma forma não poupa, pintando as espertezas da aristocracia sem recursos. Ao lado desses elementos aparecem numa lição que o público apreende os aspectos da vida chamada sadia, onde o elemento mais puro e menos qualificado – a criada – é a primeira pessoa a ridicularizar o patrão; onde a mulher, pela fraqueza, faz valer seus direitos de esposa; e, no toque presente em toda a obra de Molière, os verdadeiros amorosos se libertam de imposições estranhas para a desejada união. Essa será a exegese direta da obra, aquela que se comunica sem segundas intenções à plateia. Como, porém, os tipos molierescos guardam uma autenticidade que supera a simples caricatura de vícios sociais – e *Le bourgeois gentilhomme* não constitui exceção – destaca-se da peça um sentido maior, um símbolo de riqueza universal que transcende os personagens. Na divisão do texto, os três primeiros atos correspondem à comédia. Os dois últimos se apoiam, sobretudo, no balé. Pois bem: em que pese a intenção cômica, a cerimônia turca, do final, chega quase ao sabor patético: ao ser lançado para o ar, Monsieur Jourdain deixa de ser Monsieur Jourdain, torna-se um homem indefeso e solitário cujo voo só é permitido à conta da mentira, mais desamparado que nunca no momento em que todos parecem render-lhe homenagem e cumprir-lhe os desígnios.

Ao encenar o espetáculo, Jean Meyer foi fiel às indicações de Molière. Varrendo do palco o número excessivo de figurantes e os especialistas de outras artes que, na tradição, tinham substituído os atores, ele conseguiu encontrar o frescor primitivo da obra. A apresentação nos sugere uma pergunta: que seria no século passado o espetáculo se, reduzidos a uma conveniente proporção, os figurantes, ao lado do balé e da música, ainda pesam no conjunto, interrompendo algumas vezes o ritmo dinâmico do texto? Jean Meyer estabeleceu equilíbrio na *comédie-ballet*, e é em nome desse propósito confessado que julgamos desnecessário o prolongamento da dança do matrimônio, além do diálogo, quando o texto poderia contentar-se com a sugestão de um vago "pequeno balé que havia sido preparado".

Se é indiscutível a grande dignidade do espetáculo, confessamos que nos parece menos legítima a interpretação "popular" que Meyer deu à *comédie-ballet*. Principalmente depois do corte que marca o final da cerimônia turca e do quarto ato, o desempenho acentua o caráter da farsa em Monsieur Jourdain. Cremos que ele embarcou no tom que era justo para os outros, mas que, por sua participação de boa-fé e crença ingênua, deveria contrastar com o seu, a ser dado com maior comedimento e interiorização, sem prejuízo da marca extrovertida do *parvenu*. O exagero representativo e mímico de Monsieur Jourdain sugere a impressão de que Louis Seigner não está levando a sério o personagem.

Discutimos a linha, e não o desempenho. Porque Seigner se revela um ator de extrema expressividade, com uma gama vocal esplêndida, que vai dos acentos vulgares e ríspidos a uma cândida ternura. Parece-nos que, embora o espetáculo, ao tempo de Molière, tivesse duração muito maior que o atual, a circunstância de ser uma das últimas obras que nos legou deveria superar o caráter de farsa, mais adequado aos seus primeiros trabalhos. O *divertissement*, que era primordial na representação, independe desse aspecto.

Tratando-se da "Casa de Molière", tínhamos que esperar uma interpretação homogênea e de alto nível do elenco. Na verdade, os atores se destacam na medida em que o papel oferece melhores elementos, exigindo a mostra do virtuosismo. Vamos elogiar, assim nos atributos específicos dos personagens, Maurice Escande, um conde esperto e malicioso, Jean Meyer, um *valet* ágil e inventivo, Jacques Charon, um *maître à danser* com a leveza e elegância requeridas, Georges Chamarat, um decisivo *maître de philosophie*, Michel Galabru, um marcial e impetuoso *maître d'armes*, e mais Robert Manuel, Robert Hirsch, J.P. Roussillon, Béatrice Bretty, segura a espontânea, e Hélène Perdrière, Germaine Rouer e Yvonne Gaudeau pareceram-nos papéis, personalidades mais frias, enquanto Jacques Clancy um pouco convencional, na fúria do início.

Confirmaram a fama que os precedeu o guarda-roupa e o cenário de Suzanne Lalique. Que figurinos belíssimos, valorizados por um rico colorido, plástico e alegre, sem perder a necessária discrição! Quanto ao cenário, temíamos, pela fotografia, que a escada, circundando as paredes, sufocasse um pouco os atores. Existe, porém, no preciso segundo plano, valendo excelentemente para o equilíbrio da construção, com a quebra da monotonia, em que importariam as paredes nuas.

Com a perfeita harmonia de todas as partes, justifica-se plenamente o êxito que *Le bourgeois gentilhomme* teve na última temporada em Paris e nesta apresentação do Municipal.

Le Cid

Comédie Française
12 de maio de 1967

Os aplausos calorosos que interromperam diversas vezes a reapresentação de *Le Cid* atestam que a Comédie Française conseguiu transpor a barreira do imenso proscênio do Municipal para aquecer o público. Houve um calor verdadeiro fundindo palco e plateia no mesmo entusiasmo que transborda do texto de Corneille.

São numerosas as virtudes de *Le Cid*, a peça mais jovem e vibrante de todo o repertório francês. Numa estrutura magnífica, equilibrando a cada cena as forças em jogo, para dar aos conflitos a mais ampla intensidade, *Le Cid* tem a paixão dos sentimentos irreprimíveis, o vigor da violência desencadeada. O dever tem no texto o imperativo da fatalidade antiga, contrapondo-se ao amor, expressão da natureza humana que deseja encontrar sua própria justificativa. Amor e dever, ligados à ideia de honra, impulsionam os protagonistas todo o tempo, dando ao entrecho o sabor das novelas cavalheirescas. As figuras divididas por essa contradição adquirem uma vibratilidade e um poder interior que eletrizam os espectadores.

A encenação da Comédie, ao imantar o público nessa atmosfera heroica e superior, alcançou evidentemente seu objetivo. O diretor Paul-Emile Deiber realizou uma montagem viril e austera, sem concessão às facilidades na sua geometria rígida e imponente. Os belíssimos versos de Corneille, valorizados pelo preparo vocal do elenco, puderam ressoar na sua cristalinidade e eloquência. Sob esse aspecto, foi admirável o desempenho de Paul-Emile Deiber como Don Diègue, não lhe ficando atrás a autoridade de François Chaumette como Rei. Jacques Destoop encarna o Cid com vigorosa juventude e um ardor permanentemente renovado. Não temendo escandir os versos, para que não perdessem o colorido e a sonoridade, soube guardar-lhes a poesia e o já irrefreável romantismo. Talvez a imagem que nos ficou da criação de Gérard Philippe, banhada de maior lirismo, impedia que julgássemos perfeito o desempenho de Jacques Destoop, embora consideremos esse paralelo pouco recomendável pelos melhores padrões críticos.

Claude Winter é uma Chimène sincera e de emoção autêntica, prejudicando-se apenas pela falta de clareza na voz. A bela presença de Tania Torrens ainda não está animada por uma interpretação convincente para dar à Infanta o exato relevo. Denise Noël (D. Elvira) e os outros intérpretes revelam ainda uma vez a formação clássica indispensável para que todas as personagens tenham vida no palco.

O dispositivo cênico de André Delfau facilitou, na sua simplificação, o andamento das cenas, não permitiu que se caracterizassem bem os ambientes, e foi resolvido com linhas e formas um tanto grosseiras, embora lembrassem a pompa medieval. Os figurinos nascidos de uma concepção acadêmica são, sob esse prisma, impecáveis.

Le feu de l'amour et du hasard

Marivaux • Comédie Française
3 de maio de 1953

Um balanço das últimas produções da Comédie Française selecionaria, certamente, as melhores entre as cômicas. É justo que seja assim, tratando-se da "Casa de Molière". Quando o espetáculo exige virtuosismo técnico especial, a maestria do intérprete nos papéis de estilo, pode-se contar como certo um bom desempenho tanto na Salle Richelieu como na Luxembourg.

Na primeira, o êxito atual, e merecido, se faz com *Le jeu de l'amour et du hasard*, de Marivaux. No tom cômico leve, numa certa sutileza dos sentimentos delicados e quase imponderável, a selecionada equipe se move com extrema agilidade, um ritmo vivo e gracioso, em construção efêmera cujo valor e cujo encanto se acham mesmo nas características róseas e suaves.

Marivaux representa o que muitas pessoas chamariam um cromo. Não ofende nenhuma instituição, não revolta a ordem estabelecida das coisas, é a vitória do salão elegante e do bom comportamento. A pequena e quase imperceptível agitação da água serve menos para mostrar uma suspeita de revolta que para atrair a curiosidade sobre a permanente paz do lago.

Os pais ajustam o casamento de Silvia e Dorante, e ambos, para melhor se conhecerem, imaginam um estratagema por coincidência idêntico: trocar o papel com o criado e, sob o disfarce, descobrir se o amor é verdadeiro. O falso criado não resiste à falsa criada, bem como os outros se sentem à vontade no bem que lhes conferiram. Talvez a peça tenha um germe de inquietude: Silvia, que já conhece a identidade de Dorante, quer saber se ele a pediria em casamento, mesmo sendo ela criada. Quando ele se declara pela afirmativa, ela se revela de sua condição, e tudo termina pelo melhor. Não era preciso nenhum sacrifício. O amor não se engana e se inclina naturalmente para a própria classe, mesmo disfarçada. A hipótese de um amor absoluto que atravessaria os preconceitos não precisa ser comprovada. Todos estão felizes onde estão. E os próprios criados, que, após uma mútua e passageira decepção, casam-se também. Haverá algo mais pacífico e tranquilizador?

O espetáculo foi encenado para a volta oficial de Hélène Perdrière à Comédie. A visita ao Brasil, onde a aplaudida atriz de *boulevard* teve vários papéis importantes, fora uma espécie de preâmbulo. Agora, no personagem que tanto queria encenar, segundo nos havia declarado em entrevista, Hélène Perdrière faz uma excelente criação, sem omitir uma só sutileza e valorizando as menores inflexões. Agradou-nos bem mais que na temporada do Municipal. Gisèle Cassadesus e Julien Bertheau não lhe ficam atrás. Jacques Charon, no criado Pasquin fingindo de Dorante, tem mais uma deliciosa criação cômica, e Jacques Servière e Bernard Dhéran asseguram o equilíbrio do desempenho. Bela encenação de Maurice Escande, que teve, para as roupas, a sempre boa colaboração de Suzanne Lalique.

A nota infeliz do espetáculo é *Pasiphaé*, de Montherlant, que precede a peça de Marivaux. Chamam *Pasiphaé* um poema dramático, e a própria denominação indica a excrescência. Frases sonoras e grandiosas. Pasiphaé que se define a todo o instante, e não sei o que a sucessão enfadonha de palavras, em que muitos veem uma prova de força da língua francesa, traz para o teatro ou para o mito. Sou antes inclinado a achar que Montherlant desperdiçou um grande tema. E a declamação exterior de Véra Korène torna mais indigesto o curto texto, longuíssimo para o ouvido.

Le Grand Magic Circus

Jérôme Savary
11 de julho de 1981

Teatro no estado puro. Explosão de vitalidade. Alegria da comunicação popular. Essa e muitas outras imagens ocorrem diante de *Cantigas da desgraça,* que Le Grand Magic Circus apresenta até amanhã no Teatro Cultura Artística. Quando se teme o cansaço da linguagem cênica, o grupo francês busca os seus recursos nas fontes da representação primitiva e alcança um admirável resultado de empatia.

Na composição de seu mundo, Jérôme Savary abole a fronteira entre os gêneros, esquece as categorias convencionais solidificadas no correr do tempo, mobiliza tudo o que possa provocar o contato espontâneo com a plateia. *Cantigas da desgraça* é uma máquina de produzir emoções – não importa a origem, o veículo, o instrumento utilizado. O jogo aberto com o público autoriza o apelo contínuo a uma verdadeira caixa de mágicas.

Ator, jogral, músico, palhaço, prestidigitador – são alguns dos qualificativos que assentam à arte de Savary e de seus companheiros. O circo, encarado como uma fábrica de maravilhas, está na base dessa extraordinária prova de vigor todo poderoso do teatro. Não se permite ao espectador tempo para racionalizar os estímulos recebidos. O envolvimento do palco apenas lhe traz euforia, independentemente das histórias contadas.

A dinâmica do espetáculo não distingue a procedência dos efeitos. Em certos momentos *music-hall,* em outros pastelão, em outros citação do primeiro cinema cômico, em outros melodrama ao gosto do século XIX, ainda em outros simples desfile de vulgaridades, *Cantigas da desgraça* retira a sua eficácia do amálgama despreconceituoso de todas as armas que tradicionalmente atingiram o público.

Onde a presença original de Jérôme Savary? Em que escaninho se esconderia a contribuição original do artista? Pode-se afirmar que o palco é para ele uma metalinguagem. *Cantigas da desgraça* cabe ser vista como requintada elaboração, em que a cada momento o criador reflete sobre os recursos postos em prática. Teatro popular sim, mas inteligente metáfora sobre o teatro popular.

Não é à toa que Savary funciona o tempo inteiro como mestre de cerimônias, regendo a partitura do espetáculo em diálogo com o público. Seus comentários superpõem-se à ação vivida pelo elenco, não se limitando à piscadela de olho para a plateia. Ele a provoca, a instiga, a traz para o interior da montagem. Na terceira história – *O grande vendedor* – Savary coloca um espectador, escolhido na hora, dentro de uma pequena jaula, no palco, de onde será possível acompanhar melhor os episódios, como a sua biografia futura. Uma bem-humorada crítica à ascensão e queda dos executivos.

Os outros três quadros são *A siamesa apaixonada*, *A acrobacia paralítica* e *A strip-teaser friorenta*. Os próprios títulos sugerem o humor, o absurdo inerente às situações. São casos fantásticos, parece que tomados da fértil, ingênua e mórbida imaginação popular. Um delicioso mergulho no nosso inconsciente, o sofisticado encontro e transparência dos sentimentos autênticos.

Assistir a Le Grand Magic Circus significa acreditar na magia eterna do teatro, materializada em beleza, simplicidade, graça e patético.

Le Horla

François Lazaro
19 de junho de 1987

Foi tão grande o êxito obtido nas Sextas Semanas de Marionete em Paris que *Le Horla* passou a fazer carreira regular no Théâtre du Tourtour, até o princípio de julho, no insólito horário das dez e meia da noite. Mas nada estranhável na escolha: o espetáculo, constante de um só boneco e François Lazaro, seu manipulador, trata das fronteiras da loucura, melhor exploradas na solidão noturna.

Enquanto dirige os passos do boneco, no quarto e em suas andanças especiais, François Lazaro diz o conto de Guy de Maupassant (1850-1893), escrito em forma de diário, que se estende de um dia 8 de maio a 10 de setembro. Com bonita voz, muito concentrado, não totalmente escondido no escuro e às vezes fazendo o próprio rosto dialogar com o boneco e a plateia, o intérprete cria com pungência o drama do protagonista.

Não vou negar que me surpreendi com *Le Horla*. Tendo lido, na adolescência, *Boule de suif, La maison Tellier, Mademoiselle Fifi* e talvez mais um outro conto de Maupassant, não me aproximei de novo de sua obra, nem mesmo das três peças que ele escreveu e, salvo engano, não constam no repertório: *Histoire du vieux temps* (1879), *Musotte* (1891) e *La Paix du ménage* (1893). O grande contista figurava na estante, entre as leituras que marcaram um dia, mas o tempo escasso não permitiria renovar.

Le Horla narra as alucinações de um homem, que os compêndios costumam atribuir ao medo e às angústias experimentadas pelo próprio autor, vítima de distúrbios nervosos que o levaram a internar-se durante dezoito meses, na Clínica do Dr. Blanche, em Passy. No conto transformado em representação, o indivíduo se deixa dominar, aos poucos, por essa criatura sobrenatural, que denomina *Le Horla*.

Traduzo as notas do dia 14 de agosto: "Estou perdido! Alguém possui minha alma e a governa! Alguém comanda todos os meus atos, todos os meus movimentos, todos os meus pensamentos. Não sou mais nada, a não ser um espectador escravo e aterrorizado de todas as coisas que executo. Desejo sair. Não posso. Ele não quer e fico perdido, trêmulo, na poltrona em que me mantém sentado. Desejo somente me erguer, me levantar, a fim de me acreditar dono de mim. Não posso! Estou achatado no meu assento; e meu assento adere ao solo, de tal maneira que nenhuma força nos levantaria. [...] Oh meu Deus! Meu Deus! Meu Deus! Existe um Deus? Se há um, liberte-me! Socorra-me! Perdão! Piedade! Salve-me! Oh! Que sofrimento! Que tortura! Que horror!"

A utilização do boneco, ao invés do simples monólogo do ator, me parece um achado, porque estabelece o diálogo entre o ser dominado e aquele que o manipula ficticiamente. Quando a alucinação cresce, ilumina-se para a plateia, dentro de um retângulo, o rosto de François Lazaro, a determinar o comportamento da personagem. Nessa luta inglória com os seus fantasmas, o homem acaba por ouvir a ordem de que se mate.

Trabalho denso, exigente, fora dos esquemas comerciais, mostrando que é inesgotável a pesquisa no palco francês.

Le Mahabharata

Peter Brook
16 de janeiro de 1986

O teatro registra, de vez em quando, um acontecimento. Uma proposta que rompe a rotina da maioria dos espetáculos. Esse acontecimento se chama hoje, em Paris, *Le Mahabharata*, adaptação que Jean-Claude Carrière fez do maior livro do mundo (cerca de quinze bíblias), escrito originalmente em sânscrito e que está na origem dos mitos da Índia, como a *Ilíada* e a *Odisseia* da Grécia. Quem levou para o palco do Bouffes du Nord esse projeto grandioso só podia ser o encenador Peter Brook, que dirige em Paris o Centro Internacional de Criações Teatrais.

Le Mahabharata se divide em três partes, com duração total de nove horas, em sessões de terça e quinta, às 20 horas, ou no domingo, a peça inteira, a partir das 13 horas. Antes da carreira parisiense normal, a montagem foi vista em Atenas e no festival de Avignon, que participaram da iniciativa juntamente com o Ministério da Cultura, o Festival da Índia, a Fundação Rockefeller e uma série de outras entidades internacionais. Dez anos no preparo da estreia. Ensaia-se agora uma versão inglesa, que será levada dentro de meses em Londres.

Não li nenhuma edição resumida da obra indiana e, por isso, não simularei conhecimento erudito do tema (está publicado, em três volumes, o texto teatral francês). Prefiro traduzir a explicação constante do programa, que ajuda o leitor no entendimento dos problemas.

Informa ele que o "*Mahabharata* continua, ainda hoje, na própria base da atividade cultural, na Índia e na Indonésia. Numerosos episódios são interpretados, dançados, cantados ou filmados". Esta é, no entanto, a primeira vez que se tentou fazer uma adaptação teatral completa.

"*Maha*, em sânscrito, significa grande". Um Maharadjah (marajá) é um grande rei. Bharata é um nome de família, ou de clã. O título pode então ser compreendido muito simplesmente como "A grande história dos Bharata". Mas é preciso acrescentar que Bharata, por extensão, significa Hindu e, mesmo, mais geralmente Homem. Poderia tratar-se, portanto, de "A grande história da humanidade".

De fato, esse "grande poema do mundo", como ele próprio se define, narra a furiosa querela que opôs dois grupos de primos, os Pandavas e os Kauravas. Essa querela familiar, que explode e se desenvolve a propósito do império do mundo, termina com um imenso combate que põe em jogo o destino de todo o universo.

A primeira peça, *O jogo de dados,* conta as origens fabulosas das personagens, o nascimento e a infância dos heróis, as primeiras violências e a divisão desigual do reinado. Ela acaba com o famoso jogo de dados, no decorrer do qual se decide o destino do reino.

A segunda peça, o *Exílio na floresta*, mostra os anos de obscuridade, o crescimento quase inevitável dos perigos e como ambas as partes obtêm armas de extermínio. Ela mostra também um mundo oculto, irreconhecível, e os esforços às vezes prodigiosos que os sábios empreendem para manter a paz. Mas tudo leva a temer o fim dos tempos.

É na terceira peça, *A guerra,* que se inscreve *Bhagavad-Gita*, o "Canto do bem-aventurado", resposta de Krishna (deus supremo) a uma das personagens, antes do início do combate. A seguir, os heróis morrem um depois do outro, no curso de episódios extraordinários, e os vencedores ficam sós numa terra quase vazia. Após a guerra, um reino feliz de 35 anos precede a subida ao paraíso, que é a "região inexplicável".

Vinte e três atores e cinco músicos participam da reapresentação, desdobrando-se em vários papéis e instrumentos. Há interpretes de múltiplas nacionalidades (inclusive franceses). Diferentemente de *Medida por medida*, de Shakespeare, que Peter Brook dirigiu há alguns anos, senti agora extraordinária unidade, não obstante a diferença de sotaques.

Peter Brook procura instaurar, em cena, um ritual mágico, dentro da maior simplicidade dos recursos utilizados. Funciona sempre a sugestão, em lugar do pormenor realista. As velhas paredes do Bouffes du Nord foram um pouco descascadas, prevalecendo o ocre e o amarelo e não há elementos construídos. O chão é de terra batida e na quase arena se fez uma pequena cavidade, cheia de água. No fundo (o que seria o palco tradicional), vê-se um fio de água, surgindo de um rio. Pouco se representa ali, porque a arquitetura da plateia circular, em vários andares, dificultaria a visibilidade. Os espectadores da primeira fila ficam a pouco mais de um metro da área de desempenho.

Que dizer do espetáculo, em que todas as minúcias foram laboriosamente concebidas? Há momentos de grande beleza plástica, alcançados com absoluto rigor formal. O jogo de dados, em que um jogador perde a fortuna, o reino e até a mulher, tem admirável tensão dramática. Algumas lutas adquirem terrível intensidade, apesar do pequeno número de combatentes e das armas apenas indicadas. Os figurinos de Chloé Obolensky, inspiradas nas roupas indianas, mas recusando uma precisa historicidade, contribuem para criar-se a atmosfera de "história do mundo".

Depois desse resumo tão laudatório, seria lógico eu concluir que *Le Mahabharata* significou um marco em minha vida de crítico. Infelizmente, não foi o que aconteceu. Ou sou insensível aos valores indianos ou Jean-Claude Carrière não conseguiu transmitir a transcendência que deve ter o original. Apreciei as soluções propriamente teatrais, a cargo de Peter Brook, mas permaneci opaco em face da obra como um todo.

Talvez seja questão de idade. Não havendo lugares numerados, o público faz fila desde as cinco da tarde, e a porta se abre às sete, uma hora antes do início da sessão. Os espectadores podem reservar lugares, com sobretudos ou bolsas, até vinte para as oito, quando indicadores simpáticos tentam acomodar os retardatários. Aí começam as discussões, porque os que estão sentados garantem que alguém chegará dali a pouco.

Michael Billington, depois de observar que *Le Mahabharata* promove "a síntese de todo o trabalho desenvolvido no Bouffes du Nord no curso dos últimos onze anos", afirma que "há em Brook uma veia puritana: de acordo com ele, o desconforto favorece a concentração". Até admito a justificativa teoricamente. Mas confesso, com toda honestidade, que se soubesse antecipadamente a odisseia que seria arranjar um lugarzinho, não teria pisado no teatro.

Le maître de Santiago e
A volta do filho pródigo

Paul Octtly
16 de junho de 1953

Antes de examinar o mérito de *Le maître de Santiago*, de Montherlant, e de *A volta do filho pródigo*, de Gide, creio deva ser motivo de orgulho para o Teatro Hébertot ter essas peças em cartaz, em alternância com *O diálogo das carmelitas*, de Bernanos. Independentemente do valor específico das obras, devemos elogiar a grande linha intelectual de um palco que acolhe nomes tão expressivos.

Como já tratei, há alguns meses, da belíssima peça de Bernanos, limito-me hoje a uma notícia sobre as duas outras. Sobre a de Gide, um tanto melancólico, ante a tremenda decepção do espetáculo. O diálogo do filho pródigo – diálogo e não texto teatral – obra das mais inteligentes e significativas do autor de *Os moedeiros falsos* de uma beleza poética requintada – não se sustenta no palco, perde representado todo o seu encanto, sem nenhum ganho em troca. Confesso que tinha imensa curiosidade de ver a adaptação cênica da obra gideana, na aparência fácil, pois a forma original já é o diálogo. Diante da representação, não compreendo como tenha faltado senso crítico, pois resta do trabalho uma caricatura onde apenas permanecem as palavras, vazias. Preferia não ter assistido à montagem, pelo respeito e carinho que me inspira *A volta do filho pródigo*.

Le maître de Santiago é uma peça que, desde o lançamento, em 1947, tem recebido palavras consagradoras da maioria dos escritores franceses. Muitos a julgam uma obra-prima do teatro contemporâneo. Registro, à guisa de informação, esse conceito, porque, em matéria de gosto teatral, coloco-me de um lado bem diferente do que representa a obra de Montherlant. O teatro francês da última geração (falo em linhas gerais, como numa linha geral Montherlant pertence a ele) desaprendeu a forma do palco, perdeu o segredo da cena. A rigor, talvez apenas Giraudoux subsista entre os velhos autores, por ter sabido exprimir a poesia do teatro. Claudel, ao lado de algumas iluminações, cansa pela pletora de imagem. Montherlant, que tem um belo estilo, faz um diário dos personagens, e não os põe a agir. *Le maître de Santiago*, embora superior a *La reine morte*, guarda também um acento canhestro na forma teatral, faltando-lhe uma necessidade mais íntima no desenvolvimento e uma projeção mais firme dos personagens.

Haveria muito a discutir sobre a figura de Don Alvaro, que encarna, ao ver do próprio Montherlant uma espécie de niilismo místico. A coluna não o permite. Admiro nele a intransigência cega, a procura do absoluto cada vez mais exigente. Don Alvaro, porém, é um personagem antipático, menos pelo exemplo que poderia significar que pela maneira como se exprime. E vejo nisso uma debilidade do escritor Montherlant, amigo incondicional das definições. Todos temos o direito de pensar, mas confessar "só tolero a perfeição" – fica como excrescência na peça. Dir-se-ia que esse é o caráter do personagem. Seria preciso discutir muito para talvez não aceitar alguns exageros nas atitudes de Don Alvaro, onde a intenção do autor prevaleceu sobre o encaminhamento lógico da trama. Tanto a repugnância primitiva de Don Alvaro pela filha como a compreensão desta por ele, acompanhando-o ao convento, parecem forçadas no tom. Enfim, nessa caricatura do Cristianismo, Montherlant mesmo observou "uma completa ausência do amor de Deus". Quando um autor trata um tema nesse terreno difícil e perigoso, em geral adota o ponto de vista ortodoxo ou deliberadamente o nega. Um pouco à maneira gideana, Montherlant inoculou veneno nas palavras de aparência bíblica. Em Gide, percebe-se a mudança. Aqui, paira dúvida sobre o destino final dos personagens, e Don Alvaro subsiste como um monstro de antipatia.

Direção precisa de Paul Octtly, desempenho vigoroso de Marcel Josz em Don Alvaro, e Michelina Bona muito irregular na veste da filha.

Le malade imaginaire

Comédie Française
2 de junho de 1977

Depois da discutível montagem de *Partage de midi*, a Comédie Française reencontrou o seu melhor padrão em *Le malade imaginaire*, com que se despediu ontem do Teatro Municipal. Está aí um Molière encenado na sua plenitude, feito um meticuloso levantamento de todas as intenções do texto e da forma correta de exprimi-las.

Na última fase de sua vida, embora se entregasse ao que se chamou de "escapinada providencial", Molière arregimentou todas as conquistas de sua maravilhosa carreira, para não se fixar num gênero único ou apenas numa fonte de recursos. A comédia com música e dança sugere o afastamento da fase sombria, cujas maiores realizações são um *George Dandin*, um *Misantropo*, um *Don Juan*. Mas o que Molière faz é uma síntese dos mais variados estímulos, para chegar à profunda penetração na natureza humana.

Esse doente imaginário, que a peça satiriza, ironicamente não estava preso apenas à imaginação, tanto assim que Molière saiu do quarto espetáculo para morrer de fato. Sente-se na comédia um travo de amargura, ligado às brincadeiras aparentemente inconsequentes. Há comédia, há música, há balé, há farsa e há grotesco, naquela superior fusão que Molière alcança nas suas obras-primas.

A encenação de Jean-Laurent Cochet é sensível e lúcida, na medida em que capta todas as sugestões da peça, dando-lhes uma adequada linguagem cênica. O jogo com as almofadas ou o sestro de Thomas Diafoirus estão próximos da chanchada, mas o desempenho nunca ultrapassa o limite, que levaria à vulgaridade. E vê-se, por outro lado, a interpretação de Argan, o elemento patético da personagem.

Com atores de sólida formação técnica, o desempenho alcança em geral um ótimo nível. Cada papel encontrou o intérprete adequado, das características físicas, à capacidade expressiva. Talvez Catherine Salviat (Angélique, filha de Argan) e Alberte Aveline (Béline, sua segunda mulher) não tenham ainda a voz trabalhada para atravessar o enorme proscênio do Municipal. René Camoin, pela mistura de ingenuidade, boa-fé, apego frenético à vida e melancolia hipocondríaca, é um dos atores mais indicados para viver o doente imaginário.

Quando se abriu a cortina, o público prorrompeu em aplausos o cenário de Jacques Marillier. Uma admiração espontânea e justa, motivada por um raro equilíbrio de linhas e de cores. Na senda da minuciosa criação de ambiente, uma das mais perfeitas cenografias que nos tem sido dado ver.

La paix chez soi, um ato de Courteline, abre o espetáculo sem nada acrescentar a ele.

Le mariage de Figaro I

Comédie Française
29 de junho de 1952

Cremos que a quinta récita da Comédie Française, no Municipal, tenha sido a mais agradável para a plateia carioca. De lado a discutível escolha do repertório moderno *Le mariage de Figaro*, peça sob todos os ângulos riquíssima, só poderia encontrar paralelo, como espetáculo, com *Le bourgeois gentilhomme*, de Molière. A primeira récita foi certamente mais requintada, havia nos pormenores da montagem um cuidado e um brilho a que não pode almejar esta encenação. A comédia social de Beaumarchais, entretanto, está mais próxima de nós no tempo e nas reivindicações revolucionárias, na ação viva e na intriga trepidante, cujos extraordinários recursos servem de modelo aos quiproquós engendrados pelo gênero ligeiro de nossos dias.

O criado esperto, fanfarrão, mais inteligente que o senhor – alimento desde o antigo teatro para testemunhar o valor do homem fora das classes – se transforma em Figaro, um personagem que proclama essa verdade, revoltando-se contra o conde que ainda não a conhece. No vigoroso monólogo do quinto ato – que poderia ser a epígrafe literária da Revolução Francesa – Figaro diz, referindo-se ao conde: "*Vous vous êtes donné la peine de naître, et rien de plus: du reste, homme assez ordinaire! Tandis que moi, morbleu perdu dans le fout obscure. Il m'a fallu déployer, plus de science et de calculs pour subsister seulement qu'on n'en a mis depuis cent ans à gouverner toutes les Espagnes*".

Mas a clareza com que Beaumarchais enfrenta o problema social não é todo *Le mariage de Figaro*. Tudo acontece na *folle journée*: diversos fios de história, personagens variados e situações equívocas e permanentemente renovadas, sátira à justiça, aos costumes da época, lirismo que se impõe na bela figura de Chérubin – Beaumarchais escreveu uma comédia enciclopédica, onde os elementos se equilibram numa unidade cênica admirável, guardando um interesse forte e sempre mais intenso de ato para ato.

Le mariage de Figaro está sozinha no século XVIII. Aquilo que expõe à maneira de jogo quase inconsequente não foi ultrapassado pelos acontecimentos cruéis que a confirmaram. É que a linguagem da peça será válida enquanto o sistema social admitir oprimidos e opressores. E a intriga é um saboroso valor da ficção.

Acreditando na atualidade do texto, Jean Meyer nos ofereceu um Beaumarchais autêntico, em que a encenação e o desempenho se subordinam às palavras restituídas na graça e no significado primitivos e permanentes.

Le mariage de Figaro II

2 de julho de 1952

Muitos prefeririam mais um intervalo, para a habitual conversa ou mesmo para respirar um pouco em meio aos três primeiros atos de *Le mariage de Figaro*. Entretanto, a divisão do espetáculo em duas partes revelou o texto de Beaumarchais na dinâmica interior, dando ao conjunto admirável força unitária. Com efeito, há uma progressão da intriga, num sentido que vai culminar nos acontecimentos do terceiro ato, quando, ao ser condenado a casar com Marceline, Figaro é reconhecido como seu filho. O quarto ato associa de novo os elementos da história, preparando o quinto, que é um prodígio de ação e coloca problemas e personagens nos respectivos lugares.

Jean Meyer, como diretor, mostrou-se mais uma vez o homem de teatro que acredita fundamentalmente no texto. Não procura sobrepor o engenho pessoal ao sentido da obra. Entrega-a na seiva original, para que se acredite nela ou não se seja burlado pelos efeitos da montagem. Nas duas realizações de Jean Meyer – esta e *Le bourgeois gentilhomme* – sente-se que ele trata de estabelecer uma comunicação quase direta do autor ao público, fazendo do intérprete o veículo que não poderá alterar a linha desse sistema. Talvez, pela maior beleza visual e pela mecânica perfeita dos movimentos, o encenador que cuida precipuamente do "espetáculo" obtenha agrado mais certo. Na aparência de facilidade e de maior rendimento, porém, o "teatro de texto", se é de fato válida a obra, é mais profundo e se inscreve na tradição que tem sustentado a dramaturgia, fora dos estilos particulares que se encerram numa época e se tornam objeto de museu.

Se essa orientação deu indiscutível autenticidade à montagem da Comédie Française, na quinta récita de assinatura do Municipal, o próprio Jean Meyer foi o mais prejudicado, como autor, no brilho pessoal. Atento a que o Figaro de *Le mariage* evoluiu muito na consciência dos problemas sociais, em relação a *O barbeiro de Sevilha* e a todos os criados da tradição do teatro, Meyer subtraiu-lhe o caráter falante, que sempre esteve muito próximo da inconsequência. Seu Figaro é sério, meditativo, o homem que no quinto ato encarna a revolta do plebeu contra o nobre. Mas Jean Meyer carregou demais o sentido social, que em Beaumarchais não era tão consciente e se misturava a outras características mais espontâneas e vivas do personagem. Como Figaro não comporta apenas aquela interpretação, o desempenho de Meyer resultou algo frio e cansado – o mais distante, entre todos, da plateia.

Já Hélène Perdrière, em Suzanne, distinguiu-se pela graça, pelo colorido, pela vivacidade. Maurice Escande transmitiu todas as sutilezas do conde galanteador. Béatrice Bretty fez outra criação deliciosa em Marceline. Renée Faure deu toda a poesia adolescente a Chérubin. Yvonne Gaudeau fez uma condessa muito digna. Michel Galabru um juiz gago e ridículo de grande efeito. E todos os outros – Louis Seigner, Jacques Clancy, Jean-Paul Roussillon e Denise Pezzani – valorizaram convenientemente seus papéis.

Roupas belíssimas e cenários muito bons de Suzanne Lalique (apenas o do último ato nos pareceu convencional), dentro da verdade histórica e com um colorido vivo e alegre – foram motivo ponderável do mérito de *Le mariage de Figaro*.

Le miracle de Théophile

René Clermont
17 de agosto de 1952

Com esse belo texto de Rutebeuf iniciaram-se as atividades de Les Théophiliens, em 1933, atendendo à sugestão de Gustave Cohen, professor de literatura medieval da Sorbonne. *Le miracle de Théophile*, um dos mais expressivos documentos cênicos do século XIII, além do valor próprio, que jazia em páginas ásperas e fatigantes para o estudioso moderno, teve o mérito de proporcionar a aparição desse excelente Grupo Teatral Medieval da Universidade de Paris, cuja visita tanto nos é cara e significativa.

O poeta Rutebeuf realiza aqui o primeiro Fausto. Teófilo, tendo perdido as ordens episcopais, vende a alma ao demônio a fim de recuperar a glória terrena. Evidentemente, como em toda transação dessa natureza, a honraria secular, segundo o espírito cristão, se ganha em prejuízo dos bens espirituais, e o pecador Teófilo não é mais reconhecido pelos condiscípulos. Solitário, amargurado, ele se arrepende e reza à Nossa Senhora, que lhe concede o perdão. Dá-se o "milagre", depois que se colocou um dos problemas religiosos mais interessantes – o da luta entre o efêmero e o eterno, a vida terrena e a sobrenatural, a glória passageira e a submissão salvadora, mesmo quando é provocada por injustiça ou erro. Teófilo, que deveria ser um exemplo edificante para o público medieval, ensina aos cristãos que é mais consoladora a paz com Deus.

A encenação do Carlos Gomes, apresentada na segunda-feira, distanciou-se na forma tanto dos modelos da Idade Média como dos primeiros espetáculos do grupo. Remontando o "milagre", em 1948, o diretor René Clermont permitiu-se uma liberdade, que não fere as concepções do teatro medieval, e ganha extraordinariamente em beleza. Poucas encenações tenho visto, aliás, de tamanho efeito plástico e visual. Inspirada no vitral da Notre-Dame, que representa o episódio, ela transpõe para o palco uma escultura em pedra, que se anima com o desenrolar da ação para voltar, findo o espetáculo, à imobilidade primitiva. Quando se acendem as primeiras luzes, o espectador pensa estar diante de estátuas, sob a ogiva. Para dizer ao leitor a perfeição do processo, lembrarei que muitos, na plateia, confundiram a Nossa Senhora que preside ao espetáculo com uma autêntica imagem. E essa expressão, que poderia contrastar com o movimento inerente ao teatro, não acarreta frieza ou estática prejudicial. O drama, sempre em cores carregadas, se projeta em alto-relevo, dando vida ao maravilhoso conjunto.

Por certo René Clermont não teria obtido esse resultado sem o inteligente jogo de luz, sublinhando as diferentes passagens da peça, e a adequada indumentária de Ded Bourbonnais, num tom cinza de pedra. E conservou-se o princípio da cena simultânea, já que, embora reduzidas as mansões a simples referências cenográficas, os personagens nunca abandonando o palco, deixam a imobilidade para participar da ação e retornam a ela. Numa solução interessante, Nossa Senhora, ao retirar de Satã o compromisso de Teófilo, caminha pelo palco nas vestes de outra atriz, enquanto se apaga a luz da capela.

O desempenho de Les Théophiliens foi igualmente elogiável nesse espetáculo. Destaca-se, pelo poder dramático e vocal, o intérprete de Teófilo. Mas todos compõem um conjunto equilibrado e convincente.

Uma encenação dessa categoria supera o âmbito da experiência universitária para valer como sugestivo trabalho artístico.

Le misanthrope

Companhia Francesa Jean-Laurent Cochet
11 de agosto de 1966

A imagem de um misantropo moderno, que reflita a dissociação do homem no meio hostil, está forçosamente carregada de vigor dramático, incompatível com o lugar-comum de um Molière cômico. Hoje em dia, o lugar-comum crítico já é o fundo trágico das sondagens de um *Tartufo* e um *Don Juan*, em cuja linha se inclui a peça apresentada ontem à tarde, em récita única, no Municipal, pela Companhia Francesa Jean-Laurent Cochet.

Como esmiuçamento analítico das intenções e dos subentendidos de *Le misanthrope*, a montagem foi uma das mais fiéis exegeses da obra molieresca. Não houve conceito que escapasse a uma rigorosa correspondência na encenação – cada verso ressoou para a plateia na sua pureza original. A decomposição psicológica das personagens se fundamentou nos mais válidos ensaios, acumulados em trezentos anos de interesse sempre vivo pelo texto: do ponto de vista didático, não se poderia pedir mais da encenação.

Ficou a desejar a síntese artística de material tão bem dissecado. Não esperávamos, por certo, um Molière brilhante, mas a peça seria ainda melhor servida se o encenador não temesse tratá-la com teatralidade. As marcações foram rígidas e pobres. O esforço de sinceridade alongou as pausas e fez que o entrecho quase se perdesse, às vezes, em frouxidão. Um nervo mais visível ajudaria o contato com o público.

A humildade louvável de Jean-Laurent Cochet com a palavra de Molière estava a exigir um desempenho de correção absoluta. Nesse particular, se algumas atuações transmitiram todos os matizes dos diálogos, outras se mantiveram em nível apenas aceitável, e a de Jeanne Colletin, no papel de Célimène, esteve longe de convencer. Ela entendeu o coquetismo e a maledicência da personagem apenas sob o aspecto superficial, agravado pelas inflexões declamatórias. Somente em cena final Jeanne Colletin ofereceu um retrato humano da controvertida figura feminina.

Henri Tisot foi um divertido e inteligente Oronte. Jean-Laurent Cochet encarnou Philinte com irônica bonomia, muito justa para a consciente acomodação às hipocrisias sociais. Françoise Seigner deu sentimento a Arsinoe e Michele André ficou um pouco apagada. Justificou plenamente essa versão do *Misantropo* o trabalho de Claude Giraud. Seu Alceste não tem apenas a obstinação apaixonada do homem sincero, que diz a verdade num mundo regido pela mentira: ele se dilacera em saber que o sentimento por Célimène não obedece à razão e passa com sutileza da raiva impotente ao desencanto e ao desamparo final.

Le mystère de la passion I

Gustave Cohen
15 de agosto de 1952

Segundo temos informado, a *Paixão* de Les Théophiliens é uma síntese e adaptação feita pelo grande medievalista Gustave Cohen dos textos de *Le mystère de la passion*, respectivamente, de Arnoul Gréban (1452) e Jean Michel (1486). As quatro longas jornadas, que tomavam dias inteiros de representação, condensaram-se em duas, onde os trinta e cinco mil versos se reduziram a dois mil, característicos na tragédia clássica.

Na compilação de Gustave Cohen, fundador do grupo teatral dos estudantes da Sorbonne, deve ser elogiada, em princípio, a escolha dos episódios e a sequência dada à narrativa cênica. Cohen conservou as cenas essenciais dos mistérios primitivos, capazes de fornecer o itinerário da vida de Cristo sem amputar-lhe a grandeza e a plena sugestão. Com esse espírito, a divisão do espetáculo em duas jornadas já foi muito expressiva e inteligente. Indicam duas fases diversas, com adequada correspondência teatral: a primeira reúne as cenas mundanas, prepara a aparição de Cristo, para culminar no reconhecimento de sua divindade, com a ressurreição de Lázaro. É quase a repercussão exterior da vida de um homem que os acontecimentos provam tratar-se de um enviado de Deus. Nesse caso, acha-se a pintura de Madalena, que se converte ao ouvir-lhe um sermão. Através do ambiente e de cenas esparsas, delineia-se a presença de Cristo.

Já a segunda jornada descreve os movimentos interiores, a paixão propriamente dita. Reconhecida a divindade, os episódios seguintes devem mostrar o caminho do Calvário, até a Ressurreição final. E a tragédia própria de Jesus. Essa parte, naturalmente, se mostra mais sombria, mais profunda, com as cenas decisivas do Mistério. De grande beleza literária são os quatro pedidos de Nossa Senhora a Jesus, cuja ideia pertence a Graham, mas que foi desenvolvida inteiramente por Jean Michel. O primeiro é o de que ele não morra. Diante da negativa, o segundo: já que morrerá, sem a cruz e a vergonha pública. Com a nova negativa, o terceiro: ao menos que ela morra antes. Por último, em face da recusa, que sua alma seja liberta de todo conhecimento.

Outras passagens de grande beleza referem-se a Judas. De início, numa curiosa reminiscência do teatro grego, ele se confessa a Jesus como tendo morto o pai e casado com a mãe – estranha aproximação da tragédia de Édipo com o episódio bíblico. Finalmente, após traição, Judas mantém um belíssimo diálogo com o Desespero, que, conforme muito bem acentua Cohen, significa que o verdadeiro crime de Judas, vítima da fatalidade, é menos o de haver traído seu Mestre que o desespero pelo seu "perdão". Essa alegoria, inventada por Gréban, tem admirável efeito teatral, sugerindo quase um monólogo, onde o desespero se desdobrou da face crente de Judas. Em meio a uma fala de grande pateticismo, ele se enforca.

E, num corte muito adequado, São João comunica a Nossa Senhora o destino de Jesus, e começa imediatamente o julgamento presidido por Pilatos. A sequência dos episódios, muito bem entrosados, obedece a inteligente síntese, que leva à cena do Calvário. Anuncia-se a Ressurreição, e baixa o pano.

Quando a narrativa bíblica é tão emocionante, admira como a *Paixão* dos Teofilianos – um resumo de pouco mais de duas horas de espetáculo – conseguisse o impacto dramático obtido. Ele se deve à seleção dos episódios e à beleza literária do texto resumido por Gustave Cohen, a que o encenador René Clermont emprestou inegável autenticidade cênica.

Le mystére de la passion II

Gustave Cohen
16 de agosto de 1952

A representação teatral de vidas que a história fixou com inesgotáveis riquezas constitui sempre um problema para o autor e o intérprete. Não só, nesse caso, a recriação artística seria inferior ao modelo – individualidade--síntese cuja expressão supera o tratamento literário – como cada espectador faz desse modelo uma imagem, dificilmente conciliável com o retrato transmitido. Se essa é uma regra para todas as figuras excepcionais, o que não se dirá de Cristo, a quem está ligado uma aura de divindade.

Suponho que, compreendendo esse problema, Gustave Cohen, autor da adaptação desta *Passion* de Les Théophiliens, e René Clermont, encenador do espetáculo, admitiram a presença de Cristo quase pelos efeitos, pela repercussão nos outros personagens da tragédia. Poucas são as cenas de participação direta. Há um pressuposto de divindade, e não propriamente um exercício dela, embora a primeira jornada fosse o caminho para o reconhecimento, com a ressurreição de Lázaro, da natureza especial de Cristo.

O reflexo dessa divindade se vê, na primeira jornada, através da conversão de Madalena, exemplificada naquele processo da cena do sermão, em que Jesus é ouvido sem aparecer para o público, e Madalena, em primeiro plano, a princípio coquete, acaba por escutá-lo contritamente e ingressa por fim em nova vida. Na segunda jornada, com exceção da despedida de Nossa Senhora, e do rápido itinerário até o Gólgota, a maior parte dos episódios é dedicada a Judas – como se o autor quisesse justificar teologicamente que não lhe foi negado o livre-arbítrio.

A meu ver, essa orientação é um dos responsáveis pelo êxito do espetáculo. Apela, anteriormente, para a comunhão da plateia. Não se dispõe a frustrar-lhe a ilusão com uma mostra menos convincente da realidade. Faculta-lhe plenamente o caminho da fantasia e do sonho.

Assim, todas as indicações cenográficas e as marcações são bastante simplificadas, resumem-se ao essencial. René Clermont conseguiu um despojamento extraordinário. Com três referências básicas no palco, pôde fazer a cena simultânea, característica da Idade Média, só introduzindo, às vezes, uma cortina, para oferecer o elemento da surpresa, tão apreciado modernamente. Na primeira jornada, Côté Paradis, fica a casa de Madalena, no Côté Enfer a casa de Simão, e o pórtico da cidade, no centro, se presta para o diálogo de Marta e Lázaro, a cena em que Madalena ouve Jesus, e o túmulo de Lázaro, no final. Na segunda jornada, a composição é obtida ficando Nossa Senhora no Côté Paradis, e o Jardim das Oliveiras no Côté Enfer, ambos no meio plano de uma alta escadaria, que depois se arma em novo dispositivo em pirâmide para a subida do Calvário. Numa exata correspondência psicológica, o primeiro cenário é mais rico e alegre, e o segundo simples e desnudo. Clermont construiu cenas de grande beleza plástica, como a da ceia e o quadro final.

Os jovens estudantes da Sorbonne tiveram elogiável desempenho. De maneira geral, têm boa dicção, estão bem ensaiados e vivem conscientemente os papéis. Cabe ressaltar a desenvoltura da atriz que desempenhou Madalena, a circunspecção da que encarnou Nossa Senhora, a presença do Cristo e o vigor de Judas. Quanto aos dois últimos faltou, à bonita voz do intérprete de Jesus, um acento místico. Como repousa, em Judas, a responsabilidade de longas e importantes cenas, seria necessário um ator mais experiente, não obstante o mérito deste. Todos os outros papéis foram transmitidos convincentemente.

Belíssimo o guarda-roupa de Ded Bourbonnais, rico de colorido e ao mesmo tempo tão próprio. Era de grande efeito a túnica de Cristo. A música de Chailley proporcionou um belo fundo. Vê-se que todos os pormenores foram exaustivamente estudados, num critério que convém a estudantes-atores especializados em tão valiosa missão.

Le rayon des jouets

Companhia Claude Dauphin
11 de agosto de 1951

Em temporada tão curta, permanecendo uma peça em cartaz apenas três dias, o cronista deverá cingir-se a uma opinião sucinta sobre a Companhia Claude Dauphin. Quanto ao repertório, aliás curioso no gênero *boulevardier*, e com duas peças realmente significativas – *Une grande fille toute simple*, de Roussin, e *Jean de la Lune*, de Marcel Achard – as considerações, a não ser em ideias gerais simplesmente informativas, ficarão adiadas para outra oportunidade.

A peça de Jacques Deval, estreada em abril em Paris, é mais um trabalho de comédia ligeira – divertido, agradável, passatempo despretensioso sem conseguir originalidade que o distinga. Como os textos dos autores talentosos do gênero – e Deval se coloca entre eles – *Le rayon des jouets* é uma peça bem construída, com elementos de surpresa e vivacidade de ação que mantém em todo o espetáculo o interesse. O pretexto inicial para feitura da trama permite situações verdadeiramente cômicas, mas a antítese realizada pela personagem enganada resvala para a farsa, que só não incorre em show grotesco pelo excepcional talento de Claude Dauphin. Há sentimentalismo ingênuo e otimista, uma leve e tênue poesia primária, a pintura de personagens elementares mas que se movem em clima de bom gosto e inteligência. Teatro desambicioso, feito para o prazer digestivo, com algumas cenas de inegável mérito e um diálogo que se comunica de imediato à plateia.

Se a peça não encerra mérito particular, faculta aos atores uma boa interpretação. E o elenco se saiu muito bem, encabeçado por Claude Dauphin, dono de múltiplos recursos e capaz de transmiti-los com inteira convicção. Tem máscara riquíssima, cada esgar da boca exprime um sentimento, domina o palco com extraordinária segurança. Sem viver um papel que lhe oferecesse variadas oportunidades, mostrou o quanto pode atingir. Um dos mais bem dotados comediantes que visitaram o Rio.

Brigitte Auber, uma jovem de excepcionais qualidades, marcou com precisão a diferença entre a garota de sete anos e a moça de vinte três. Deu à primeira o gesto e a palavra espontâneos, e passou para esta com a firmeza da mulher que adquire consciência e domínio dos próprios sentimentos. Lily Mounet, com uma voz rigorosa, mostrou-se muito à vontade. O mesmo se dirá de Cabaroche, cômico dentro da discrição da personagem. Simone Paris, elemento de valor, Michel Marsay, um intérprete que demonstra muita versatilidade, com alguns excessos talvez devidos a não saber inteiramente o texto, e Jean Hébey, natural, mas um pouco fora da personagem.

O *guignol*, feito por Dauphin, e as lições de amor, com Brigitte Auber, ficarão na lembrança da plateia. O cenário um pouco tumultuado, sem o gosto moderno de que fala o texto. Não podemos recomendar o espetáculo, porque a peça hoje é *Une grande fille toute simple*, do popular André Roussin. Mas a Companhia, pela homogeneidade dos componentes, merece a mais franca recomendação.

Le rire de France I

Les Comédiens de L'Orangerie
11 de janeiro de 1952

Sob o título de *Le rire de France*, o Grupo Teatral Franco-Brasileiro Les Comédiens de L'Orangerie, apresentou, segunda-feira, no Copacabana, as peças: *En passant*, de Raymond Queneau; *Un client sérieux*, de Courteline; e *Feu la mère de Madame*, de Georges Feydeau. O espetáculo, no conjunto, causou franco agrado, pela inteligente seleção das peças e pelo interesse do desempenho.

En passant, exercício poético, visou mostrar, certamente, uma experiência cênica com flagrante do cotidiano, dispensando a técnica habitual de construção dramática. Os dois quadros são simples episódios de rua, que não marcam ou modificam destinos, mas sucedem apenas, *En passant*, como fuga momentânea, sopro lírico que o sinal anunciando o último metrô interromperá. Ainda assim, o autor encarna, nos mendigos, o espírito popular, e nos casais, que almejam uma aventura, a insatisfação da rotina e do cansaço. O processo técnico, porém, revela-se demasiado esquemático, de composição primária. A rigor, teatralmente, os dois quadros resistem, valendo quase como experiência declamatória no palco.

Num gênero diverso – a comédia satírica, de costumes e caracteres – *Un client sérieux*, de Courteline, provoca com frequência o riso. De inspiração ligeira, a peça invectiva o procedimento da justiça, fixada a personalidade de um advogado que, depois de defender o réu, com quem já fizera um ajuste financeiro pouco recomendável, passa a fazer-lhe a acusação, ao ser nomeado promotor. A venalidade, o critério de acusar ou defender, por profissão, o desinteresse dos julgadores, são pintados com muita graça, oferecendo um retrato bem severo dos tribunais. A peça não busca profundidade, mas a situação é achada com senso teatral para o efeito cômico.

No programa, o ponto alto, a meu ver, é *Feu la mère de madame*, *vaudeville* divertidíssimo. Também nessa peça Feydeau demonstra a engenhosidade admirável, a construção perfeita, que supera os recursos fáceis empregados para se tornar obra literária de mérito. Como inteligência cênica, creio mesmo ser Feydeau um dos maiores autores do teatro moderno, tendo suas peças uma destinação teatral raras vezes atingida por outro dramaturgo. Com um entrecho simples, que aproveita o regresso, pela madrugada, de um marido, vestido com uma fantasia, e a notícia do falecimento da mãe da esposa, dada por equívoco, a comédia arma situações deliciosas. O coro de alegria que faz o casal, ao saber que a morta era a mãe da senhora vizinha, tem um resultado esplêndido.

Les Comédiens de L'Orangerie realizaram um curioso espetáculo com *Le rire de France*.

Le rire de France II

Les Comédiens de L'Orangerie
12 de janeiro de 1952

Encenando três peças, de espírito e intenções diversas, Les Comédiens de L'Orangerie mostraram, de início, versatilidade na maneira de representar. *En passant* exigiu, do diretor Suarez de Mendoza e dos intérpretes, um tratamento poético, uma procura de emoção interior como veículo natural das situações narradas. Em *Un client sérieux*, o diretor adotou a forma de fantasia, o quase balé-pantomima nas cenas de movimento, para ressaltar o caráter de farsa e a intenção de criação livre do autor. Quanto a *Feu de la mère de madame*, o problema era conseguir o máximo de agilidade e precisão rítmica dos atores, já que o texto vive de situações cômicas sucessivas, que é preciso não deixar esmorecer.

Não será necessário elogiar agora o que o professor Suarez de Mendoza tem realizado à frente do Grupo Teatral Franco-Brasileiro. Formou uma boa equipe de atores, que evoluem constantemente, e imprime às encenações um cunho próprio, que lhe define a personalidade. As observações que aqui fizermos, portanto, serão meramente restritivas, nunca de negação. E é nesse sentido que achamos ter *En passant* conservado em demasia as linhas esquemáticas da peça, sem contornos que suavizassem e aplainassem a representação. Uma valorização plástica do espetáculo, sem as entradas e saídas tão uniformes, ao lado da quebra do estilo declamatório, nas fugas poéticas, teria dado ao espetáculo maior fluidez cênica. No desempenho destacaram-se, nos mendigos, Cecília S. de Mendoza e Claude Haguenauer, e Edouard Wendling, como Joachim. Os outros, um pouco convencionais, sem o necessário domínio para transmitir com plena naturalidade um texto poético.

Un client sérieux, como *Liliom*, de Molnár, ou *Le mariage forcé*, de Molière, se prestam à marcação que lhe deu Suarez de Mendoza. Creio, porém, que faltou unidade ao espetáculo. Sem a requerida experiência para o balé-pantomima, os atores ficaram, muitas vezes, a meio passo entre esse estilo e o realista, prejudicando a completa concepção de fantasia. As entradas em dança, por isso, pareceram mais um excesso, um acréscimo inútil ao texto, que já bastava, por si. Se alcançassem uma estilização total, por certo o espetáculo ganharia em colorido e vida. Deve ser destacada, nessa peça, a participação de Gerard Laroche, com uma máscara mobilíssima e apropriados recursos vocais. Michel Simon, no *assesseur* que faz barquinho de papel e dorme, durante o julgamento, estava muito cômico. Não lhe aprovamos a maquilagem, exagerada nos traços.

Teve o desempenho mais equilibrado *Feu la mère de madame*, com Annie Castelnau e Claude Haguenauer interessantes, aproveitando bem os momentos cômicos, e Genia Wendling, que surpreendeu na criada. François Charles, estreante, saiu-se bem.

Auguramos que *Le rire de France* seja de novo encenado, para permitir a maior público aplaudi-lo.

Le roi se meurt

Companhia Dominique Houdart
13 de maio de 1975

A estranheza é o primeiro estímulo da montagem de *Le roi se meurt*, realizada anteontem e ontem, no Teatro Aliança Francesa, pela Companhia Dominique Houdart. Nosso público nunca havia visto uma criação do gênero, em que o ator não se esconde sob a capa do boneco gigante, mas o tem quase como um prolongamento do seu físico, chegando a sentar-se no seu regaço.

Não cabe, porém, defender o estilo do conjunto francês somente com base nesse espetáculo, pois se sabe que em *Esperando Godot*, que será encenado amanhã, os intérpretes limitam-se a utilizar máscaras, abandonando as imensas marionetes. Somente ao fim da rápida temporada, que hoje, em *Arlequim polido pelo amor*, terá características diferentes dos outros dias, se desenhará uma imagem pouco menos vaga do elenco.

Dominique Houdart considera as belas e sugestivas formas de Marcel Violette, objetos-símbolo: "O ator, sempre presente, visível, é prolongado, sublimado pela forma que se torna escrita em suas mãos". Essa escolha acarreta diversas consequências de linguagem cênica: de um lado, a personagem tende a fixar-se num arquétipo; de outro, abandonam-se as marcações habituais, reduzindo-se os movimentos em troca de um efeito ritualístico.

A visibilidade do ator o obriga a representar, em parte nos moldes de qualquer intérprete. Ele se apresenta paradoxalmente mais livre e mais preso do que num espetáculo comum. Ligado ao boneco, seus movimentos restringem-se e sua força se concentra na voz. Mas o apoio do boneco dimensiona de outra maneira, também, sua presença cênica – e ele se liberta das convenções conhecidas.

A cerimônia suprime o estilo psicológico do desempenho, exige um poder de magnetismo difícil de ser obtido. Desse ponto de vista, deixa muito a desejar a interpretação de François Guillier como o rei Bérenger I. Sua máscara apática não convence na encarnação do protagonista. Já tem uma atuação mais rigorosa Jeanne Heuclin como a rainha Margarida, Dominique Houdart como o médico e Joseph Queré como o guarda.

O cenário compõe-se de treze mastros espalhados pelo palco (nos quais, às vezes, se penduram os bonecos) e de um praticável inclinado central, à guisa da escadaria. Os bonecos de personagens que saem de cena colocam-se numa espécie de balaio inclinado. A iluminação e a música assumem um papel importante na criação do clima. Os deslocamentos lentos, o ritual fúnebre que não esconde a irrisão, como em toda a obra de Ionesco, ajudam a formar um verdadeiro balé fantasmagórico.

O rei está morrendo não sai ganhando dessa experiência. Obsessivamente, Ionesco tem como *leitmotiv* único da peça a morte. O cerimonial, ao invés de contribuir para que se crie a atmosfera específica da obra, monotoniza-a em demasia e o espetáculo tende ao enfadonho.

Volto a observar que a estranheza da tentativa de Dominique Houdart provoca o interesse. Não será esse, talvez, o caminho do teatro moderno, embora Houdart se empenhe na "elaboração de uma linguagem teatral contemporânea". Amplia-se, sem dúvida, o campo de pesquisa da encenação em nossos dias.

Le théâtre et les jours

Livro de Jean-Pierre Miquel
12 de setembro de 1987

Le théâtre et les jours é o título do livro que Jean-Pierre Miquel acaba de publicar, pela Flammarion, com o subtítulo "Réflexions sur une pratique". Há, no volume, composto como resposta a perguntas formuladas por Monique Sueur, a meditação sobre uma longa experiência, que vai da análise estética aos problemas administrativos enfrentados por um animador de tantas iniciativas. E a fórmula da quase reportagem torna a leitura leve e agradável.

Jean-Pierre Miquel já esteve no Brasil, em 1985, para tratar do intercâmbio entre o Conservatório Nacional Superior de Arte Dramática de Paris, que dirige, e uma das nossas escolas, à maneira do que realizou com a Polônia, os Estados Unidos e a África. Por enquanto, o projeto não teve oportunidade. Mas avança o plano de Ítalo Rossi para levá-lo ao Rio, em abril, a fim de encenar *L'entretien de M. Descartes avec M. Pascal le jeune*, de Jean-Claude Brisville, que ainda hoje circula pela França.

A organização do livro me parece muito feliz, porque, depois de mencionar as referências básicas do seu ponto de vista, reúne na primeira parte as experiências e, na segunda, o exame dos protagonistas (ator, dramaturgo, encenador, público e mídias, além da realidade do sonho). As experiências dizem respeito à trajetória pessoal, desde que Miquel participou do Grupo de Teatro Antigo da Sorbonne, de 1956 a 1963, quando foi seu presidente durante dois anos. Seguem-se as passagens pela Jeune Compagnie, Théâtre Nacional de l'Odéon, Centre Dramatique National de Reims e, finalmente, Conservatório, em cuja direção ele acaba de ser confirmado.

Ao mesmo tempo que se narra a vivência do artista, sucedem-se os acontecimentos mais importantes do teatro francês, nos últimos trinta anos. Fica-se sabendo que o público parisiense diminuiu cerca de 40%, em vinte anos, para retomar recentemente o crescimento. O jovem Miquel foi influenciado, a princípio, por Jean Vilar e, depois, por Roger Planchon, animadores do Teatro Nacional Popular. Agora, ele confessa: "Minha evolução como encenador foi a de passar de um tipo de repertório de preferência épico e histórico a um repertório intimista".

A mudança se completou com *Tio Vânia*, de Tchekhov, em que "era preciso realizar o teatro intimista num grande espaço". Atribui Miquel sua mudança ao desencanto da geração a que pertence (em 1987, ele festeja 50 anos) "diante do malogro do teatro de objetivo histórico, do teatro de tomada de consciência, do teatro que pretende representar um papel na sociedade ou na revolução política. Compreendi que poderia talvez influir no indivíduo muito mais do que na história".

Nunca faltou, nessa posição, uma solidariedade profunda com os iniciantes de valor, quer dramaturgos, quer encenadores. Pierre Dux chamou Miquel para organizar, em 1970, na Comédie Française, um ciclo de autores novos, sendo apresentadas peças curtas de nove diferentes autores, em três espetáculos. Na primeira das sete temporadas que passou no Odéon, Miquel programou o *Auto da Compadecida*, de Ariano Suassuna, um grande êxito ("era importante, por ser a montagem de abertura do Jovem Teatro Nacional"). Entre os diretores, ele prestigiou os de tendências mais opostas, tendo criado oportunidades para nomes como Denis Llorca e Philippe Adrien, entre outros.

Monique Sueur observa que, se Miquel firmou a reputação, no meio teatral, de ser produtor e encenador de dramaturgos contemporâneos, foi ele, certamente, quem montou o maior número de peças de Corneille nos últimos anos. O que lhe permite ponderar: "Eu sempre me espanto, me fascino, com as pessoas que têm o gosto do poder. Compreendi bem cedo que o que conduzia a humanidade não era o sexo, mas o gosto do poder. O comportamento dominante, que faz avançar a história, é a vontade de poder".

Com relação ao dramaturgo, Miquel levanta um problema que precisa ser meditado: "É incrível que somente o autor, entre os criadores do espetáculo, não seja pago por tarefa, e dependa totalmente do sucesso ou do fracasso". Por isso, ele chegou a propor, para um teatro subvencionado, um sistema de encomendas, que propiciaria meios modestos aos autores para consagrar-se, com exclusividade, ao trabalho de escrever, durante três ou quatro meses.

Não era intuito de *Le théâtre et les jours* apresentar uma visão estética desconhecida sobre os elementos do palco. Jean-Pierre Miquel sintetiza sempre, muito bem, certezas comprovadas. O que não lhe impede de concluir que, "se se deseja fazer um teatro verdadeiramente novo, é preciso construir um lugar novo (como fez o Théâtre du Soleil, de Ariane Mnouchkine, na Cartoucherie de Vincennes)".

Les bonnes

Eric Podor • Grupo O Valete
30 de maio de 1986

O grupo brasileiro O Valete, de Salvador, foi dos primeiros a prestar homenagem a Jean Genet, morto recentemente: apresentou *Les bonnes* (*As criadas*) numa única noite, no auditório da Universidade de Paris VIII, situada em Saint-Denis, bem ao norte da cidade. E o debate mantido após o espetáculo comprovou a acolhida favorável dos espectadores, que se comprimiam numa plateia sem cadeiras convencionais.

A reação do público me pareceu muito justa. A bem dizer, tive uma surpresa. Os dois atores negros Antonio Manso (Claire) e Sérgio Guedes (Solange), representaram num francês impecável; (o papel de Madame era vivido pelo francês Eric Podor, que assina a encenação). Mas essa não passava de condição básica para que a peça se comunicasse. Deve-se valorizar que, em condições adversas, sem a coreografia original, o pequeno elenco soube criar o clima ritualístico exigido por Genet.

Sérgio Guedes interpreta com vigor e intensidade, dentro da estrita economia de meios e despreocupado da aparência feminina (aliás, os dois baianos atuam com a cabeça raspada). Já Antonio Manso, desafinando às vezes, tenta fazer uma imitação de mulher que, para nós, se transforma em trejeito homossexual. Eric Podor tem o entendimento claro da personagem, embora, paradoxalmente, seja quem menos cuide da dicção. No conjunto, *As criadas* atinge seus objetivos, com simples e eficazes soluções cênicas.

Não é meu propósito, porém, alongar-me em crítica, já que o espetáculo não terá continuidade imediata. Prefiro tratar de sua trajetória, tão interessante nas relações culturais com a França. A convite, o grupo se encontra na Europa há mais de um ano, tendo percorrido diversas cidades francesas, sempre com bons comentários. E, depois de uma temporada bem-sucedida, no mês de janeiro, no Centro Cultural da Comunidade

Francesa da Bélgica, Le botanique, a montagem deve retornar em novembro a Bruxelas, em coprodução com o Théâtre de l'Esprit Frappeur, dirigido por Albert-André Lheureux.

Eric Podor, depois de eficiente trabalho como animador cultural da Aliança Francesa baiana no período de 1978 a 1984, retornou ao trabalho administrativo em Paris, necessário à sobrevivência.

Antes, desde 1967, ele desenvolveu atividades semelhantes na Síria, no Peru e no Irã. Passando a residir em Salvador, viajou com a *Última gravação de Krapp*, de Beckett, ao Peru, à Colômbia e ao México, e, em 1979, à Bélgica e à Holanda. Em português, seu ateliê de pesquisas teatrais levou obras de Gabriel Cousin, Jean Genet, Fernando Arrabal e Michel de Ghelderode.

Antonio Manso cursa atualmente a Universidade de Paris VIII Saint--Denis, onde prepara o mestrado, devendo fazer uma dissertação sobre Jean Genet. E Sérgio Guedes é aluno do primeiro ano de estudos teatrais na Universidade de Paris V, ensaiando, sob a direção de Serge Noyelle, diretor da Casa de Cultura de Châtillon Montrouge, a peça *Ubu Rei*, de Jarry.

Os encargos diferentes dos membros de O Valete não os impedem de manter trabalhos comuns. Tentam eles retomar *As criadas*, além de Bruxelas, no programa do Projeto França-Brasil. Há, igualmente, a intenção de viajar por toda a Europa, no quadro da associação cultural dos Franceses do Estrangeiro.

Em função de seus laboratórios, o grupo pretende escrever uma peça a partir de *Heliogábalo*, de Artaud, apresentando-o, a seguir, em carreira regular (lembre-se que Genet escreveu um *Heliogábalo*, texto perdido). Por outro lado, Antonio Manso deve interpretar *O funâmbulo*, do autor de *O balcão*. E O Valete acalenta ainda a ideia de montar em Paris, no ano viradouro, a versão francesa de uma obra brasileira, possivelmente de Nelson Rodrigues.

Les caprices de Marianne

Comédie Française
11 de maio de 1967

O espetáculo da Comédie Française, ontem apresentado no Municipal, projetou o público num mundo completamente diverso da realidade cênica brasileira. Na premência dos nossos problemas, estamos acostumados a um teatro de reivindicação, ao desejo de gritar um protesto e um compromisso. Tanto *Les caprices de Marianne* como *Cantique des cantiques* se encontram no polo oposto: expressão de uma literatura requintada, de uma finura de sentimentos e de linguagem que se aproximam da beleza imaterial e do fogo de artifício.

A montagem da Comédie se inclui entre as rotineiras que o conjunto é obrigado a fazer permanentemente em Paris, para alimentar seu cartaz. Tivesse ela sido levada, antes da atual excursão sul-americana, por certo os responsáveis pela "Casa de Molière" prefeririam escolher outro espetáculo. Não que as peças de Musset e Giraudoux desmereçam o padrão normal do elenco. O que permite essa reserva é justamente a falta de excepcionalidade da encenação, como foi admirável, por exemplo, *Le bourgeois gentilhomme* na visita de 1952. Os cenários não revelaram o melhor gosto do teatro francês. E só alguns figurinos se salvaram de um tratamento um tanto pesado, no texto de Musset. Não fossem os excelentes atores, que deram uma lição de estilo, e a estreia nem se assinalaria.

Vê-se que o elenco repousa os seus efeitos na magia da palavra e na elegância de atitudes. Sob esse prisma, não há o que julgar menos feliz no desempenho. Nos *Caprichos*, sobressaiu o romantismo mais franco de Jacques Toja no papel de Octave, enquanto Tania Torrens, contratada recentemente pelo elenco, não tem a emissão vocal perfeita, apesar do charme que revela em Marianne. Já o *Cântico* deu oportunidade a Claude Winter de exprimir a espontaneidade de vida de Florence, enquanto François Chaumette fez uma ótima criação no papel do Presidente, sóbrio, irônico, lúcido e ao mesmo tempo com um travo de melancolia.

A peça de Giraudoux, de um preciosismo que por pouco resvala para a gratuidade, não tem muita repercussão em nosso universo. O prazer que propicia é sobretudo auditivo. Musset, na paixão romântica em que se dividia, acaba por mostrar o absurdo do mundo, o que dá a *Les caprices* uma nítida ressonância contemporânea.

Les crachats de la lune

Gildas Bourdet
6 de fevereiro de 1987

O bombardeio de informações aturde o mais experiente crítico, em Paris. Ninguém consegue acompanhar a agilidade do movimento teatral, sob pena de tornar-se mero consumidor, sem forças para digerir as ofertas e mostrar aos outros uma imagem do que deglutiu. O anúncio de uma estreia quase se transforma em tormento, e são praticamente três por dia. Um espetáculo é programado para um número restrito de récitas, mesmo que se esgotem todos os dias as lotações. Orientar-se em meio a tantas promessas implica um pouco de confiança nos outros, gosto por determinado gênero e aceitação dos limites do cotidiano.

Eu já morria de vergonha de não conhecer nenhuma peça ou montagem de Gildas Bourdet, diretor de La Salamandre – Théâtre National de la Région Nord/Pas-de-Calais, que se apresenta com bastante regularidade em Paris, em coprodução com o Théâtre de la Ville, maravilhosa sala da prefeitura, na Praça do Châtelet. E, no entanto, *Les crachats de la lune,* a que acabei assistindo, é o quinto texto do dramaturgo e encenador, ou o sexto, se se computar a adaptação de *Ralé,* de Górki. Se eu não fosse tão ocupado ou se tivesse o dom da ubiquidade, poderia ter visto ao menos *Le Saperleau* e *Une station service.* Paciência: até hoje não li *O paraíso perdido,* de Milton.

Antes que a gente se apresse a traduzir erradamente o título por *Os escarros da lua,* o autor esclarece que *Les crachats de la lune* é o nome dado na região de Alès a uma espuma que, invisível durante o dia, se torna perceptível aos raios da lua. "No bar do hotel de uma estação do interior se reúnem algumas criaturas que, ao invés do comum dos mortais, esperam a noite negra para trabalhar ou se dar a ilusão de existir. À luz de que lua as 'personagens espumas', anódinas durante o dia, brilham naquela noite?"

Gildas Bourdet não inventa explicações mirabolantes e prefere, como os vencedores tranquilos, as verdades simples. Sua carreira marcou-se por uma sucessão de acasos. Cenógrafo, pintor, acabou caindo na direção: "Eu não tinha formação, era muito ignorante. Em compensação, tinha visto filmes norte-americanos e compreendido, integrado sem saber, os mecanismos do burlesco, o tempo do cômico. Tentei reproduzi-lo no teatro, pensando que isso não fazia de mim um encenador. Infelizmente, minha primeira montagem foi um êxito". A segunda também, e sucederam-se as circunstâncias para que ele se convertesse em nome famoso.

Quanto à peça e às personagens, Gildas Bourdet afirma: "Não conheço cáften, não frequento as prostitutas e não fui espioná-las nos cafés. Tudo o que eu falo sobre eles é por certo completamente falso – ao menos sob o prisma sociológico. Mas é correto ao mesmo tempo, pelo simples motivo segundo o qual tudo o que está na ficção existe obrigatoriamente na realidade...".

Não penso que se pudesse ter dúvidas sobre a autenticidade do que ocorre em cena, em face dessa formulação ao menos ambígua. O texto peca, talvez, por excesso de real. Desse real que virou mito na literatura, no cinema e no teatro do gênero – eu quase diria lugar-comum das personagens destituídas de desvãos profundos e que se movem na fronteira do melodrama. A cor local desse café noturno se completa com um travesti, um homossexual a ele ligado, um maquinista de trem, um suboficial, uma jovem prostituta de 18 anos, um cantor de rock'n'roll etc. Nenhuma novidade em relação a tudo que vimos.

Mas, na dramaturgia francesa, esse quadro realista revela, para nós, duas vantagens: está mais próximo da tradição brasileira, não provocando estranheza; evita o palavreado em demasia literário, que não tem ressonância na nossa sensibilidade, como o teatro de Jacques Audiberti, por exemplo. Às vezes, *Les crachats de la lune* se inscreve no drama realista, sem dimensão superior. O público francês, generoso com o espetáculo, se diverte até com as menções às greves, de inesperada atualidade.

O ótimo nível da produção se observa em todos os pormenores. Laurent Peduzzi explora com talento o imenso espaço do palco. O elenco está bem escolhido, dispensando-me de citar nomes, porque são desconhecidos no Brasil. É admirável como, em qualquer ponto da França, se consegue juntar atores de nível absolutamente profissional. Se, em vários quadros, o ritmo interpretativo cai, a responsabilidade é da encenação de Gildas Bourdet, que não sacrifica uma palavra de seu texto.

Pelas afinidades que apresenta com a dramaturgia brasileira, Gildas Bourdet me parece um autor que logo poderá ser levado entre nós.

Les fiancés du Havre I

Comédie Française
27 de junho de 1952

Há duas maneiras de encarar *Les fiancés du Havre*: uma realista, atendo-nos à letra do texto, e outra imprevistamente mágica, se dermos crédito à explicação do autor, em nota incluída na edição da peça. No primeiro caso, teremos uma das tantas comédias banais do teatro que fica a meio caminho entre sugestões pretensamente sérias e o *divertissement* de nítida inconsequência. Se, com as lentes emprestadas por Salacrou, nos quisermos dar ao trabalho de enxergar uma suprarrealidade que nem a peça nem o espetáculo indicam, então podemos deparar uma trama impelida pela psicanálise, onde, apesar do primarismo do processo e das reações, há um pouco mais de sutileza e interesse.

Mas ninguém tem obrigação de acreditar em intenções expostas pelo autor e não realizadas no texto. Por isso, aqueles que tenham acompanhado a representação de *Les fiancés du Havre*, pela Comédie Française, na quarta récita noturna do Municipal, com olhos naturais, não precisam penitenciar-se de ter visto uma brincadeira do gênero ligeiro ou do melodrama, com uma troca de crianças que levou o menino de família rica a ser criado na miséria e o filho de um bêbado e de uma vendedora de peixes a ter a educação de grande burguês. Não queremos criticar o frágil ponto de partida de Salacrou. Na mão de Pirandello, a história seria uma profunda investigação psicológica, despojando-se subitamente os dois jovens de uma personalidade falsa, alimentada de equívoco. Com Salacrou, não obstante algumas réplicas dos protagonistas, de indisfarçável acento pirandelliano, o problema não chega a fazer-se uma comédia divertida (o terceiro ato é pesado e cansativo), não chega a adquirir qualquer solidez – e permanece num terreno gratuito ou, se assim o desejarmos, de leves insinuações, que de tão leves não bastam para sustentar um espetáculo.

Sob o prisma do sonho de Richard, já que o autor nos convoca para o vivermos também, o desabafo psicanalítico no deserto africano, quando chega carta de rompimento da noiva, se justifica pela revolta contra a própria condição, acalentando o personagem o desejo íntimo de substituir o jovem rico que lhe tomou a amada. Na vingança do sonho, o prazer máximo de Richard não é nem o de recuperar Irène, o de vencer o rival e de dispor da fortuna que este erroneamente usufruía, mas o de lhe roubar a mãe – forma edipiana que de certa maneira condiciona os outros problemas da peça. Assim, a desigualdade social narrada no texto não aparece sob ângulo reivindicatório consequente, mas a solução se arranjaria, senão pela implantação do regime do mérito pessoal, ao menos pela paz de todos no alto nível. Tudo isso, porém, é tão vago, e outras peças e outros livros se ocuparam do assunto com firmeza tão maior que estaríamos desvirtuando a brincadeira de *Les Fiancés du Havre*, se prosseguíssemos nesse caminho.

Dois personagens curiosos – M. Aubanel e La Reinette – dão vida a algumas cenas; a carpintaria, apesar dos "esconderijos que permitem escutar sem se mostrar", é hábil e satisfatória; e, enfim, a presença do autor, que, embora secundário se destaca entre as mediocridades que alimentam a vida teatral – eis o que, muito diluidamente, salva da total desimportância *Les fiancés du Havre*.

Les fiancés du Havre II

Comédie Française
28 de junho de 1952

A direção não considerou o território da fantasia, ou, ao contrário, o admitiu como um pressuposto, no qual deveria o espectador acreditar. De outra maneira, não seria admissível, por exemplo, a marcação em que Irène monologa, furtando-se a Richard, enquanto este passeia pela sala. Pierre Dux não aproveita a imensa área do palco, concentrando a ação na boca do pano, enquanto o ator que comanda a cena permanece geralmente no centro. Nesse caso, o concílio familiar, colocado Louis Seigner no vértice de um ângulo, atinge o máximo de rigidez. É verdade que os movimentos se processam com facilidade, os atores se deslocam espontaneamente para evitar aglomerados, e a grande segurança de cada um torna flexível o ambiente, a despeito da pobreza das marcações.

No desempenho, seria impossível não destacar Béatrice Bretty, que faz uma criação cômica deliciosa, sem abusar um momento de qualquer recurso. Pareceu-nos bem Jacques Charon, um dos melhores elementos do elenco, e que vive naturalmente o rapaz rico, entre tímido, medíocre e decidido. Georges Chamarat fez uma convincente composição. Louis Seigner marcou-se, desta vez, pela exata medida, como em *A rainha morta*. Jacques Clancy em quem vemos um temperamento mais afeto ao teatro poético dá autenticidade ao Richard que vem tomar o lugar que lhe roubaram. Jean Meyer transmite com firmeza o tipo popular do bêbado provinciano. Germaine Rouer mostra-se sóbria e distinta. Yvonne Gaudeau confere intensidade ao papel da jovem disputada pelos dois rapazes.

O cenário do grande Raoul Dufy foi concebido mais de acordo com a intenção suprarrealista de Salacrou do que com o estilo da direção. Assim, ele e os atores não se entrosam perfeitamente. Se o desempenho transmitisse o clima de sonho, o cenário funcionaria melhor. Temos que elogiar nele a invenção, o bonito colorido, a beleza das linhas. Não obstante, o desenho ao fundo nos parece mais próprio de uma pintura que da decoração teatral. Na montagem, destoam as cortinas, e os móveis não se ajustam ao cenário.

Se a peça de Salacrou contém dois sentidos diferentes, desde que levamos em conta o texto ou a intenção expressa no posfácio, a encenação também poderia optar por duas sugestões a transmitir: a prosaica ou a do sonho. Pierre Dux agarrou-se ao realismo do texto, nada indicando em suas marcações e na linha dos personagens que tenha adotado a "interpretação" do autor. Poderemos condená-lo? Salacrou por certo não gostou da subtração feita à sua sutileza pelo encenador. *Les fiancés du Havre*, como a vimos no Municipal, na quarta récita de assinatura da Comédie Française, se não fosse a advertência do programa, nunca poderia ser compreendida pelo público como o sonho de Richard.

E nós também não bateremos palmas a Pierre Dux por ter preferido o caminho prosaico. No clima de sonho, de fantasia, o espetáculo seria muito mais interessante. Cremos ter direito a essa previsão porque, no estilo acadêmico com que foi encenado, *Les fiancés du Havre* só vale pelo talento dos intérpretes. Sem dúvida esse aspecto é ponderável para nós brasileiros: temos, como tivemos, prazer em assistir a um belo desempenho. Mas isso é pouco para um espetáculo.

Les fous de Dieu

Théâtre des Noctambules
10 de dezembro 1952

Catherine Toth e André Reybaz declararam ano passado, numa entrevista, que não apreciam os textos de ideias, e que criaram sua companhia "para defender uma certa tradição dionisíaca do teatro". A encenação de três peças de Ghelderode ilustra bem suas preferências cênicas. Ao mesmo tempo, Guido Meister, tradutor de *Les fous de Dieu*, afirma que o dramaturgo Dürrenmatt, suíço de língua alemã, "não quer fazer teatro de tese nem teatro histórico". O conceito de autor e encenadores parece assim único, dentro da tradição mais legítima da cena.

A estreia de Théâtre des Noctambules, porém, considerada sem os antecedentes, significou para mim o contrário. Ou a jovem companhia quis tentar uma experiência diversa dos seus espetáculos anteriores, ou foi inconsciente quanto ao significado da peça. O tradutor exprimiu também a vontade não realizada do dramaturgo, ou tomou como resultado o que era simples desejo. Porque em *Les fous de Dieu* se descobre sem qualquer dificuldade o ranço do estudioso de filosofia que faz teatro, a presença do homem que procura apresentar no palco seus conflitos ideológicos e religiosos. Conflitos, não, porque a feição de Dürrenmatt é outra; ele brinca com seus temas e personagens. As ideias-símbolos encarnam-se sob a forma de caricatura. Se, depois da enchente teatral do existencialismo, é bastante penoso suportar uma peça de ideias, esta desagrada em particular, tenta a conciliação de seriedade e bufoneria, e sobra, no fim, um amontoado de frases ao gosto filosofante, quando até a cadeira da plateia se faz sentir incômoda para o espectador.

A história é a luta de católicos e anabatistas na cidade de Münster. Se o autor, através da pintura desse quadro, pretendesse fixar personagens que valessem como símbolos eternos – não poderiam criticá-lo. É um direito. Mas seu processo foi outro: Dürrenmatt tirou da hora presente vários tipos-símbolos, relativos a todas as contradições atuais, e os meteu naquela vestimenta histórica. A luta, situada no tempo, valeu como mero pretexto. É evidente que a conjuntura criada não convence, os tipos eternos são caricaturas bastante divulgadas, e a peça, além de enfadonha, permanece invertebrada. *Les fous de Dieu* talvez divertisse se fosse apenas bufa. Mas como há também a intenção de tragédia, expressa em várias passagens alucinatórias, o amontoado não adquire forma.

Do espetáculo, gravei um autorretrato engraçado feito pelo Imperador Carlos V. O "mestre de cerimônias", a seu lado, completou uma caricatura deliciosa de soberano que na pintura célebre "tinha a cara de quem volta de um enterro". E atendeu ao apelo do bispo em troca de um elefante com que este presentearia seu filho de colo. O *landgrave* de Hesse, entre duas esposas que partilham tudo, promete também o apoio de seis mil homens contra os heréticos porque o seu chefe tinha mais mulheres do que ele: quinze. Dürrenmatt satiriza esses nomes. E não poupa o próprio bispo, realista nos seus métodos, e que declara: "Para os fins mais puros nós derramamos o sangue dos inocentes porque não sabemos vencer pela palavra, precisamos do carrasco". São esses os melhores momentos da peça.

Numa encenação inteligente, Catherine Toth procura dar vida ao texto. As interpretações são muito boas, destacando-se William Sabatier, Robert Postec, Claude Romain, Henry Mary (num travesti muito divertido) e Georges Audibert (André Reybaz não trabalha). Mas o esforço do elenco não poderia salvar o espetáculo do irremediável cansaço que provoca o desconjunto do texto.

Les mille et une nuits de Cyrano de Bergerac

Compagnie Llorca-Prévand
4 de junho de 1976

A popular peça de Edmond Rostand não esgota a figura de Cyrano de Bergerac, o poeta, dramaturgo, espadachim narigudo e precursor da literatura de ficção científica do século XVII (1619-1655). O jovem francês Denis Llorca, vendo-o como um irmão na "defesa do direito de sonhar", retomou-o em *Les mille et une nuits de Cyrano de Bergerac,* levada esta semana no Teatro Universidade Católica, no programa do II Festival Internacional de Teatro.

O temperamento romântico e derramado de Denis Llorca levou-o a juntar o Cyrano histórico e o rostandiano, misturando-o com sua própria comédia *Le pédant Joué.* O espetáculo, assim, torna-se uma colagem dos mais diferentes motivos e sugestões, com uma ênfase especial na palavra poética, imortalizada por Rostand como a marca registrada de Cyrano.

Não há dúvida de que a imaginação de Denis Llorca valoriza momentos do espetáculo, que estimula o público a acompanhar suas contínuas peripécias. Mas faltou ao autor uma disciplina dramatúrgica e de gosto. Todo o material parece ser jogado em cena, de forma caótica. E os efeitos resvalam com frequência para a gratuidade.

Não se sabe, por exemplo, porque a certa altura o elenco se exercita no Charleston ou no tango. O *divertissement* fica solto, perdido entre numerosas veredas que nunca chegam a um fim. O desfecho claudica em várias conclusões que sempre tem uma cena mais adiante, num desfile interminável e cansativo. Por enquanto, ao menos, Denis Llorca não se revelou um verdadeiro autor de teatro.

O elenco apresenta bons valores, com um severo aprendizado da técnica interpretativa, inclusive um bom preparo vocal. Falta ao conjunto, ainda, maior experiência, que dissiparia por completo a ligeira impressão do amadorismo no desempenho.

O cenário, mal articulado com a iluminação, certamente por culpa dos parcos recursos do Tuca, não teve uma solução orgânica. Já são bonitas algumas vestimentas de Geneviève Rhuis.

A Compagnie Llorca-Prévand transferiu-se ontem para o Teatro Aliança Francesa, com *Voltaire's folies* e *Maître et serviteur,* de Jean-François Prévand, outro animador do conjunto, ao lado de Denis Llorca. Talvez Prévand esteja mais maduro, como realizador de textos e de espetáculos. E *Tête d'or*, que virá por último, permitirá uma avaliação mais segura da companhia, por estar em causa um texto de Paul Claudel, cuja dramaturgia passou em julgado, independentemente das preferências pessoais.

Les temps difficiles I

Édouard Bourdet • Comédie Française
22 de junho de 1952

Les temps difficiles é um espetáculo que contém dessemelhantes valores, examinado em cada um de seus elementos. O texto de Édouard Bourdet, não obstante a hábil construção, mostra esse cansativo envelhecimento das coisas colocadas fora de uso, recentemente, ao contrário de obras mais antigas, que conservam uma frescura sempre nova, a despeito de ingenuidades da evolução dos tempos. E nada nele indica que venha a atingir esse classicismo. A direção bastante acadêmica só faculta um desempenho admirável, certamente o melhor desta segunda récita da Comédie Française no Municipal. Cenários de méritos irregulares contribuem para a desigualdade do conjunto, conferindo à produção um nível artístico distante da estreia, com *Le bourgeois gentilhomme*.

Examinaremos nesta crônica o aspecto da apresentação. Avulta, sem dúvida, o excelente desempenho, cuja precisão e homogeneidade dispensam ressalvas e distinções. Todos os atores aproveitam ao máximo as possibilidades dos personagens, dando o que se poderia dizer uma aula de bem representar. Exatos, corretos, distintos, aquinhoados de um pródigo talento – os artistas da Comédie Française constituíram o maior interesse da apresentação.

Não será possível deixar de destacar Louis Seigner, intérprete dos principais papéis, nestes dois primeiros espetáculos, e ainda assim seria o único cuja linha, mais uma vez, iríamos discutir.

Temperamento forte, contagiante, dá grande intensidade às suas cenas, cabendo-nos apenas ponderar que às vezes se extravasa em excesso, para obter um efeito cômico de exigências inferiores. Esse é o caso da cena em que a esposa lhe confia o projeto de casamento de Bob com Anne-Marie, trazendo uma esperança imprevista de salvação financeira.

Pela autenticidade da criação perigosa, por ser um campo aberto a caricaturas e ao grotesco, elogiaremos inevitavelmente sem reservas Robert Hirsch. Os tiques, a gagueira, o retardamento do débil mental em nenhum instante ultrapassam a justa medida, comovendo pela sinceridade.

Jean Meyer, muito sóbrio; Maurice Escande, Jacques Charon e Michel Galabru, no elenco masculino, e Béatrice Bretty, Germaine Rouer, Yvonne Gaudeau, Suzanne Nivette e Denise Pezzani realizaram o perfeito equilíbrio dos outros papéis. Destacamos dessa enumeração, Jacques Clancy, que nos impressionou pela vivacidade, quando em *Le bourgeois gentilhomme* não nos parecera tão bem; Renée Faure, sem oportunidade no espetáculo, mas cuja voz e figura fazem prever uma grande atriz; e Hélène Perdrière, que, embora tendo criado o papel da adolescente há muitos anos, conserva para ele a mesma espontaneidade.

Pierre Dux, como diretor, teve o mérito de equilibrar também o desempenho. As marcações, contudo, parecem-nos esquemáticas, tendo o espectador essa possibilidade, com resultados menos artísticos, de acompanhar a engrenagem dos movimentos, a geometria dos desenhos no palco.

O cenário, utilizado no primeiro e no terceiro atos, não tem gosto, sob a convencional moldura de árvore. Melhor é o de Suzanne Lalique, no segundo, a sala decorada com muitos quadros do boêmio da família industrial. O de Pierre Delbée, para o último ato, satisfaz plenamente, jogando muito bem com as linhas e as cores discretas num quarto luxuoso.

Les temps difficiles II

Édouard Bourdet • Comédie Française
24 de junho 1952

Achamos certamente as intenções dramáticas que se frustram, com inevitável sabor grotesco. Os suicídios que não se consumam, por imprevisão de um pormenor, ou simples erro. As encenações feitas para assustar, e que um acontecimento mais forte, de permeio, torna ingênuas. O masoquismo de propósitos cruéis, com que Édouard Bourdet pinta a decadência da burguesia industrial, não pode escapar, também agora, a essa análise tão diferente dos seus fins.

Outros testemunhos, mais patéticos, fizeram antiga a mensagem de *Les temps difficiles*. Bourdet pensou lançar o grito de desespero de uma classe que se mantinha em virtude de casamentos, por interesse, de taras resultantes de uniões consanguíneas ("mas os negócios da companhia Laroche se simplificaram"), de uma ausência dos verdadeiros valores. Contudo, a sátira social que se pretende amarga e inapelável vai resultar em postulados ingênuos e ainda tábua de salvação de uma classe que perdeu a consciência dos próprios meios: a arte, a beleza, a vida pura e sadia. O capitalista tradicional, depois de afirmar: "é preciso escolher na vida entre ganhar dinheiro e gastá-lo: não há tempo para fazer as duas coisas" – exclama, para o irmão que se desgarrou: "jogaste num dos últimos valores-ouro que restam: a beleza!" Se Bourdet tivesse ficado na simples narrativa da decomposição, julgaríamos apenas um tanto primária a necessidade probante do entrecho, com a louca que grita presa num quarto, a pessoa física do degenerado administrador que se mata, depois do fatal desfalque. Mas a família capitalista, amparando-se da ruína através da arte cinematográfica é qualquer coisa de cômico. Para manter-se, a burguesia fez transações muito piores do que as apresentadas na peça. Talvez Bourdet não as pudesse prever, na sua conclusão bem pensante de pequeno-burguês.

Não sejamos injustos com *Les temps difficiles*: apesar das necessárias coincidências episódicas, apesar de uma dogmática e lenta construção para mostrar os exatos caminhos da tese, a carpintaria é de fato boa. O excesso de diálogo, onde certas passagens são exaustivamente tratadas e comentadas, poderia dispensar-se. Na simplificação do teatro, não seria necessário o longo primeiro ato, que conclui com a informação de que Jérôme visitará Marcel, e o segundo ato, fazendo um quadro da vida boêmia deste último, para baixar o pano após a visita cujas intenções conhecíamos e que nada acrescenta à trama. Ainda assim, é inegável a precisão dos movimentos, a marcha segura da narrativa, que, no rigor geométrico, não se perde até o final.

Se esquecermos o sopro moralizante, vamos sentir também que a habilidade e o talento de Bourdet nos deram criações superficiais, mas de humanidade incontestável. Assim a figura do degenerado Bob, com a paixão por Anne-Marie. A simplicidade de espírito da sra. Laroch. A fraqueza e o malogro boêmio de Marcel. O sentimento da atriz que, ferida pela distância da família do marido, age como se pertencesse a ela, e deseja impedir a filha de tornar-se também atriz. Personagens que vivem, independentemente de ter querido o autor situá-los num quadro expiatório da burguesia que esqueceu os legítimos motivos da existência. Esse é o maior elogio que se pode fazer a *Les temps difficiles*.

E esse outro elogio, muito significativo, de possibilitar um excelente desempenho, como foi o da Comédie Française na segunda récita da temporada do Municipal.

Les Théophiliens

21 de agosto de 1952

O êxito da visita de Les Théophiliens ao Brasil é tão grande que os patrocinadores da temporada decidiram realizar um espetáculo extraordinário no Copacabana.

Essa récita compôs-se de duas partes: *Le miracle de la veillée* e *Le jeu d'Adam et Éve*. No conjunto, será forçoso dizer que teve interesse mais limitado que as programações anteriores.

Examinaremos hoje apenas *Le miracle de la veillée*, *divertissement* feito com poemas, canções e danças da Idade Média. Trata-se, em suma, de um espetáculo poético e literário, onde os estudantes-atores da Sorbonne têm ocasião de dizer textos muito bem selecionados. Inspirou-se num conto e em *fabliaux* medievais, e a antologia visa oferecer um panorama de todos os gêneros experimentados da época. Como a linguagem dos séculos XII e XIII, principalmente, seria incompreensível para o espectador moderno, Les Théophiliens, sob a direção de Pierre Sadron, incumbiram-se da adaptação.

Em *Le miracle de la veillée*, de início, tem grande beleza a ideia para a reunião dos poemas, o fio que conduz o recital. Um senhor de castelo, mau e solitário, ordena ao jogral que declame para ele durante toda a noite. Se o distraísse, teria sua riqueza. Caso contrário, seria morto. Como acodem ao jogral apenas poemas demais repetidos, ele invoca Nossa Senhora, que lhe dá uma memória de três séculos. As mais belas composições francesas do século XII ao XV desfilam através de várias vozes. Era quase a aurora, quando estaria livre o jogral, e Nossa Senhora, para que ele mantivesse a flama da pobreza, adormece-o. O senhor do castelo, porém, não sacrificará, porque o "milagre" continua, não obstante o sono.

O público tem oportunidade de ouvir Villon, o duque Carlos de Orleans, Rutebeuf, e muitos outros. Passa-se do texto lírico ao dramático e ao cômico, havendo obras-primas em todos os gêneros. Na parte cômica, é uma delícia a fala do "camelot" na venda de ervas e unguentos. Em *La plainte des ouvrières*, depois das cenas alegres, encontramos esses interessantes versos, que muitos usariam hoje como estribilho:

> *Il s'enrichit de nos salaires,*
> *Celui pour qui nous travaillons.*

A encenação é engenhosa, com cenários sugestivos e roupas bem concebidas de Ded Bourbonnais (algumas já vistas nos espetáculos anteriores), mas teve um cunho algo improvisado, notório, sobretudo nos efeitos de luz. Cumpre, a esse respeito, notar que o Copacabana apresenta espetáculos diários de Os Artistas Unidos, não sendo fácil conciliar o trabalho de ensaio.

Alguns dos atores-estudantes comprovaram a bonita voz, o domínio da arte de declamação. Mesmo nos menos dotados para ela, percebia-se o estudo, a seriedade do trabalho e a dedicação à tarefa.

Essa excelente antologia poética e literária da Idade Média acrescenta mais uma glória ao grupo teatral da Sorbonne. Através de obras semelhantes é que se perpetua a tradição e a beleza da língua, os seus valores permanentes que, em última análise, alimentam a matéria das novas tentativas e pesquisas. Por mais esse mérito, a temporada de Les Théophiliens tem importância inestimável para nós.

Les trois mousquetaires

Marcel Maréchal
20 de maio de 1983

Num momento em que dirigentes do Teatro Nacional de Marseille me perguntam o que ver em São Paulo e respondo que há apenas alguns bons desempenhos e nenhum espetáculo digno de nota, não me sinto à vontade para criticar *Les trois mousquetaires,* que o Municipal oferece hoje em terceira e última récita. A montagem de Marcel Maréchal é muito elaborada, são admiráveis os cuidados com todos os pormenores, trata-se de um empreendimento artístico fora da rotina dos cartazes. Mas as considerações positivas não me impediram de ficar em grande parte frustrado.

O primeiro sentimento de insatisfação vem do próprio texto que François Bourgeat, Pierre Laville e Maréchal extraíram do romance de Alexandre Dumas. Adaptadores conscienciosos, eles procuram ser fiéis à parafernália de episódios do original. A ação se distribui, assim, por numerosos ambientes. Multiplicam-se as personagens. Preservou-se o gosto do espírito de aventura, no estilo de "capa e espada". Prevalece o tom jovial e cavalheiresco, num clima de contínuo ludismo.

Essas características deveriam ser suficientes para manter o espetáculo no alto, estimulando a adesão incessante do público. Não é o que se dá, porém. O excesso de peripécias sobrecarrega o jogo cênico, tornando cansativo pela longa duração. Sente-se, o tempo inteiro, o cordão umbilical a impedir autonomia estética da peça. Fragmentadas entre tantos acontecimentos, as personagens não chegam a definir suas motivações reais. O espetáculo parece, em última análise, uma ilustração do livro.

O dispositivo cênico de Alain Batifoulier agrada, a princípio, pela simplicidade e pela eficácia (são bonitos seus figurinos). Há uma área privilegiada central, a que às vezes o andar superior tem acesso por escadaria suntuosa, de estrutura palaciana. Construções laterais, de dois pavimentos, desnudam ou cobrem espaços diversos, pela única intervenção de cortinas. O fundo recebe telões indicativos das mais sensíveis mudanças cenográficas. Tudo muito engenhoso, sem dúvida. Só que, depois que se desvenda o segredo, a imensa construção, ao invés de simplificar as passagens de um ambiente a outro, funciona como que para atravancá-las, sobretudo com as deficientes condições técnicas do nosso Municipal. Tem-se nostalgia de uma nudez maior do palco, ou de um bom filme baseado na mesma história.

Mesmo num Teatro Nacional, não deve ser fácil reunir um elenco em que tantos atores se mostram talhados para os papéis, valorizando até pequenas composições. Houve capricho especial em ressaltar o componente irônico de personagens como Luís XIII (Daniel Berlioux) ou Richelieu (Jean-Pierre Moulin). E os três mosqueteiros (Philippe Bouclet, Raoul Billerey e Edmond Vullioud) não são somente os intrépidos lutadores de esgrima: Maréchal deu-lhes contorno humano palpável. No começo, quase se estranha D'Artagnan (François Dunoyer), tímido e atrapalhado no seu sotaque sulino, longe da figura do herói romântico. Aos poucos, à medida que seus feitos são reconhecidos, D'Artagnan cresce em estatura e se impõe na corte, ainda que, guardando sempre a origem provinciana, o que valoriza a procedência do campo e a imagem popular.

Brigitte Catillon (Milady), Michèle Grellier (Ana de Áustria) e Danièle Stefan (Ketty) são presenças fortes, tipos femininos que se afirmam no diálogo com os homens. Um ou outro papel poderia ter intérpretes mais indicados, o que não prejudica o acerto geral da distribuição. Um louvor particular cabe à coreografia dos combates, da responsabilidade de Raoul Billerey (Porthos). Os mosqueteiros e os soldados do cardeal estão igualmente bem preparados, conseguindo grande intensidade e charme nas lutas.

Tamanhas qualidades no conjunto não referendam a encenação de Maréchal, que guarda um traço acadêmico. Como ele, considero o teatro o lugar do ator, se possível a serviço de um bom texto. As divergências talvez estejam no método de preparo do intérprete. Se Maréchal encontra o caminho certo para algumas personagens, deixa-se frequentemente levar pelo estilo exterior, declamatório, lembrando os defeitos da Comédie Française. A forma teatral de conduzir certas cenas, com a tônica excessiva nas últimas sílabas, lhes inocula incômoda falsidade. O caráter brilhante do gênero não seria contraditório com uma empostação mais verdadeira.

Marcel Maréchal está feliz porque, oficialmente, *Les trois mousquetaires* seria considerado perfeito embaixador da França. Lamento discordar da categorizada opinião. Qualquer peça de Molière ou *Le Cid*, de Corneille, permitiriam uma leitura popular e cultural muito mais substanciosa. Ao fim do espetáculo, embora reconhecendo os méritos do visível esforço coletivo, sucumbi à sensação de um indisfarçável vazio. Em outros termos, de um desperdício inútil.

Lisístrata

Aristófanes

A sapateira prodigiosa

García Lorca
Théâtre de l'Humour
21 de novembro de 1952

A estreia é recente: *Lisístrata*, de Aristófanes, e *A sapateira prodigiosa*, de García Lorca, num só espetáculo, apresentado no Théâtre de L'Humour, em Pigalle, pela Companhia Raymond Hermantier. A equipe, de 1947 para cá, conta em seu acervo várias realizações importantes: *Sherwood*, adaptado por Maurice Clavel, novo secretário do Teatro Nacional Popular de Jean Vilar; J. M. Synge; *As moscas*, de Sartre; Shakespeare, Racine e Schiller. Embora sem informação prévia, fui ao teatro com muita curiosidade.

O texto grego tem, nesta versão, a virtude de ser encenado integralmente, sem os cortes julgados necessários para as conveniências de hoje. A adaptação francesa, de Hilaire Theurillat, não esquece, aliás, o adjetivo integral nos anúncios e nos programas. Hermantier deparou, portanto, um problema cênico a resolver; transmite o espírito e a forma do comediógrafo, sem cair na grosseria. O tema, o leitor certamente conhece ao menos através das peças brasileiras *Greve geral*, de Guilherme Figueiredo, e *Helena fechou a porta*, de Accioly Neto. Lisístrata, em face das guerras sucessivas na Grécia, convoca as mulheres, de ambas as facções, para a greve contra os homens. A abstenção enlouquece os guerreiros, e a assinatura do armistício é o único caminho que por fim encontram para obter de novo o favor feminino. De acordo com o texto, sabemos as cenas que se desenrolam quando os homens, recusados, se movimentam como possessos. A primeira virtude de Hermantier, como encenador, foi assim a de não chocar a plateia, dentro da crueza verbal da peça. Ele se serviu da poesia – se é esse o nome que cabe – para encontrar o justo termo em que as palavras mais ásperas valem pelo aspecto estético.

A apresentação, contudo, não me agradou. Não foi sempre que, na procura desse elemento, Hermantier conseguiu o equilíbrio cênico. Muitas vezes tive a impressão de que no palco se desenrolava uma brincadeira, a que o desempenho não trouxe maior convicção.

Já *A sapateira prodigiosa* teve um resultado mais feliz. A poesia campestre de Espanha, a simplicidade dos caracteres, o tom de fábula foi perfeitamente transmitido. A jovem de vinte anos, que se casou com um sapateiro cinquentão, está o tempo todo a se queixar da vida, a reclamar a idade do marido e as privações que sofre. Da janela, aceita os galanteios que lhe fazem. Ele a abandona, e ela, ao contrário de entregar-se aos pretendentes, se mantém fiel sofredora e íntegra na solidão. O sapateiro volta sob disfarce, conta uma história por intermédio das marionetes, reencontram-se felizes.

Aqui, num simples e adequado cenário do próprio Hermantier, a apresentação me comoveu. Gelblum, na sapataria, mostrou a espontaneidade e o caráter típico da personagem. Todo o conjunto era homogêneo. Estranhamente, o texto, que tinha sido uma das primeiras revelações do poeta García Lorca, numa antiga leitura, não me impressionou da mesma forma. Achei-o primário, popularesco, meio moralizante na lição que encerra a história. *A sapateira prodigiosa* não me tocou.

A Companhia Raymond Hermantier talvez encene outro espetáculo, ou reapresente um conhecido, enquanto eu estiver aqui. Faço votos que isso aconteça, para eu confirmar o bom nome em que a têm.

Los Cómicos de la Legua

México
1º de agosto de 1975

Na trilha dos grupos universitários mais bem orientados de todo o mundo, o conjunto mexicano Los Cómicos de la Legua busca as fontes populares do teatro de sua língua. E essa salutar pesquisa produziu o espetáculo com textos de Cervantes e Juan de Timoneda, oferecido ontem no Auditório do Masp.

Los Cómicos de la Legua eram, como se sabe, os atores itinerantes que iam de povoado em povoado, na Espanha, representando apenas em troca de um prato de comida. Sua pobreza é assumida pelo elenco mexicano como uma forma de encontrar uma linguagem teatral pura, despida de qualquer enfeite e de uma encenação elaborada. A relação direta do ator com o público, sem o recurso a qualquer artifício, mostra a marca desse trabalho propositadamente primitivo.

Partindo da premissa de que importa o diálogo natural com o espectador, o elenco tenta valorizar o desempenho e nele, especialmente, os elementos da dicção e da voz. Dos intérpretes mais maduros às crianças, todos se exprimem vocalmente com perfeição. Ora a tônica se encontra na clareza das palavras, ora, como no "entremês" de *Los habladores* (de Cervantes), no virtuosismo da disparada, que não emite um único som. A primeira grande virtude de Los Cómicos está na segurança com que emite a palavra.

Tanto os textos de Cervantes como a *Farsa y justicia del corregidor, patroña* de Timoneda (na versão moderna de Alejandro Casona), exploram a comicidade popular, feita de dados elementares e de uma graça espontânea. Saltam tanto no espetáculo essas características que o público se diverte sem parar, apesar da possível barreira da língua. Os atores, sem carregar os efeitos, apelando para a farsa desabrida ou a da chanchada, conseguem provocar permanentemente o riso.

Embora seja procurada a ausência de espetaculosidade, a montagem ganharia com um pouco mais de elaboração nas marcações e o apelo a elementos cênicos. Não ajuda nem um pouco o desempenho o ator deslocar-se no proscênio, tendo como o fundo a cortina do palco. É quase heroico sustentar-se em cena com tal singeleza. O vestuário é insuficiente para ambientar a ação. Ainda assim, corre pelo palco uma estimulante autenticidade.

A visita de Los Cómicos de la Legua tem uma outra importância, porque pode ser o princípio de um intercâmbio teatral e artístico entre o México e o Brasil. Conhecemos os grandes elencos europeus, mas nada sabemos dos da América Latina. O grupo deve ser saudado, também, pela promessa de um conhecimento enriquecedor.

Los palos

La Cuadra de Sevilla
6 de agosto de 1975

A sensação de participar de uma experiência profunda, que nasce das entranhas – essa é a que transmite ao público *Los palos*, espetáculo do grupo espanhol La Cuadra de Sevilla, na Sala Gil Vicente do Teatro Ruth Escobar. Poucas vezes o nosso palco viu um testemunho tão incômodo e convincente da verdade.

Não se pode examinar a montagem em termos de teatro ao qual estamos habituados. E a diferença não se estabelece pelo prisma do valor. *Los palos* não é melhor do que as produções tradicionais: é outra coisa. O desenvolvimento distancia-se da armação de uma peça dramática. Não há texto, composto como uma unidade própria. As poucas palavras inscrevem-se em meio ao canto e à dança. Impressiona o conjunto pela violenta organicidade.

Em cena estão um guitarrista, um dançarino, três cantores e uma atriz. O guitarrista tira os efeitos possíveis da música. O dançarino é alto, esguio, os cabelos longos que com frequência cobrem o rosto. Seu taconeio alcança tal vibração que não se compreende como ele consegue ficar de pé ao fim do espetáculo.

O canto, que vem do íntimo, se desdobra no lamento lancinante da origem moura. A melodia monótona e desesperada ecoa como um permanente *leitmotiv*. A atriz emociona pela beleza pungente no luto fechado. A narração que ela faz da criada de Federico García Lorca tem a nudez e a exemplaridade da tragédia.

Os elementos cênicos buscam também a síntese expressiva. Os troncos trançados multiplicam-se em significados, que vão do peso que oprime o homem à cruz em que ele dá em holocausto. Um poste de cada lado do palco simplifica os efeitos luminosos. Os atores bastam-se no jeans e na camisa cotidiana. Não costuma haver maior despojamento.

O desempenho se processa ao som da guitarra ou das palmas, em variadas combinações. As palavras tornam-se em geral ininteligíveis, na deformação do canto. Mas não faz falta o sentido literal do que é dito. A significação explode na entrega absoluta dos atores. Ninguém tem dúvida sobre a mensagem de *Los palos*.

O espetáculo pode definir-se como uma paixão pela morte do poeta García Lorca, impregnado do mundo andaluz. Sem esquecer o tema básico, ele transcende os seus limites, para encarnar toda a paixão de um povo. É a Espanha popular e sofrida que lança o seu grito, numa linguagem espontânea da maior elaboração artística.

O público paulistano não pode privar-se desse momento privilegiado e raro em que a arte se confunde com uma vivência humana essencial.

Luca Ronconi

10 de fevereiro de 1972

Examinando a montagem de *Orlando furioso* em relação a Grotowski, ao Open Theatre e ao Living Theatre, o encenador italiano Luca Ronconi observa: "Não, aquilo que nos propusemos é totalmente diverso. Até os grupos mais avançados do teatro norte-americano se aventuram, na minha opinião, a oferecer espetáculos que se veem. Em suma, a diferença maior está talvez na circunstância de que, enquanto as técnicas que se acenavam continuam a fundar-se na contemplação, em algo que se possa ver, para nós importa ultrapassar de todo a situação teatral, ir em direção ao vivido".

Ronconi completa seu raciocínio: "Nossa escolha, então, se coloca fora do teatro tradicional, apela para um *gestus* que não é por certo o do teatro oitocentesco, e não está também ligado às situações coletivas ou individuais, aos significados prevalentemente visuais dos movimentos de que se utilizava. Aqui aflora talvez o conceito que guiou nosso trabalho: fazer um espetáculo que não tenha uma unidade, que não seja unificado pelo espectador sozinho, que não seja reconstruível logicamente".

Quando Ronconi deu essa declaração à revista *Sipario* (número 278/279, de junho/julho de 1969) *Orlando* estava para estrear em Spoleto, e daí partiu para apresentações em praças de feiras medievais, para uma temporada de verão ao ar livre e dois meses em Roma, passando depois ao estrangeiro, até culminar em uma triunfante carreira em Les Halles, Paris.

Edoardo Sanguineti adaptou para o teatro o poema de Ariosto 1474- -1533, em versos decassílabos, mas a base literária subordina-se ao conceito de espetáculo. Ronconi comenta que *Orlando* "não é um texto dramaticamente escrito e portanto não poderá ser interpretado, porém simplesmente feito".

Embora as declarações de Ronconi não correspondam mais ao estágio de um Open ou de um Living, em 1971, e a maioria dos grupos de vanguarda negue hoje o princípio de contemplação, substituído pelo de vida (participação), talvez se possa reivindicar para o encenador italiano um direito de precedência que, por outro lado, é equívoco, já que uma certa semelhança nas experiências estabelece uma quase contemporaneidade dos vários pesquisadores.

Ronconi acha que não tem mais sentido a tradicional relação palco-plateia. O teatro, consciente de que não realiza a comunicação dos outros veículos de massa, parte para um contato direto com o espectador que o cinema e a televisão não podem almejar. Ronconi, para *Orlando*, imaginou um espaço mínimo de quarenta metros por quinze metros, com dois palcos abertos e desmontáveis, colocados nos lados menores do retângulo. Franco Quadri narra que: "o espaço central é reservado ao público e aos comediantes que representam, falam, galopam, se batem sobre carros de madeira, nus ou munidos de maquinarias quase sempre metálicas (cavalos de latão). A agressão é representada por um enorme esqueleto de animal pré-histórico em vime, pelo hipogrifo cujas asas desmedidas se estendem por cima dos espectadores, por grandes cubos de madeira translúcida, representando o castelo de Atlante, pelas gaiolas reunidas que fecham o público num labirinto complicado" (Le Théâtre 1971-1, cadernos dirigidos por Arrabal). O desempenho está a cargo de 55 comediantes, e ele se torna secundário diante do conjunto dos movimentos e da intervenção maciça do público.

Orlando foi o espetáculo que deu fama internacional a Ronconi, mas sua carreira conta com uma dezena de encenações que nunca deixaram indiferentes os críticos e os espectadores. Afirma Franco Quadri que Ronconi está catalogado, para uma parte da imprensa, desde *The changeling* (*A mudança*, de 1622), dos elisabetanos Middleton e Rowley, como o "encenador da loucura", e esse rótulo evita uma análise mais profunda daquilo que ele apresenta. Essa loucura estaria estampada em várias características: "representação gritada recusando toda nuança, todo detalhe psicológico; exasperação dos movimentos; maquilagens acentuadas até modificar as fisionomias; figurinos deformando de maneira grotesca o estilo de uma época; gosto do travesti indo até a escolha de uma comediante para interpretar o papel de um governante tirânico".

Aos vinte anos, em 1953, Ronconi começou como ator. Ele representou com Luigi Squarzina em Roma e com Vittorio Gassman em Milão, sob a direção de Giorgio Strehler. São sucessos em sua carreira *Chá e simpatia*, sob a direção de Squarzina, e o *Diário de Anne Frank*, sob a direção de Giorgio de Lullo. Mas Ronconi preferiu dedicar-se à encenação.

A montagem de *La moglie saggia*, de Goldoni, em 1963, fracassou completamente. Ronconi comentou, a propósito: "Existe um público que, depois de ter assistido aos meus espetáculos, não pode mais assumir seu papel de público e compreende que não deve ir ao teatro..." Sobre *The changeling*, de Middleton e Rowley, ele afirmou: "a exasperação é o único meio de exprimir o clima barroco e complacente dos autores".

Em *Medida por medida*, peça atualíssima de Shakespeare (que ninguém, inexplicavelmente, se anima a montar no Brasil), Ronconi chegou a inventar um coro, "sempre testemunha e vítima da intriga, adaptando-se às mudanças de situações, trocando de roupa, virando monges, freiras, guardas etc".

Um grande sucesso foi *Ricardo III*, de Shakespeare, interpretado em 1968 por Gassman. O herói aparecia "aprisionado numa espécie de aparelho formado de peças de couro manobradas por roldanas, simbolizando a deformidade sem representar o monstruoso". A tragédia mostrava "uma luta pela vida num mundo sem moral. Ricardo é simplesmente o mais cruel, o mais inteligente, o mais apto a utilizar a ironia".

As outras montagens de Ronconi tiveram destino desigual: *Il Candelaio* (*O sodomita*), peça de Giordano Bruno, criada em 1582; um texto extraído do filme *Queen Kelly*, de Stroheim (exibido no Brasil com o título *Minha rainha*); e *Fedra*, de Sêneca.

Finalmente, confirmando mais uma vez o gosto pelos elisabetanos, Ronconi encenou *The revengers tragedy* (*A tragédia do vingador*, de 1607), atribuída a Cyril Tourneur, com um elenco de 25 mulheres. Dessa vez, segundo Franco Quadri, Ronconi não quis utilizar a exasperação da crueldade e do horror. Escolheu o caminho contrário: "ele dramatiza os movimentos, as atitudes secundárias quotidianas, banais, feminizando-os [...]. Os excessos de Tourneur se enfraquecem no rol de ritos de salão; cada efeito dramático é neutralizado por uma interpretação feminina e frívola (o sangue se torna até um elemento decorativo); o resultado é uma representação bem mais sutil da crueldade".

Aí está, em resumo, a carreira de um dos mais discutidos encenadores da atualidade. Além de alguns comentários surgidos na imprensa, quando da apresentação de *Orlando furioso*, seu nome voltou ao noticiário, no Brasil, por ter recebido convite para encenar *Os Lusíadas*, de Camões, neste ano em que se comemora o quarto centenário da primeira edição do poema épico, o grande monumento da língua portuguesa. É possível, assim, que o nome de Luca Ronconi se junte ao de outros encenadores de fama internacional, como Victor García, Jérôme Savary e Claude Régy, que prestaram colaboração, recentemente, ao teatro brasileiro.

Lucrèce Borgia

Antoine Vitez
7 de fevereiro de 1986

A relativa frieza da crítica não me impediu de ver *Lucrèce Borgia*, no Théâtre National de Chaillot, por dois motivos: eu desejava assistir a uma encenação de Antoine Vitez, um dos primeiros nomes dos palcos da França; e, talvez por suas ligações com o romantismo brasileiro, a dramaturgia de Victor Hugo me interessa muito. A experiência acabou por tornar-se uma das mais estimulantes que até agora vivi em Paris.

Vitez relata o seu ponto de vista: "De todas as obras dramáticas de Victor Hugo, *Lucrécia Bórgia* é a que mais se aproxima da tragédia grega. Encontram-se nela as figuras arcaicas: a mãe criminosa e incestuosa, Lucrécia, ao mesmo tempo Clitemnestra e Jocasta: o filho que é o herói e o amante, Orestes ou Hamlet, ou Édipo, mas ele tem aqui o nome de um mês do calendário, Gennaro, e é um desses homens fadados ao infortúnio pela obscuridade ou o mistério de seu nascimento (o poeta nunca fez mais do que contar sua história); o amigo fiel, Pílade ou Horácio, que se chama aqui Maffio; o marido cruel, homem poderoso, tirano, Cláudio ou Egisto, aqui Alphonse d'Este".

Por isso, "o espetáculo se inspirou nesta referência às formas primeiras do teatro. Sobre um palco inclinado, ele expõe a tragédia em sua violência ingênua. Os Bórgias são os Átridas da Idade Média, dizia Victor Hugo. Outra maneira de afirmar que ele era o Ésquilo dos tempos novos; essa ambição era também a de Wagner, e é ela que a encenação, por sua forma e o desempenho dos atores, quer testemunhar".

Em palavras diferentes, o que seria natural qualificar de melodrama romântico, Antoine Vitez pretendeu converter em tragédia grega. Tem sentido a proposta? Pelo resultado cênico, eu concluo que sim. O espetáculo é de uma beleza plástica rara. Eu me deixei seduzir, antes de mais nada, pelo brilho das imagens.

O cenário resume-se a uma plataforma em declive, plastificada, em que se desenham algumas formas abstratas. Só há iluminação lateral, que deixa o palco sempre escuro, vendo-se apenas os atores, em belíssimas vestimentas de Yannis Kokkos, também responsável pela cenografia. O conjunto, bem no feitio da história de Lucrécia Bórgia, parece uma dança macabra, um balé fantasmagórico, realçados pela música de Georges Aperghis e pela coreografia de Milko Šparemblek.

Estranhei, a princípio, o tom propositadamente declamado, que para nós lembra o velho teatro. Logo entrei no jogo, essa é uma tentativa de emprestar dignidade clássica ao diálogo de Victor Hugo. Os franceses podem torcer o nariz para ele, que evidentemente está longe dos versos de Racine ou de Corneille. Botocudo, não fico insensível à grandeza e à generosidade hugoanas. Acompanhei com verdadeira emoção a ambiguidade do relacionamento de Lucrécia e seu filho Gennaro. E Victor Hugo resgata a mulher terrível pela força do amor maternal.

A maioria dos atores dispõe de preparo e meios para sustentar o alto diapasão em que Vitez empostou a montagem. Fiquei particularmente maravilhado com Nada Strancar, intérprete de Lucrécia. Que linda voz, que inflexões ricas, nascidas sempre de profunda sinceridade! Nada Strancar, que eu não conhecia, passa a brilhar naquela constelação íntima, que todos cultivamos.

Não posso omitir que a produção foi possível graças ao apoio do governo e de várias cidades italianas, e que, antes da estreia em Paris, ela foi vista, desde julho, em Veneza, Florença, Avinhão, Roma, Atenas, Belgrado, Caen, Havre, Toulouse, Montpellier, Le Mans, Villeurbanne e Luxemburgo. A temporada no Théâtre National de Chaillot se encerra no próximo dia 18, continuando a excursão em Estrasburgo, Villeneuve d'Ascq e Amiens. Belo exemplo de teatro itinerante.

Ludmilla Pitoëff

18 de setembro de 1951

Escrever sobre uma grande atriz, quando não se chegou a vê-la, e escrever, sobretudo depois de sua morte, talvez não corresponda exatamente ao que se gostaria de exprimir. Por mais que se tenha lido palavras de amigo, de alguém que a acompanhou desde os primeiros passos no teatro, a matéria parece fria, imprópria para o momento de emoção. É a segunda morte que nos atinge em poucos dias. A primeira foi Jouvet, certamente mais chegado aos brasileiros, pelo tempo passado entre nós. Mas a morte de Ludmilla Pitoëff não deixa de tocar-nos com a mesma intensidade. Ela encarnou uma figura de pureza, foi uma das vestais do teatro, tem a seu crédito uma longa existência devotada intransigentemente ao trabalho.

Não poderíamos separá-la de seu marido, o grande Georges Pitoëff, morto em 1939. A longa carreira, que empreenderam juntos, desde 1919, na Suíça, até o falecimento, que a fez continuar sozinha, por mais doze anos, não pode ser compreendida sem que se considere sempre o casal. Juntos encenaram *Hamlet*, *Macbeth*, muitas peças de Ibsen (cujo *Inimigo do povo* precipitou a morte do esposo), muito Pirandello, Lenormand, o repertório russo, que pela primeira vez foi levado fielmente em Paris, Claudel. *A Santa Joana*, de Shaw, sem dúvida, é o ponto alto de Ludmilla, toda uma galeria cênica, de intransigência, de seriedade, de amor pelas grandes obras, sem concessão, sem preocupação com o gosto menos apurado da plateia, que com ela se educou, aprendeu, passou a gostar da mesma luta.

No primeiro quarto do século, Ludmilla foi a maior atriz da França. Pitoëff, segundo os biógrafos, até 29, o mais exigente e sério entre os chamados animadores e mestres dos *théâtres du cartel*. Ele terminou num dos instantes mais fecundos do seu gênio criador. Ela, numa peça inexpressiva, mas que lhe permitia viver admiravelmente a Charlotte Brontë.

Alguns, sob um aspecto de compreensão, mostram-se severos com ela. Jean Hort, seu companheiro de temporadas, explica a última fase de Pitoëff pela crise religiosa de Ludmilla, pelas "desordens místicas" que levaram ao marido sacrificar por ela os anos próximos da morte. Mas não se poderia condená-la. Se Ludmilla, depois de 29, concentrou-se em si mesma, se abandonou *La sauvage* porque não gostava mais do papel, deve ser justificada pela penetração cada vez mais íntima no mistério do teatro, uma autenticidade maior para consigo mesma.

Não investiguemos esse assunto, porque não nos foi dado conhecê-lo de perto. Ninguém negará a Ludmilla uma posição privilegiada no cenário teatral. Se não tivesse sido uma atriz excepcional, a simples condição de companheira de Pitoëff já a tornaria particularmente querida, motivo de nosso reconhecimento. Mas Ludmilla, sempre jovem, ídolo do público europeu, e não somente francês, porque viveu para a Europa, para não dizer para o mundo (atuou também nos Estados Unidos), teve experiência própria, uma personalidade que poderia comparar-se à de Pitoëff. Eu, que não cheguei a vê-la, não poderia dizer mais. Sei apenas uma coisa: entre as poucas pessoas que desejava especialmente encontrar, numa viagem a Paris, era ela. Ludmilla simboliza, para mim, muito do grande teatro.

Luís de Lima

20 de março de 1953

Entrevistei, há poucos dias, Alfredo Mesquita, que acabava de contratar o ator e mímico português Luís de Lima para professor de Drama e Comédia na Escola de Teatro de São Paulo. Alfredo Mesquita, seu diretor, escolheu Luís de Lima entre doze candidatos, apresentados por Pierre Fresnay, Jean Vilar e Gabriel Marcel, e a decisão foi tomada de acordo com o primeiro.

Mais de uma vez escrevi, nesta coluna, sobre o novo professor da Escola de Teatro de São Paulo. Critiquei *Le pierrot de Montmartre*, pantomima de Marceau apresentada então no ABC, em que Luís de Lima era um dos elementos de destaque, critiquei, depois, *Jacob e o anjo*, peça de José Régio, encenada no Studio des Champs-Elysées, em que, no papel do "poeta", Luís de Lima tinha um dos melhores desempenhos. Hoje, darei outras informações sobre o jovem de vinte e oito anos, residente em Paris há sete anos, e que espera ter êxitos no Brasil para não mais o deixar.

O "currículo" de Luís de Lima é bastante expressivo para alguém de sua idade: foi aluno do Conservatório Nacional de Arte Dramática de Lisboa, onde estudou com Gino Saviotti, discípulo de Benedetto Croce; seguiu o curso de estética teatral de Ortega Y Gasset na Faculdade de Letras de Lisboa, em 1944; repórter e crítico dramático do jornal lisboeta Vitória; fundador de um teatro experimental, Teatro do Salitre, especializado em representar autores contemporâneos; fundador e redator-chefe do hebdomadário artístico e literário Mosaico; em 1947, vinda à França, onde era correspondente do Mundo Literário, Horizonte e Diário de Coimbra; bolsista do governo francês, aluno-ouvinte do Conservatório Nacional de Arte Dramática de Paris, com Louis Jouvet, Pierre Renoir e Henri Rollan, professores; aluno do Instituto de Ciências Políticas e do Curso de Estética da Sorbonne; membro do 1º Congresso da Juventude, no pós-guerra, reunido em Munique (1947); cronista da seção portuguesa da BBC de Londres, em setembro de 1947, cronista da seção portuguesa da radiodifusão francesa; adaptador e um dos intérpretes de *A metamorfose*, de Kafka, criada na cidade Universitária de Paris; membro da Reunião Internacional da Juventude, Tübingen (Alemanha), em 1948; enviado especial à Bienal de Veneza da revista portuguesa Vértice (1948); cronista na rádio de Roma; aluno durante dois meses de Charles Dullin; diretor e intérprete da peça surrealista *Les mamelles de Tirésias*, de Guillaume Apollinaire, para o Festival de Salzburgo, em 1950; criador do papel do alfaiate na pantomima *O capote*, adaptada por Marceau do conto de Gogol; codiretor e intérprete de uma pantomima inspirada em *Alice no país das maravilhas* para a televisão francesa; instrutor de Arte Dramática (Educação Corporal) no festival internacional de Loreley, na Alemanha, durante cinco semanas de 1951; intérprete do personagem Bernardo no filme de H. G. Clouzot, *Le salaire de la peur*, a ser apresentado no próximo mês de abril, no Festival de Cannes; intérprete do papel do fotógrafo na pantomima *Os soldadinhos*, para a *tournée* de Étienne Decroux na Holanda, em 1952; encarregado da emissão de *Jacob e o anjo* na seção portuguesa da radiodifusão francesa.

Creio que a enumeração de atividades realizadas por Luís de Lima basta para apresentá-lo. Ele fez questão de declarar-se devedor, profissionalmente, do ator João Villaret e dos professores Gino Saviotti e Carlos de Souza, no seu país; de Copeau; de Jouvet, Pierre Renoir e Henri Rollan (no Conservatório de Paris); e de Decroux, Marceau e Clouzot, com quem trabalhou. De acordo com o que procurava Alfredo Mesquita, para sua escola, não é uma vedeta, mas alguém com experiência e formação cultural sólida para transmitir ensinamentos úteis aos alunos.

Há poucos dias, na 23ª gala dos artistas franceses realizada do Cirque d'Hiver, Luís de Lima foi apresentado como um dos quinze *jeunes premiers* que se destacaram na profissão. O Sindicato dos Atores, dentre as promessas mais representativas, seleciona rigorosamente aqueles que se espera venham a ocupar, no futuro, o lugar dos grandes nomes atuais. Ainda há pouco, fizeram o mesmo desfile François Périer e Gérard Philipe, dois nomes ora consagrados.

Talvez, dentro de alguns anos, o espectador da gala estranhe não ver nos cartazes de Paris o nome daquela promessa. Mas ficaremos satisfeitos se Luís de Lima estiver realizando no Brasil – e com isso colaborando para engrandecimento do nosso teatro.

Madame de la Carlière

Diderot • Petit Odéon
3 de julho de 1987

Não era para se esperar muito. Diderot (1713-1784), apesar da excelência teórica do *Paradoxe sur le comédien,* não frequenta regularmente os cartazes, com suas "comédias sérias ou dramas burgueses" – *Le fils naturel, Le père de famille* e *Est-il bon? Est-il méchant?*, de importância histórica reconhecida. Ao invés de um desses originais, escritos diretamente para o palco, o Petit Odéon de Paris apresenta, sob o título *Madame de la Carlière,* a adaptação de um conto, realizada por Elizabeth de Fontenay, em coprodução da Comédie Française e do Théâtre National de l'Odéon.

A adaptadora tem consciência de que oferece ao público um divertimento doméstico, aliás, uma forma diderotiana. Ela já havia escrito *Diderot à corps perdu,* que Jean-Louis Barrault encenou, com a mesma Catherine Sellers, a intérprete feminina de *Madame de la Carlière,* ao lado de François Chaumette, societário da Comédie. Os dois atores começam a narrar as aventuras da protagonista e do Chevalier Desroches, depois encarnam em certas cenas os personagens e permanecem até o final nesse jogo, durante cerca de uma hora.

Não creio que teria sido possível dramatizar a história. Trata-se bem de um conto, que pede a narrativa. Fazer do entrecho uma peça ortodoxa exigiria não uma simples adaptação, mas uma recriação, esquecendo a maioria das características do original. Elisabeth de Fontenay acreditou na eficácia de uma transposição normal, sem golpes cênicos, numa época em que o teatro épico impôs sua cidadania, em termos equivalentes ao dramático.

Prevalece, assim, o estilo de Diderot, inteligente, espirituoso, irônico, desmontando o comportamento da sociedade do século XVIII. Ao amor do casal segue-se a traição masculina, acompanhada da pérfida vingança de Madame de la Carlière, que exibe de maneira irresponsível as cartas da amante do marido. Um tênue fio de história, que vale pelos comentários sagazes e pela elegância com que propõe a igualdade dos sexos.

Sente-se que nada disso ficará de pé, sem o conjunto do espetáculo. O palco mínimo, de três metros por três metros, parece bem maior, porque o cenário de Dominique Borg dispensa os móveis e se abre, ao fundo, para um jardim em perspectiva, na coxia. Se os atores utilizam uma vestimenta atemporal, de cada lado estão dispostas roupas de época. Discreta folhagem aquece o ambiente.

O encenador Pierre Tabard não quis apelar para marcações mirabolantes, num espaço que não as comportaria. Preferiu valorizar a palavra, o entendimento claro do texto, jogando o peso da responsabilidade no desempenho. Caberia aos atores dar vida a esse fogo de artifício.

E seria difícil reunir dupla mais harmoniosa. Catherine Sellers é um dos monstros sagrados do teatro francês, tendo criado Temple, de *Réquiem para uma freira, e Os demônios,* que Albert Camus adaptou respectivamente de Faulkner e Dostoiévski, e dirigiu com êxito. Seu currículo inclui a participação em montagens de Barrault, Vilar, Barsacq, Claude Régy e muitos outros nomes, além de três filmes de Marguerite Duras: *Détruire, dit-elle; Jaune, le soleil; e La femme du Gange.* Fina, distinta, bonita, ela não tem a menor dificuldade em transitar pelo século XVIII, ainda que, por vezes, seus gestos pareçam excessivos.

François Chaumette, na Comédie desde 1957, já viveu todo o repertório clássico, e tem a autoridade para fazer o Chevalier Desroches. O desempenho evita sabiamente a declamação, passando com sutileza da narrativa para a pele das personagens.

O que afigurava um divertimento, do qual não se deveria esperar muito, se converte em prazer requintado. Esquecem-se as fórmulas habituais do teatro, em função da arte da palavra e da maneira de dizê-la, envolvidas pela música de Berlioz, sugerindo, como pretendeu o encenador, o pré-romantismo de Diderot nesse texto. Afinal de contas, um exercício, que ajuda a alargar as fronteiras do palco.

Madame de Sade

Mishima
18 de abril de 1986

De vez em quando, fico atrapalhado na função de crítico. Pergunto-me se algumas reações são da sensibilidade brasileira, diferente da europeia, ou apenas deficiências pessoais. Como no caso de *Madame de Sade,* cartaz do Théâtre Gémier, no Palais de Chaillot, que os franceses exaltam e eu recebo com muitas reservas.

O crítico Guy Dumur, de *Le Nouvel Observateur,* considera *Madame de Sade,* do autor japonês Yukio Mishima (1925-1970), "uma das mais belas peças de teatro contemporâneo". E Marion Scali e Kina Lillet escrevem, em *Libération*: "seja o que for, o conjunto dos participantes dessa montagem oferece uma harmonia e um mistério raros, um destes espetáculos que remete à origem, à própria essência do teatro". De que forma explicar minha relativa frieza?

Em primeiro lugar, penso que Mishima fez um texto muito inteligente e sensível, mas não propriamente uma peça teatral. Hoje em dia, temos todos tendência de achar que um catálogo telefônico, dito por um grande ator, pode transformar-se em ótimo espetáculo. Esse ponto de vista relega o elemento literário a uma posição quase inferior no fenômeno cênico. Na verdade, ora o texto é tão admirável que dispensa a montagem perfeita, ora a encenação ou o desempenho são tão magníficos que não nos incomoda a escassez literária. Ninguém ousará desmentir que o equilíbrio das várias artes estabelece a real estatura do palco.

Madame de Sade se inscreve, sem dúvida, entre os elogiáveis exercícios de estilo – somente que de narrativa, não de drama. Não é porque Renée, marquesa de Sade (Grégoire Ostermann), Anne, irmã de Renée (Yann Collette), madame de Montreuil, mãe das duas e sogra de Sade (Didier Sandre) a condessa de Saint-Fond (Bertrand Bonvoisin), a baronesa de Simiane (Hubert Saint-Macary) e a criada Charlotte (François Berléand) se exprimam quase o tempo todo sobre o marquês ausente, encarcerado durante 18 anos. As personagens falam sempre sobre o sucedido, deixando de contar a possível ação presente. Esse prisma acentua o aspecto literário, em detrimento do teatro. Na leitura que fiz, ainda passa. No palco, a narrativa torna-se próxima do insuportável.

Em carta endereçada à encenadora Sophie Loucachevsky, Tadashi Suzuki esclarece que "*Madame de Sade* é uma peça muito particular na história do teatro japonês. Yukio Mishima escreveu essa peça para *Shinjeki,* novo gênero de teatro japonês saído do teatro ocidental [...] O *Shinjeki* supriu a carência clássica, deu direito de existência aos criadores modernos e inovou no teatro japonês um diferente sentido da dramaturgia". Para mim, o texto não chega a absorver o conceito ocidental de ação, definido a partir da *Poética* aristotélica, ficando a meio caminho entre o dramático e o puramente declamatório.

E é de se lamentar a irresolução da obra, porque sua matéria estava a sugerir teatro requintado. Mishima confessa ter sido tocado pelo "enigma de compreender como a marquesa de Sade, que havia mostrado tanta fidelidade ao seu marido durante os longos encarceramentos, tenha podido abandoná-lo, justo no momento em que ele reencontrou enfim a liberdade". Esse o tema da peça, cujas ambiguidades nos estimulam. Madame de Saint--Fond exclama, em determinada cena: "Donatien (o Marquês de Sade) sou eu" (fala retomada por Renée). No final, a marquesa retifica: "Justine (protagonista de um livro do marquês) sou eu". E completa: "O mundo em que estamos vivendo, minha mãe, é o mundo criado pelo Marquês de Sade".

A montagem de Sophie Loucachevsky, ao invés de disfarçar as falhas dramáticas do original, prefere assumi-las e acentuá-las, instituindo na representação orientalizante, de ritmo lento e deliberado estilo antirrealista. As entradas e saídas obedecem à maneira do nó tradicional, e não será sem propósito pensar em maneirismo. Os espectadores acham sofisticação – torço meu nariz incivilizado.

A entrega dos seis papéis femininos a atores participa da mesma estética discutível. Evidentemente, como de hábito, todos são ótimos intérpretes e se esmeram no gosto do virtuosismo. O excepcional artista Yannis Kokkos não conseguiu, dessa vez, resolver bem o problema do espaço pelo modelo japonês, mas seus figurinos têm beleza plástica impressionante.

Marceau em duas pantomimas

18 de junho de 1953

De criação para criação, o mímico Marcel Marceau assinala um maior triunfo na conquista do público. Com base nos seus últimos espetáculos, pode-se falar num ressurgimento da pantomima, que ganha de novo, após o período áureo do século passado, legítima expressão artística.

A companhia Marceau se acha agora na Comédie des Champs-Elysées com *Un soir aux funambules* e *Les trois perruques*. Antes do comentário, informarei ao leitor como se desenvolvem as duas histórias.

Uma noite nos funâmbulos reconstitui um espetáculo do famoso teatro de pantomima, inspirado em Deburau. Bip deseja empregar-se e apresenta ao diretor vários números. Finalmente, é contratado como homem-sanduíche. Enquanto, no interior do teatro, se desenrola o espetáculo, ele dorme num banco, e sonha que é Pierrot. O espectador contempla a sucessão de cenas de que participam Colombina, Arlequim, Polichinelo, Cassandra e outros personagens do gênero.

As três perucas, adaptação da comédia de Johann Nestroy, narra a história do homem infeliz por ter cabelos vermelhos. Ele consegue uma peruca preta, depois uma loura e finalmente uma grisalha, não tendo melhor destino com nenhuma das três. Volta aos cabelos vermelhos e resolve aceitar o amor de uma jovem de cabelos vermelhos que se mantivera fiel a ele desde o início.

Parecerá estranho que, no espetáculo, eu tenha preferido os números isolados em que Marceau faz uma criação de Bip, personagem que já conhecemos no Brasil. O domador, o professor de botânica, o intérprete de David e Golias, e o caçador de borboletas são trabalhos admiráveis. Todos de um extraordinário virtuosismo, e o caçador de borboletas de uma beleza poética que presumo seja o ponto alto de sua carreira.

Nesses números, Marceau mostrou uma depuração, uma capacidade de síntese, de sugerir o essencial, indispensável à mímica. E essas virtudes faltam ao restante de *Un soir aux funambules*, bem como a *Les trois perruques*. Na história do sonho do homem-sanduíche, embaralham-se um pouco os acontecimentos, a pantomima se perde em vários descaminhos. E *Les trois perruques*, apesar das ligeiras variações no que sucede à mudança das perucas, o conjunto parece repetido, tem-se a impressão de que se está vendo a mesma história três vezes. Inevitavelmente vem o cansaço, quando um corte na pantomima ou um tema de maior riqueza poderia interessar o espectador.

Os dois trabalhos estão ainda imaturos, não se depuraram o suficiente para o pleno agrado. Todo o espetáculo, aliás, padecia de uma certa improvisação, já que as mudanças de cenários não eram feitas com o desejado rigor.

Marceau vai firmando a sua equipe, onde se destacam Gilles Segal e Sabine Lods. Para atestar a seriedade do espetáculo, há também os cenários e roupas muitos bons de Jacques Noel e a bonita música de Joseph Kosma.

Marcel Marceau

23 de junho de 1970

Vinte anos depois da primeira visita de Marcel Marceau ao Brasil (esta é a quinta), eu me pergunto o segredo de sua permanência e de seu renovado interesse. Em tempo semelhante, muito talento de teatro ficou preso a um estilo irremediavelmente envelhecido. Marceau, que se despede hoje do Municipal, parece a mesma criatura de duas décadas atrás, como se estivesse revelando a um público virgem a arte da mímica.

Será que a ausência de seis anos (ele veio pela última vez a São Paulo em 1965) retoma um diálogo que não funcionaria, se fosse mais assíduo? É a solidão criadora de Marceau (não conhecemos no Brasil a mímica dos checos e dos poloneses) que o torna tão necessário? Será o seu domínio corporal absoluto, que faz dele um clássico nessa arte? Será a linguagem universal da mímica, rompendo quaisquer fronteiras? Todas essas devem ser razões para que se assista ao espetáculo de Marceau com o prazer da descoberta. E ele não para a pesquisa e o aprofundamento da mímica.

Uma admirável intuição poética o faz sintetizar em poucos minutos a criação do mundo. Talvez Marceau, que já sugeria perfeitamente o voo da borboleta, com os dedos e o movimento da cabeça e do olhar, explore mais, agora, as possibilidades das mãos, particularizando efeitos antes desconhecidos. E logo depois da alegria do nascimento ele passa às reminiscências, indo em dois números de um polo a outro da trajetória humana. São de um grande observador os quadros que definem uma realidade ou um ambiente, como "O circo" e "O barzinho". Com precisão espantosa, ele vai recriando as atrações circenses, e o cotidiano de um bar se desenha com extrema nitidez.

"A revolta do autômato" surpreende com a mestria com a qual Marceau faz do seu próprio corpo um objeto, que teria realidade independente dele. Quando, atrás de um praticável vertical, surge um braço rebelde, tem-se a impressão de que pertence a outra pessoa, tal o rigor da mecanização que obtém. "O fabricante de máscara", que idealizou juntamente com Alejandro Jodorowski, fica patético, pelo horror de não conseguir despregar a máscara finalmente grudada à face.

E há novas aventuras de Bip, no primeiro programa, oferecido anteontem e ontem. Das atrapalhações do professor de botânica, na contagem dos alunos e das pétalas de uma flor, ele passa ao alfaiate apaixonado, que não quer receber pagamento pela indumentária da amada, mas recebe a surpresa da presença do seu robusto acompanhante ao bombeiro às voltas com o seu atraso e o seu medo, ao desprotegido que arranja um trabalho humilde, e finalmente ao homem que se projeta na insondável vida futura. Marceau se delicia em surpreender *flashes* dos imprevistos cotidianos, mudando uma situação no seu oposto, porque somos o sabido amálgama de contradições. Ele ridiculariza com ternura, exalta com desconfiança, junta o humor e a poesia como se fossem uma só substância.

Os achados da mímica levam Marceau a repetir certos lugares-comuns (já se poderá chamá-los assim?) de sua gramática: o modo de subir uma escada ou a caminhada para a distância, por exemplo. A abolição da palavra, porém, não significou para ele a queda no irracionalismo da expressão corporal, que se abateu sobre grande parte do teatro atual. Por outro lado, ele não está querendo, pelo gesto e pela atitude, substituir a palavra, porque ela se encontraria gasta. Marceau conseguiu para sua arte uma linguagem própria, que encanta pelo maravilhoso que ele comunica.

Marius

Marcel Pagnol
14 de abril de 1953

Uma reapresentação, num país que vive em grande parte de valores tradicionais, não passa de um fenômeno normal na vida do teatro. Não se pode considerar, porém, na volta de *Marius*, comédia de Marcel Pagnol, cartaz de sucesso de Sarah Bernhardt, criada em 1929 por Raimu e Pierre Fresnay, entre outros, apenas o aspecto de que, depois de tantos anos, o público a acolheria com um interesse de quase descoberta. A reapresentação, sem dúvida, é sintomática. *Marius* punha em foco personagens definidos, caracteres sólidos, a honradez e os sentimentos elementares cultivados na província sem deixar de estar presente um sopro poético e humano. Tudo favorecido pelo porto de Marselha, o contraste da existência pacata dos moradores com a passagem aventureira dos que chegam e partem logo, criando o sonho de fuga e distância. Pois bem, hoje, essa espécie de literatura parece recuada no tempo. A análise psicológica em que somente dois sentimentos contraditórios acabrunham o herói tornou-se superficial diante do múltiplo homem contemporâneo. Mas, depois da descaracterização (certamente por riqueza, não por deficiência) dos personagens atuais, tanto o público como os autores talvez sintam a nostalgia das construções seguras, cansados ambos da decomposição que não mostrou mais que o desespero e o vazio. *Marius*, na sua simplicidade honesta, dá um banho de otimismo, de sofrimento viril, de cultivo de um amor forte, cheio de têmpera. Não importa que o jovem Marius tenha abandonado a noiva grávida ao apelo do mar. Sente-se que o velho Panisse vai ampará-la, e realizada a descoberta das terras distantes Marius retornará à casa. Grava-se na peça, acima dos outros caracteres, o de César, pai de Marius e dono do Bar de La Marine, onde estão bem sedimentados os sentimentos da paternidade jovial.

Na forma, a peça tem várias imperfeições: duração excessiva, com insistência de cenas dispensáveis; acúmulo de personagens acessórios para sugerir o cotidiano do bar, quando, na verdade, só participam da ação os elementos que têm algo a ver com o problema de Marius.

Sabe-se que Raimu e Fresnay fizeram respectivamente nos papéis de César e Marius grandes criações. Mas, para quem não viu o primeiro espetáculo, o atual convence de todo. Henri Vilbert, que em 29 defendia uma "ponta", vive agora com pleno domínio César, seguro, enérgico, cômico e humano. Rellys sugere bem o *cocu* compreensivo e protetor. Os jovens Roger Crouzet e Pierrette Bruno estreiam como esperança do novo teatro francês. Direção eficiente do autor, e o cenário e a pronúncia marselhesa dos atores conseguiram imprimir ao espetáculo delicioso sabor local.

Mauriac no palco

Comédie Française
4 de junho de 1953

A vasta obra romanesca, o jornalismo militante, o prêmio Nobel, trouxeram a glória, em vida, a François Mauriac. Em homenagem à sua consagração internacional, a Comédie Française (Salle Luxembourg) reapresenta *Asmodée*, que o público brasileiro já teve ensejo de conhecer também no desempenho de Fernand Ledoux. A afluência de espectadores parece solidificar ainda mais essa glória. Glória ou sucesso? Temo, por mim, que não passe de sucesso, o sucesso que deve coroar a obra de alguém que trabalhou honestamente toda a vida. Para a glória legítima, penso que falta muita coisa a François Mauriac.

Para *Asmodée*, falta quase tudo. Estreada em 1937, dada de novo em 1944, em 1953 com dificuldade acompanhei a evolução dos cinco atos. Durante todo o espetáculo, pensei que tinha diante de mim uma peça de Édouard Bourdet. Vejam que a lembrança não é um cumprimento a Mauriac. E uma peça de Bourdet tem a virtude de uma construção dramática muito melhor.

Admito que me falte uma dimensão, pois não vejo nenhuma profundidade na trama mauriaciana. Personagens simples, primários, uma psicologia bruta, sem sutileza. Mauriac explica a peça como o drama da vocação frustrada. M. Coûture, que poderia ser um bom diretor de consciências, o orgulho o levou a deixar o seminário e, como um demônio, por sua própria conta e para o seu próprio fim, a desviá-las do caminho. Mme. Barthas, frustrada pela morte do marido. A filha Emmanuele, frustrada na vocação de santa pelo despertar do amor adolescente. Matéria para um trabalho interessante, mas que o tratamento sem grandeza mergulhou em banalidade. *Asmodée* não chega a adquirir estrutura verdadeiramente dramática, e se descobre mesmo um acento falso na maneira como é conduzido o personagem M. Coûture, e uma trama ingênua no seu poder sobre os outros.

O primeiro ato lança bem os problemas que se iriam desenrolar, mas no desenvolvimento a técnica do romancista não se resolve em termos teatrais, prejudicando-se pela lentidão e pelo excesso verbal, quando a forma direta ganharia em contundência. O espetáculo resulta pesado e enfadonho.

A encenação tem a assinatura de Jacques Copeau. Acredito que tenham sido respeitadas as suas linhas primitivas, porque a montagem tem o despojamento conveniente.

No desempenho, ressalta Ledoux, vivendo o papel de M. Coûture. Personagem onde melhor se aplica sua presença forte e capaz de se impor em situações dúbias, como no Tartufo e no pai dos *Seis personagens*. Trabalho de grande inteligência e precisão. Colaboram com ele Georges Vitray, o pároco; Henriette Barrau, a preceptora; e Magali Vendeuil, a jovem Emmanuelle. Germaine Rouer não deu autenticidade a madame Barthas, e Gilbert Guiraud, no jovem inglês, não me pareceu um ator. Com esse novo contato com Mauriac, nunca terei coragem de reler sua obra.

Maurice Chevalier

30 de julho de 1968

Quem viu Maurice Chevalier ontem, no Teatro Record Centro, provavelmente teve a ilusão momentânea de que o tempo parou, desde que ele aqui esteve, há cinco anos. É que o grande *chansonnier* não muda – reencontrá-lo agora equivale a conhecê-lo desde que, há cinquenta anos, ele enriqueceu o *music hall* com uma nova personalidade, ao mesmo tempo francesa e comum a todos os povos. Distante das modas que não resistem a mais de uma temporada, Chevalier guarda a jovialidade de uma presença permanente.

Há um gênero Maurice Chevalier caracterizado por uma voz agradável, que não perdeu o charme (apesar dos 80 anos), pelo jeito de estabelecer intimidade com o público, com o passo boêmio e pelo chapéu-coco, trazendo uma confidência da noite parisiense. Ele próprio explica a acolhida pelo "misterioso contato do coração" que estabelece entre o palco e a plateia.

Em quase duas horas de espetáculo, a versatibilidade de seus recursos é uma razão decisiva para que se mantenha o interesse. Chevalier conta uma anedota, depois canta "On est jeune, on est toujours jeune", e descreve a passagem dos antigos "Amants de coeur" para os playboys de hoje. E arranca aplausos ao repetir o número tão conhecido da imitação de tipos de várias nacionalidades. Dizendo que os artistas do *music hall* gostam de imitar os colegas, imitou Sammy Davis Junior imitando Chevalier, e trouxe para o público uma perfeita imagem do cantor norte-americano. Foi simpático ouvir de novo as canções de Cole Porter, Valentine e outros sucessos. Maurice agradeceu em mímica e cantou num happening as delícias do uísque.

O número sobre as idades do homem recria os sentimentos essenciais dos quarenta aos oitenta. E depois de "Quand j'urai cent ans" é impossível não pensar que, daqui a muito tempo, entre numerosas outras coisas, o século XX será também lembrado como o século de Maurice Chevalier.

Medeia e Zamore

André Barsacq
1º de maio 1953

Não sei se foi proposital ou se nasceu de uma coincidência a reunião de *Medeia* e *Zamore* num só espetáculo. Em *Medeia*, Anouilh tenta oferecer uma perspectiva diferente ao tema clássico, respeitando a forma tradicional (a abolição da veste antiga não constitui desrespeito à forma). Em *Zamore*, Georges Neveux tenta salvar uma relação gasta por uma forma nova, um artifício formal. Anouilh subtrai da tragédia o elemento vigoroso e não consegue substituí-lo se não por um caso banal de abandono inconvincente e gritado. Georges Neveux utiliza os dados convencionais da comédia francesa, e os renova pela perspectiva de tragédia que lhes procurou conferir. Os caminhos são opostos, mas muito próximos. Anouilh sofreu um revés. Georges Neveux realizou um pequeno achado, bastante feliz. Essa confrontação não concluirá que Anouilh tem menos importância que Neveux...

Com o tema do marido complacente e zeloso do amor por outrem, do cônjuge, muitas comédias foram feitas. Se o marido se faz muito presente e o amante nervoso o assassina, o resultado é um melodrama. Outras soluções igualmente melodramáticas poderiam ser propostas, mas *Zamore* fica na primeira, e a peça não é um melodrama. Seria uma tragédia? Acredito que sim. Através de um veículo cômico, Georges Neveux conseguiu realizar a tragédia do triângulo amoroso, onde a condição monogâmica necessariamente aniquila o terceiro. *Zamore*, porém, não se define como tragédia porque o autor, renunciando a qualquer compromisso, fez uma nova brincadeira final para mostrar a fatalidade de um ciclo que não se interrompe. Não seria mais um argumento a favor da tragédia?

Pois bem, a mulher e o amante pensam ter escapado ao desagradável marido, quando ele mais uma vez aparece. Só exige que o amante a trate bem. Oferece-lhe até dinheiro para maior conforto material. No lugarejo, onde os habitantes, em certos dias, têm o dom de adivinhar o futuro, anuncia-se que o amante matará o marido. Com um revólver. A notícia é comunicada aos heróis, e eles lutam para desmenti-la. Em primeiro lugar, não têm revólver. Depois, fazem-se até amigos. Querendo tapear o destino, procuram transferir o seu fardo a outros três hóspedes do hotel, que viviam em briga. Eles, após acalorada discussão, fazem as pazes, lançam fora o revólver, a tragédia volta a pesar sobre a cabeça de Zamore, do amante Charles-Auguste, e de Clarisse. Em nova tentativa de evitar o destino, a hoteleira avisa que Clarisse havia fugido com um hóspede pintor: não havia mais razão de briga entre os dois. Em discussão, Zamore grita que o *cocu* agora era Charles-Auguste, e este o mata. Cumpriu-se o oráculo, e de maneira convincente.

  O artifício original não foi o objetivo de Georges Neveux. Trazendo à consciência dos personagens o fim que teria a história, o autor achou um processo de torná-lo mais ponderável e fazê-lo mais discutido pela própria consciência. De início, afasta-se pelo absurdo a ideia do crime. Depois, pela lucidez, pela razão. Finalmente, pelas consequências desagradáveis. Mas quando há um marido cabeçudo que não se afasta, o jeito ainda é mesmo o assassinato. Ainda mais que, exasperado com a própria substituição, o amante que não teve paz precisa libertar-se do rancor.

  É verdade que a peça poderia ser explicada por outra premissa: o da fatalidade do acontecimento, como no conto famoso. Tanto que o milionário que se veste de pobre para enganar a previsão se descobre na peça de fato pobre, e aquele que fugira ao acidente morre de fato sob as rodas de um veículo. A escolha do triângulo para o centro da peça foi um pretexto para melhor utilização do efeito cômico. Mas as duas hipóteses não se chocaram, antes se completam. E sai ganhando a riqueza inventiva de *Zamore*.

  O diálogo é vivo e inteligente, a comicidade espontânea e rica, a medida justa e precisa. Trata-se quase de uma decomposição pirandelliana do mundo, no sentido de que os homens estão conscientes de suas facetas. E uma é definitiva, irremediável.

  É segura e ágil a encenação de Barsacq, e sobretudo o desempenho de Yves Robert no papel do marido impressiona pelo patético e pelo acerto cômico. Camille Guérin, que já atuou no Copacabana, faz uma bela composição satírica do advogado de defesa. Uma peça em um ato que, se traduzida, certamente teria êxito no Brasil.

Mummenschanz

5 de setembro de 1979

Agradou-me inicialmente, nos Mummenschanz (Swiss Mime-Masque Theatre), que se encontram no Cultura Artística, não lembrarem os procedimentos de Marcel Marceau. Andres Bossard, Floriana Frassetto e Bernie Schürch são os primeiros mímicos a visitar-nos que têm linguagem e estilo próprios, comprovando que sua arte pode explorar novos campos e sugerir uma riqueza inédita.

São muitas as suas virtudes. Sente-se que eles dominam extraordinariamente a gramática da mímica, aliás, aprendida com o mestre Jacques Lecoq. Mas essa gramática não passa ao primeiro plano, valendo por si e pelo seu charme inegável. Ela se torna instrumento de algo a ser comunicado. Ainda desse ponto de vista, cumpre ressaltar a técnica e o virtuosismo do grupo, de uma elaboração tanto maior que não se faz notar como valor isolado.

Os três artistas, abstraindo o jogo fisionômico e utilizando máscaras (às vezes, uma caixa enterrada na cabeça), recorrem a algumas das avançadas concepções nas artes plásticas. O cubismo é a mais recuada referência moderna ao seu trabalho, como já se mencionou. Pelos efeitos, a arte de Mummenschanz se mostra sempre muito requintada, embora às vezes não se pejando de funcionar num clima de ludismo infantil.

Desde a bola que tenta subir numa plataforma (único acessório existente todo o tempo no palco) ao grande tubo que se desloca e se multiplica em numerosos desenhos, passando por variados animais, o pequeno elenco revela uma extraordinária expressão corporal e um elevado sentido de observação da realidade. São muito sugestivos, por exemplo, os movimentos das duas semiesferas, com a língua ao meio, ou a perfeita reprodução da postura ou dos gestos de um macaco. A função mimética está preenchida na plenitude. O que não satisfaz no espetáculo, talvez, é perder-se ele, em diversos quadros, num jogo cerebral. Prevalece a sensação de frieza, de certo exercício, indiscutivelmente perfeito, mas que se esgota na mera busca das formas. Admira-se o talento dos mímicos sem que se conclua que eles dizem muita coisa.

Algumas criações da segunda parte, por isso, embora nascidas de um impulso na aparência mais abstrata, acabam por transmitir uma ideia de profundidade. Estão nesse caso as combinações formadas por tiras de três rolos de papel higiênico afivelados na cabeça dos mímicos. Outro quadro que impressiona é o dos cortes nas máscaras, até que Floriana, de costas, ergue a sua e a come aos poucos.

A previsão artística dos mímicos chega ao ponto máximo no quadro em que moldam, no rosto, em substância pastosa, as mais desencontradas máscaras, de um boi e um sol a uma figura da Commedia dell'Arte. O riso cede lugar à admiração e finalmente ao espanto: como, em segundos, e sem o simples concurso de um espelho, esculpir máscaras tão exatas? Um estranho diálogo de expressões surge em outro quadro, em que os mímicos desfolham três blocos de papel, desenhado, presos na altura dos olhos e da boca.

Os Mummenschanz começaram a desfrutar um prestígio internacional nos últimos anos e seu rigor leva a crer que percorrerão ainda uma trajetória séria e estimulante.

Na montanha ouviu-se um grito

Pina Bausch
8 de maio de 1987

Clima de pesadelo, de violência, de terror. O oposto das linhas harmoniosas e belas da dança acadêmica. A ausência de qualquer concessão ao confortável. Essa e outras imagens do gênero vêm à mente do espectador durante a montagem de *Na montanha ouviu-se um grito,* apresentada por Pina Bausch e seu Tanztheater de Wuppertal, da Alemanha, no Théâtre de la Ville de Paris, em alternância com *Kontakthof.*

Aos poucos, a gente se deixa tomar pela força do conjunto. Pina Bausch declarou a Raphaël de Gubernatis: "O medo sempre existiu nos meus espetáculos. Mas antes ele era outro, mais pessoal, relacionado aos problemas do indivíduo na sociedade. Hoje, esse medo tornou-se coletivo, fundamental. É o medo da humanidade inteira condicionada pelo risco permanente de uma guerra nuclear, por um futuro social que se projeta sob um dia sombrio. Cada país está envolvido. O que conta é que a esperança permanece, que os povos saibam não se anular e preservar o universo".

Sem uma história nítida, superpondo quadros aparentemente soltos, *Gebirge* (ou *Montanha,* como se simplificou o título) vai juntando uma série infindável de composições poderosas. Vincular esse mundo às criações do surrealismo ou à desintegração expressionista é o óbvio ululante. Um mal-estar que supera o incômodo comum se tece no correr do espetáculo, filtrado por sutil trabalho estético.

Tentarei resumir algumas passagens, para satisfazer a curiosidade do leitor. O chão inteiro do palco está coberto por serragem espessa, o contrário da superfície espelhada de um lago de cisnes. Como dançar sob uma terra que engole os passos, com os pés de saltos altos ou descalços? – esse é o primeiro desafio. Os dançarinos atores, depois de se deslocar pelas paredes do palco, circulam, em desespero, pelas escadas laterais da plateia.

Um banhista barrigudo, com um cordão preso que achata seu nariz, sopra uma porção de balões, que estouram. Outros balões rebentam quando sentam sobre eles. Seria uma violação o que se sugere depois? As costas de uma dançarina são marcadas, como se faz com um animal. Durante todo o intervalo, uma dançarina, parecida demais com a coreógrafa, permanece parada, de pé, no proscênio, e recebe depois as palmas de um espectador.

Um dançarino careca senta no alto de uma cadeira, em frente ao plano, e, enquanto dedilha trechos de música, tira primeiro a camisa, depois os sapatos, as meias, as calças e a camiseta, ficando só de cuecas. Acaba deitando no canto direito do palco, encostado à parede. Dois dançarinos, dos quais um interpreta um cego, fazem um lindo *intermezzo* lírico. Enterra-se uma cadeira, no fundo da cena. Dançarinos nadam, como se estivessem a afogar-se, gestos desagregam-se, perdidos em meio a outros. Até uma orquestra de catorze músicos é mobilizada, quase ao fim do espetáculo, para interpretar apenas um número, no centro do palco. Desperdício de teatro regiamente subsidiado?

A trilha musical junta compositores e intérpretes os mais desencontrados, autores dos sons que povoam o nosso cotidiano: Billie Holiday, Henry Purcell, Tommy Dorsey, Felix Mendelssohn-Bartholdy, Heinrich Schütz, Erroll Garner, Fred Astaire, Boris Vian, Gerry Mulligan, Johnny Hodges, Enrico Caruso, Lucienne Boyer ("Parlez-moi d'Amour") etc. Como em todo espetáculo europeu que se preza, a certa altura, inundam de fumaça o teatro, só que desta vez alguém carrega a máquina na mão, à vista do público. E a superposição de imagens múltiplas adquire beleza admirável.

Com *Na montanha ouviu-se um grito* (título de uma velha canção alemã, interpretada no espetáculo por uma dançarina de voz propositadamente débil, ou versículo da Escritura), Pina Bausch assumiu, ainda uma vez, sua dilacerada contemporaneidade. E Paris se concede o luxo de colocar no Théâtre du Châtelet, bem em frente ao Théâtre de la Ville, Maurice Béjart e seu Ballet du XXe Siècle.

Noite de reis

Jean Deninx
6 de fevereiro de 1953

Era o último dia de apresentação, e um grupo de brasileiros, de que faziam parte Santa Rosa, o cineasta Paulo Emílio Salles Gomes e a atriz Beatriz de Toledo, não quis perder a *Noite de reis*, de Shakespeare, apresentada no Teatro de l'Oeuvre por uma jovem companhia.

Antes de entrar propriamente na apreciação do espetáculo, quero dizer um pouco o que é esta sala de Montmartre, fundada em 1893, por Lugné-Poe. Pequena, não tendo ao todo mais que uns duzentos lugares, com um palco sem recursos, revelaram-se ali, para a França, Ibsen, Maeterlinck, Wilde, D'Annunzio, Strindberg, Gorki, Hauptmann, Claudel, Gide, Crommelynck, Achard, Ghelderode, Shaw, Salacrou, Anouilh e muitos outros. Entre os atores, citam-se Eleonora Duse, Isadora Duncan, Harry Baur, Gémier, Albert Lambert, Pitoëff, Edwige Feuillère, Barrault, Pierre Brasseur, Pierre Fresnay, Raymond Rouleau e tantos outros. É com profundo respeito que se entra no Teatro.

Creio que desta jovem Companhia Jean Deninx, que encena *Noite de reis,* algum nome mais tarde figure também naquela lista. E que, na equipe que tem apenas o concurso de moços, pode-se sentir o espírito de seus predecessores, a mesma vontade de fazer bom teatro. Não se procura o efeito exterior. Apresentação demasiado simples, onde o cenário são quatro cortinas ao fundo e uma pequena escada à direita. Aí se contem toda a multiplicidade da comédia shakespeariana.

O que mais me agradou, no espetáculo, foi a exata transmissão da farsa, onde há também o clima de poesia. As cenas amorosas são menos felizes, mas aquelas de puro jogo cômico se valorizam por uma marcação excelente, em que os atores, com o físico exigido pelo papel, fazem uma verdadeira festa nos moldes das que inspiram a peça. Cantam, declamam, gracejam, com grande jovialidade e transbordamento sadio.

    É difícil, num só espetáculo, destacar os atores que mais se afirmam, ainda mais quando está tão presente a homogeneidade. Mas eu gostaria de ver mais uma vez Jean-Jacques Bourgeois, que vive um Malvolio em toda a ridícula pretensão de casar com a bela Olivia, sua patroa. A modificação progressiva de seus gestos, de seu andar, à medida que se convence de que era o destinatário da carta forjada para enganá-la, é uma cena de forte comicidade e patetismo. Gostaria de ver Dominique Chautemps, uma Viola simpática e decidida, no seu "travesti" para disfarce, Claude Marcan, um "bobo" que já começo a achar envelhecido. Gostarei, sobretudo, de acompanhar o trabalho de todo o elenco, que ensaia para lançar breve uma peça de Supervielle.

Non si sa come

Teatro Mobile Giulio Bosetti, Itália
10 de maio de 1978

Em numerosas temporadas, o teatro italiano procurou inscrever Pirandello no contexto histórico em que ele viveu, para melhor exprimir seus valores. Foi essa a tônica das principais montagens pirandellianas, a que tivemos o prazer de assistir no segundo pós-guerra. Atravessa, agora, o Atlântico, a Cia. Italiana de Comédia Teatro Mobile Giulio Bosetti, encenando anteontem e ontem, no Municipal, *Non si sa come* e a característica do espetáculo se encontra na direção oposta: desaparecem as fronteiras de espaço e de tempo, em busca de um Pirandello abstrato e eterno. E o resultado não convence.

Não se sabe como, pertencente à última fase do autor, quase se dissolve em sutileza. Não fosse o excepcional domínio dramático de Pirandello, o conflito nem ficaria de pé, não por falta de interesse, mas pela dificuldade de materializar-se em cena. A peça percorre o delicado caminho moral dos defeitos não puníveis pela lei e, entretanto, inaceitáveis para uma consciência sensível.

Pirandello, sem utilizar a terminologia psicanalítica, traz à tona uma questão própria do subconsciente, quando um homem e uma mulher casados, amando os respectivos cônjuges, sendo todos, por sua vez, amigos, têm um momento de mútuo abandono, "não se sabe como". Para o conde Romeo Daddi, essa descaída, vedada pelo consciente, evoca um crime cometido na infância, também sem nenhum dolo, prescrito pelo tempo. Já a elevada natureza ética do protagonista exige expiação, talvez pelo fundo sentimento de culpa – uma culpa mística, metafísica, além das fronteiras racionais.

Qual a forma de punir-se? Daddi experimenta todas as hipóteses e, se o crime comum leva à prisão, para ele o castigo seria a liberdade, "fora, fora, onde não há nada de estabelecido, de sólido, casas, relações, contatos, casamento, leis, hábitos; mais nada: a liberdade, sim, a liberdade como condenação, o exílio no sonho, como o santo no deserto, ou o inferno do vagabundo que rouba; que mata – a rapina do sol, de tudo aquilo que é misterioso e fora de nós, que não é mais humano, onde a vida se queima em um ano ou em um mês ou em um dia, não se sabe como".

Em poucas peças Pirandello utiliza com tanta intensidade o jogo cerebral do diálogo e a paixão desencadeada. Reúnem-se apenas cinco personagens, sendo a do marquês Nicola Respi episódica, destinada a catalisar os conflitos. Na verdade, são dois casais amigos que resumem todo o peso da ação e Pirandello ora se concentra no problema de uma personagem, ora de outra, levando às últimas consequências a análise das motivações e dos sentimentos. Com intuição aguda, antes que o problema feminista viesse à tona, ele examina muito bem a psicologia da mulher.

O pessimismo pirandelliano encontra em *Non si sa come* uma das suas expressões mais amargas. Daddi refere-se à necessidade de mentir "e torna-se tão facilmente hábito não ver mais a própria mentira". Para ele "conhecer-se é morrer", se Daddi procurava uma liberdade punitiva para o seu delito – delito imaginário que a sociedade permissiva de hoje chegaria a julgar ridículo –, o desejo de expiação acaba por ser satisfeito pelo amigo supostamente traído, que o assassina. E Pirandello não deixaria de observar, concluindo a peça, que "também isto é humano".

A colocação de Pirandello sugere no bojo a crítica ao seu pessimismo. Não se fechasse ele nessa ética suicida, veria na "inocência" do delito de Daddi e Ginevra uma simples explosão de vida, aquela força do subconsciente que precisa expandir-se e não deve ser sufocada, sob pena de importar na morte. A negação do instinto retratada de maneira tão dolorosa na obra não é também humana, como assevera Pirandello, mas a própria recusa do homem.

Giulio Bosetti quis extrair do drama a essência moral, que abole todos os seus elementos circunstanciais. Assim, a ação não se passa em locais diferentes, marcados pela cenografia. Repele todas as indicações de realismo, para situar-se num espaço irreal (o da mente, o do íntimo, se se quiser); onde só se veem cinco cadeiras de espaldar alto, correspondendo a cada um dos intérpretes, e os focos de luz trazem esse ou aquele ator para um primeiro plano eventual.

Como todos estão entrelaçados, no conflito, ninguém sai de cena, em nenhum momento. O ator não convocado para o diálogo mergulha numa discreta penumbra, na roda de cadeiras armada à volta do proscênio, e lá aguarda o seu momento de reaparecer sob o foco: esse recurso, originário da Idade Média, é um dos possíveis instrumentos da forma épica, estranhadora, além de ter sido usado à exaustão nas últimas décadas, apresenta o inconveniente de confundir o espectador que não conheça previamente o texto, deixando-o atrapalhado quanto à história que está a se testemunhar.

O desempenho torna-se estático, hierático, alimentado pelos valores de uma plasticidade fria, que dessora o drama e leva a plateia ao cansaço. Parece que todos se deleitam na declamação, apoiada num belo preparo vocal, recusando as demais forças expressivas do corpo. Essa linha estilizada, surgida como reação aos excessos do tempo puramente físico, cai no erro oposto da falta de teatralidade. E faz do palco um mero exercício intelectual, desvitalizado, signo de indisfarçável decadência.

Não se trata de discutir o mérito dos atores, cuja técnica da emissão da voz logo transparece. Em pouco tempo se impõe o domínio de Giulio Bosetti (Romeo Daddi), cuja empostação, entretanto, trai uma certa falsidade. Giorgio Gusso (Vanzi, o oficial da Marinha) quase se apaga em fixidez. Marina Bonfigli (Ginevra) mostra uma sólida personalidade, na linha das grandes divas italianas. Ginella Bertacchi (Bice) revela-se mais afeita à agilidade de hoje, perdendo-se aí em declamação. E Claudio Trionfi (Respi), mais humano, talvez por ser intruso naquele ambiente de alta especulação, mostra-se menos sólido como ator e mais próximo da caricatura. Esse gênero de espetáculo, porém, não permite um juízo conclusivo sobre a qualidade do elenco.

Se tivéssemos, como na Itália, montagens constantes de Pirandello, essa talvez interessasse pela curiosidade, por se voltar contra a corrente. Sem as referências específicas do palco italiano, *Non si sa come,* de Giulio Bosetti, se perde em irrecuperável gratuidade.

O crime na ilha das cabras

Ugo Betti
23 de maio de 1953

Corrupção no Palácio de Justiça teve uma carreira acidentada, passando do teatro Lancry ao Studio des Champs-Elysées para finalmente sair do cartaz no Potinière, com mais de cem representações. De novo o dramaturgo italiano Ugo Betti se apresenta ao público parisiense – agora com *Delitto all'isola delle capre* (*L'île des chèvres*), no teatro Noctambules. Imprensa e espectadores se interessam pelo acontecimento, de fato um dos mais significativos da temporada de primavera.

O crime na ilha das cabras sugere uma série de considerações. Datada de 1950, portanto um dos trabalhos mais recentes de um autor que é considerado um dos melhores entre os vivos na Itália, coloca de imediato o problema: até que ponto contém valores revolucionários? Sob essa perspectiva, não creio que se possa atribuir-lhe muitos méritos. *A ilha das cabras* é uma peça de certa profundidade, lançada com nítida maestria técnica, mas se encerra num mundo pouco atuante agora. Se fosse uma estreia de vinte anos atrás, penso que suscitaria debates mais substanciais. Hoje, quando a análise psicológica atingiu requintes sutis, e as obras literárias têm outra penetração metafísica, as preocupações e o estilo da peça de Betti não evitam a aparência de um certo sabor passado.

Sintetizarei a ação: Angelo chega à casa isolada onde moram três mulheres – mãe, filha e cunhada. Traz a mensagem do marido, pai e irmão, ausente há cinco anos e agora morto. Quando seria amante da filha, depois de haver seduzido a mãe e a cunhada, elas deixam que ele morra no poço, sem tentativa de salvá-lo. O impulso sexual e a impostura movem a trama, e o final mergulha a todos na solidão e no vazio.

A ilha das cabras nada acrescenta ao mundo pirandelliano. No afastamento do marido, cuja mensagem é de amor e cuja ausência, a mulher explica como fuga e traição; na vinda de Angelo, que seria um "mensageiro do bem" e na verdade instaura o mal; na luta da mulher entre a aceitação do estranho e o crime por despeito e defesa, dividindo-se entre as faces inconciliáveis – reconhecemos a marca de Pirandello, essa marca que nega a unidade humana, já que se pensa ser uma coisa, se é outra, e se parece ainda outra. No momento da confrontação, as faces múltiplas não se ajustam, e os personagens terminam sob o signo do desespero.

A favor da peça, conta o sólido desenvolvimento das situações, e o autor realizou um vigoroso efeito de suspensão no terceiro ato, em que Angelo está no poço e poderia ser salvo ou morreria.

O espetáculo do Noctambules se destaca pelo excelente desempenho. O diretor Pierre Valde, que não se saiu bem em *A rosa tatuada*, de Tennessee Williams, soube aqui fazer pairar o mistério e carregar de densidade os movimentos. Silvia Monfort (a mãe), Rosy Varte (a cunhada), Alain Cuny (Angelo) e Laurence Bataille (a filha) exploram as diversas possibilidades dos personagens. Um cenário austero de Balthus completa com valor o quadro da apresentação.

O dia seguinte

Luiz Francisco Rebello

O espelho de três faces

Jean Grecault
21 de fevereiro de 1953

Um grupo de jovens – a Companhia André Jouniaux – estreou em Paris nova peça portuguesa: *O dia seguinte* (penso ser esse o título em nossa língua), do dramaturgo Luiz Francisco Rebello. O espetáculo se compõe também de outra peça em um ato – *O espelho de três faces*, farsa trágica de um estreante francês, Jean Grecault – e é apresentado às segundas-feiras, no Teatro Huchette.

Não comentarei *Le miroir à trois faces*, um pouco em virtude do espaço e sobretudo porque, a meu ver, a peça não oferece um apoio mínimo, está fora de qualquer consideração propriamente crítica: é inqualificável, é a pior que já me foi dado ler ou assistir. Nunca vi tamanha confusão, tamanha falta de discernimento e arremedo de outros textos modernos, numa caricatura falsa de personagens e paixões, amontoado inorgânico de cenas sem nexo.

Quanto à peça portuguesa, numa informação suscinta, cabe-me dizer que foi interditada em Lisboa pela censura, apareceu em tradução francesa num número da Revue Théâtrale, e D. Esther Leão cogitaria encená-la no Brasil.

Não se pode, evidentemente, com um só texto, ajuizar as possibilidades do autor. Por isso me eximo de uma opinião sobre ele, para me circunscrever apenas ao comentário de *Le lendemain*. Em linhas gerais a peça me parece bastante fraca, quer pela "mensagem", quer pelo tratamento teatral. Luiz Francisco Rebello não conseguiu emprestar profundidade à tese nítida do "mundo melhor de amanhã, quando os operários trabalharão felizes e os homens viverão de mãos dadas". Ele condena a sociedade atual, mas faz uma verdadeira pregação de esperança, pela promessa de dia seguinte. Não desespereis do dia de hoje, porque o amanhã poderá ser diferente – preceito tanto se pode enquadrar no catecismo marxista como na moral do conformismo ou simples frase de uma lavadeira cansada.

Não se vai condenar o texto pela ideia, não obstante a formulação da verdade a ser transmitida. O condenável é o primarismo da trama, a ingenuidade com que, num tom de descoberta, a tese é sustentada e sai vitoriosa do confronto. Só lhe explico a demagogia elementar pela destinação inicial – a montagem em Lisboa. Em Paris, ou mesmo no Brasil, a peça não vai além do manifesto político extemporâneo.

A forma não favorece a ideia. O conflito é tramado assim: depois do suicídio o casal de amantes vai enfrentar o Juiz Supremo. O jovem e a jovem tentam justificar o gesto, com a desculpa de que, dois dias depois, teriam que pagar o aluguel e dois meses adiante nasceria o filho. Numa técnica de *flashbacks* sem nenhum sentido dinâmico, mas que servem apenas para "explicar" e tornar mais longo o texto, o passado surge em cenas sucessivas. O rapaz sem emprego pela crise econômica. A filha expulsa pela mãe. O irremediável. E o julgamento final, já no presente em que, num quadro imaginário, a possível filha do casal condenaria o destino em que lhe foi imposta. E o juiz como réplica sugere um novo quadro imaginário, em que o filho (agora homem) agradeceria a felicidade de viver. Como conclusão, o juiz discursa: "Eis de que vos acuso! De ter preferido uma morte inútil a um mundo onde vosso filho teria realizado seu destino de homem entre os homens!". Continuando: "Há sempre o dia seguinte. E a vida não adquire verdadeiro sentido senão quando se luta para que o amanhã seja melhor do que hoje". Sentença: "Quem vos condena não sou eu. É o vosso filho, a quem recusaste a vida. São todos os homens que viverão no mundo em que vosso filho não viverá nunca..." (Traduzo o texto do francês, por não ter o original.)

Com essas citações, creio não haver dúvida sobre a banalidade da peça, a inconsistência dos personagens e da situação tratada. Até o diálogo após a morte seria reflexo de *Huis clos*, de Sartre, ou de uma comédia francesa, cujo nome me escapa, encenada recentemente pela Cia. Dulcina-Odilon.

O estilo também é débil, intencionalmente literário e cheio de passagens de mau gosto. A todo o momento, deparamos frases-feitas, proposições bem pensantes.

O depoimento das cadeiras

30 de abril 1953

Logo após o lançamento de *Medeia*, tragédia de Jean Anouilh, e de *Zamore*, comédia de Georges Neveux, no teatro Atelier, a imprensa anunciou que a primeira seria substituída por outra peça em um ato do repertório da Compagnie des Quatre Saisons. É que o autor, não querendo impor ao público um texto que a seu ver não tinha agradado em nada, preferia tirá-lo imediatamente de cartaz.

Em que se baseava Anouilh? Na estreia, onde há um público especial, ele considerou o depoimento das cadeiras: elas fizeram muito barulho. E o desconforto nas cadeiras é sinal de que as palavras não estão fixando a atenção. Tanto que na comédia de Georges Neveux não se observara o mesmo fenômeno.

Na noite seguinte, não houve tanto rangido, e o diretor André Barsacq conseguiu de Anouilh que reconsiderasse a decisão. E a história não foi além de uma desculpa contrafeita de Barsacq sobre a própria casa. O mal provinha das instalações antigas do teatro. Em *Zamore* não se percebia o ruído por causa dos risos mais audíveis do público. Uma tragédia não tem essa vantagem. O espetáculo continua...

Mas as cadeiras bem que tinham razão. *Medeia*, no tratamento de Anouilh, não convence de forma alguma. É um texto que nasceu morto para o palco, não adquiriu um sopro de autenticidade cênica, permanece falso em toda a evolução.

A ideia poderia trazer um aspecto novo à obra clássica. Anouilh, numa introdução explicativa, proclamou o desenvolvimento diferente que lhe procurou dar. Na lenda de Medeia, "pode-se tentar descobrir a história do casal gasto e das abomináveis fúrias da mulher abandonada". A perspectiva, assim, visava suprimir o destino trágico traçado por Eurípedes, para subordinar as existências à visão costumeira do teatro francês, onde o amor constitui o centro de um jogo de três pessoas. Medeia, Jazão, e a outra... E Medeia, símbolo do despeito e do ciúme, destruiria tudo ao seu redor.

Anouilh afirma que o tema pertenceria de direito a Racine, que "encontrou sua matéria no duelo humano, o único verdadeiro, o do homem e da mulher, no campo fechado do amor". Permitiu-se tratar o tema porque ele escapara a Racine. E nós, junto com Anouilh, lamentamos o lapso do grande trágico.

Se Anouilh ousou abordar um problema que considera de Racine, digamos que ele pretendeu preencher uma lacuna. Temos razão para ser mais severos, e declarar que a sua ideia está às ordens de outro dramaturgo.

Porque o monólogo de Medeia, que seria a voz atuante de Racine, não passa de uma arenga pesada, cansativa, desgraciosa, cheia de autodefinições. Medeia declama o seu sofrimento, e tanto que a gente se esquece dele, para se irritar só com a declamação. E que horror causam as frases: "eu sou isso", "eu sou aquilo", "tu és isso", "tu és aquilo" – onde os personagens se amesquinham em cartazes que o autor lhes prega nas costas.

Medeia não mostra a hábil fatura teatral de Anouilh, incontestavelmente um dos seus mais positivos méritos. A ação caminha porque havia um esquema prévio a obedecer.

O desempenho de Michèle Alfa acentua o caráter declamatório da peça, prejudicando-a ainda mais. Para salvar a noite, ainda bem que havia *Zamore*, que comentarei na próxima crônica. Aí, as cadeiras ficaram, com razão, silenciosas.

O eterno marido

Jacques Mauclair
3 de dezembro de 1952

A adaptação de um gênero a outro geralmente resulta frustrada. Não sem motivo. Cada um tem linguagem, processo e técnica específicos, e o valor de uma obra está em função direta desses elementos. Passando do romance ao teatro, ou do teatro ao cinema, a obra perde as características naturais, para ganhar ou não características novas. Aí, ou se mantém fidelidade e o trabalho não chega a adquirir as virtudes do gênero da adaptação, ou se faz uma transposição convincente, com sacrifício da obra de origem. Poucas vezes se consegue uma equivalência feliz, onde não se desvirtua a obra e a adaptação é válida no gênero. Ainda assim, os valores de uma e outra nunca se correspondem. A obra-prima literária, transformada num belo filme, dificilmente terá a mesma importância na nova veste.

A adaptação, a meu ver, vale assim para divulgar, ou como simples experiência tentadora. Não poderá almejar a um valor absoluto. Daí o seu desinteresse, num plano mais sério de consideração artística.

Essas preliminares não me impedem, contudo, de sentir um certo fascínio pela empresa. E de acompanhar quanto possível as que surgem.

Jacques Mauclair, da companhia Jouvet, comemorou cento e cinquenta representações de *O eterno marido*, no Teatro Petit Montparnasse. A adaptação de Dostoiévski tem seduzido muita gente. *Os irmãos Karamazov* e *Crime e castigo*, entre outros romances, foram levados à cena. Um nome como Copeau tomou a iniciativa.

No pequeno palco de Montparnasse, porém, senti a corporeidade da criação dostoievskiana. Embora *O eterno marido* não seja dos maiores romances do maior escritor de todos os tempos, em Pavel Pavlovitch existe a marca inconfundível do seu gênio. O caráter complexo, baixo e místico, subterrâneo e misterioso do personagem, eu não considerava viável no palco. O ator Jacques Mauclair derrotou meu ceticismo, fazendo uma interpretação à altura do original – uma criação feita do comediante. Através de suas palavras, sua desesperada composição física, uma humanidade contraditória e estupendamente grandiosa além do bem e do mal, Dostoiévski vem até a plateia na integralidade do gênio.

Jacques Mauclair, numa síntese admirável de dois atos e seis quadros, transpôs quanto possível bem o romance. Sua encenação é muito boa, singular pela grande força dramática (pena que Elan Lavigne, intérprete de Alexei Ivanovitch, e que está quase todo o tempo em cena, com ele, não esteja à sua altura). Não concluirei, todavia, que *O eterno marido* seja uma boa peça de teatro. Se fosse escrita diretamente para a cena, por certo utilizaria outra técnica, e valeria por si. No espetáculo, percebe-se o cordão umbilical que liga ao romance. Ela não tem completa autonomia como obra de teatro. Em consequência, devo dizer que tem grandes virtudes, e um vício básico. Vício de não ser uma grande peça, quando se trata de transpor Dostoiévski. Uma virtude, sobretudo, de ser uma adaptação fiel, que nos comunica o gênio.

Como se trata de transmitir Dostoiévski, e ele surge autêntico, será forçoso concluir que as restrições não importam. Basta a presença do criador – e Jacques Mauclair a torna comoventemente palpável.

O homem do guarda-chuva

Georges Vanderic
29 de julho de 1953

O homem do guarda-chuva foi um dos últimos espetáculos a chamar a atenção na temporada que se encerra. Muitos críticos auguraram-lhe o mesmo êxito de *Crime perfeito*, outro policial que teve uma das melhores carreiras nos últimos meses, e a que infelizmente não assisti, por estar, no início, com salas lotadas e por ter sido retirado de cartaz logo que começaram a fechar os teatros. Se não tenho o mesmo ponto de referência, direi, contudo, que o interesse do espetáculo me parece plenamente justificado e é pena que o teatro seja o Charles-de-Rochefort, de acesso um pouco incômodo.

Trata-se de um original inglês de William Dinner e William Morum, adaptado ao francês por Pol Quentir. Em *O homem do guarda-chuva* encontram-se todos os elementos dos gêneros, com a virtude de uma boa fatura dramática e um mistério que só se desnuda no instante final. Desde as primeiras cenas, o espectador acompanha com maior curiosidade a evolução da história e é inevitavelmente levado a formular múltiplas hipóteses, todas sustentáveis, válidas pelas habilidades de sugestões dos autores. Mas, no desfecho, a verdadeira hipótese, inteligentemente guardada, salta com a evidência do único suporte verossímil, e aí está o valor da construção teatral.

O resultado não teria o mesmo impacto se os caracteres não fossem traçados com tanta segurança e poder de convicção. A trama psicológica se impõe pelo acerto na condução dos personagens, e várias cenas revelam uma análise sutil. Como os dois amantes teriam motivos para suprimir a esposa traída, ambos se suspeitam, se acusam, e quando sabem a mútua inocência tinham ido longe demais para ser ainda possível a vida em comum. Não há originalidade no tema, mas o firme desenvolvimento mantém de pé o espetáculo.

Cabe ainda elogiar a atmosfera sugerida pelo encenador Georges Vanderic, o desempenho excelente de Grégoire Aslan no policial, bem como a composição de Henri Guisol no amante, de Mary Grantham na amante, e Luce Fabiole na soturna criada.

O melhor teatro em Paris

6 de fevereiro de 1988

A novidade, a novidade mesmo do palco parisiense, na temporada de 1987-1988, creio que foi, até agora, a inauguração do Théâtre National de la Colline, no dia 7 de janeiro, com *O público*, peça de García Lorca. O governo francês escolheu para dirigir a nova e excelente casa de espetáculos, situada na rua Malte-Brun, nº 15, a cem metros do Cemitério Père Lachaise e próximo do Théâtre de l'Est Parisien, o aplaudido encenador argentino Jorge Lavelli. São duas salas – a grande, de 757 lugares, e a pequena, para 200 espectadores, com acolhedor saguão de entrada, em que há bar e espaço para exposições. Ainda que as companhias protestem contra a redução dos subsídios, o Estado aplica somas vultosas na infraestrutura cultural.

Jorge Lavelli, que decidiu consagrar seu teatro aos autores do século XX, anunciou o seguinte repertório inicial, para as duas salas: *Le public*, sob sua direção, até 25 de fevereiro; *Une visite inopportune*, de Copi, recentemente falecido, também sob sua direção, de 16 de fevereiro a 16 de março; *La traversée de l'Empire*, de Arrabal, sob a direção do dramaturgo, de 11 de março a 14 de abril; *Les chaises*, de Ionesco, sob a direção de Jean-Luc Butté, de 15 de abril a 22 de junho; *L'audition*, de Gildas Bourdet, sob a direção do dramaturgo, de 22 de abril a 26 de maio; e *Le cheval de Balzac*, romance do alemão Gert Hofmann, adaptado por Philippe Mercier, que também assina a montagem, de 9 de maio a 11 de junho. Programa, como se vê, ambicioso, que promete ser um dos acontecimentos do ano.

Foi inegavelmente um desafio o início das atividades com *O público*, texto descoberto apenas na década passada e que muitos consideravam irrepresentável. O próprio Lorca tinha consciência das dificuldades desse e de outros textos considerados "impossíveis"; embora afirmasse que eles eram suas "primeiras peças", sua "obra", seu "teatro ainda por nascer". Não acalentava o dramaturgo e poeta o propósito de apresentá-los: "Nenhuma companhia teria a coragem de montá-los. Nenhum público os suportaria sem indignação [...]. [A peça] é como o espelho do público. Quero dizer que ela faz desfilar em cena os dramas pessoais nos quais cada um dos espectadores pensa ao mesmo tempo que olha, frequentemente sem prestar atenção, aquilo que é representado diante dele, e como o drama de cada um é tão cruel como geralmente pouco confessável, os espectadores indignados se levantariam imediatamente para impedir o prosseguimento da representação..." Lorca admitia, porém, o êxito, dez ou vinte anos mais tarde (assassinado pelos franquistas, em 1936, só meio século depois de *O público* chegar ao palco).

Cabe observar que o texto divulgado é a primeira versão, de 1930, quando Lorca não parou de trabalhá-la, até a morte. Como seriam as alterações introduzidas? Por enquanto, não há traços delas e importa julgar se vale a pena a divulgação de obra que o autor não considerava pronta. Entende-se que, por se tratar de original de Lorca, muitos teatros europeus o tenham incluído em seu repertório. No ano passado, o brasileiro Augusto Boal dirigiu uma versão alemã da peça e, ainda nesta temporada, um elenco espanhol a levará a Paris.

Jorge Lavelli sintetiza muito bem, a meu ver, *O público*: "O motivo profundo da peça é o conflito entre um teatro da convenção e da ilusão que Lorca chama 'teatro em céu aberto', e um teatro de verdade nua, escondida, secreta, que ele chama 'teatro sob a areia'. Desde o primeiro 'tempo' (preferimos esse termo a 'quadro'), esse problema está claramente colocado: três amigos irrompem no escritório de um diretor de teatro, para obrigá-lo a escolher entre essas duas formas de representação, que são também duas maneiras de ser, artisticamente, socialmente, sexualmente; e o diretor começa por resistir, abrigando-se atrás do público, na medida em que ele representa um elemento de censura, uma lei de tipo moral, que entrevaria sua liberdade".

A partir desse núcleo, Lorca dá largas à imaginação, apelando para os procedimentos surrealistas, em que surgem em cena quatro cavalos brancos, Julieta e roupas de Pierrot e de bailarina como personagens. Entre os cinco "tempos", há o da ruína romana e o da crucifixão com nu vermelho. Pode ser que Lorca, se tivesse tempo de aprofundar essa linha poética e fantasiosa, assentaria às bases de um teatro menos preso as exigências realistas do homem vivo no palco. Por esse exemplo, sente-se apenas o jogo gratuito de imagens soltas, o desfile de ideias não resolvidas dramaticamente. Do autor, ainda parecem mais realizadas *Bodas de sangue*, *Dona Rosita*, *Yerma* e *A casa de Bernarda Alba*, entre outras obras.

Jorge Lavelli mobilizou todos os recursos para cativar os sentidos do espectador: cenários faustosos de Louis Barcut, figurinos de Francesco Zito, máscaras de Rodolpho Natale e até sete instrumentistas do Ateliê Musical de Varsóvia. Encenador de múltiplos recursos, mágico na utilização de efeitos, ele promove fogos de artifício para o nada. Até aí, tudo bem. O que irrita é o festival de homossexualismo, aliás, com fundamento no texto. Entenda-se que não é um preconceito, já que provocaria idêntica recusa a propaganda do machismo ou do feminismo.

Num campo muito diferente de seriedade e reflexão se encontra *L'Indiade* ou *A Índia de seus sonhos*, o novo espetáculo de Ariane Mnouchkine para o Théâtre du Soleil, na Cartoucherie de Vincennes. Infelizmente, essa é apenas a quarta criação da companhia, a que tenho a oportunidade de assistir, quando Ariane conta, em sua bagagem, a partir de 1964, mais de uma dezena de trabalhos. Mas não tenho dúvida em afirmar que é ela, hoje em dia, a grande animadora do teatro francês, que se orienta pela mais exigente visão da arte e da cultura.

Depois de *A história terrível mas inacabada de Norodom Sihanouk, rei do Camboja*, criada em 1985, Ariane se volta agora para a Índia, de novo com texto de Hélène Cixous. Mais precisamente, o espetáculo narra a história do país, de 1937 a 1948, nas lutas pela Independência, contra o domínio do Império Britânico, e na guerra fratricida que deu origem ao Paquistão. Ariane, desde 1789 a 1793, que analisam a Revolução Francesa e suas consequências, se deixa fascinar pelos vastos painéis históricos, modificadores da realidade dos povos.

É preciso ressaltar, antes de mais nada, o cuidado e o gosto de todo o empreendimento. Numa enorme parede do imenso espaço da entrada, pintou-se um lindo mapa, que tem por centro a Índia. Importaram-se de lá os tijolos utilizados desde a porta até o cenário. O elenco faz maquiagem impecável. Ingredientes indianos participam da refeição servida em pratos importados aos espectadores, os preços muito acessíveis, antes da récita, que começa às seis e meia, ou no intervalo (o espetáculo termina às onze e meia). O Théâtre du Soleil guarda a tradição da festa popular, vinda da Idade Média e cultivada, na década de 50, por Jean Vilar.

Eu diria que *L'Indiade* é perfeito, se aprovasse inteiramente o texto de Hélène Cixous. Também em *Sihanouk* ela provocou minhas reservas. Penso que a séria escritora e intelectual, a quem voto o maior carinho (pelo amor com o qual cultua a obra da nossa Clarice Lispector), não domina ainda a forma dramática. A primeira parte se prejudica por excessivo didatismo na pintura das personagens e dos conflitos (a estrutura torna-se esquemática), e só no final dos diálogos se carregam de tensão. A peça sugere ilustração da História e não vigor efetivo, a partir de personagens reais. Esse gênero de documentário apresenta armadilhas difíceis de superar.

Mnouchkine, porém, apara as múltiplas arestas, supre com o poder inventivo as falhas de composição e mantém o interesse até o desfecho. Diga-se, a bem da verdade, que ela encontrou em Jean-Jacques Lemètre, criador da música, um parceiro admirável. Desdobrando-se em numerosos instrumentos, que recriam as sutilezas do som indiano, ele e seus colaboradores marcam em cena o ritmo da representação. A propósito dos dois últimos espetáculos de Mnouchkine, ao menos, seria lícito falar em ópera não cantada, em que a música participa ativamente da construção da dramaticidade.

Num elenco em que todos vivem com paixão os papéis, citam-se Andrés Pérez Araya (Gandhi), Georges Bigot (Nehru), Myriam Azencot (Sarojini Naidu), Silvia Bellei (Sushila Nayar), Maurice Durozier (Azad), Jean-François Dusigne (Jinnah), Simon Abkarian (Abdul Ghaffar Khan) e Clémentine Yelnik (esposa de Gandhi). Erhard Stiefel, criador das máscaras do conjunto, concebeu a ursa de impressionante convicção.

Apesar de todas as lotações esgotadas, o Théâtre du Soleil enfrenta difícil situação financeira, embora, da diretora ao mais humilde colaborador, os cinquenta elementos da companhia receberam o mesmo e mínimo salário (eu soube que Ariane acaba de perder uma casa, herança familiar). Em carta, dirigida ao público, em meados de 1987, ela trata de quatro soluções propostas: "1) Apelar para o 'mecenato' comercial, isto é, ratificar a palavra de ordem de hoje, lançada por um governo que procura demitir o Estado de suas responsabilidades em face da cultura e gostaria que o teatro fosse posto no mercado como um produto alimentício; 2) Aumentar consideravelmente o preço dos ingressos, isto é, tornar nosso teatro dificilmente acessível ao maior número de pessoas, o que importa em renunciar a fazer o que pensamos ser nosso dever; 3) Reduzir nossas ambições artísticas, isto é, menos ensaios, menos atores, menos pesquisa de espaços cênicos, em resumo, renunciar a sermos nós mesmos; 4) Dispensar uma parte do grupo, isto é, renunciar a ser uma companhia e, em maior ou menor prazo, desaparecer". Como, então, prosseguir? A carta concita os espectadores a adquirir os Ingressos-Mecenas. Que o Théâtre du Soleil transponha a atual fase de subsídios magros.

Jean-Pierre Miquel, que encenou *Encontro de Descartes com Pascal*, de Jean-Claude Brisville (anunciado para o mês de março, em São Paulo, com Ítalo Rossi), remonta e interpreta no Théâtre de l'Est Parisien outro texto do autor – *Le fauteuil à bascule (A poltrona giratória)*, Prêmio Ibsen 1962 e Prêmio de melhor criação dramática da língua francesa, naquele ano. Ao lado de Miquel (Oswald), estão no elenco Henri Virlogeux (Jérôme), o excelente intérprete de Descartes, e Laurent Rey (Gérald).

Le fauteuil à bascule mostra, no plano psicológico, a mesma finura do debate de ideias em *Encontro de Descartes com Pascal*. Dois homens defrontam-se, em situação tensa: Oswald, executivo de uma editora, recebe em seu apartamento a visita forçada de Jérôme, leitor de originais e responsável pela programação, que acaba de ser demitido, para que se entre em fase menos elitista e mais ao gosto popular do público. Jérôme quer fazer uma sondagem a respeito dos motivos profundos da demissão.

Longe de recorrer a qualquer intuito panfletário, Brisville está interessado na natureza autêntica de suas criaturas. Jérôme tem paixão por livros, extasia-se com a palavra e, sem pedantismo, encontra sempre a citação exata, em abono de um pensamento que desenvolve. Estranhamente, no apartamento de Oswald não se vê um só livro – a superioridade hierárquica satisfaz ao gosto do poder, exercido com frieza, distância e determinação. Teria Oswald ressentimento da própria secura, punindo a grandeza de Jérôme? Múltiplos conflitos estão contidos nesse antagonismo: o artista *versus* o prático; o perdedor simpático *versus* o ganhador antipático; o criador *versus* o estéril; a nobreza *versus* a eficiência; a generosidade versus a aridez interior. A peça evita, contudo, uma tipologia estanque. O diálogo explora a ironia e a nuança, e os dois homens mantêm uma aparência civilizada, enquanto as observações procuram ferir fundo. Nenhum derramamento, mas a frase cortante.

O ilustrador e capista, Gérald, entra em cena, em função do relacionamento ambíguo com Oswald, e, ao invés de descontrair o ambiente, catalisa o desfecho. Brisville se sente à vontade nesse teatro de câmara, em que as poucas personagens se entregam à densa "luta de cérebros", em réplicas essenciais. Assiste-se, em tempo reduzido, à iluminadora experiência dos dias atuais. O título tem uma explicação simbólica: Jérôme adquire, da editora, levando-a para casa, a poltrona giratória em que durante tantos anos trabalhou.

À semelhança do *Encontro*, Jean-Pierre Miquel faz uma encenação precisa, rigorosa, de meios-tons e não de gritos teatrais. Se Laurent Rey veste espontaneidade dos jovens, ele adota comportamento hierático de quem se defende pelo mistério, sem deixar o flanco aberto. E o diretor protege o seu antagonista como intérprete, abrindo para Henri Virlogeux a possibilidade de captar toda a adesão da plateia. Ator de grandes recursos, malicioso, inteligente, expressivo, Virlogeux não economiza virtuosismo.

Jovem encenador dos mais inquietos que desde 1980 vem apresentando uma série de espetáculos marcantes, Philippe Adrien oferece na atual temporada, no Théâtre de la Tempête, *La Venus à la fourrure*, de Sacher-Masoch, e *Les pragmatistes*, do autor polonês Stanislaw Ignacy Witkiewicz (1885-1939), Jarry, Kafka, Molière, Heiner Müller, Brecht, Marivaux acham-se no repertório por ele montado. Com *Sonhos*, de *Kafka*, em adaptação de Enzo Cormann, Adrien obteve, em 1984, o Prêmio Sindicato da Crítica. Apreciei *Cegos*, de Hervé Guibert, sua criação há duas temporadas.

Vem assinada por Philippe Adrien a adaptação de *A Vênus com casaco de pele*, texto visto como "o mito fundador do masoquismo". A virtude indiscutível da peça é que ela se afasta da narrativa original, parecendo ter sido escrita diretamente para o palco. Encaro a iniciativa como uma curiosidade, sem conseguir atribuir-lhe maior alcance. O encenador procura tirar partido do contraste bastante teatral entre a passividade de Severino, que se abandona ao chicote de Wanda, e seu desejo de comandar a sessão de sevícia, exigindo que ela se envolva em capa de pele.

Para completar o espetáculo, entra na segunda parte *Os pragmatistas*. O tradutor francês Alain van Crugten, no prefácio do terceiro volume do

Teatro completo do dramaturgo (La Cité-Editeur, 1971), conclui que o interesse da peça lhe parece ser antes de tudo histórico (é a segunda obra de Witkiewicz). A leitura superficial dos diálogos sugeriria "uma série de variações mais ou menos originais sobre temas de completa falta de sentido". O texto, porém, "é na realidade, em grande parte, uma espécie de dissertação dramatizada sobre os principais temas da arte e da cultura elaborada por Witkiewicz". Propõe o dramaturgo um "teatro metafísico", contra as falsificações pretendidas por todo tipo de pragmatistas.

Ainda que as intenções do autor possam ser as mais louváveis, esse texto não consegue transmiti-las dramaticamente. Insensível à linguagem do espetáculo, tentei conferir a impressão, lendo a peça. Continuei indiferente à forma com a qual ela foi vazada, muito distante do impacto provocado por *A mãe*.

Philippe Adrien realiza uma encenação de forte cunho expressionista, cheia de imagens sugestivas, em poderoso claro-escuro. Num país em que tudo se experimenta, compreende-se esse empenho de unir Sacher-Masoch e Witkacy, representantes da cultura centro-europeia. E os mesmos sete atores interpretam as duas obras. Os principais papéis estão bem confiados a Laurence Février (Wanda e La momie chinoise), Grégoire Oestermann (Severino e Plasphodore) e Miloud Khétib (o Grego e Von Trottek).

A paisagem teatral parisiense sofreu, neste ano, uma visível mudança: o Odéon não é mais a sede do Théâtre de l'Europe, dirigido por Giorgio Strehler, mas nele a Comédie Française expandirá suas atividades (no momento, ocupa o cartaz *A morte de um caixeiro-viajante*, de Arthur Miller, sob a direção de Marcel Bluwal, e com o ótimo ator François Périer no papel de Willy Loman). Na próxima temporada, o Théâtre de l'Europe disporá de uma sala mais modesta. Não duvido que a culpa tenha sido do encenador italiano, que não foi feliz na administração de tão importante empreendimento.

Como sempre, o público pode escolher entre mais de cem espetáculos, incluindo as salas da periferia, de fácil acesso. A rápida passagem por Paris não me permitiu ver, por exemplo, *O misantropo*, de Molière, sob a direção de Antoine Vitez, no Théâtre Nacional de Chaillot; *A metamorfose*, de Kafka, em adaptação de Steven Berkoff, com Roman Polanski, no Gymnase; *Nous, Théo et Vincent Van Gogh*, de Jean Menaud, no Lucernaire;

Bacchus, de Jean Cocteau, sob a direção e no desempenho de Jean Marais, no Bouffes Parisiens; e *Mon Faust*, de Paul Valéry, com Pierre Dux e Robert Hirsch, na Comédie des Champs-Elysées.

O exame sumário das ofertas permite concluir, sem preconceito vanguardista, que, a par do nível médio positivo de grande número de realizações, Ariane Mnouchkine e seu Théâtre du Soleil continuam a projetar a imagem mais avançada do moderno palco francês.

O parque

Claude Régy
2 de maio de 1986

Depois de assistir a *Grande e pequeno*, é impossível não desejar conhecer toda a obra de Botho Strauss. Há alguns meses, vi em Bruxelas *A trilogia do reencontro*. Chegou a vez de *O parque*, em cartaz no Théâtre National de Chaillot, de Paris.

Muita gente considera esse autor alemão, nascido em 1944, um dos acontecimentos da dramaturgia nos últimos dez anos. Além de duas criações anteriores – *Os hipocôndrios*, de 1972, e *Rostos conhecidos, sentimentos misturados*, de 1975 – *A trilogia* data de 1977, *Grande e pequeno*, de 1978, *Kaldewey, farsa*, de 1981, e *O parque*, de 1983. Uma produção regular ambiciosa, que recusa os limites costumeiros do palco e, no caso dessa última peça, se refere diretamente ao *Sonho de uma noite de verão*, de Shakespeare.

Não me sinto muito à vontade para comentar *O parque*. Embora tenha lido o texto francês, gostaria de examinar de novo a comédia shakespeariana, para ver em que medida ela fecunda a imaginação de Botho Strauss (a memória registra que Titânia e Oberon são bem diferentes no original). Sinto, por outro lado, que o dramaturgo se perdeu nos múltiplos caminhos em que se lançou, sem conseguir amarrar bem a trama. E, por fim, o espetáculo do famoso diretor Claude Régy, que revelou Strauss na França, encenando a *Trilogia* em 1981 e *Grande e pequeno* em 1982, me pareceu extremamente infeliz.

Botho Strauss pega um pouco de tudo, dos problemas contemporâneos ao mundo mágico dos mitos, de um "álbum de sexualidade" à encarnação medieval da morte, ou, como diz Régy, "o espaço da peça cobre a totalidade do planeta". Para mim os diálogos mais interessantes são os dos casais Georg (Philippe Faure) e Helen (Bulle Ogier), e Wolf (Jean Pierre Ceton) e Helma (Yveline Ailhaud). Com inteligente ambiguidade, o autor mostra o jogo de atração e repulsão entre eles, o susto do advogado liberal

Georg ao descobrir o desagradável racismo de Helen, a fidelidade de Helma, e o estranho papel de Wolf em meio ao casal amigo.

A peça, contudo, fragmenta-se em demasia, dificultando a apreensão das numerosas propostas que desfila. Dentro do nosso prosaísmo cotidiano, de repente Titânia, qual Pasifaé, apaixona-se por um touro, e o derradeiro longo monólogo da peça é dito por seu Filho Mítico, tendo cascos iguais ao do pai em lugar dos pés. Um certo hermetismo nas relações das personagens se assemelha mais à fragilidade na estrutura dramática.

Verifica-se, também, que Strauss vai perdendo aos poucos o domínio da matéria. O desenvolvimento da ação torna-se confuso e o interesse, aos poucos, se rarefaz. São cinco atos (divididos na montagem num único intervalo), tendo mais de quatro horas e meia. Ao fim da primeira parte, muitos espectadores não regressam à plateia, e na segunda o sono toma conta de quase todo o público.

A culpa maior, no caso, atribuo à encenação de Claude Régy (será que ele foi feliz nas estreias anteriores de Strauss, justificando essa terceira tentativa?). Se as indicações cenográficas do texto são precisas, Jean Haas desenhou um espaço abstrato, para o qual, a todo momento, os maquinistas trazem ou uma plataforma inclinada, ou uma construção vertical aparentada a um rochedo ou a uma árvore, ou mesmo uma vaca esculpida, cuja metade dianteira passou a ser o corpo de Titânia (Dominique Hulin). A inevitável lentidão, nas mudanças, compromete o ritmo, mergulhando o conjunto em penosa penumbra.

Mas não é a inadequação do cenário (bonito em si, sem atender a necessária funcionalidade) o maior responsável pelo malogro da montagem. Talvez para fugir ao realismo, Régy faz que os atores não digam normalmente uma só frase. Cada palavra se separa da seguinte por arbitrário silêncio, dificultando até a compreensão do enunciado. E os esgares dos intérpretes, certamente comandados pelo encenador, tiram a nuança do desempenho. No diminuto papel de Helen, não consegui avaliar as qualidades de Bulle Ogier, criadora de Lotte em *Grande e pequeno* (no Brasil, a excelente Renata Sorrah). Quem me pareceu mais denso foi Philippe Faure, como Georg.

Há, como se vê, uma recusa global de *O parque*. Desejo, porém, que este seja um juízo provisório. Quem sabe outra concepção do espetáculo iluminará valores que me passaram agora despercebidos?

O poema *Robinson Crusoé*

28 de dezembro de 1952

Robinson Crusoé, de Daniel Defoe, umas das histórias que povoam a infância de todos nós, foi levada ao teatro pelo poeta Jules Supervielle. Era uma grande responsabilidade, mesmo para um grande poeta. E o poético Robinson vive no palco uma nova e forte poesia.

Um comentário completo do texto exigiria o exame da peça em função da obra original. Dessa tarefa me dispenso, seja pelo espaço limitado, seja pela necessidade de uma releitura. Vou ao Robinson de Jules Supervielle.

O herói acreditando-se traído pela prima e noiva Fanny parte para a aventura do mar. Naufraga, e acorda numa ilha deserta, não inteiramente deserta porque lá se acham um nativo serviçal, seu tio, pai de Fannny; náufrago mais antigo, e um leão de boa paz que compõe a paisagem. Passam-se dezoito anos e tem lugar o retorno à pátria inglesa, onde espera Robinson a Fanny perdida – "Uma Fanny que, sem charada, não é Fanny e que é na verdade Fanny". A jovem, reprodução exata de sua mãe, que casara com o irmão de Robinson. Em belíssimos versos, estabelece-se a identidade de mãe e filha, e uma Fanny intacta se entrega ao náufrago ressuscitado.

Através da nova história, Supervielle mantém o mesmo clima poético, um conto ingênuo e que por pouco não se transforma numa brincadeira boba. Mas aí está o decantado milagre da poesia: os personagens adquirem uma fisionomia superterrena, e nós nos encantamos à sua visão.

O primeiro ato é bem uma pintura britânica, no estilo conhecido, mas que não se estandardiza na vulgar caricatura. Supervielle e a apresentação são mais felizes no segundo ato – passado na ilha – quando, sob o poder feiticeiro do nativo, os náufragos refazem os acontecimentos familiares da Inglaterra distante. Uma grande cena de teatro é a festa de matrimônio do irmão de Robinson e Fanny. Já o terceiro ato, apesar do reencontro através da carne, se dispersa numa narrativa demasiado lenta, que desvanece um pouco o clima anterior. Eu gostaria que a peça acabasse bem antes do final.

O conjunto atinge um admirável efeito. Texto, encenação e desempenho movem-se num ritmo único, que dão o estilo encantatório do espetáculo. O jovem diretor Jean Le Poulain, que a crítica francesa elogiou no *Doutor Fausto*, de Marlowe, não descuidou um pormenor, aliou o sentido poético a uma grande precisão técnica, tanto no que se refere à luz como à música e aos ruídos.

Robinson foi interpretado pelo jovem ator Jacques Dasque, na exata medida em que a personalidade poética não se desvia para outros rumos. Fanny, mãe e filha, foi vivida por Dominique Blanchar. Este foi meu primeiro contato com a grande atriz, uma das criações de Jouvet. Um juízo crítico, baseado num só desempenho, é temerário, senão forçosamente vago e imperfeito. Mas Dominique Blanchar é uma das atrizes mais interessantes que tive, até agora, ocasião de aplaudir em Paris. Alia as qualidades físicas a uma dicção de extraordinária pureza, e um acento ingênuo e juvenil, que me parecem muito adequados à personagem. Os outros atores, Charles Dechamps, Georges Aminel, Grégore Aslan, Jacques Deroud etc., etc., com a habitual segurança do teatro francês.

Num espetáculo dessa natureza, o cenário é elemento muito importante. A crítica aplaudiu o trabalho de Georges Wakhévitch. Permito-me não ser tão efusivo, contudo. O primeiro e o terceiro atos (é muito!) satisfazem dentro de um padrão normal. Admiro mesmo certas soluções engenhosas do autor. Mas a cobra, o papagaio e a arara do segundo ato, pendurados nas árvores da ilha deserta, me pareceram completamente absurdos. Para conseguir a cor local, o cenógrafo não foge ao convencionalismo das indicações. E esse me parece um erro básico na criação artística.

O que guardei de Londres

15 de março de 1953

A impressão de quase uma dezena de espetáculos não pode ser suficiente para um estudo sobre o teatro inglês. Por isso me limitei à simples crítica dos espetáculos, fugindo à responsabilidade de uma generalização, que, nesse caso, se basearia apenas em conjeturas. Ademais, se assisti aos melhores programas em cartaz (lamento não ter tido tempo para conhecer *The river line*, de Charles Morgan; *The love of four colonels*, de Peter Ustinov; e *Dial M for murder*, peça policial), não estava representando a primeiríssima equipe masculina, composta por John Gielgud, Laurence Olivier, Michael Redgrave, Ralph Richardson e Alec Guinness. Esse será um bom pretexto para uma volta a Londres, quando passar o período mais febril das comemorações da "*coronation*" e estiver no auge do Festival de Stratford-upon-Avon.

Sinto-me, de qualquer maneira, credenciado a sintetizar o que me foi dado ver. Excetuando *As you like it*, um mau espetáculo (e mais uma vez a exceção serve para confirmar a regra...), salta aos olhos do espectador, ao contato das várias montagens, o grande número de excelentes atores ingleses. E o mérito especial de alguns nomes não rompe a unidade, não cria desníveis no trabalho coletivo: nos melhores espetáculos, achei que o impacto nascia do valor homogêneo – um intérprete se destacava mais apenas pela oportunidade oferecida pelo papel. Todos se exprimem numa difícil fronteira, em que um tom acima traria estridência e um tom abaixo talvez fizesse desfalecer o espetáculo. A perfeição do desempenho é servida pela presença inteligente do diretor que existe na proporção ideal que lhe cabe manter: não impõe um estilo próprio, independente do texto, nem procura efeitos especiais, que poderiam destruir o equilíbrio. Percebe-se o diretor pela fluidez das cenas, pela naturalidade das marcações, pelo gosto unificado que só pode ser a marca de um elemento exterior presidindo o trabalho. A essa feliz união alia-se a propriedade dos cenários e do guarda-roupa, às vezes de requinte admirável.

Enfim, o rigor da montagem é o que mais ressalta nos espetáculos ingleses. Nenhuma estilização – é como se todos se mostrassem ao natural, embora sem prejuízo da ilusão cênica, e talvez para torná-la mais convincente, menos despida de artificialismo. Nenhuma procura de envolver o público por efeitos desonestos, como cenas gritantes e melodramáticas. O trabalho sóbrio, comedido, dentro de grande dignidade e cuidado de todos os pormenores.

Com a lembrança dos espetáculos criticados, e inclinando-me também para os outros em cartaz, sou levado a supor que uma crise autoral sacode o espírito criador inglês. A falta de textos inéditos, muitas programações do "*coronation year*" se alimentam de "*revivals*", remontes de peças já criadas. E não vale citar T.S. Eliot e Christopher Fry, dois grandes acontecimentos no teatro, mas que, como verdadeiros acontecimentos, não são a matéria do cotidiano profissional.

Aí, caberia uma pequena pergunta: será que a perfeição formal dos espetáculos significa um entrave às novas experiências, tão necessárias à literatura dramática? Não tenho meios para respondê-la, ainda mais que seria preciso um estudo sobre os inúmeros clubes de teatro e o amadorismo londrino, que não cheguei a conhecer.

Várias pessoas quiseram saber qual teatro eu preferia: o francês ou o inglês. Evidentemente – repito – tão poucos espetáculos não bastam para o paralelo. Os de Londres foram escolhidos a dedo, enquanto os de Paris eu vejo ao sabor do momento. Mas uma informação posso prestar: aos melhores de Londres correspondem outros com as mesmas características em Paris. E toco nesse problema para que o entusiasmo que porventura transpareça desta crônica não seja interpretado como preferência inconfessada pelas realizações inglesas. Mais tarde, se tiver oportunidade de fazer um estudo menos superficial, voltarei ao tema.

Numa perspectiva brasileira, penso que é chegado o momento de conhecermos o teatro inglês. A sobriedade e a honestidade do seu espetáculo significarão uma experiência importante para nós. Daí eu augurar, o mais breve possível, uma visita ao Rio e a São Paulo de um pelo menos entre os muitos elencos de valor.

O rei da sombra

Companhia Bartoli-Cuvelier
26 de março de 1953

A majestade sempre exerceu fascínio sobre os dramaturgos. Racine, ao formular as leis da tragédia, via na distância do personagem ao público um dos fatores para grandeza da obra. Hoje, muitos teatrólogos se comprazem em utilizar como elemento dramático o contraste entre a condição da realeza, que impõe certas obrigações exteriores, e o mundo interior dos soberanos, humano e contraditório como o de qualquer mortal. Busca-se mesmo, através deles, isolar o que seria mais propriamente comum a toda a humanidade.

O rei da sombra, peça de Jean Loisy, é mais um estudo de caracteres do gênero. A crítica parisiense a recebeu bem, augurando ao autor um belo futuro. Presto esta informação inicial por escrúpulo, já que, se senti em Jean Loisy várias qualidades, o texto me parece ainda débil, longe de guardar um interesse duradouro.

Carlos VI é o personagem central, rei da França. A ação o coloca no declínio, inquieto o país por lutas e descontentamentos. Guerreiam-se o duque de Borgonha e o duque de Orleans, que são primos. O povo, desgostoso, tem o seu líder. Em meio às lutas fratricidas, existem também os sentimentos pessoais que acirram, e o próprio filho, seu sucessor, apoia a ideia da substituição do rei. Os ódios clamam vingança. Pela fidelidade à realeza, sacrifica-se o duque de Orleans, e Carlos VII subirá ao trono, quando o rei completamente imerso nas sombras nem responde mais aos apelos.

Há cenas bonitas e fortes, como a revelação de ódio da rainha ao filho. O personagem do duque de Orleans é muito curioso, e a sua expiação pela continuidade da coroa está na linha do teatro clássico. O que a peça tem de melhor, ainda, é a linguagem, com notória força poética.

Não se sente, porém, o impacto do texto. Ao fim dos quadros e dos atos, não cresce, ou não conclui bem a ação, e o teste está em que o público não aplaude, e só o faz, convencionalmente, depois que o pano caiu. As situações não estão bem armadas, e há um entra e sai que não se justifica muito.

Creio que a encenação, a par desses defeitos do texto, foi o maior responsável pela frieza do espetáculo. O palco do teatro La Huchette é diminuto, e não permite a grandeza que se espera da ação real. Tudo fica muito acanhado, e parece até que o chamamos de representação colegial de fim de ano.

Essa crítica é mais estranhável porque, em *La cantatrice chauve* e *La leçon*, de Ionesco, a companhia Bartoli-Cuvelier se revelara excelente. Talvez a equipe se sinta mais à vontade nos textos de vanguarda, com tais personagens, ademais, sua mocidade está um pouco em choque – o rapaz de vinte e poucos anos dificilmente compõe um nobre de mais de quarenta. No desempenho, de qualquer maneira, destaca-se Marcel Cuvelier, intérprete do rei e autor da encenação, e Gamil Ratib, no duque de Orleans. Cenário de Mario Franceschi que não supera as deficiências do palco, e roupas muito desiguais, na maioria sem beleza.

O teatro de Meyerhold

13 de fevereiro de 1970

Um livro fascinante, fundamental para quem deseje conhecer um dos mais importantes itinerários artísticos do século XX, esse *O teatro de Meyerhold*, que a Civilização Brasileira acaba de lançar. Tanto os volumes da Coleção Teatro de Hoje, dirigida por Dias Gomes, em que se insere esse livro, como a coleção Teatro, dirigida por Paulo Francis para Zahar Editores, estão desempenhando um papel cultural do maior significado na bibliografia especializada brasileira.

O estudo, que reúne materiais colhidos em várias fontes, de autoria de Meyerhold (1874-1942) ou sobre ele, permite traçar a sua evolução, desde os primeiros tempos, em que foi discípulo de Stanislavski no Teatro de Arte de Moscou. Ao lado de um Appia e um Gordon Craig, Meyerhold foi um dos grandes reteatralizadores do teatro, que o libertariam do fardo realista, psicológico e literário, em função da autonomia do espetáculo. Espírito inquieto aproveitou os ensinamentos da melhor tradição.

Shakespeare, o Século de Ouro espanhol, a Commedia dell'Arte italiana, Gozzi, o teatro oriental, a acrobacia, a dança e as artes populares russas, para chegar ao princípio da biomecânica, por ele resumido numa lei muito simples: "O corpo inteiro participa de todos os nossos movimentos". O construtivismo, que era uma preocupação de todas as artes, no começo do século, serviu para que Meyerhold erguesse a ampla arquitetura de um "teatro teatral", unidade submetida à visão globalizadora do encenador. Mas, embora a grande atriz Vera Komissarzerevskaya (a Duse russa), que chamou Meyerhold para dirigi-la, afirmasse que o ator nada tinha a fazer em seu teatro, transformado em um laboratório experimental de encenação, ele sempre concebeu o espetáculo a partir do intérprete: o teatro de ator mais a arte de composição de conjunto.

Hoje, nenhum estudioso de desenvolvimento teatral do século XX desconhece a linha Meyerhold-Piscator-Brecht. Mas é curioso observar, também, que Grotowski, que se considera discípulo de Stanislavski, recusa a filiação a Artaud (evidente para nós ocidentais) proclamando que o problema de um teatro autônomo em relação à literatura foi colocado, na Polônia, por Meyerhold.

O discurso de Meyerhold na conferência dos diretores soviéticos, em abril de 1936, que termina o volume brasileiro, é um documento humano admirável, revelando a grande consciência do artista. Acusado, em nome do realismo socialista imposto por Stalin, de cultor do formalismo cosmopolita, Meyerhold não se penitenciou, aceitando, submisso, a palavra de ordem oficial. Sua "autocrítica" não foi uma confissão de erro, mas a certeza orgulhosa de que sempre agira corretamente: "a biografia de um artista autêntico é a história de seu eterno descontentamento consigo mesmo". E Meyerhold insistiu em que, "numa obra de arte autêntica, a forma e o conteúdo são indissolúveis", o que parecia herético a uma estética bisonhamente conteudística. Está claro que Meyerhold acabou sendo preso e deportado, e só recentemente o reabilitaram.

Diante do mérito da publicação, constrange-nos fazer reparos, mas, do ponto de vista bibliográfico, é impossível omiti-los. O volume brasileiro ostenta, com relevo, que é uma "tradução, apresentação e organização de Aldomar Conrado", esclarecendo que os trabalhos estavam inseridos em várias revistas, jornais e publicações editadas dentro e fora da União Soviética. Ora, o leitor é levado aí a pensar que Aldomar Conrado fez estafante e elogiável pesquisa numa série imensa de fontes, quando, na verdade, o livro é uma tradução e um resumo de *Le théâtre théâtral de Vsévolod Meyerhold*, preparado por Nina Gourfinkel para a Gallimard, em 1963. Entendemos que os problemas de direitos façam as editoras tomarem certas liberdades. Entretanto, teria sido mais útil ainda traduzir na íntegra o volume francês. E não era necessária essa ênfase publicitária na organização do livro, que inexistiu.

O triunfo do amor

Antoine Vitez

Seis personagens à procura de um autor

Jean-Pierre Vincent
14 de fevereiro de 1986

Países ricos, libertos da ideia de estarem sendo colonizados, podem dar-se certos luxos, com resultados admiráveis. Numa semana, por exemplo, tive o privilégio de assistir a *O triunfo do amor*, do clássico francês Marivaux, no desempenho, em italiano, do Piccolo Teatro de Milão, sob a direção do francês Antoine Vitez, no Théâtre Gémier (pertencente ao conjunto do Palais de Chaillot) e *Seis personagens à procura de um autor*, de Pirandello (cujo cinquentenário da morte se comemora em 1986), na interpretação do elenco da Comédie Française, dirigida por Jean-Pierre Vincent, no Théâtre de l'Europe (Odéon Théâtre National), com o ator italiano Ugo Tognazzi no papel do pai.

Eu já havia elogiado muito a encenação que Vitez realizou de *Lucrèce Borgia* de Victor Hugo e, sem dúvida, gostei ainda mais de *Il trionfo dell'amore*. As razões? Em primeiro lugar, a peça de Marivaux é melhor que a de Victor Hugo – e vai neste juízo apenas um lugar-comum crítico. E, depois, talvez por estar dirigindo um grupo de outro país (e o grupo italiano por se exibir na França), Vitez conseguiu um rendimento extraordinário dos atores. Nunca a língua italiana me pareceu tão bonita. A musicalidade do desempenho atingia requintes insuspeitados. O Marivaux lúcido, consciente, consequente, surgia na plenitude.

O feminismo exuberante de Léonide, que não esconde um elemento malévolo e pérfido, se exerce com absoluto domínio. E a ideia básica da comédia é simpática a todo mundo: a vitória final da justiça, a restauração da legitimidade do poder. O triunfo do amor é também o triunfo da vida e de tudo que ela encerra de positivo.

Sem parecer modismo, a montagem de Vitez reaproveita os aspectos elogiáveis de *Lucrèce Borgia* em *Il trionfo*. A começar dos requintados cenários e figurinos do grego Yannis Kokkos. À esquerda do palco, estão árvores imensas, e um amplo espaço, animado por algumas cadeiras e livros, que serve ao deslocamento dos atores. Um buraco, à frente do proscênio, permite que os criados entrem em cena ou saiam dela. Como no espetáculo de Victor Hugo, a iluminação é sempre lateral, propiciando belíssimos efeitos plásticos.

Eu não conhecia os atores do Piccolo, responsáveis por essa interpretação, e vê-los foi um deslumbramento. Maddalena Crippa, que vive Léonide, princesa de Esparta, sob o nome de Phocion, além de segurança corporal completa, tem uma voz de lindo timbre, usada com modulações perfeitas. Ferruccio Soleri, como Arlequim, lembra a antológica atuação de Marcello Moretti na peça de Goldoni. Martina Carpi (Corine/Hermidas), Anna Saia (Léonide), Giulio Scarpati (Agis) e Mario Profito (Dimas) aproveitam ao máximo suas oportunidades. Talvez se possa discutir a atuação de Giancarlo Dettori na importante personagem do filósofo Hermócrates, porque ele se entrega a contrastes abruptos, de uma neurose que destoa do estilo geral da peça.

Depois de ter visto várias encenações de *Seis personagens* e escrito não sei quantas vezes sobre o texto, era preciso que o espetáculo de Jean-Pierre Vincent trouxesse um acréscimo expressivo. Entre as montagens inesquecíveis da obra pirandelliana, conto o de Cacilda Becker e Sérgio Cardoso, no TBC, dirigidos por Adolfo Celi, e o patético Renzo Ricci à frente de um elenco italiano, no desaparecido Teatro Santana. Havia lugar para mais uma visão da obra?

Penso que Vincent, ao invés de buscar originalidade discutível, partiu do princípio segundo o qual Pirandello está assimilado e vale a pena transmiti-lo serenamente, longe de posturas polêmicas. Não vou negar que, a princípio, estranhei a quase "naturalidade" de Ugo Tognazzi, como se ele não estivesse a representar. Aos poucos, eu me convenci de que não era mais necessário provar a "revolução" pirandelliana, e que o ator tirava partido da lógica implacável do raciocínio. Tudo é tão evidente que se pode dispensar a paixão de convencer.

A beleza plástica dos cenários e figurinos de Jean-Paul Chambas distancia-se das anteriores montagens, valorizando demais a ilusão teatral criada. A articulação de Caroline Chaniolleau não pareceu a melhor, para a enteada. François Beaulieu exprime todas as contradições do diretor. Catherine Samie, além de encarnar o drama da mãe, evoca para nós Rachel Moacyr, responsável pelo papel no TBC. Jean-Philippe Puymartin transmite com total clareza o drama do filho. E a Comédie tem numerosos atores de qualidade, para viverem os papéis menores.

Não é preciso dizer que os teatros estavam superlotados e o público exigia a volta do elenco ao palco, para os aplausos, como na ópera.

Obaldia

31 de agosto de 1972

O casal, pois sim, o casal: será possível ainda dizer alguma coisa nova sobre ele? Talvez não, mas é inegável que René de Obaldia tem o seu estilo pessoal de encarar qualquer tema, como o demonstram *Deux femmes pour un fantôme* e *La baby sitter*, cartazes somente de hoje e amanhã, no Teatro Aliança Francesa.

Visto sob o ângulo exclusivamente dos textos, o espetáculo não poderia ter uma grande ambição. O humor de *O defunto* e *Eduardo e Agripina*, por exemplo, está mais próximo de uma ruptura radical com os professores convencionais do teatro. Nas duas peças criadas em Paris no mês de novembro passado e trazidas na atual excursão, parece que Obaldia tentou acomodar-se, embora sem aderir inteiramente a ele, a um esquema assimilável aos procedimentos do *boulevard* para não perder um público mais vasto. O homem de vanguarda procura apenas enriquecer com uma ligeira fantasia, uma longa tradição da comédia francesa.

Sente-se o observador arguto quando a amante de *Duas mulheres para um fantasma* fala à mulher legítima: "Eu sempre me perguntei, aliás, por que os homens, quando mudam de mulher, retomam exatamente a mesma? Sob uma outra forma, bem entendido." E não deixa de ter uma ironia mordaz a exclamação do marido para a esposa, em *A babá*: "O casal: a maior aventura dos tempos modernos!"

Em *Duas mulheres para um fantasma*, não é em todas as cenas que Obaldia consegue introduzir as falas do marido morto em acidente de automóvel sem prejudicar a fluência do confronto da mulher com a amante. Sobretudo a dança das duas é um recurso mal desenvolvido para que o marido pudesse monologar. Como construção dramática, *A babá* é mais convincente, porque há uma integração contínua dos três personagens em cena. E a presença da estranha babá, saída do Exército da Salvação, modifica o cotidiano adormecido do casal.

Para quem gosta de fato de teatro, o espetáculo ganha outro interesse pelo talento dos três atores – Maria Mauban, Micheline Luccioni e Henri Garcin. Cada um com as suas virtudes próprias, que a direção de Pierre Franck, apenas competente, sem especial inventividade, teve a sabedoria de liberar. Pena que o cenário, arranjado para a viagem, não dê ideia de que Jacques Noël se inclui entre os melhores cenógrafos do mundo.

Maria Mauban identifica-se pela figura de grande dama, sóbria, distinta, mostrando na justa medida a mulher enganada que deseja penetrar nos segredos da rival. Micheline Luccioni impressiona pelo brilho, pela mobilidade facial, pela inflexão imprevista e sempre de efeito cômico. E Henri Garcin valoriza o seu desempenho com uma mímica espantosa e uma desenvoltura de gestos próxima do popularesco, do qual é corrigido por uma inteligente consciência dos próprios meios.

É preciso refletir um pouco sobre o significado dessa nova temporada. Para a crítica é sempre agradável e útil o contato com as criações de outros centros, sem contar a simpatia da presença de Obaldia. Para o público, talvez o espetáculo não motive suficientemente para a compra do ingresso, inevitavelmente caro numa excursão desse tipo. E é possível que o elenco e o autor fiquem também decepcionados com a acolhida, que deveria ser mais calorosa.

A verdade é que, depois de temporadas memoráveis de Jean-Louis Barrault (sobretudo a primeira), de Jean Vilar e mesmo da Comédie Française, temos o hábito de exigir sempre da França um alimento essencial para o nosso teatro.

Onde Vaz, Luís?

Carlos Avilez • Teatro Experimental de Cascais
18 de junho de 1983

Tradição e modernidade são as palavras-chave, aparentemente gastas, mas capazes de vivificar forças transformadoras, sob as quais se inscreve *Onde Vaz, Luís?,* espetáculo que o Teatro Experimental de Cascais oferece no Teatro Faap. Um painel do século XVI em Portugal, enaltecendo Luís Vaz de Camões, o grande poeta da língua, em meio às realidades sociais que lhe serviram de base. E o crivo crítico do nosso tempo.

O autor Jaime Gralheiro foi buscar na estrutura do teatro de revista o suporte para a ampla viagem que empreendeu. Como juntar Camões, D. João III, a Inquisição, Fernão Mendes Pinto, o cardeal D. Henrique, Damião de Góis, Garcia de Resende, António Ferreira, Andrade Caminha, D. Sebastião e tantas outras personagens e episódios históricos, sem a flexibilidade de um gênero que admite a costura de quadros independentes? A fantasia e a liberdade da revista são o instrumento natural dessa colagem.

Pôde Gralheiro, tomado esse partido, fixar suas criaturas nas situações e nos diálogos essenciais, que definem sem necessidade de recorrer ao desenvolvimento psicológico. Sucedem-se *flashes* reveladores do Século de Ouro português, obtendo-se a unidade pela soma das contribuições expressivas.

Evidentemente, a imagem final está longe da saga épica, preferência das versões oficiais. A expansão religiosa mal esconde interesses menos nobres postos em jogo. Os fogos sagrados da Inquisição não queimam a sordidez de que ela nasceu. E o palco se compraz em mostrar o carnaval de crueldade dos autos da fé. Nada tão distante do Cristianismo real.

O dramaturgo valeu-se da mais autorizada bibliografia para reconstituir a época, não se deixando conduzir pela caricatura (armadilha fácil em que sucumbe a revista), mas subtraindo os mitos das falsificações históricas. O resultado torna-se bonito: nem patriotismo vazio, nem achincalhe à memória. Um cântico de amor a Portugal e sua magnífica gente.

O aparato dramatúrgico talvez seja excessivo. Logo no início a professora diz aos alunos que hoje vão tratar de Camões. Um professor universitário analisa versos de *Os Lusíadas* como "oração subordinada comparativa"... Não basta esse preâmbulo para introduzir a figura do poeta. Recorre-se a outra forma de fazer "teatro dentro do teatro": uma companhia de cômicos incumbe-se da narrativa. Não é novo o recurso, embora se preste bem ao fim do proposto.

Não sinto que o espetáculo tenha atingido sua realização ideal. Às vezes, a história se alonga, por suas exigências próprias, e a volta ao espírito da revista não ocorre de maneira espontânea. Parece que as várias partes não estão amarradas num todo uniforme. Torna-se necessário, ainda, um último trabalho de seleção do rico material. O derramamento barroco ajusta-se dificilmente à ligeireza do gênero.

Essas restrições nem de longe empanam o brilho da montagem, de uma altitude e uma riqueza a que estamos ficando desabituados. O diretor Carlos Avilez dá largas ao seu gosto plástico, recriando de fato, como desejou na cena do auto de fé, a poderosa linguagem grotesca de Jerônimo Bosch. Ele extrai dos atores antológicos momentos interpretativos. Os cenários funcionais de Antônio Casimiro e os imaginosos figurinos de Helena Reis, de exuberância que nunca se desliga do gosto e da adequação, proporcionam uma bela moldura ao conjunto.

O Teatro Experimental de Cascais, criado há dezessete anos, alcança esse rendimento, por certo, em virtude do excelente nível de seu elenco. A circunstância de vários atores trabalharem juntos há muitos anos lhes dá um belo sentido de grupo, em que, por outro lado, a oportunidade fornecida por certos papéis ressalta a participação individual.

Impõe-se especialmente António Marques, como Camões, e João Vasco, sobretudo como D. João III e Fernão Mendes Pinto. António Marques aliou a nobreza do poeta aos seus arroubos humanos. E João Vasco distingue-se pela meticulosidade das composições, justamente reconhecidas em Portugal. Maria Albergaria tem um delicioso solo no papel do falso frade. Mas seria injusto não reconhecer a permanente eficácia de Luísa Salgueiro, Cecília Guimarães, Carlos Freixo, Fernando Corte-Real, Luis Rizo,

José Julio e Ilda Roquete (o ótimo Santos Manuel não participa, na excursão, das principais responsabilidades).

A atual visita de A Barraca e do Teatro Experimental de Cascais, três anos após a primeira, mostra que, à perplexidade que seguiu à Revolução dos Cravos, a dramaturgia portuguesa substituiu a tomada de consciência muito construtiva. Começam a surgir os textos concebidos em clima de liberdade, superando-se as metáforas requeridas para driblar o obtuso zelo censório. Oxalá possamos dizer, em breve, que a abertura política produziu resultados semelhantes no Brasil.

Ópera de Pequim

20 de novembro de 1980

Para o nosso público, a apresentação da Ópera de Pequim, no Teatro Municipal, representa a possibilidade de conhecimento de uma arte com valores próprios, diversos do gênero lírico ou do espetáculo declamado do Ocidente. É uma outra tradição, que remonta há mais de 160 anos, e retira a sua eficácia de gestos simbólicos, domínio físico apuradíssimo e indumentária especial, em que sobressaem máscaras expressivas.

O programa da estreia de anteontem constou de três partes, diferentes do espetáculo anunciado: *Na encruzilhada*, *O roubo da erva divina* e, depois de um intervalo, *O monte Yandang*. Provavelmente ajustes internos do grupo, com o objetivo de oferecer amostras de seu virtuosismo, sem barreiras para o entendimento das histórias.

Cada uma das três partes, assim, concentra a atração em motivos específicos, levados ao clímax da perfeição formal. *Na encruzilhada* destaca, sobretudo, a luta no escuro de dois homens, armados com espadas. Para o espectador, tudo se passa – é óbvio – em plena luz, mas os atores, pelos movimentos e pela mímica, sugerem a total escuridão. E seus lances supõem enormes dificuldades, além das marcações engenhosas de níveis diferentes ocupados pelos corpos, sob uma mesa.

O roubo da erva divina tem como cena culminante aquela em que a serpente branca luta contra vários opositores e repele as lanças com pontapés, fazendo uma rigorosa coreografia, em que um impulso menos preciso poria a perder todo o efeito do conjunto. A agilidade e a concatenação dos movimentos asseguram o equilíbrio absoluto da cena, arrancando aplausos do público. Essa técnica exemplifica, segundo se informa, a arte marcial das *Wu dan*, figuras militares femininas da Ópera de Pequim.

Finalmente, *O monte Yandang*, que não é falado nem cantado, sublinha a música, a luta e a dança acrobática. Na peça, um levante popular obriga o general e seus comandados a retirarem-se para o monte Yandang. Travam-se diversos combates, até que os insurretos levam a melhor e tomam a cidadela. Chamam a atenção, particularmente, os saltos em que atores fazem verdadeiros parafusos no ar e a queda da fortaleza quando os guerreiros pulam por cima do muro.

A simples descrição dos momentos culminantes do espetáculo mostra que ele tira sua força da acrobacia, do malabarismo, da ginástica, da elasticidade – recursos que associamos mais ao circo do que ao teatro. A observação não implica nenhum juízo pejorativo: é apenas uma questão de gêneros. Aliás, cabe lembrar que a dança soviética enveredou também para as dificuldades acrobáticas que, se exigem, de um lado, um extraordinário preparo corporal do intérprete, estão longe dos nossos ideais estéticos.

Certamente cometemos uma injustiça com o elenco da Ópera de Pequim, porque esses valores aparecem fora do seu contexto, por impossibilidade nossa de acompanhar o pleno significado das obras. Escapa-nos toda a linguagem falada dos atores e, pela técnica vocal e pelas inflexões, é de se supor que haja um universo que não penetramos. Não estamos familiarizados, também, com o código de gestos e de símbolos, cujo domínio permitiria uma crítica exata sobre o rendimento dos atores.

Não vou esconder, porém, a frustração que senti ao deixar o Municipal. Lembrei-me do fascínio que me provocou a primeira vinda da Ópera de Pequim a São Paulo, há vinte e quatro anos. Para mim, tudo era surpresa e descoberta. Sou obrigado a levantar duas hipóteses, sem me decidir por uma ou por outra: ou a linguagem da Ópera de Pequim já não é mais novidade e, por isso, não impressiona tanto, ou o espetáculo de antigamente era de fato melhor.

Oreste

Vittorio Gassman
4 de julho de 1952

Um grande espetáculo. Belíssima encenação. Poucas vezes o Municipal terá encontrado oportunidade de abrigar uma apresentação de teatro em nível tão grandioso, cuja força e vigor arrastassem em tantos aplausos incontidos da plateia.

A cortina, abrindo-se mais de vinte vezes sobre o final da peça, foi prova efusiva de que o mistério cênico se revelara.

Pelas revistas italianas especializadas, sabíamos que *Oreste* valeu uma vitória significativa para Gassman e ficou inscrita como uma encenação das mais primorosas. Ao iniciar-se o desempenho, porém, não suspeitávamos que a tragédia de Alfieri pudesse alcançar voo tão alto, desenvolver-se em clima tão poderoso e em que as palavras adquirissem uma intensidade e uma vibração raramente atingidas. O verso alfieriano é forte. A expressão concisa, de síntese admirável. Mas a ação permanece lerda, retardada pelo estilo dos longos monólogos e a recusa dos episódios. Essa característica, que poderia tornar pesado o espetáculo, monótono o desenvolvimento, converteu-se em aspereza, em densidade interpretativa, explorando ao máximo o recurso vocabular. A direção de Vittorio Gassman envolveu a peça de um sopro romântico (não é infidelidade ao espírito de Alfieri), banhou as cenas de tragicidade latina e fez do espetáculo um nervo estirado, que abala o espectador nas últimas reservas emotivas.

A beleza plástica é insuperável. A presença da guarda propicia uma composição cênica perfeita. Electra, insuspeitada para a plateia, surge de um verdadeiro milagre de marcação. Clitemnestra se lamenta, e todos formam um quadro austero de dignidade irrepreensível. O ritmo quase marcial dá a postura clássica, vitalizada na paixão romântica e no gosto moderno, concluindo num *Oreste* que guarda as riquezas tradicionais revigoradas na têmpera atual.

É certo que, de início, estranhei um pouco o que me parecia quase derramamento peninsular. Predisposto pelas concepções mais frias da tragédia helênica, cuidei que o espetáculo extravasasse em exuberância demasiada, capaz talvez de comprometer o padrão clássico. Mas senti, de imediato, que aquele vigor era enriquecimento para o autor setecentista, dois mundos que não se opõem, mas se completam, estavam reunidos num símbolo único, que congrega toda a pauta de sentimentos possíveis ao mundo de conhecer.

Gassman, no Oreste, supera qualquer expectativa. Está entre os três ou quatro maiores atores que o Brasil já conheceu. Que riquíssimo diapasão de voz, que poesia consegue nas mais variadas inflexões, que vigor interpretativo, que natureza poderosa, uma torrente vulcânica de expressividade, máscara perfeita, atitude impecável – um ator esplêndido! Admira que, tendo no dia anterior representado uma comédia, pudesse transfigurar-se tão completamente. O ator completíssimo!

A Electra foi vivida também com excelência por Elena Zareschi. A atriz muito considerada, e que não mostrou, na estreia, suas possibilidades, foi em *Oreste* uma só vibração, noturna e terrível no desejo de vingança, com voz comovida e muito bonita. A cena do reconhecimento do irmão é das mais patéticas que já me foi dado ver em teatro. Como Clitemnestra, Diana Torrieri fez bem um monólogo logo após o intervalo, e agradou pela voz clara, embora a expressão e os gestos não acompanhassem inteiramente as situações. Raoul Grassilli e Mario Graciliani, os outros dois grandes atores masculinos do elenco, compuseram com dignidade extraordinária as figuras de Pílade e Egisto. O primeiro, além da máscara muito adequada, possui uma dicção de incomum valor. O segundo, com o jogo fisionômico muito próprio, e incontestável poder cênico, se manteve, no equilíbrio geral, dentro da inquebrável altitude do espetáculo. Riccardo Garrone coadjuvou bem, junto de toda a guarda.

A pureza de linhas, a sobriedade dos cenários e dos figurinos, feitos por Gianni Polidori, a sintonização da música (muito bem aproveitada), de autoria de Fiorenzo Carpi, contribuíram para que um pormenor não fosse descurado. Essa, sobretudo, a principal característica do espetáculo.

Os Bonecreiros

11 de janeiro de 1974

Um belo grupo português, Os Bonecreiros, que apresentam ainda hoje, no Aliança Francesa, *A grande imprecação diante das muralhas da cidade*. Um elenco lúcido, bem preparado tecnicamente e revelando em Fernanda Alves uma das primeiras atrizes da língua.

Deve-se agradecer ao Instituto Goethe o patrocínio da atual excursão do conjunto, talvez a única forma de o público de uma quase dezena de capitais brasileiras tomar contato com alguns dos melhores valores portugueses. Esta temporada deve ser vista, sobretudo, como um estímulo para uma nova visita, quando Os Bonecreiros encenarão os espetáculos em que temos mais curiosidade de vê-los, como *A grande chegada dos touros, Mulheres e fado* ou mesmo as obras de Ruzante e Rafael Alberti.

Porque a peça do autor alemão Tankred Dorst, que já conhecíamos na montagem de Gianni Ratto para o Studio São Pedro, não oferece as melhores condições para o juízo de um elenco. Como Dorst hoje é internacionalmente aclamado como um dos maiores dramaturgos de língua alemã, compreende-se o interesse do Instituto Goethe em divulgá-lo, numa promoção da cultura germânica no exterior.

Numa visão pessoal, contestada, aliás, por outros colegas brasileiros, *A grande imprecação* me parece apenas um sub-Brecht, falso e soporífero. Dorst não soube inventar uma história que se mantivesse de pé por conta própria e disfarçou a incapacidade numa cansativa alegoria, que vai além de um lugar-comum palavroso, destinado a jogar poeira nos olhos do espectador. É esse gênero de teatro, artificialmente literário, que não tem mais apelo para sobreviver hoje.

Debaixo da rala trama de Dorst, percebe-se a derivação de *Um homem é um homem*, de Brecht. Enquanto Brecht transforma Galay Gay no soldado que falta à chamada da tropa, aqui é um soldado que se converte em Hsueh-Li, o reclamado marido de Fan Chin-Ting. Só que as vicissitudes da miséria civil, encarnada numa China longínqua, em época antiga, levam o soldado a preferir a volta à segurança e ao conforto da caserna. Tema sugestivo, que o tratamento abstrato do autor dessorou numa construção vazia.

Se tenho essa imagem tão negativa da peça, dificilmente acreditaria num milagre do encenador. De fato, Mário Barradas fica preso às indicações do texto e não consegue fugir a uma movimentação canhestra. Ele procurou sustentar o interesse do espetáculo com o vigor do desempenho. E é esse o aspecto verdadeiramente positivo da encenação.

José Gomes e Mário Jacques, respectivamente oficial gordo e oficial magro, mostram a autoridade e a energia requeridas pelos papéis, que por outro lado não comportam uma elaboração mais rica. José Peixoto, o falso marido, tem a oportunidade de tentar uma criação mais sutil, coibida pelos limites do texto.

É a personagem da mulher que, apesar de tudo, permite maior rendimento a uma atriz, e Fernanda Alves a explora em todas as suas possibilidades. Força, emoção real (que as falas diretas à plateia contam para estimular o raciocínio crítico, sem romper a unidade do papel), domínio de uma poderosa voz e flexibilidade de gestos indicam a atriz em plena posse dos seus meios expressivos. Fernanda precisa ser melhor conhecida pelo público brasileiro.

Depois que a censura quase matou o teatro português, a promessa de liberdade, a partir de 25 de abril, traz a esperança de um mais estreito intercâmbio luso-brasileiro de que a vinda de A Comuna e agora de Os Bonecreiros é um signo animador.

Os justos I

Camus
20 de outubro de 1950

Desconfio de conceituações peremptórias a respeito de livros e personagens. Uma tese pode ser abraçada, com certo brilho, e a verdade integral se sacrifica à tentativa de análise por um ângulo restrito. Em literatura, a tese é empobrecimento, é vontade de desvirtuar o sentido completo da obra em função de dados aprioristicos, que visam a essa ou aquela finalidade. Não é obra de arte a que se reduz a termos de definição. Esse caráter a torna quando muito um inteligente teorema, mas lhe subtrai a grandeza criadora. Por isso reluto em dizer que *Os justos* é uma exegese do Humanismo através da revolução. Uma mensagem de amor tendo como base o problema da justiça social. Uma fundamentação ética da liberdade. Embora não se contradigam, essas premissas poderiam servir isoladamente de ponto de partida para um exame da peça. O certo, porém, é que vários temas se entrelaçam, decorrem uns da colocação de outros, numa unidade que seria difícil decompor para conhecimento das intenções de Camus. Unidade que tem como princípio uma visão complexa e pura da existência – pelas múltiplas formas de que se veste e pelo absoluto de todos os indivíduos.

Os justos sugere imediatamente a discussão se a realizou um "ficcionista" ou um dialogador de ideias. Vem daí a pergunta se é uma peça de teatro ou um arremedo literário que se utilizou da forma teatral. Quanto a esse aspecto, direi logo que a obra deixa de convencer na medida em que não convence como realização literária. A dúvida permanente se uma peça é teatral ou literária assume hoje antipatia acadêmica, e constitui desculpa desagradável para maus textos de teatro que se defendem com a literatura, e má literatura que se abriga na carpintaria do teatro. Assim, *Os justos*, de princípio, se coloca como obra de teatro, feita em diálogos de intenso vigor dramático e síntese poética nunca rompida. A divisão da peça em cinco atos se explica por rigorosa lógica expressional, e a técnica vive em razão nítida da imagem a sugerir. O tom algo abstrato e conceitual dos diálogos se deve menos à impropriedade da linguagem teatral que à indestinação de Camus como ficcionista. O teatro fica realmente um pouco prejudicado, não porque os personagens não sejam especificamente personagens da linguagem dramática, mas porque não são criaturas do mundo autêntico da ficção. É verdade que essa hipótese deve ser admitida com reservas, ainda mais que nada impede a fixação de personagens a partir de uma ideia. No caso de *Os justos,* quero afirmar que presidiu o trabalho do ficcionista a anteposição de um dado – expresso no movimento revolucionário – em torno do qual deveria reagir e se definir diferentes personalidades. A peça é quase uma experiência de laboratório, em que os reagentes diversos dão colorido ao resultado a alcançar. Esse, na verdade, o motivo íntimo da obra. Mas a inteligência e o talento de Camus são extraordinários, e a ideia se corporifica, toma forma de personagem, adquire estrutura humana integral. Os conceitos abstratos, que definem os personagens na categoria de ideias, se liquefazem ante o sopro poético, inscrevendo a peça no território da ficção. Camus alcança o equilíbrio que confere à ideia o poder de externar-se como veículo literário. É sólido o mundo criado em *Os justos*. Embora a peça se veja, artisticamente, em nível inferior a *Calígula* e a *O mal-entendido*, tem o poder inquietante das obras características do nosso tempo.

Os justos II

Camus
21 de outubro de 1950

A maioria dos personagens de *Os justos* pertence ao Partido Socialista Revolucionário, que tem por missão abater a tirania da Rússia antiga. Outros que compõem a trama são: a grã-duquesa, o diretor do departamento de polícia, um carcereiro e o forçado – carrasco. A ação da peça se desenvolve no sentido de um atentado contra a vida do grão-duque, a repercussão posterior em cada indivíduo decorrente da morte do simbolizador do despotismo.

Segundo uma análise materialista, a concepção revolucionária dos personagens se fundamenta no romantismo. São todos representantes de uma sociedade individualista, que por motivos pessoais aderiram ao movimento revolucionário. A revolução é menos, aí, um processo de justiça social que uma moralidade. A natureza ética domina as reações dos personagens. A própria morte física do grão-duque é abstraída, para significar a morte da tirania. Camus não reflete as atitudes de uma classe em contraposição a outra classe. Estuda a psicologia de homens solitários, que procuram na revolução uma justificativa íntima e o meio de comunicar-se com outros seres. O partido é uma entidade abstrata, utilizada consoante à necessidade pessoal. *Os justos*, na terminologia sectária, se define assim como estudo de revoltados e não de revolucionários.

A ética dos personagens é quase a ética cristã. Cristianismo a que faltasse Deus. Os valores religiosos são transpostos da categoria divina, exterior, para uma categoria humana absoluta. Stepan, o personagem de convicção revolucionária aparentemente ortodoxa, a quem os meios falecem para o fim de atingir, diz que "para nós que não acreditamos em Deus, é preciso toda a justiça ou é o desespero". Instaura-se o Humanismo. Ser revolucionário é a maneira de ser homem. O que importa não é tanto a finalidade da revolução, com a ordem da justiça, mas o estado pessoal que essa busca traz ao indivíduo. Kaliayev, humanamente o mais simpático entre os personagens, explica que participa da revolução porque ama a vida. "Revolução para a vida, para dar uma chance à vida".

A ideia da revolução não se afasta da ética. Uma ética diferente é verdade, em que o fim exige a honradez dos meios, mas esses meios têm algo do misticismo inquisitorial. A morte do grão-duque é o processo acreditado para extinção da ordem injusta. O revolucionário, porém, se sente inibido na tentativa do crime, porque há crianças ao lado da vítima. É que matam "para construir um mundo onde jamais ninguém matará". E eles sabem que a morte dos sobrinhos do grão-duque não impedirá nenhum menino de morrer de fome.

O rigor de Kaliayev é grande e o sustenta o princípio de que lançou a bomba sobre a tirania, não sobre um homem. Sua condenação à morte expia a culpa que porventura tiver. A morte é sua liberdade, como será para Dora mais tarde. Por isso ele recusa o arrependimento e a possível liberdade. "Se eu não morrer, é então que serei um assassino". Inunda a peça o clima de misticismo. Já fora lançada a definição utópica de liberdade: "a liberdade é uma prisão enquanto um único homem for escravo sobre a terra". O Humanismo de Camus se contradiz no absurdo da existência. Fortalece a grandeza mística, e ela só se aquieta ou se realiza no encontro da morte.

Os justos III

Camus
22 de outubro de 1950

A feitura da peça é de alta qualidade literária. A matéria foi muito bem lançada nos cincos atos. O primeiro apresenta os personagens, configura os problemas. O lançamento da bomba deveria se dar no segundo ato. Mas um imprevisto frustra a tentativa – maneira excelente encontrada por Camus para acrescer novas perspectivas à ação de *Os justos*. Enriquecida a discussão ética com a presença das crianças, o terceiro ato – central – consuma o fato que representava a finalidade dos personagens. O quarto ato estuda as consequências da morte do grão-duque na psicologia do seu assassino, e dá novo alento ao tema com as faces distintas do policial, da grã-duquesa e do forçado. A síntese final traduz a repercussão do sacrifício do prisioneiro nos outros membros do grupo, para concluir numa ética que predomina sobre as atitudes individuais. Serão as conclusões do autor?

Evidentemente, Camus delineia com muito acerto as fronteiras de cada personagem. Mas pertencem todos a uma massa única, são faces diversas e até contraditórias de uma mesma concepção da existência. Esse caráter confere à peça uma dramaticidade pungente, provada em todos os matizes, reafirmada nos caminhos opostos de duas criaturas. É que todos os personagens vivem metafisicamente. Tal a razão por que nos pareceu desdobrados de problemas de outros, antíteses que se completam para a unidade do autor.

A justiça, na ordem social, é a ideia que move as conjunturas do início. Diz um personagem: "Compreendi que não bastava denunciar a injustiça. Era preciso dar a vida para combatê-la". Todos se definem em função da justiça. É quase um rótulo exterior. A característica social que os identifica como membros do Partido Socialista Revolucionário.

Ao passo que os problemas surgem, a definição inicial se aprofunda. Incorpora outros dados substanciais que, imperceptivelmente, acabam por destruí-la. A fundamentação da justiça necessita de uma justificativa pessoal, e vai encontrá-la confundindo-a com o amor. A justiça nasce do amor, não obstante Dora afirma que "os que amam verdadeiramente a justiça não têm direito ao amor". Kaliayev se declara: "Não separo você, a Organização e a justiça". Mas à pergunta "Me amarias, se eu fosse injusta?", não pode deixar de responder pela afirmativa.

As contradições se acentuam e Dora exclama: "Os seres, os rostos, eis o que se quereria amar. O amor antes que a justiça!". Encontramo-nos em face do amor, como motivo essencial. Uma frase já fora pronunciada: "Não somos deste mundo, nós somos justos". Kaliayev diz mais tarde: "Os que se amam devem morrer juntos, se querem unir-se". "Viver é uma tortura, pois que viver separa...".

A existência humana torna-se sempre mais contraditória. O exaspero a que são levadas essas ideias faz a vida impraticável. O conceito absoluto, utópico, da justiça, da liberdade, da existência, enfim, nega a possibilidade da realização terrena. Eis o domínio do absurdo. Dora procura Kaliayev na morte. A morte é a liberdade. É o encontro. Para indivíduos de têmpera excepcional (ou frágeis? místicos? irrealizados?) a existência é o absurdo que só a morte desata. Conclui-se, pois, que a justiça não se realiza? *Os justos* não chega a conclusão definitiva. Expõe um processo metafísico de encarar o assunto. Se pode ser discutida como tese de consequências sociais, não se lhe poderá negar, ao menos, o testemunho vigoroso e profundo de uma civilização que se interroga dentro do desconhecido.

Para onde is?

Grupo Comuna, Portugal
1º de agosto de 1974

Uma visão brilhante da obra vicentina o espetáculo *Para onde is?*, que o grupo Comuna apresenta até sábado, no Teatro Galpão, encerrando o I Festival Internacional de Teatro. Gil Vicente, o fundador do teatro português, salta do século XVI para tornar-se nosso contemporâneo.

O procedimento do elenco foi o mais inteligente e criativo: ele esqueceu a reverência submissa ao clássico para extrair dele uma validade atual, numa linguagem cênica de hoje. Tanto o *Auto da Alma* como o *Auto da barca do inferno* adquiriram uma ressonância profunda na sensibilidade do homem moderno, revelando, apesar das aparências em contrário, uma unidade subterrânea na focalização do grupo português.

Na montagem do *Auto da Alma*, ficaram dissolvidas as personagens para se ver a alma-indivíduo às voltas com todas as vicissitudes que lhe são impostas. As iguarias oferecidas à alma, para purificar-se (os açoites, a coroa de espinhos, os cravos e um crucifixo), estão desde o início simbolizadas em bambus opressores, que os intérpretes manejam de formas diversas. Ao invés, porém, do cântico final do *Te Deum laudamus*, a alma joga por terra todos os bambus que lhe tolhiam os movimentos.

A argumentação em belos versos do Diabo, a sabedoria das falas dos Doutores, a alegoria do aparecimento da Igreja como estalajadeira e tudo mais se convertem em forças desencadeadas contra o indivíduo indefeso, que no desfecho se liberta das amarras. O *Auto da Alma* é quase um estímulo para a alegoria do grupo português.

Já *A barca do inferno* se comunica pela extraordinária vitalidade, mantida como representação popular de feira. Se o Diabo guarda os chifres da simbologia tradicional, todas as caracterizações são muito livres, e o barco se transforma num carrinho de bricabraque. Conservam-se as figuras do

Fidalgo, do Onzeneiro, do Parvo, de Brizida Vaz etc., embora o texto esteja bastante reduzido e propositalmente se suprimiram os quatro cavalheiros da Ordem de Cristo, que morreram em partes da África e são ansiosamente esperados pelo Anjo. Seria estranha hoje a assimilação dos combatentes em África à ideia de heróis nacionais mortos em peleja por Cristo. Se Gil Vicente, poeta da Corte, para sobreviver, se curvava ante a ideologia oficial da época, o grupo Comuna se sente autorizado a retificar a concessão, ainda mais que o fundamental na obra é a sátira violenta contra a justiça, o mau clero, o tráfico do sexo e o comércio explorador, por exemplo.

A composição quase rudimentar do auto, em que o pecador chega à barca, dialoga com o Diabo e tenta depois convencer o Anjo a finalmente entrar no inferno, perde o esquematismo na montagem variada, rica, sempre inventiva de João Mota. Cada ator improvisa com extrema flexibilidade sobre o texto básico e é de se ressaltar, no elenco bem preparado, o desempenho de Manuela de Freitas, que depois da criação dramática e intensa da Alma, se permite fazer as mais descomprometidas e eficazes brincadeiras na *Barca do inferno*.

Tínhamos uma falsa imagem do teatro português, sufocado por cinco décadas de salazarismo. Com a interdição da quase totalidade de autores representativos do país, supúnhamos que se encontrasse estancada a sua criatividade. As companhias brasileiras que se exibiram em Lisboa foram muito bem recebidas, como se estivessem a fornecer, na mesma língua, o alimento que faltava aos portugueses. Tudo isso contribuiu para se formar a imagem de que nos achávamos mais avançados.

E assim improvisam-se elencos brasileiros, para aproveitar os ventos benfazejos de Portugal, quando os daqui não estão favoráveis ao teatro. Que o pessoal se acautele, para não ter uma decepção. O grupo Comuna acaba de provar que pode contribuir muito, artisticamente, para a abertura do teatro brasileiro.

Partage de midi

Antoine Vitez • Comédie Française
1º de junho de 1977

A Cia. Madeleine Renaud/Jean-Louis Barrault trouxe *Partage de midi* ao Brasil, em 1950, quando o teatro reivindicava um estatuto literário contra os descaminhos do estrelismo ou do sufocamento da encenação. Ao estrear anteontem, no Municipal, a Comédie Française enfrentava outras circunstâncias, o texto de Claudel ainda não se isolou no tempo para adquirir a juventude dos clássicos, e o teatro deu muitas voltas em quase três décadas, afixando ao estilo do elenco, no caso específico desse espetáculo, um tom de irremediável anacronismo.

Na temporada de Barrault, além do mais, *Partage de midi* figurava ao lado de no mínimo meia dúzia de peças importantes, assinadas por Molière, Marivaux, Shakespeare, Feydeau, Crommelynck e Kafka-Gide. Claudel ilustrava uma maneira de encarar o teatro, cotejada com um saudável ecletismo. Era até interessante discutir as premissas claudelianas, em confronto com uma poderosa grande parte da história do teatro. Na atual visita da Comédie, esse cartão de visita parece na melhor das hipóteses deslocado, um lamentável equívoco na política de cultura.

Hoje em dia, não tem sentido reabrir, numa nota de jornal, a polêmica em torno da dramaturgia de Claudel. Quer se goste ou não, *O anúncio feito a Maria* e *O livro de Cristóvão Colombo* aí estão como obras significativas de uma visão religiosa do mundo, sustentadas por uma linguagem verbal de extraordinário fôlego. À míngua de um número ponderável de outros valores, Claudel foi promovido, juntamente com Giraudoux, como a mais alta expressão da literatura dramática francesa do período de entre guerras.

Partage de midi, pela luta entre a paixão humana e o imperativo religioso, se inclui, como tema, entre as produções mais atraentes de Claudel. Só que ele se deixou arrastar pelo delírio da palavra, sem preocupar-se em inscrevê-la num contexto cênico. Os longos diálogos, os intermináveis monólogos retardam de forma cansativa a ação, a ponto de se perder a paciência. A peça quase chega a esgarçar-se pela falta de um fio condutor mais apreensível e dinâmico.

É verdade que, numa ou noutra cena, revela-se o gênio poético de Claudel. A declaração de amor de Ysé a Mesa está entre as mais pungentes e belas da literatura. Esses momentos, contudo, não se encadeiam de forma a construir uma espinha dorsal. Parecem promessas soltas, em meio ao marasmo. Quando Claudel sai da enfadonha conversa é para cair numa briga corporal, nada convincente. O teatro fica marginalizado, pelo excesso palavroso.

Não obstante as severas restrições ao texto, ainda penso que a culpa maior do desastre cabe à linha adotada por Antoine Vitez. O diretor, que fez uma carreira brilhante na França, se deixou embalar pela sonoridade das palavras, esquecendo-se de transmitir ao espetáculo uma efetividade dramática. Ao invés de impregnar o desempenho de força interior, ele estimulou o exercício de uma exterioridade musical, que roubou o possível impulso sincero do elenco.

Com essa errônea premissa, nem cabe julgar os atores. Tem-se a impressão de que eles procuraram mostrar como se fala bem na Comédie. O defeito agrava-se nos protagonistas masculinos – Patrice Kerbrat (Mesa) e Michael Aumont (Almaric). Ambos se deleitam com as palavras, saboreiam o som que emana delas, numa retórica vazia que suprime toda emoção. Jean-Luc Boutté, pelo papel mais discreto, excetua-se dessa falha. Ludmila Mikaël emposta o seu desempenho numa tônica um tanto frívola, que não se ajusta ao conflito interior de Ysé, indecisa entre vários homens. Numa ou noutra cena, também, ela se deixa encantar pela mecânica das frases, sem verdade profunda. Nos instantes de maior simplicidade, ela comunica algo ao público. Não se pode avaliar, porém, o mérito do elenco, pela falsidade geral com que foi encarado esse Claudel.

Os severos e elegantes cenários e figurinos de Yannis Kokkos participam do espírito renovador de algumas montagens da Comédie. Assinale-se a bonita combinação de *ton sur ton* nas roupas, escurecendo à medida que se passa do meio-dia à meia-noite.

Pode ser que a Comédie encarne uma salutar tradição do teatro, fincada no valor perene dos clássicos. *Partage de midi*, porém, não vence a constrangedora impressão de que o sopro renovador da década de 60 deixou de bafejar, ainda que de leve, a "Casa de Molière".

Pedro Manso

Grupo Saltamontes, Equador
7 de agosto de 1981

Dificilmente haverá, no III Festival Internacional de Teatro, outro elenco de simpatia idêntica ao do Grupo Saltamontes, do Equador, que apresenta *Pedro Manso* ainda hoje e domingo, no Teatro Oficina. O espetáculo não tem pretensão artística e não está carregado de suposta verdade: estabelece um diálogo simples e aberto com a plateia, convocando-a para uma verdadeira festa teatral.

Entende-se a comunicação espontânea de *Pedro Manso* se forem tomadas as raízes do conjunto. A lendária atriz Maria Escudero juntou-se, há dois anos, a um grupo de jovens, decidindo sobreviver do contato direto com os camponeses. *Pedro Manso* percorre há três meses as Ilhas Galápagos e ainda não foi levado ao continente equatoriano. Antes da estreia no Oficina, o grupo não havia atuado entre as quatro paredes de um teatro.

Essa característica primordial faz que os atores improvisem, aproveitando os estímulos do momento para envolver o público. A presença de um fotógrafo na plateia foi o pretexto para um ator, que trazia a tiracolo várias máquinas fotográficas, inventar uma série de brincadeiras que logo cativou os espectadores.

O estilo de representação abole o que se convencionou chamar teatralidade para se transformar quase numa história que se narra naturalmente, ao pé do fogo. Ninguém se investe de uma missão superior do desempenho e o situa ao nível de um trabalho desenvolvido para alegrar os circunstantes, mostrando-lhes uma parcela da realidade. Para nós, as palavras soam como uma espécie de dialeto castelhano, mas sem a menor barreira para a compreensão. Tanto assim que o elenco, no rápido debate que se seguiu ao espetáculo, ficou espantado com a receptividade do público brasileiro.

Informa-se que *Pedro Manso* é uma adaptação do texto do autor cubano Rômulo Loredo. Não conhecemos o original, o que nos permitiria avaliar melhor o que pertence ao dramaturgo e o que foi transposto para a cena. Recebemos o texto como uma simplificação de *A megera domada,* de Shakespeare, que por sua vez se baseou no enredo da *História muito espirituosa de uma megera domada,* que ele conheceu em livro. Não é objetivo da montagem mostrar uma grande elaboração literária: conservam-se dos episódios as linhas gerais, para que o público entenda o significado do debate.

Em Shakespeare, Petrucchio domina Catarina, rebelde ao contato com um homem. Diante dos violentos meios persuasivos adotados pelo marido, a mulher resolve não mais contestá-lo e admite: "A submissão que o servo deve ao príncipe/ é a que a mulher ao seu marido deve". Já os mesmos episódios servem, em *Pedro Manso,* para discutir o problema do machismo entre as populações latino-americanas. Certamente o público popular, que prestigia o Grupo Saltamontes, reconhece na montagem a transposição de uma realidade que pertence ao seu cotidiano.

Encantam no elenco a naturalidade do desempenho e a vivacidade com a qual ele se relaciona com o público. Espectadores são convidados para dançar na festa de casamento dos jovens e não se nota nenhuma situação forçada. Sente-se que os intérpretes falam de fato a língua do povo e não cogitam de impor às camadas populares uma visão particular do que seria melhor para elas. A singeleza da apresentação se transmuda, como que por encanto, em delicioso prazer estético.

Phèdre

Racine • Jean-Louis Barrault
25 de março de 1953

Voltou ao cartaz da Comédie Française, na Salle Richelieu, a tragédia *Phèdre*, de Racine. Creio que o público carioca já teve ocasião de assistir a esse espetáculo – dirigido por Jean-Louis Barrault e com Marie Bell vivendo a heroína. Daí eu limitar meu comentário a um registro sem pormenores.

Fedra, como texto, dispensa o estudo protocolar, quanto mais a resenha jornalística. O crítico deverá conter-se no domínio dos inúmeros ensaios literários, ou tentará oferecer uma contribuição pessoal, num trabalho cuidado e longo. O objetivo desta coluna exclui a segunda hipótese, e, mesmo para a primeira, não há espaço bastante. Contento-me com a notícia.

Barrault, na apresentação de *Fedra*, situa-se como "uma tragédia sobre o amor, a glória do amor". Essa frase define bem. Fedra simboliza, com efeito, o amor violento, absoluto, totalitário, que se esquiva à obediência das conversões e ao pudor de confessar-se, e se lança vulcanicamente sobre o objeto. Amando Hipólito, seu enteado, Fedra pratica o incesto, e a lei superior dos deuses, que visa retribuir o equilíbrio, a condenará. É-se tentado a não aceitar a imolação de Hipólito, elemento passivo da tragédia de Fedra, e que sucumbe ao anátema paterno. Nesse caso, o problema é de outra ordem: Hipólito não poderia amar Aricie, e a ama, não obstante. A maldição de Teseu, se não vigora pela desconfiança do amor a Fedra, procede pela existência do outro amor proibido. E a glória final de Aricie vem para purgar completamente os personagens. Como natureza extremamente intensa e apaixonada, compreende-se porque Fedra exerça tamanha atração para as atrizes.

Quanto à *mise-en-scène* de Barrault, não percebi onde ele estava. E a ausência de uma pequena marca desse grande homem de teatro, não sei a que possa atribuir: se ao fato de ser um trabalho mais antigo seu, onde não estivessem ainda desenvolvidas as qualidades que pudemos apreciar no Brasil, numa temporada com as últimas realizações; se à eventual circunstância de que, com o correr do tempo, o espetáculo não manteve a primeira forma; ou se ainda os autores da Comédie não se deixaram dirigir. Por que, na verdade, Fedra me pareceu uma encenação como qualquer outra da Casa de Molière, menos brilhante do que *Mithridate*, onde se sentia mais à altura e vigor interpretativo.

O espetáculo tinha o estilo que se pode chamar o estilo de tragédia na Comédie Française: versos bem declamados, todos os atores tendo sua "grande cena", cujo fim é o aplauso certo e delirante do público. As entradas, heroicas e decididas, mais parecendo um salto inicial de um bailarino. Para mim, que preferiria um desempenho interior e sincero, o conjunto parece mais um exercício físico onde os atores mostram o virtuosismo que é um espetáculo de teatro. Quase diria que estava em presença de uma tortura, sem dúvida com momentos de real emoção. Marie Bell não convence de todo em Fedra; Maurice Escande, como Teseu, faz o melhor papel que até hoje conheço dele; André Falcon, como Hipólito, não revela o necessário poder; e René Faure vive com justeza Aricie. Bonito guarda-roupa, de Jean Hugo, que é também o autor do cenário menos satisfatório.

Depois dos cincos atos, dados sem intervalos, o delicioso *Sganarello*, de Molière. Encenação simples e adequada de Jacques Clancy, e Georges Chamarat, que também esteve no Brasil, muito cômico no papel do *cocu* imaginário.

Philippe et Jonas

Jean-Pierre Grenier
20 de fevereiro de 1953

Quando Marcel Marceau esteve no Rio, ele se apresentou em público só num domingo, ao lado dos Frères Jacques, cançonetistas que estão fazendo um grande sucesso atualmente no Teatro Daunou. Num espetáculo privado, essa equipe se exibiu, antes, na Embaixada Francesa, com o concurso de alguns elementos da Companhia Grenier-Hussenot que não ofereceram récita pública.

Foi essa companhia que conheci agora, no Teatro da Gaîté--Montparnasse, representando *Philippe et Jonas,* do dramaturgo americano Irwin Shaw. E a aplaudi com muita satisfação, pela beleza da montagem e do desempenho, que fazem do cartaz um dos melhores entre os teatros de Paris.

O autor chama a própria peça de fábula, "que, como toda fábula, comporta uma moral. A justiça triunfa e os humildes vencem os arrogantes". Acrescenta não pretender "que seja assim na vida real".

O texto sugere a fábula, bem certo. Com as suas palavras, Irwin Shaw indica não ter ficado na simples transposição da realidade, um dos caracteres do tratamento artístico, mas de certa maneira prescindir dela modificando-a segundo um modelo ideal. O efeito patético se torna mais patente, um encanto ingênuo atravessa toda a peça e lhe dá muitas cenas de grande beleza. Confesso, porém, que não a aceito inteiramente, e as restrições que lhe faço se prendem à dúvida da própria validade de uma fábula em nosso tempo – uma fábula que não tenha uma moral amarga, pelo menos no caso de *Philippe et Jonas*, a simplificação da intriga em benefício da ideia trouxe uma inverossimilhança demasiada – por que não dizê-lo? –, a peça fica parecendo meio boba. Para que a fábula convencesse de tudo, era necessário que emergisse simbolicamente da realidade, ou que cortasse os fios que a prendem a ela. No meio-termo sugerido por alguns detalhes, acaba-se por não acreditar na trama, por achar os personagens apenas primários e ingênuos.

Eis o que se passa: dois pescadores, Felipe e Jonas, sob uma ponte no Brooklyn, sonham um futuro mais próspero. Aparece-lhes um *gangster* que, além de exigir uma cota semanal, acaba de despertar o amor da filha de Jonas. A justiça falha, quando provocada, mas Felipe e Jonas executam a própria justiça, a verdadeira, e se libertam e libertam a filha do anjo mau. Desvanecidos os sonhos altos e o desejo de fugir à rotina da moça decepcionada, sente-se que o simples e tranquilo cotidiano conduzirá de novo a ação. Creio ser tolo, por exemplo, o pretexto de fazer suspense com a carteira subtraída ao morto. Bem como a suspeita, ao vê-la, que sentiu o jovem repudiado; ela não terá a esperada consequência na história. De grande valor teatral são as cenas do banho turco e a morte do *gangster*, ademais admiravelmente representadas. Situar boa parte da trama num barco que se movimenta para o alto mar, é óbvio que foi uma ideia original e muito curiosa de Iruin Shaw.

Direção precisa e inteligente de Jean-Pierre Grenier, bonitos cenários de Jean-Denis Malclès, sobretudo do banho turco, e um desempenho a que a entrada de cada intérprete traz um acréscimo, um novo vigor. O *gangster* representa mais um malandro francês que o estereotipado pelo cinema americano, mas achei melhor que o mostrassem assim. Os elementos da ótima equipe de atores Jean-Pierre Grenier (Jonas), Oliver Hussenot (Felipe), Jean-Mare Leniberg (o *gangster*), Annie Noel (a filha). Jean Marie Lamy, Roger Carel, Madeleine Bargulee, Maryse Paillet, Herbert Descamps e Claude Richard em papéis menores.

Pierrot de Montmartre

Marceau

A dama das camélias

Edwige Feuillère
26 de outubro de 1952

O título não quer sugerir nenhuma aproximação, senão que vou tratar dos dois espetáculos nesta crônica. Numa só crônica, dois espetáculos. Certamente serei ligeiro e superficial, mas não vejo interesse em aprofundar assuntos de que o leitor está distante, parecendo-me mais lógico não ir além da informação. A informação pura e simples, aliás, é o hábito geral da crítica cotidiana francesa, limitando-se os cronistas a contar o enredo da peça e a dizer se o ator está ou não bem no papel. Se eu tinha, antes, outras pretensões, aceitarei de bom grado a influência.

Pois bem, a pantomima *Pierrot de Montmartre*, apresentada pela companhia de Marceau, é o roteiro lírico e patético do apaixonado vagabundo, cuja Pierrette aceita a proteção do ricaço. Numa discussão, em casa do mecenas, Pierrot o assassina inadvertidamente, quando atacado, mas o júri acredita na premeditação, e ele é condenado à guilhotina. A lâmina não lhe fere o pescoço, e, levado então ao cárcere, foge quando Pierrette vai visitá-lo com um filho seu no colo. Cenas de grande beleza são aquelas em que, ao voltar com a comida, não encontra Pierrette a esperá-lo (a máscara de abandono e sofrimento de Marceau é admirável); aquela de comicidade, em que Pierrot cria enorme confusão no Maxim's, quando lá estão a amada e o mecenas; aquela em que, numa desesperada tentativa, faz a respiração artificial no morto; o julgamento, com os tipos muito bem caracterizados, lembrando para nós o espetáculo em que o grupo teatral franco-brasileiro

Les Comédiens de l'Orangerie interpretou *Un client sérieux*, de Courteline; finalmente, a visita na prisão, e a fuga cheia de esperança, enquanto os encarcerados marcham sob as vistas dos guardas. E a pantomima inteira, de mais de uma hora, se desenvolve em ritmo acelerado, dentro de sugestivos cenários de Jacques Noel e adequada música de Joseph Kosma.

E agora, *A dama das camélias*. O espetáculo é uma reprise, encenada no Sarah Bernhardt em cinquenta representações ao ensejo do centenário da peça, *Margarida*, com Edwige Feuillère. O novo Armando, Jean-Claude Pascal. O pai, Jacques Berlioz.

Informaram-me que se trata de uma apresentação rotineira, que não mereceu cuidados especiais. Não obstante essa preliminar, e o desagrado que sinto pela crítica comparativa, sou levado a dizer que, no Rio, considerou-se com extrema severidade o espetáculo do Teatro Brasileiro de Comédia, de São Paulo. Evidentemente, em relação ao que se considerou aqui sobre esse espetáculo... As interpretações, de maneira geral, são seguras. Edwige Feuillère impressiona, sobretudo pela belíssima voz grave e que enche todo o teatro. Jean-Claude Pascal não tem muita comunicação. Como entre nós, com Paulo Autran, sobressaiu-se o pai. Mas a encenação, no conjunto, é grosseira, pesados e sem gosto os cenários, inexpressivo o guarda-roupa. As marcações são rígidas, não se percebe espírito inventivo no encenador. Não há, é verdade, os erros que se atribuiu a Salce. Mas também não há a mesma finura, a mesma sutileza, e o quase requinte da concepção.

Não estou ficando patrioteiro, não. E nem quero que, sobre um simples espetáculo, se tirem conclusões apressadas. Mas é com algum orgulho que se faz honestamente essa constatação.

Pradel, o mímico

20 de junho de 1974

Eis que, depois de Marceau, a França produz mais um ator apto para a exportação: Pradel, que, no programa de uma vertiginosa viagem pela América Latina, exibindo-se muitas vezes cada noite em uma cidade diferente, apresentou seu espetáculo paulista anteontem, no Teatro Aliança Francesa.

São onze mímicas apresentadas sem nenhum intervalo, e em que o único acessório mutável é o chapéu, já que Pradel fica no palco o tempo inteiro com uma calça de jeans e uma camisa branca de boca mais larga nos punhos. Como nos espetáculos de Marceau, a música nasce sempre das melodias mais populares e simples, quando não se vale de sons especialmente compostos, para sublinhar um efeito.

A principal fonte de Pradel é a crítica bem-humorada de situações do cotidiano. Depois de um prólogo interessante, em que ele faz um gesto nascer da sugestão de outro, num verdadeiro desfile surrealista, vem o ridículo de uma tristeza amorosa: o revólver levado à fronte se atrapalha com a contagem do tempo, até transformar-se num objeto incômodo e inútil.

Pradel desenha com muita nitidez a história, como na superposição dos cubos, alimentada pelo recurso à bebida, ou no ensaio de uma orquestra, em que o maestro se desespera com a falta de energia dos instrumentistas.

Outras mímicas interessantes são a do *cowboy* (as pernas abertas para sugerir a montaria) e a do *Cabelo*, cujo fio ganha uma existência incrível nos movimentos alucinados do mimo. Já *Um amor de guarda-chuva* resvala para a pieguice.

As portas, que encerra o programa, tem uma bela ideia. O mimo, cuja arte é o silêncio, abre sucessivamente numerosas portas, das quais surgem ruídos agressivos. Apesar do horror desse pandemônio sonoro, o mimo acaba por deixar abertas todas as portas, encontrando uma companhia para sua solidão.

A gramática de Pradel assemelha-se à de Marceau, embora sem o mesmo rigor e perfeição dos gestos. Sua criatividade, também, não mostra a mesma gama de Marceau, que do humor passa à poesia e às mais requisitadas abstrações. Pradel está preso à terra, embora nesse domínio revele observações pertinentes e divertidas.
    Outra virtude de Pradel é seu diálogo com a plateia. Um atraso, um movimento, um bocejo do espectador provocam uma resposta pronta do mimo, que assim estimula a participação do público. Uma participação sempre interessada, porque a mímica tem o dom de despertar as nossas reservas infantis, refrescando a nossa maneira de ver a realidade.

Pranzo di famiglia

Società Cooperativa Teatrale G. Belli, Roma
18 de maio de 1976

Pranzo di famiglia, cartaz do II Festival Internacional de Teatro no Teatro da Universidade Católica, interessa ao espectador, sobretudo, pelo contato com um elenco jovem de grande talento, na melhor tradição do palco italiano. Seja qual for a proposta da Società Cooperativa Teatrale G. Belli, de Roma, o que impressiona na montagem é o mérito dos atores, que incorporam recursos modernos a um extraordinário domínio verbal, carregado de intenções.

Porque a peça de Roberto Lerici, mesmo considerada a sua inteligência e a sua inscrição numa respeitável herança dramatúrgica, não chega a convencer. Ela parece muito mais um ensaio, uma construção cerebral visando a certos objetivos críticos, do que uma obra de arte pronta. Lerici ficou nos andaimes e não soube cobri-los com um acabamento que lhes daria efetividade.

A técnica empregada poderia favorecer as intenções do autor. Numa refeição em família, na qual se comemora o noivado da filha de 30 anos, praticamente cada conviva despeja a sua imagem interior. É como se todos estivessem ali, sem censura, entregues à própria motivação e desligados da presença do outro. Se esse recurso marca a incomunicabilidade, um dos traços caracterizadores do mundo burguês em decadência parece também uma maneira fácil de escamotear as exigências do diálogo.

Numa linha expressionista que ajuda o encontro de sínteses representativas, tudo é levado ao paroxismo, no molho de grotesco e guinhol. Desaparece a delicadeza e prevalece o gesto cru, ninguém se importando com a consequência de um ato. Nessa metáfora buñuelesca, é normal que a noiva mostre combinação manchada de sangue e qualquer intimidade seja exposta ao público.

O procedimento mantém uma fronteira muito tênue entre o verossímil e o gratuito. Não se deseja o realismo, mas certas ações precisariam surgir melhor fundamentadas. O assassínio coletivo do pai, com o qual termina a peça, fica suspenso no ar. Sugere antes o expediente dramático, encontrado pelo autor para criar um desfecho. A dramaturgia moderna está cansada de rituais vazios.

Tinto Brass encontra na direção uma segura linguagem cênica para o desvio do texto. Desde o branco da face, como máscara, às caracterizações carregadas, ele quis traduzir em teatro a violência do autor. Ao invés da sugestão, ele prefere a demonstração clara, embora sem nenhum didatismo distanciado. Ajudado pelos figurinos e pelo cenário de Bruno Garofolo, que sublinha o contraste entre a cerimônia sinistra do almoço e o exterior de misteriosas chaminés fumegantes de fábricas. Tinto Brass entrega os atores a um jogo aberto, em contínua hipérbole. Mesmo assim, e contando com um elenco superior, essa montagem não vai às últimas consequências de *O casamento do pequeno burguês*, de Brecht, na encenação de Luís Antônio Martinez Corrêa.

Magda Mercatali e Antonio Salines chegam até onde exige o grotesco, sustentados por um preparo perfeito de ator clássico. Dois grandes intérpretes da nova geração italiana, que sustentam um estilo apaixonado e lúcido, na melhor escola que passa, em nossos dias, de um Renzo Ricci a um Vittorio Gassman, de uma Lilla Brignone a uma Anna Proclemer. E cada um dos outros nomes não vê segredo em nenhum papel.

A cena doméstica do almoço exigiria uma plateia mais íntima do que a do Tuca. Mas, pela força, o espetáculo atinge em cheio o público.

Presença americana em Londres

10 de março de 1953

No caso da Inglaterra e dos Estados Unidos, pela comunhão da língua, existe de fato intercâmbio artístico. Já assinalei a presença, em Londres, do casal anglo-americano. O intercâmbio se verifica ainda na encenação de espetáculos musicados, que não tive tempo de ver, e na apresentação da ópera *Porgy and Bess* e da peça *The shrike*, do dramaturgo americano Joseph Kramm.

Hoje, de passagem, invadirei o território do meu colega Antônio Bento. Sem pretensão de criticar a obra de George Gershwin, que foge à especialidade desta coluna, mas com o intento único de tocar um aspecto sentimental tão precioso: *Porgy and Bess* foi o primeiro espetáculo a que assisti em Londres, e o encantamento que produziu talvez fosse o responsável pela simpatia e interesse com que procurei outros que lhe sucederam.

Quando essa crônica for publicada, *Porgy and Bess* estará em Paris e possivelmente mesmo já prossiga sua carreira de desmedido sucesso em outra cidade. No meu irrestrito fascínio pelo espetáculo, gostaria apenas que ele fosse levado ao Brasil, onde – tenho certeza – o aguarda o mesmo sucesso da Europa.

Não me cabe fazer considerações sobre a beleza da ópera do grande compositor Gershwin, e também a atuação dos cantores-intérpretes está no domínio da crítica musical. Pelo gosto de comunicar um pouco do meu agrado, informo que pertencem ao elenco de coro Cab Calloway, Leontyne Price e LeVern Hutcherson, além de muitos outros artistas de grande talento. E é esplêndida a movimentação dos atores, dirigidos por Robert Breen, bem como são muito bonitos os cenários de Wolfgang Roth.

Volto ao teatro declamado: *The shrike* (*A ave de rapina*, penso ser essa a tradução), apresentada nos Estados Unidos pelo grande ator José Ferrer e premiada com o famoso Pulitzer.

Não obstante a técnica segura, não me agrada, de maneira alguma, o texto: ele é primário, todo contido nas fórmulas psicanalíticas que o cinema tanto divulgou. A mulher procura convencer a todos de que o marido, que tentou suicídio, está louco, e o envolve de tal modo na casa de saúde que acabará por torná-lo um escravo seu. Como tese para reforma de hospitais, aceita-se o quadro traçado pelo autor: não como literatura de ambição, pois as cenas e os personagens são primarizados, empobrecidos de múltiplas facetas, em benefício do fim a atingir. Joseph Kramm esquece o princípio elementar de que, para o interesse de um conflito, é preciso que os antagonistas estejam à altura de medir forças. Em *The shrike* tudo se aniquila, estupidamente, para que a mulher alcance o seu objetivo.

Ainda uma vez, a desimportância do texto é contrabalançada pelo desempenho. Ao lado de Constance Cummings, aparece o grande ator americano Sam Wanamaker, impressionante pela sinceridade de sua criação. Ele obtete grande triunfo, na última temporada, com *Winter journey*, de Clifford Odets, em igualdade de condições com Michael Redgrave, e o conhecemos, no Brasil, pelo forte desempenho no filme *Give us this day*, de Dmitrik. Também em *The shrike* a homogeneidade do numeroso elenco explica o valor do espetáculo.

Poesia e Musset

Comédie Française
3 de junho de 1952

A declamação de poemas, o desempenho de cenas diversas e *On ne saurait penser à tout*, de Musset, constituíram a última récita de assinatura da temporada da Comédie Française no Municipal.

A primeira parte do programa representou uma homenagem a Victor Hugo, cujo 150º aniversário de nascimento se comemora neste ano. Nada mais justo, numa visita de fins culturais, que a celebração do grande poeta, considerado por muitos o maior da França. Victor Hugo é também uma figura de extraordinário relevo no teatro, onde *Hernani* e *Ruy Blas* ficam como expoentes no gênero romântico. E, se não existisse propriamente a importância de sua obra dramática, o prefácio de *Cromwell* ficaria como o manifesto estético definitivo do teatro moderno.

Daí o significado da homenagem, a que os artistas da Comédie Française souberam dar o exato acento, sem "representar", na quase totalidade dos recitalistas, os poemas, mas dizendo-os com a simples utilização dos recursos vocais. Como o nosso público aprecia muito o recital poético, o espetáculo marcou um grande êxito, que seria ainda maior sem a demasiada extensão do programa e a inútil e escolar notícia de Jean Serment.

Apresentando cenas de *Ruy Blas*, *L'aiglon* e *Cyrano de Bergerac*, os atores conseguiram sugerir, num pequeno corte, a ilusão teatral. As ovações a Maurice Escande, na cena do balcão de *Cyrano*, fazem prever que, se a peça de Rostand pertencesse ao repertório, a Comédie Française teria alcançado mais um expressivo triunfo.

Para mim, que não me sinto à vontade num espetáculo de declamação, preferindo a leitura do poema, a segunda parte do programa – *On ne saurait penser à tout* – valeu a noite. Este *proverbe* não se inclui entre as obras mais representativas do autor de *On ne badine pas avec l'amour* e *Les caprices de Marianne*. É uma delícia, porém, pela delicadeza, pela quase gratuidade, pelo *divertissement* puro que tem no palco a vida de um fogo de artifício. Os amantes distraídos, que até do pedido de casamento se distanciam, a todo o instante, pela fugaz atenção de outro objeto, fazem um sopro de trama que mal daria para sustentar um rápido desempenho, não fosse a leveza e a própria inconsistência sua verdadeira característica.

A direção de Robert Manuel, para exprimir esse significado, foi primorosa. O espetáculo tem um ritmo admirável, surpreendendo-nos a flexibilidade do diálogo (sobretudo nas réplicas dos amantes), e a composição próxima do balé, que cria para o conjunto a atmosfera de sortilégio.

No desempenho Yvonne Gaudeau, Jean Meyer, Robert Manuel e Denise Pezzani não merecem qualquer reparo. Jacques Charon, num certo sentido, terá nossos maiores elogios, já que foi ele, como ator, o principal responsável pelo extraordinário ritmo de representação. Brasileiramente, talvez, estranharemos a estilização excessiva do personagem, que para nós faz perder as características de virilidade.

A montagem não foi brilhante: guarda-roupa aceitável e cenário sem gosto.

Quarenteine

Grupo Plan K, Bélgica
14 de agosto de 1981

Numa preocupação muito louvável com as mais diversas formas de expressão, o III Festival Internacional de Teatro trouxe para o Galpão o grupo belga Plan K, na sua última criação coletiva, o espetáculo *Quarenteine*. Importante que o certame se sensibilizasse com uma pesquisa que, de certa maneira, pareceria negar as suas manifestações, coladas ao conceito tradicional de teatro.

Quarenteine se desenvolve numa atmosfera de pesadelo, pontuada pelo violino elétrico de Michael Galasso. De início, dois atores encontram-se no interior de tubos de acrílico, e os movimentam, com os refletores que os acompanham. No outro lado do palco, um terceiro intérprete está no interior de um plástico inflável, que ele modula depois como uma grande roda. E se nota a presença do quarto ator quando ele chega ao proscênio, debaixo de um enorme balão retangular de plástico, que ocupa o espaço quase inteiro. Esse balão adquire formas diferentes e se estabelecem imagens de real beleza, complementadas por objetos metálicos que, às vezes, cobrem a parte superior dos atores, maçaricos que produzem pictóricas faíscas e um vaporizador que asperge água.

Há um diálogo muito espontâneo dos atores com todo esse material. Elas se deslocam no interior do balão ou passam para fora dele sem que se perceba o incômodo atrito do homem com as exigências físicas. Tudo acontece num plano "natural", além dos reclamos da lógica, num clima de sonho. Não é à toa que *Quarenteine* utiliza uma epígrafe de Gérard-Georges Lemaire: "O que se fala aqui é da linguagem despedaçada pela máquina da cultura ocidental, a morte através da diluição da identidade, uma utopia obsessiva transportada pelas ondas dos esquemas de controle; é, em uma palavra, o colapso de uma estrutura significativa e o ocaso dos ídolos do significado".

O Plan K chegou a esse caminho por considerar velha a linguagem do teatro, comparada com a das outras artes. Em seu itinerário estão as concepções de Burroughs, Deleuze, Guattari, Duchamp, Bosch e outros nomes que contestaram a tradição estabelecida do pensamento e da arte. Sou obrigado a confessar, entretanto, que apesar da plasticidade efetivamente bela de *Quarenteine*, a experiência, no conjunto, me parece mais o aproveitamento das pesquisas realizadas nos outros campos do que a instauração de uma linguagem nova do teatro. Não há, de fato, no espetáculo, nada que já não seja conhecido, de uma ou outra forma.

E fico impaciente quando Frédéric Flamant, diretor do grupo, justifica a utilização de música e imagens, porque "a palavra é a maneira mais pobre de se comunicar. *Quarenteine* é forte porque a imagem e a música são uma forma de comunicação universal". Muita gente escreveu que os oráculos do óbito da palavra tiveram de valer-se dela para decretar o seu desaparecimento. Essa é hoje uma polêmica velha, que teve sentido quando o excesso da palavra ameaçava sufocar a especificidade teatral. Agora que o teatro reivindicou e obteve os seus direitos como arte própria, independente da literatura, menosprezar a palavra significa perder uma das grandes potencialidades da realização cênica.

Um espetáculo como *Quarenteine*, que radicaliza uma posição, tem a virtude de promover valores que podem depois ser mobilizados para novas criações artísticas.

Quitte pour la peur e
O pároco espanhol

Comédie Française
25 de julho de 1953

A Comédie Française (Salle Richelieu) lançou novo espetáculo, constituído de *Quitte pour la peur*, de Alfred de Vigny, e *O pároco espanhol*, comédia de Fletcher e Massinger, adaptada por Roger Ferdinand.

Os três quadros de Alfred de Vigny têm uma curiosidade relativa – a suficiente para completar um espetáculo, quando a outra peça é pequena para constituí-lo. O marido, que nunca estivera no leito conjugal, se inteira de que a esposa espera um filho, e se sente vingado pelo medo que a situação lhe causa. Armação pesada e lenta, apesar de curta, mas as cenas de esclarecimento dos esposos têm comicidade leve. Com o desempenho justo de Georges Vitray, Jean Marchat, Micheline Boudet e Lise Delamare, o *divertissement* se torna agradável.

Já *O pároco espanhol* promete muito, às primeiras cenas, e bem depressa perde o interesse. Fletcher e Massinger são dois autores elisabetanos, que escreveram juntos cerca de uma dúzia de peças, além da produção pessoal, e cuja glória ficou obscurecida pelo permanente culto de Shakespeare. Essa comédia, entretanto, não merecia ser desenterrada, ao menos por uma companhia que não se especializa em fazer experiências. Porque, no gênero, outras obras definitivas apagaram-lhe a atualidade, e o próprio desenvolvimento sugere a frustração. Um rapaz se introduz na casa de um jurista avarento e que tinha trancado a jovem esposa, com o fim de pregar-lhe uma peça e fazer uma difícil conquista. Na cumplicidade coletiva e cínica para atingir o fim podemos reconhecer a deliciosa situação de, por exemplo, *A mandrágora*, de Maquiavel. O pároco, o sacristão e os amigos conspiram para o êxito do adultério. Mas, criado o ambiente, as cenas se arrastam, e a ação desfalece antes de atingir o desfecho. A Comédie se propôs a encenar a peça certamente pelo forte acento anticlerical – um dos característicos constantes do repertório nela apresentado.

Ri-se com Jacques Charon no sacristão, nada com Jean Meyer no pároco, e agradam Renée Faure, na esposa espanhola, e Henri Rollan na composição caricatural do velho advogado. A encenação de Jean Meyer não consegue flexibilidade e desta vez são feios os cenários de Suzanne Lalique.

Renga Moi

Abatumi Company, Uganda
12 de maio de 1976

Com *Renga Moi*, no desempenho de Abatumi Company, de Uganda, pode-se dizer que o público brasileiro viu, pela primeira vez, o teatro total africano, fundindo texto, música e dança. Deve ser pela sinceridade e pela força de conjunto que o resultado foi uma acolhida apoteótica, na estreia de anteontem, no Municipal.

A estética do teatro moderno tem valorizado a concepção de um ator completo, capaz de utilizar bem a palavra e o corpo. Se o exagero de dicção ou da expressão corporal caiu de moda, o equilíbrio no uso de todos os recursos expressivos parece ser o mais recomendável.

Pois bem: os atores de Uganda falam, dançam e cantam, e ainda por cima tocam de maneira excepcional os instrumentos típicos e os de percussão.

São apenas onze atores em cena – quatro mulheres e sete homens. Às vezes, é possível sentir falta de maior número de elementos. Eles se desdobram de tal maneira, porém, que o palco parece cheio quase o tempo todo. E, não bastando essa multiplicação, o elenco desce para a plateia, num esforço comunicativo amplamente recompensado pelo público.

Falam-se quatro dialetos, o que para o espectador brasileiro não faz a menor diferença. Provavelmente para os africanos também. Porque, se a palavra estranha existe como barreira, o espetáculo procura mostrar que se pode estabelecer um contato além dela. A leitura do resumo introduz a plateia no universo da obra, que acaba impondo-se por si mesma. Os signos visuais e sonoros substituem o entendimento da língua e se acompanha perfeitamente o desenrolar da história.

Não há exagero, exibição de virtuosismo coreográfico ou apelo pitoresco. A ação progride com real simplicidade. Mas, dentro da síntese dos elementos, percebe-se um requinte formal. Apuro que se encontra, também, tanto na indumentária quanto na cenografia. O cenário são algumas traves conjugadas, enriquecidas pelo movimento dos atores.

O que nos fascina em *Renga Moi*, além de tudo, é o ritmo da percussão e da dança. Ora os tambores, ora as cabaças tocadas por varetas como pincéis produzem um som rico e dinâmico, de um vigor contagiante. Para nós, é belíssimo reconhecer as nossas raízes nesse ritmo quente e no gingado espontâneo do elenco. O Brasil se encontra em grande parte do espetáculo.

Renga Moi alia as tradições africanas a um conceito novo do homem, que afasta as superstições e os preconceitos. Sente-se, na montagem, a harmonia com que é resolvida artisticamente essa luta. Esse terceiro espetáculo mantém o alto nível do II Festival Internacional de Teatro.

Romeu e Julieta e La locandiera

Comédie Française
27 de maio de 1953

Romeu e Julieta foi uma das principais encenações da Comédie Française na temporada de inverno, que se prolonga pela já tropical primavera. Se bem me lembro, o espetáculo, iniciado na Salle Luxembourg, teve uma boa acolhida. Atualmente, em cartaz na Salle Richelieu, prossegue uma carreira de êxito, com uma cinquentena de representações.

Não se trata de uma montagem aceitável em todas as particularidades. O diretor Julien Bertheau, se realizou, em bloco, um trabalho sério e digno, não conseguiu solução satisfatória para várias cenas, que pareceram artificiais. Assim a festa em que Romeu e Julieta se conhecem. Querendo ressaltar o seu diálogo, Julien Bertheau concentrou ao fundo, em área diminuta, todos os outros personagens, como se deixassem de estar presentes. Um efeito mais justo de marcação evitaria o resultado desarmônico do conjunto.

Mas o espetáculo, em linhas gerais, convence, e o desempenho garante aos personagens uma existência efetiva. André Falcon (Romeu), Jean Davy (Capuleto), Jean Piat (Benvolio), Henri Rollan (frei Lourenço), Françoise Engel (Julieta) e Béatrice Bretty (a ama), pela segura participação, formam uma equipe sólida nos principais papéis.

E a maior virtude da encenação da Comédie, a meu ver, reside em reafirmar para o espectador a genialidade da peça de Shakespeare, atributo que outro espetáculo menos cuidado poderia obscurecer um pouco.

***

Infelizmente, essa mesma virtude não transparece na montagem de *La locandiera*, de Goldoni, no Teatro Huchette. A princípio, o espetáculo me irritou, tal a ausência de qualquer noção de teatro. Depois, passei a achar graça, senti quase ternura. Pensei em algumas tentativas amadoristas brasileiras (profissionais também), que a gente não se explica porque nasceram. E a tendência de nós todos é achar que não nasceriam iguais no estrangeiro, em Paris, onde há um número imenso de atores que a muito custo encontra uma pequena oportunidade, e uma tradição de teatro que zelaria por um gosto mínimo. Mas não. Uma apresentação como essa se inscreveria, sem nenhum brilho, entre as festas que entre nós coroam o fim do ano – muito pior, aliás, porque pretensiosa, enquanto as outras permanecem em família. Quem será esse senhor Roméo Costea que dirigiu (?), Goldoni representou (?) o marquês de Forlimpopoli (?). Esquecia-me de que estava terno, e quase me irritei de novo. Esse episódio (que de resto nada representa na temporada) pode ser interpretado de várias maneiras. Prefiro a mais simpática: a de que os dois mil anos de Paris não lhe mataram a juventude, uma juventude que permite a consumação de algo tão errado. Na pior das hipóteses, essa maneira de ver serve de consolo ao cronista por ter perdido uma preciosa noite parisiense.

Samka-Cancha

Teatro de la Comedia Marplatense, Argentina
19 de maio de 1976

Ao definir o trabalho do Teatro de la Comedia Marplatense, da Argentina, seu diretor esclareceu que o espetáculo *Samka-Cancha*, em cartaz no Galpão, não foi concebido propriamente para participar de um festival, no caso o II Festival Internacional de Teatro de São Paulo. O grupo, que não mantém uma atividade profissional, representa de preferência nas ruas, de graça, para o povo.

Talvez as características e os objetivos do conjunto expliquem a montagem, que se distancia, por todos os motivos, das encenações anteriores do certame. Enquanto em todas as manifestações, até agora, prevalecia a pesquisa de uma linguagem artística, independentemente das diretrizes dos elencos, o grupo argentino relega a segundo plano o problema. O tema é lançado em bruto para a plateia, nos seus dados primários, como simples transposição de um diálogo natural.

Esquecida a elaboração estética, *Samka-Cancha* poderia funcionar pelo impacto emocional. Mas os episódios ilustrativos arrolam-se pelas sugestões elementares, como um panfleto despreocupado de levantar qualquer argumento sutil. Pela maneira singela em que se encadeiam os episódios, deixa-se de acreditar na emoção. Cada cena funciona, no máximo, como uma manchete melodramática. Falta o tratamento capaz de converter a verdade histórica em obra de arte.

Na arena em que se transformou o Galpão, para o espetáculo, parte do público senta-se em almofadas, junto dos atores. Eles são apenas oito, dispostos como se estivessem nas extremidades de uma cruz: numa ponta, dois músicos, executando instrumentos típicos de sopro, numa bonita melodia, embora monótona, à força de repetição; em frente a eles, outros dois músicos, no acompanhamento ao violão; e, em perpendicular, quatro intérpretes, postando-se dois a dois em cada lado.

As luzes sombrias e os poucos deslocamentos, permanecendo os músicos o tempo todo imóveis, indicam o caráter ritualístico da representação, que não parece prestar-se ao propósito didático dos episódios. Esse clima contradiz a clareza expositiva que deve ter a história para torná-la eficaz. Dramatizam-se casos de exploração, sem nenhum requinte intelectual. E a narrativa é pouco estimulante, quase obscura na mesmice dos recursos utilizados. O público acaba marginalizado nesse processo penoso.

O elenco, formado por elementos heterogêneos, vindos de profissões diversas, não mostra um preparo técnico satisfatório. O estilo é ainda de um amadorismo incipiente, que não consegue estabelecer um elo com a plateia. Nota-se a sinceridade dos atores, mas a falta de preparo específico faz perderem-se as intenções.

Fora de dúvida que *Samka-Cancha* se acha deslocada no Festival. Admito que a encenação se explique como equívoco de parte a parte, justificável quando há tantas estreias, provenientes dos mais remotos países. Para um crítico, essa questão resulta secundária, porque lhe cabe abolir as circunstâncias de um festival e tentar inscrever um espetáculo no seu território próprio. Num esforço de abstração, coloco *Samka-Cancha* no meio da rua, e ainda assim, acho-o contraproducente.

A linguagem empregada pelo elenco argentino não atrai ninguém. Faço votos para que ele, imbuído das melhores intenções, reformule os seus meios, a fim de que não ecoe no vazio a mensagem que escolheu.

Seis personagens

Comédie Française
31 de dezembro de 1952

Uma das críticas ao teatro francês é de que não interpreta o repertório estrangeiro dentro de espírito e caráter próprio. Afirma-se, por exemplo, que as encenações shakespearianas estão longe do modelo inglês. Embora eu não possa ainda discutir esse problema, pois até o momento vi poucas traduções, e não conheço uma companhia inglesa, devo esclarecer, num depoimento pessoal, que *A noite de reis*, de Shakespeare, representada por um jovem elenco, e *Senhorita Julia*, do nórdico Strindberg, foram os melhores espetáculos a que tive ensejo de assistir em Paris.

Seis personagens à procura de um autor, de Pirandello, colocava para alguns brasileiros que viram o espetáculo da Comédie Française a mesma restrição. Surpreendentemente, não me pareceu que a montagem padecesse dessa crítica. Tendo lido diversas vezes o texto, e assistido a duas apresentações do Teatro Brasileiro de Comédia de São Paulo, não me ocorreu observar incompreensão, no aspecto fundamental. Não concordo com uma liberdade, a meu ver arbitrária: a última cena da peça foi cortada. Depois que o filho menor se suicida, e todos gritam – "realidade!", cai o pano com as palavras de espanto e enfado do diretor. Na peça, os "atores" fogem e se inscreve no telão a matéria imutável dos "personagens", para cumprir-se finalmente o destino de todos eles, saindo o Pai de um lado e a Enteada rasgando a cena (ou a plateia, para ser fiel ao texto) com o riso alucinado.

No corte da Comédie, vejo menos incompreensão de Pirandello do que desejo de facilitar o público, ou simples recuo ante uma dificuldade técnica. Com as palavras do diretor, a plateia fica tranquilizada quanto ao drama a que acabou de assistir. Se se comunicasse a cena final, que exprime e sintetiza o significado completo dos "personagens", talvez o espectador não compreendesse. Essa a minha explicação, já que até aí o espetáculo me convenceu e me emocionou mesmo.

É evidente que eu não poderia deixar de relacioná-lo ao TBC. Num confronto, inevitável, a montagem de São Paulo me parece de fato muito superior. Mas tenho que convir que foi assinada pelo diretor italiano Adolfo Celi, mais familiarizado com a obra, e ficou como umas das melhores realizações do teatro brasileiro.

Em dois aspectos capitais a encenação do TBC, a meu ver, supera a francesa: no ritmo e no requinte, no gosto do conjunto. Na Comédie, há menos nervo, menor vibração, e o ritmo às vezes cai, certas cenas fatigam. Em São Paulo, os desempenhos exasperados de Cacilda Becker e Sérgio Cardoso mantinham hirto o espectador. O movimento dos atores, também, como mais adequados cenários e efeitos de iluminação, deram maior harmonia ao espetáculo brasileiro. Em favor da Comédie, devo computar outros fatores: a simplicidade evitou certos "arranjos" que não perderam essa categoria. E percebe-se, naturalmente, maior amadurecimento dos intérpretes, no conjunto. Sem a mesma intensidade de Cacilda e Sérgio, Maria Casarès e Fernand Ledoux estiveram também admiráveis.

Ao lado das restrições assinaladas, cabe-me elogiar a direção de Julien Bertheau e os cenários de Suzanne Lalique. No elenco ainda, Jean Meyer, como o diretor, e Jacques Clancy, como o filho legítimo, papel diferente das suas naturais aptidões para o lirismo. Custei a aceitar Line Noro, uma mãe muito francesa, em contraste com Rachel Moacyr, bastante brasileira e italiana.

Shakespeare's people

Michael Redgrave
6 de outubro de 1976

A importância maior da apresentação de *Shakespeare's people* anteontem e ontem, no Municipal, foi a de permitir ao público o conhecimento de Sir Michael Redgrave, um dos monstros sagrados do palco inglês deste século. Sabendo-se o apuro a que chegou a arte de interpretar na Inglaterra, é óbvio concluir que estivemos em presença de um dos mais perfeitos atores do mundo.

O desempenho de Sir Michael é feito de extremo requinte. Impressionante figura em cena, apesar de seus 68 anos, ele começa a impor-se pelo físico privilegiado. O corpo imponente, os traços fisionômicos nobres e finos, os gestos sóbrios e pausados dão a todos os seus movimentos uma grandeza natural, que se ajusta de maneira particular aos heróis shakespearianos. O espectador tem diante de si uma natureza magnética, que torna a experiência da representação única e insubstituível.

Mas o segredo maior de Redgrave reside no poder da voz. O timbre belo e musical presta-se a todas as modulações. Elevando o tom ou simplesmente passando ao sussurro, Sir Michael não perde uma intenção dos textos. Ele valoriza cada palavra, acaricia-a com a mais irrepreensível dicção, dá-lhe o peso certo para que a frase ou verso tenham o justo significado e o melhor rendimento sonoro. Uma soberba criação vocal.

Apesar dessa adesão irrestrita ao grande ator, que na estreia se deu ao luxo de errar um monólogo de *Hamlet,* pedindo desculpas à plateia, *Shakespeare's people* tem as limitações do gênero e um enfoque que deixa a desejar. A obra de Shakespeare sugere todas as combinações possíveis, entre as quais essa de cenas que fixam a primavera, o verão, o outono e o inverno. Mesmo com a escolha feliz de cenas ilustrativas, os trechos isolados não chegam a compor uma atmosfera e parece que se está diante de um recital ou de uma conferência ilustrada, não de um espetáculo de teatro.

Ajuda a consolidar essa impressão a forma adotada pela montagem de Alan Strachan. Os cinco intérpretes colocam-se no proscênio, diante da cortina, ornada apenas com um papel representativo do palco elisabetano. À volta de um tapete trapezoidal sentam-se os atores em cadeiras, com uma mesa ao lado e um texto na mão. Às vezes, eles saem da posição estática para representar no centro, tendo como apoio um simples banquinho. É muito difícil, nessas condições, estabelecer a magia teatral.

Cabe discutir, sobretudo, a focalização que os intérpretes fazem da obra de Shakespeare. Provavelmente em nenhuma outra língua o texto soaria tão puro e cristalino. A sobriedade e a elegância avultam nesse jogo refinado. Mas ouso afirmar que falta justamente Shakespeare. A teatralidade de Shakespeare. O dramaturgo que escrevia para todas as camadas da população, com um gosto enorme de vida. Essa reverência respeitosa diante do bardo só deserve sua obra contagiante, a mais rica e rigorosa de toda a história do teatro. Há o risco de que os espectadores o vejam como um poeta intocável e não como nosso contemporâneo, que ele verdadeiramente é.

Depois de agradecer à Sociedade Brasileira de Cultura Inglesa pela oportunidade oferecida de conhecer Sir Michael Redgrave, resta-nos sugerir-lhe a iniciativa de patrocinar a excursão de uma companhia que nos mostre Shakespeare vivo.

Siegfried

18 de dezembro de 1952

A reapresentação de *Siegfried*, faz pouco iniciada no Teatro Champs-Elysées, tinha para os franceses vários significados: era a primeira vez que se encenava uma peça de Jean Giraudoux após a morte do autor e de Louis Jouvet, seu intérprete ideal: era o reexame de um texto que, no lançamento de 1928, e como primeira obra desse grande poeta do teatro, marcara época, indicando a muitos que a nova geração tinha o seu *Hernani*. Finalmente, indagava-se o problema franco-alemão, exposto na peça, e com base no pós-guerra 1914-1918, poderia vestir neste novo pós-guerra as mesmas cores.

Para a crítica francesa, a prova foi plenamente satisfatória. A peça continua válida. Mesmo sem Jouvet, e não obstante a maior coesão do elenco excepcional de vinte anos atrás, o novo espetáculo mostra alto valor. Serenou-se o nervosismo que precedeu essa estreia.

Diante desses dados, apesar de sua sensibilidade para os acontecimentos franceses, um brasileiro não poderia considerar os mesmos aspectos. Não chegou a conhecer, no Rio, a memorável temporada de Jouvet. A atitude em face do atual trabalho era de curiosidade, interesse e – é preciso confessar – uma certa frieza crítica.

Será talvez estranho o adjetivo se lembrar que a dupla Giraudoux-Jouvet, a que maldosamente se chamou "a última flor do alexandrismo", se caracterizava pela sutileza, pelo requinte, pela poesia. Mas foi o que me ocorreu de imediato a propósito do espetáculo: sólido. *Siegfried* me pareceu tremendamente sólido. No que a palavra tem de mais favorável, completo e animador.

A estrutura da peça é admirável. Com que segurança, inteligência e finura evolui o tema! Que belíssima linguagem, de uma grandeza verbal e um estilo que não admitem o menor reparo! E, ao mesmo tempo, os tipos criados, a psicologia descrita, não parecem relativos a um passado, a que se sucederam inúmeros outros fatos, mas se vinculam à nossa realidade. E será preciso acrescentar que a peça Giraudoux tirou de um romance de sua autoria.

O tema da amnésia, depois de tão explorado pelo cinema, começa a inscrever-se entre aqueles a que me dirijo com desconfiança. *O viajante sem bagagem*, de Anouilh, tem a seu favor estar mais próximo no tempo. Confesso, porém, que este reencontro de um amnésico renovou para mim o assunto – refrescamento permanente a que só podem almejar os clássicos.

Eis a história: ferido na guerra, o soldado, graças ao cuidado de uma alemã, se tornou o grande Siegfried germânico, identificado depois como o Jacques Forestier francês. A antiga amante tenta o processo da recuperação de sua memória. Depois de colocar-se o problema da escolha de uma ou outra pátria, o político eminente se decide pela vida tranquila do passado ainda desconhecido, que assumiria e redescobriria aos poucos. Existencialista a situação? A análise seria longa. No caso, o personagem, ao invés de preferir a gratuidade oferecida pelos acontecimentos, quer ficar *engagé*, fiel à infância e à legítima personalidade. Embora menos estranho, menos gideano, creio que seja mais autêntico. Nesta síntese, seria impossível considerar o pano de fundo que é o problema social franco-germânico.

A direção se caracteriza também pela solidez. Claude Sainval exprimiu a trajetória correta da peça. E a grande vedeta da apresentação foi, a meu ver, Raymond Rouleau, que encarnou magnificamente Siegfried. Elogiado muitíssimo por Arletty, no Brasil, esse grande ator e encenador superou minha expectativa. A seu lado, Françoise Cristophe interpreta muito bem a amante francesa, com grande simpatia e convicção. Anotei também Jacques Castelot (de que a crítica francesa não gostou) e Gabriel Gobin, que retomou o papel episódico do aduaneiro, criado por Michel Simon. Achei péssima Jany Holt na alemã, a ponto de comprometer a unidade do desempenho.

Os cenários de Georges Wakhévitch, como os outros de sua autoria que tive ocasião de conhecer, me pareceram antiquados, acadêmicos, de uma engenhosidade que está longe de ser a preocupação precípua do teatro.

Sincèrement

Companhia Claude Dauphin
18 de agosto de 1951

Num repertório de cinco peças, para uma temporada de quinze dias, é compreensível que haja um ou outro espetáculo mais fraco, que não deveria mesmo ser apresentado, em condições diferentes. Para a Cia. Claude Dauphin, *Sincèrement* foi o momento vulnerável, e acreditamos que o único, já que os novos programas prenunciam melhor destino.

O texto de Michel Duran, tecido em torno do velho triângulo sentimental, com o enriquecimento de outra personagem de realidade vaga, um tanto *gauche* e que somente vai permitir o *happy end*, nenhum interesse oferece, e se se mantém de pé, até o segundo ato, pela relativa habilidade do autor, torna-se absolutamente monótono e enfadonho, no final. Algumas cenas cômicas, certos diálogos brilhantes e bem solucionados, não justificam o longo palavrório vazio, de um efêmero pobre demais para ser uma peça. Na verdade, é quase nada o que sustenta a trama, e outra qualidade não aparece para valorizá-la. Ao cair do pano, resta uma dúzia de frases divertidas, em uma história frágil, explorada em todos os ângulos e reações, e uma conclusão moralista – moral de almanaque barato. Quando a esposa quer confessar que é uma criação imaginária o amante de outrora, o marido a impede: evidentemente porque conhece a verdade, e o rival que não existiu não pode enciumá-lo. Só falta concluir, para o espectador, da conveniência de semelhante ciúme, com fim de zelar pela perfeição do matrimônio. O perigo inventado e aceito estreita os laços.

Os quatro intérpretes, vivendo pela primeira vez a peça, não se mostravam seguros dos papéis. Tanto Claude Dauphin como Jacqueline Porel, Michel Marsay e Simone Paris, apesar do talento, repetiram expressões e recursos conhecidos, em flagrante apelo aos trunfos habituais, por não dominarem as personagens. Acresce, ainda, que tropeçaram diversas vezes no diálogo.

Segundo fui informado, foi esse o espetáculo de maior sucesso na récita de gala. Uma pena, pois constitui desestímulo para o bom teatro.

Sonho de uma noite de verão

Jorge Lavelli
2 de janeiro de 1987

Não pensem que há exotismo, ou gosto de provocar excitação num público saturado, quando o diretor argentino Jorge Lavelli apela para o compositor Astor Piazzola, seu compatriota, e transpõe para o século XX a indumentária de *Sonho de uma noite de verão,* de Shakespeare, na montagem da Comédie Française, oferecida em alternância com *O burguês fidalgo,* de Molière, *A parisiense,* de Becque (levada na excursão brasileira), e *O cântico dos cânticos,* que Jacques Destoop extraiu do Velho Testamento. A acolhida calorosa comprova o rigor da concepção.

Justifica-se o encenador: "Antes de imaginar uma Atenas de cartão-postal, palácios e roupas gregas de fantasia, pareceu-me interessante procurar uma época equivalente e mais próxima de nós; pensei encontrar esse clima de despreocupação e, sobretudo, essa concentração nos problemas passionais por meio dos liames aparentemente fúteis e artificiais, nos arquétipos de um certo cinema dos anos 30. Não se trata para mim de citar imagens ou personagens precisas, de fazer referência a Clark Gable ou a Marlene Dietrich, mas de pôr em cena 'tipos' e comportamentos que não viriam de nenhum filme, ou de todos os filmes, isto é, que viveriam no inconsciente coletivo".

O espaço cênico, também assinado como os figurinos por Hortense Guillemard, divide-se em dois. Uma parede em parte transparente e removível aos pedaços, em que se inscrevem seis portas de vaivém, tem o propósito de sugerir "uma espécie de antecâmara, vestíbulo de palácio, hall de teatro ou de cinema; pergunta-se se as personagens que entram no palco não vêm de um espetáculo que se representaria atrás dessa parede, escapadas de um filme a que poderíamos assistir mais tarde...". Abre-se a parede, em cuja metade superior já se projetam as árvores, e se vê "a floresta mágica, mundo noturno, selvagem, que inicia o sonho ou o delírio, cujas folhagens e cipós vêm invadir e transformar o espaço inicial". A música de Piazolla conduziria a uma mitologia de tango que, "como o cinema de entreguerras, tem sua galeria de personagens, seus arquétipos, seu sentimentalismo feito de rupturas, desespero, paixão malfadada e solidão".

Sem nenhum orgulho latino-americano por testemunhar mais uma consagração argentina em Paris, aderi ao entusiasmo da plateia porque nunca me pareceu tão claro, tão lúcido e ao mesmo tempo tão poético o universo dessa fantasia shakespeariana. Assisti em 1964, em São Paulo, à magnífica encenação da Royal Shakespeare Company, mas o espetáculo de Jorge Lavelli assume o partido de plena modernidade, que nos sensibiliza mais intensamente.

Lavelli desenhou com extrema nitidez os diversos componentes da peça, os seres humanos (Teseu e Hipólita, carregados de selva mitológica, e os dois jovens casais às voltas com o matrimônio), os sobrenaturais (Oberon, Titânia e Puck) e os artesãos, que vão representar *A muito lamentável comédia* e *A muito cruel morte de Píramo e Tisbe* e, por fazerem teatro, saltam do domínio da realidade para o da ficção. Para decifrar essa abstração de artifício, em que tantos valores aparentemente superficiais se conjugam, seria necessário recorrer a extenso ensaísmo.

Os atores franceses, isentos, numa montagem moderna, do confronto com a tradição inglesa, sentem-se mais à vontade, e alcançam bom rendimento. Sobressaem alguns veteranos, como Michel Aumont (Bottom e Píramo), Jean-Luc Boutté (Teseu), Claire Vernet (Hipólita), Simon Eine (Oberon) e Christiano Fersen (Titânia). Richard Fontana fez variações de passos de tango para encarnar Puck, usando camisa de meia, calças largas com suspensórios, sapatos em parte brancos e um chapéu de grandes abas.

A coreografia de Alejandro Sedano evitou reproduzir a dança argentina, tão bonita, ficando na sugestão de alguns passos. Sabedoria para que o elenco não mostrasse sua inevitável insuficiência. Mas para quem conhece o gênero, seria preferível um molejo mais espontâneo. Lavelli cedeu aos prestígios da magia fazendo que uma acrobata, de seios nus, evoluísse na floresta dentro de uma esfera transparente. Tudo cabe num sonho de noite de verão...

O requinte plástico dá à produção um lugar privilegiado entre as estreias parisienses.

Sud

Julien Green
12 de abril de 1953

A estreia, no Teatro Athénée, da primeira peça do grande romancista Julien Green deve ser saudada como um acontecimento. Antes de julgar o que incorpora ao palco a peça *Sud*, antes de situá-la na obra literária do autor de *Adrienne Mesurat* cabe ao crítico especializado dizer, à guisa de apresentação, que uma tentativa dessa natureza, quando se trata de um escritor consagrado, demonstra a extraordinária vitalidade do teatro, o fascínio que exerce como arte apaixonante, coletiva e imediata. Para um europeu, possivelmente não haverá motivo de contentamento tão efusivo. Na França, sobretudo, não há divórcio entre o teatro e os outros gêneros literários. Poetas e romancistas têm uma experiência de cena. O brasileiro, porém, que só muito recentemente deixa de considerar o teatro gênero menor, ainda se sente abalado com a invasão do palco por um escritor.

No caso de Julien Green, de maneira especial, o lançamento como dramaturgo ressalta, porque é uma entrada no teatro com o pé direito, *Sud* não permite análise como apoio da obra literária, não se valoriza ou deprecia em função dos romances. O público reage a ela como peça acabada, que utiliza os instrumentos próprios da cena. Obedece até demais. Parece que Julien Green, consciente das críticas de que são passíveis frequentemente os romancistas e os poetas que não dominam o diálogo cênico, procurou esquivar-se a elas, construindo-o diferente do universo literário do autor, de que todos os trabalhos, mesmo os poucos expressivos, sempre participam. As restrições que, mais adiante, farei a *Sud*, se aplicam menos ao possível romancista que se intrometeria na peça que ao dramaturgo que, estreante, ainda não conhece todas as artimanhas do palco. Uma premissa não se discute: *Sud* é uma bela peça. Estreia de um autor que tem muito para oferecer ao teatro.

Um resumo do texto me parece necessário para conduzir o leitor aos problemas de *Sud*. O macrocosmo cênico envolve uma conjuntura histórica importante: a Guerra de Secessão, nos Estados Unidos, deflagrada no ano de 1861. O quadro histórico, entretanto, não tem primazia na peça. O próprio Julien Green assim justifica sua utilização: "Um conflito passional à margem da História adquire às vezes um tom singularmente patético e a sombra de uma guerra que vem confere ao amor uma grandeza que ele talvez não tivesse em tempos mais pacíficos". Ver-se-á, depois, que a situação histórica de *Sud* é mais importante do que à primeira vista possa parecer. Preferindo-a a outra, Julien Green deu mostra de sua admirável clarividência de escritor. Prenúncio de guerra e dramas pessoais estão intimamente ligados, determinam a psicologia dos personagens e se entrosam para dar pleno sentido ao mundo a exprimir.

O que importa – não há dúvida – são os conflitos pessoais tratados, o microcosmo cênico propriamente dito. Lamento se eu ofender uma das qualidades de *Sud*: a sua delicadeza, a sua sobriedade, a sua contensão, a sua dignidade, fundamentais para o resultado do espetáculo. Mas a pretensão de Green não deixa margem a delongas. Ele quis fazer uma tragédia do homossexualismo. Pelo caráter universal do problema, na peça, eu diria mais: um tratado sobre homossexualismo. Sem que tratado queira significar tese ou sacrifício da normalidade a ele. Apenas, para constituir uma gama rica de conflitos, Green reuniu três homossexuais (e talvez ainda um garoto, em perspectiva). Cada um deles simboliza uma manifestação do problema. Um claro, trágico, em quem o autor concentrou maior simpatia. Trata-se do tenente Ian Wicziewsky, refugiado da Polônia após a revolta de 1948. Hóspede, na casa senhorial dos Broderick, perto de Charlesion (no Sul), ele é fulminado pela aparição do jovem Eric Mac Clure, vindo de uma plantação vizinha. Onde os outros? Há Edouard Broderick, o proprietário da casa, pai de uma jovem de dezessete anos e do garoto, e que, atrás do tom paternal com que se refere ao tenente, esconde um amor inconfessado por ele. Green faz que Broderick fale essas palavras: não se escapa ao próprio destino. Casado, pai, jamais suspeito, ele simboliza a fatalidade da inclinação, embora reprimida conscientemente. Resta o jovem Eric Mac Clure. Ele é o homossexual que se ignora. Na simpatia imediata pelo tenente, afirma que o ligou, ao vê-lo, ao colega dos bancos escolares, de cuja esposa não teve ciúmes, embora antes a namorasse. Sempre se sentiu tolhido para declarar amor a uma mulher explicando a impossibilidade por outras razões laterais. Ian se declara a ele em linguagem velada, sem obter compreensão. Acaba por insultá-lo e, no duelo que sucede à ofensa, se sacrifica ao contendor, não combate. Dir-se-ia que uma das características do amor de Ian é o masoquismo, elemento muito forte no amor dessa natureza. Mas uma explicação psicanalítica não negaria o elemento trágico, e é ele o preponderante da peça.

Pode-se perguntar o que fazem na trama as diversas mulheres. A mais importante é Regina, parente pobre do norte que o tio Broderick hospeda na mansão sulista. Uma estranha ao ambiente. Conserva os hábitos libertários e antiescravagistas do norte, sua religião não tem os mesmos princípios do Cristianismo do sul. Diz várias vezes, com insistência, que odeia o tenente Ian Wicziewsky. Não é preciso perspicácia para se saber que ela o ama. E o ama sabendo que não é um homem como os outros. Já a filha de Broderick, Angelina, gosta do jovem Mac Clure. Não haverá algo insólito e estranho ao amor dessas jovens por dois homossexuais? Argumentar-se-á que Mac Clure se ignorava e poderia passar ignorado para uma mulher. Não creio. Ian, talvez para afastá-lo de Angelina, pede-a em casamento. Por instinto, ela sabe que ele não a ama. Por instinto, também, embora com exigências sutis, ela não poderia compreender que Mac Clure não seria capaz de amá-la? Recuso-me a transformar *Sud* num verdadeiro "álbum de família", mas ou Green pretendeu mostrar que uma mulher é passível de amar um homossexual, ou a mulher, que assim procede, pode ser taxada de anormalidade.

Eu lembraria, ainda, nessa questão, outro aspecto: criados tais caracteres femininos, não estaria o autor caindo em erro psicológico, incapaz de sentir o lado humano verdadeiramente homossexual? Acho Green muito bom escritor para que não pudesse fazer uma criação legítima. Quanto a *Sud*, a natureza especial das mulheres serve também de veículo dramático ao conflito masculino. Pois Green, construtor de sólidos caracteres, faz a todos os outros personagens figuras vivas, indivíduos de carne e osso. Assim *oncle* John, a tia *miss* Strong, a criada negra e os outros tipos de acessórios da trama.

Sud é uma peça original. Original porque Julien Green fez do assunto uma tragédia. Empresa difícil! Mesmo o espectador estranho ao problema, como o crítico, e que acompanha com certas dificuldades os conflitos, reconhece a grandeza da história. Julien deu-lhe inegável atitude trágica. Em mãos menos hábeis, o resultado seria não a compreensão dos heróis, mas o incitamento à comédia, ao riso e não à dor compartilhada pela plateia. Esse é o grande mérito de *Sud*. Aí, também, situa-se uma crítica séria a Green. Ele realizou uma tragédia baseada na frustração. Refiro-me à frustração nas suas inclinações. Não encaro, a propósito, o aspecto próprio do homossexualismo realizado como frustração. Refiro-me à frustração dos heróis ao exprimir esse amor, à falta de comunicação entre eles próprios. A tragédia está no impedimento, não na condição. Concluir-se-ia que, compreendesse Mac Clure as intenções de Ian, e não haveria tragédia. Frustrados ou não, os dois se realizariam. Hoje, quando o fenômeno está incorporado aos costumes, *Sud* parece um pouco velho, expõe uma situação já superada. Mas não se critique Julien Green pela intenção. Outros temas tinham sua tragédia teatral, não esse. *Sud* preenche uma lacuna.

Que a contextura seja trágica, tudo na peça o indica. Estamos no dia 11 de abril de 1861, poucas horas antes da deflagração da guerra, e *oncle* John, voz profética do negro, entra em cena para anunciar que algo horrível se passaria naquela casa, à noite. Está visível o esquema grego da tragédia. Julien Green armou conscientemente a trama. Afirma, sobre Ian, que "ele sabe que apenas no plano heroico encontrará seu destino". Ainda no programa, cita Aristóteles: "A tragédia deve mostrar a purificação de uma paixão perigosa por uma libertação veemente".

Pois bem, Ian quer expiar seu amor proibido pela mão do indivíduo que ama. Achamo-nos na grande linha da tragédia. Mas a tragédia não é só dele. Depositam-no, morto, na sala senhorial dos Broderick. Nesse momento, acaba a peça, começam a troar os canhões da guerra que inicia. Tem-se a impressão de que essa catástrofe, maior, vem para purificar a casa, libertará os outros das próprias paixões perigosas.

Uma palavra, a última, pronunciada pela jovem Regina, que amava o tenente, palavra quase despercebida, inquieta, não obstante. Ela fala, no silêncio, o sentido que ele pode ouvir, porque a alma não se separa tão depressa do corpo. É um chamamento. Que enigma conterá? Pretendeu Julien Green exprimir que aquele caso fora trágico, mas que o homossexualismo pode ser considerado sem tragicidade? Pela boca de uma mulher, que o amará, ele estaria redimido, e poderia viver na terra? É um sinal de compreensão, de solidariedade – uma afirmativa de que ele não precisaria matar-se: errou ao fazê-lo? Nesse recanto mais sutil, onde uma palavra tem vários significados, e contém o mistério do autor, a presença da crítica faz-se demais. Pode-se indicá-lo, apresentá-lo ao leitor. Transpô-lo é uma temeridade inútil.

Restam as considerações sobre a forma. Em primeiro lugar, por que o conflito se passa na iminência de estourar a Guerra de Secessão? Já vimos um motivo. Ele é um belo quadro, e funcional, para a consumação da tragédia. Outro creio seja mais ponderável: Julien Green precisava de recuo histórico, sem o que sua trama não teria razão de ser. Nos dias de hoje, não seria verossímil a solução heroica adotada pelo tenente. Só num clima puritano, como o do sul, aquelas paixões poderiam adquirir cunho trágico. A situação histórica é determinante das psicologias. Não se dirá, assim, que a historicidade escolhida está à margem do conflito. Participa dele, entrosa-se em suas premissas e consequências.

Faço dois reparos ao estilo de Julien Green. O primeiro é de que ele, que conduz bem a ação, se serve de início de muitas muletas para alimentar o diálogo. A conversa não escorre fluente, e os vários problemas laterais custam a permitir a engrenagem da peça. Indecisões de estreante. O diálogo, contudo, é teatral, tem a objetividade exigida pelo teatro. O segundo reparo diz respeito à própria sobriedade procurada por Green. Tudo é sugerido em linguagem nobre e velada. Não há confusão aberta no amor homossexual. Para que o público não tivesse dúvida, porém, a peça insiste demais nos indícios, esmiúça muito as observações esclarecedoras. Cansamo-nos de saber do problema, e ainda algum personagem se lembra de prestar outra indicação. O excesso se observa, num outro aspecto, na vontade de não desobedecer ao esquema tradicional da tragédia que comporta um coro. Este, em *Sud*, é o aviso de *oncle* John de que a presença terrível de Deus se faria sentir na casa. Há qualquer coisa de falso nesse recurso, uma quase mistificação, para sobrecarregar uma atmosfera já de si tão rica. Essa técnica torna um pouco lenta e pesada a peça. Cumpre dizer, porém, no tocante à quantidade de indícios de homossexualismo, que talvez o engano seja do crítico. Segundo várias informações recebidas, certos espectadores deixam o teatro sem compreender a peça. Nesse caso, seria preciso mesmo que

Julien Green empregasse palavras claras. Mas existem outros espectadores que compreendem, julgam aceitável o tratamento dado e ficariam chocados com uma forma diferente.

Qualquer indivíduo gostará de *Sud*? Acredito que o conflito exposto, além da ressalva de não ser chocante, não afugente os apreciadores de boa literatura. A transposição artística inocenta os assuntos menos afeitos à moral reconhecida. Eu não completaria a definição clássica de tragédia, no sentido que motiva o horror e a piedade. O homem normal pode emocionar-se com o texto. Porque a sua expressão literária tem grandeza. Esse o milagre realizado por Julien Green. Esse o milagre da obra verdadeiramente artística.

A peça teve a felicidade de ser muito bem dirigida por Jean Mercure, que lhe exprimiu toda a delicadeza psicológica e fez marcações de bela plasticidade. O elenco, com vários estreantes, apresentou-se homogêneo e com elogiável comportamento trágico. Um ou outro tom é menos preciso, mas o resultado, tratando-se de tantos jovens, não poderia ser melhor. Anouk Aimée, conhecida pelo cinema, vivendo o papel de Regina; Pierre Vaneck, no papel do tenente; Jeanne Provost, a tia; Annie Fargé, Angelina; Michel Etcheverry, Edouard Broderick; Georges Aminel, *oncle* John: e François Guérin, Eric Mac Clure – são os principais responsáveis pelo vigoroso desempenho. Um bonito e evocado cenário de Wakhévitch, próprio, nas suas linhas clássicas e solenes, para o clima trágico, contém a ação de *Sud*.

Sur la terre, comme au ciel e *Nina*

André Roussin
1º de novembro de 1952

A necessidade de condensação me leva a reunir, nesta crônica, o comentário de um drama – *Sur la terre, comme au ciel*, de Fritz Hochwälder – e uma comédia – *Nina*, de André Roussin. Dois bons espetáculos, em gêneros diferentes – eis o que os aproxima.

A peça do austríaco Hochwälder se inclui na categoria, tão ao gosto do teatro francês de hoje, do debate sobre a concepção divina, a encarnação dramática dos grandes temas metafísicos ou teológicos. Aqui, o problema é apaixonante: no Colégio dos Jesuítas de Buenos Aires, em 1767, tem lugar a rápida ação que porá fim ao "Reino de Deus". Desde cento e cinquenta anos antes, os jesuítas, opondo-se aos colonos espanhóis e portugueses, fundaram no Paraná e no Uruguai uma república, espécie de "autocracia coletivista", de cerca de cento e cinquenta mil índios, onde todos encontravam trabalhos pacíficos. Desatendendo aos interesses colonizadores, pois aquela era uma maneira de impedir o saque e a exploração, os jesuítas sofreram violenta campanha, cujo fim era expulsá-los dali. De início, tão perfeito era o estado que não tiveram dúvida em revidar às calúnias aprisionando o emissário do Rei da Espanha. Um delegado superior da Ordem, sob disfarce, alerta o provincial da heresia: eles estavam querendo realizar o paraíso terrestre, quando a palavra de Deus era outra. Ademais, os índios que os procuravam eram pelo Cristo ou pelo bem-estar que lhes proporcionavam no regime? A reposição dos valores temporais desfaz aquela perfeita engrenagem, e vence a ortodoxia de que a terra é sofrimento, caminho estreito, não o reflexo da bem-aventurança paradisíaca.

Esse o fio da peça. Que não se deixou empolgar pela discussão, em detrimento da força dramática. Ao contrário, os caracteres humanos são fortes; natural e espontâneo o desenrolar da ação. Uma das melhores obras de ideias aparecidas nesses últimos anos. E o espetáculo está à sua altura. Jean Mercure, como diretor, soube imprimir virilidade às cenas, aliando-lhes um bom ritmo e beleza plástica. No desempenho, bastante homogêneo, ressalta Victor Francen, com máscara e atitude firmes na veste do provincial jesuíta, embora, no jogo cênico, utilizasse alguns recursos dramáticos que nos parecem antiquados.

E agora, em terreno oposto, *Nina*, que Procópio entre nós representou com o título de *O marido de Nina*. Não vale a pena repetir o que seja o texto, suficientemente comentado quando de sua estreia no Rio. Falarei do desempenho. Um desempenho magnífico de Elvire Popesco no papel de Nina. Conhecia essa atriz não francesa apenas pelas referências críticas. Mas não a imaginava tão extraordinária, capaz de passar da expressão mais vulgar à mais sutil emoção dramática. Com ela, o texto de Roussin adquiriu uma profundidade que não lhe suspeitava.

O espetáculo reservava uma curiosidade: André Roussin, o campeão do teatro de *boulevard*, já tão difundido no Brasil, vivendo o personagem que Procópio criou entre nós. Que pode ser também ator, não tenho dúvida. A profissão que marcou o início de sua carreira teatral não foi apenas um equívoco. Mas, engraçado, como exagera! Como procura a todo custo completar a expressão com caretas supérfluas, gestos demasiados! Embora mais lógico, os exageros dele deixam longe aqueles que reprovamos em Procópio. Tenho certeza que se não fosse ele o autor da peça, e, portanto devesse conhecer melhor do que ninguém seu personagem, eu não pouparia, como crítico, sua linha de interpretação.

Tartufo

Roger Planchon • Teatro Nacional Popular
14 de julho de 1973

Um *Tartufo* encharcado dos valores do nosso tempo, que, entretanto, não se projetam arbitrariamente sobre o século XVII, mas o desnudam e iluminam com inteligência e sensibilidade exemplares. Essa a virtude maior do espetáculo que o Teatro Nacional Popular, francês, sob a direção de Roger Planchon, apresentou anteontem, no Teatro Municipal, de onde se despede hoje, em sessões às 16 e 21 horas.

Os encenadores quase sempre surpreendem numa obra um ângulo, sob o qual desaparecem os demais. O psicológico esbate o social ou o político suprime as individualidades. Planchon não cai nessas armadilhas: seu *Tartufo* é totalizador, uma síntese brilhante das mais legítimas indagações sobre a personagem, a peça e Molière. O psicológico, o psicanalítico, o social e o político se fundem na encenação para oferecer uma imagem completa do homem.

Talvez quem veja agora a renovação do teatro no quadro das cerimônias ou na linha física não se dê conta da qualidade de propostas inovadoras na montagem de Planchon, dentro de um respeito absoluto ao texto. Elas vão desde a tônica dada às personagens, ao universo da obra, numa mudança sutil das focalizações tradicionais. O espetáculo adquire maior verossimilhança realista (se quiser lembrar essa categoria) e parte para uma liberdade poética de amplas ressonâncias.

Sob o prisma das personagens, três parecem ser as contribuições maiores da visão de Planchon: em Orgon, Cleanto e Tartufo. Um Orgon-cego, que daria tudo, gratuitamente, a Tartufo, soa hoje em dia absurdo, sem uma base verossímil. Planchon explica os atos de Orgon como ditados por uma paixão homossexual por Tartufo, a qual não chega, porém, ao nível da consciência, em virtude dos vetos do tempo. Nessa perspectiva, não só adquire um sentido a personagem de Orgon, mas a peça ganha um novo equilíbrio, fundada numa espinha dorsal sólida e verdadeira. Sem exagero, com bonita voz e elegância de maneiras, Guy Tréjan transmite a nova autenticidade de Orgon.

Cleanto deixa de ser, na montagem de Planchon, o *raisonneur* moderador, para tornar-se um católico radical. Gérard Guillaumat confere-lhe esse cunho reivindicador, de homem que deseja impor a verdade, contra as falsificações. Se essa aproximação da personagem tem fundamento e a atualiza, distanciando-a do racionalismo do século XIX, por outro lado talvez mostre que Molière não a desenvolveu suficientemente. Um desempenho "moderado" estaria mais de acordo com a função que Molière atribuiu a Cleanto na trama, e com a linha de Planchon sente-se falta de maior número de réplicas – e mais decisivas. Ou ele quis mostrar o deblaterar no vácuo das posições sinceras e imponentes?

O *Tartufo* de Planchon nada tem de untuoso, com um jogo aparente de ressalte a falsidade. Planchon encarna o protagonista com uma fixidez mole e talvez repulsiva, que esconde uma forte dose de sensualidade. São muito suficientes as suas investidas sobre Elmira ou as humilhadas corridas de joelhos sobre o palco. Quando ele se sente dono da situação, adquire uma arrogância superior. Planchon transmite a Tartufo, o tempo todo, uma postura enigmática e austera, que perturba o espectador, pelo patético.

O que se vê, no elenco do TNP, é uma equipe muito bem ajustada, que domina perfeitamente as intenções do encenador. Se o restante do desempenho não ressalta em cada papel um valor individual que chame em demasia a atenção – a não ser Arlette Gilbert como Dorina – a homogeneidade do elenco é um dado muito positivo. O cenário de Hubert Monloup, além dos méritos plásticos, acompanha a peça no sentido de revelar progressivamente sua verdade interior.

O *Tartufo* assim concebido perde um pouco da convencional comicidade para ganhar uma sub-reptícia tensão dramática. Há, no espetáculo, um tempo concreto, em que as personagens se inscrevem no cotidiano, e que pode parecer frio à nossa urgência tropical. Apenas, tudo é transmitido com imensa clareza, o que não prejudica e ao contrário sublinha a profunda elaboração artística.

Teatro de Variedades de Amsterdã

30 de dezembro de 1970

O Teatro de Variedades de Amsterdã, novo cartaz do Olympia, corresponde perfeitamente ao que se espera do gênero: boas atrações nos mais diversos campos, oferecidas em dose exata, para que o espectador não se canse ou se ache insatisfeito.

Pode-se apreciar mais um ou outro quadro, de acordo com a preferência individual. Sei, por exemplo, que o balé e o canto, enxertados entre outras variedades, não podem almejar a perfeição dos espetáculos exclusivamente coreográficos ou musicais. Em compensação esse é o reino da mágica, do malabarismo, da acrobacia, das curiosidades que alimentam o nosso permanente gosto infantil. E o conjunto holandês apresenta uma boa seleção de valores, que justificam a ida ao teatro.

Os maiores aplausos são para The Four Crocksons. Na primeira parte, os irmãos Bas van Toor e Aad interpretam um numero cômico que tem bons momentos, mas seu plano de resistência vem após o intervalo, quando, auxiliados pelas esposas, fazem acrobacia sobre mesas, garrafas e cadeiras.

O mágico Richard Ross impressiona pela precisão com a qual lida com cartas e depois inventa variações com argolas, seu número tem finura e gosto, sendo concebido na medida ideal para manter o interesse do público.

O casal The Dutch Rolling Stars, além da precisa acrobacia em patins de rodas, passa de um lado a outro de um balanço sobre uma bola e fazendo malabarismo manual, e a mulher se movimenta com os pés em pontas sobre essa bola.

É muito bom também o show de marionetes de The Trotter Brothers. Com extrema habilidade eles desarticulam e articulam os bonecos, contracenando com graça um boneco e um manipulador.

The Helen Leclercq Dancers, se não chegam a desenvolver uma concepção coreográfica apurada, têm os requisitos para agradar num show: são bem ensaiadas e se apresentam com indumentária de gosto. O Trio d'Ases, de dança e música espanhola, depois de uma entrada fraca, em que a coreografia não se adequa ao Concerto de Aranjuez, de Joaquin Rodrigo, obtém melhor rendimento com o taconeio e o violão.

O duo de cantoras Les Shalom tem a voz e o repertório agradáveis, contribuindo por sua vez para que o espetáculo se estenda de maneira satisfatória ao terreno musical. A montagem não foi concebida com a preocupação de unidade artística, entrosando as diferentes partes numa harmonia superior. Ela vale pelas atrações isoladas, que têm qualidade. Mas essas atrações bastam para proporcionar um entretenimento leve e simpático.

Teatro em Londres

20 de março de 1987

A revista *Time Out*, que fornece a programação artística semanal de Londres, registra cerca de sessenta espetáculos teatrais em cartaz, apenas no West End. Que ver, em meio a tantas ofertas? Um visitante de poucos dias orienta-se pelas informações críticas, pelo desejo de conhecer alguns mitos e pela possibilidade de adquirir ingressos, numa cidade em que as salas, quase sempre imensas, estão geralmente lotadas. Hábito enraizado na população, o teatro, quanto ao preço do ingresso, é mais acessível que em Paris e, sobretudo, em Nova York.

Tive a sorte de pegar o último dia de *Espectros*, com Vanessa Redgrave. Produção do Young Vic, a peça de Ibsen transferiu-se para o Wyndham's, e se informava que voltará a ser apresentada em outra sala, tal o êxito que alcançou. E êxito mais que merecido. Eu guardava do texto uma lembrança algo pesada, em que era difícil transpor o longo diálogo inicial entre a sra. Alving e o pastor Manders. A tradução inglesa de Peter Watts, alterada durante os ensaios pelo confronto com o original norueguês, é muito fluente e cotidiana, como se se tratasse de obra escrita agora e não em 1881. E a direção de David Thacker completou o trabalho de aproximar *Espectros* do público atual, sem deturpar-lhe as características essenciais.

No palco, Vanessa Redgrave me pareceu bem diferente do que no cinema. Altíssima, tem uma autoridade inegável no relacionamento com os interlocutores, entre os quais o excelente Tom Wilkinson (pastor Manders), que nada lhe fica a dever no mérito. Vanessa imprime espontânea energia ao papel da sra. Alving, que se torna ativo, tecendo os fios da ação. Graças à sua forte presença, o diálogo deixa de gravitar no passado para sugerir que tudo está ocorrendo diante dos nossos olhos. Poucas vezes senti tanta atualidade num clássico, sem que fosse necessário recorrer à mudança de época em cenários e figurinos.

No pequeno elenco de cinco atores, apenas Adrian Dunbar (Oswald Alving) se mostra menos convincente, talvez por causa da menor experiência. Já Eve Matheson (Regina) e Peter Theedom (Engstrand) mantêm o elevado equilíbrio do desempenho. E nem se trata de montagem especialmente cuidada, porque a cenografia, de Shelagh Keegan, cria nas paredes uma ambientação soturna, dispõe os objetos cênicos de forma bastante convencional.

O espetáculo seguinte – *A casa de Bernarda Alba* – surpreendentemente me decepcionou. O grupo, entretanto, tem a melhor qualificação: direção da grande atriz espanhola Núria Espert; desempenho de Glenda Jackson (Bernarda), Joan Plowright (Pôncia) e Patricia Hayes (Maria Josefa), entre outras, e cenário de Ezio Frigerio e figurinos de Franca Squarciapino, a mesma dupla italiana que colaborou com Giorgio Strehler em *A ópera dos três tostões*, de Brecht/Weill. Aliás, Joan Plowright foi considerada a melhor atriz da temporada e Ezio Frigerio o melhor cenógrafo.

Por que a decepção? Creio que ela se deve à montagem de Núria Espert. Atriz sanguínea, vibrante, provavelmente ela pretendeu que Glenda Jackson reproduzisse em cena o que ela faria no papel de Bernarda Alba. E resultou um desempenho mecânico, exterior, resolvido apenas na aparência. Darem o prêmio à grande atriz Joan Plowright, em personagem menos importante, foi por certo um modo de não aprovar a atuação de Glenda. Mas também não entendi a escolha de Joan Plowright, que não tem oportunidade de fazer nada excepcional. Se não soubesse estar confiado a ela o papel de Pôncia, talvez ele passasse despercebido, em meio a outras atuações do mesmo nível.

As honras maiores do espetáculo do Globe Theatre ficam mesmo com Ezio Frigerio. Comprovando que dispensa a parafernália usada na Ópera, ele desenha um ambiente austero, de paredes brancas, caiadas, que o tempo trabalhou. A cenografia situa a obra de García Lorca em atmosfera de evidente dignidade, afastando qualquer enfeite de inspiração folclórica.

Fiz questão de assistir a *Breaking the code*, no Royal Haymarket, por causa do ator Derek Jacobi, que havia feito Hamlet na série completa da obra shakespeariana, adquirida pelo canal 3 parisiense, da BBC Londres. E valeu a pena: passando a um papel moderno, o de Alan Turing, que existiu na vida real (1912-1954), ele demonstrou extraordinária versatilidade que, junto de outros valores, o distingue como um dos melhores intérpretes contemporâneos, em vias de atingir a estatura de um Laurence Olivier.

Antes de tomar contato com a montagem, eu nunca tinha ouvido falar em Alan Turing. Não houve tempo, também, para ler a biografia dele, intitulada *The enigma of intelligence*, de autoria de Andrew Hodges – um volume de quase seiscentas páginas. Considerado matemático genial, ele lecionou na Universidade de Manchester e conseguiu decifrar o código secreto alemão, que alterou o curso da Segunda Guerra em favor da Inglaterra. Depois, já firmada a paz, Turing foi processado e condenado por homossexualismo. Em 1954, ele suicidou-se, ingerindo uma maçã envolta por cianureto.

A peça de Hugh Whitemore usa os recursos da técnica dramatúrgica moderna para sintetizar a história de Alan Turing. Enquanto ele presta depoimento à polícia, a narrativa é ilustrada pelas cenas correspondentes, em *flashbacks* sucessivos. São momentos intensos da ação o diálogo com Pat Green (a atriz Joana David), colega de Bletchley Park, que desejava casar com ele, e principalmente com a mãe, Sara Turing (interpretada por Isabel Dean), que ouve a confissão a respeito do escândalo prestes a estourar, em virtude do processo. Os problemas científicos chegam ao espectador em termos simples e acessíveis, revelando a excepcional inteligência do protagonista. Texto engenhoso, sem pretensão artística maior, interessando pela qualidade humana que atribui a Alan Turing, e ainda mais pelo ótimo prato que oferece ao intérprete.

Oportunidade que Derek Jacobi aproveita plenamente, em brilhante composição. Dono de linda voz, ele a modula em ritmo musical, ainda que nunca se afaste da absoluta naturalidade. E inventa uma especial gagueira, utilizada com extraordinário virtuosismo. Imagino que, levada no Brasil, *Breaking the code* alcançará sucesso de público, se um ator tirar partido do papel de Alan Turing, à semelhança de Derek Jacobi.

Acham-se em cartaz em Londres vários musicais, assinalando-se *Os miseráveis*, baseado no romance de Victor Hugo; *O fantasma da ópera*, libreto de Richard Stilgoe e Charles Hart, e música de Andrew Lloyd Webber; e *42nd Street*, que vi há alguns anos em Nova York. Mas acabei por ter acesso a *Cats*, no New London Theatre.

Como é do conhecimento geral, *Cats* baseia-se no *Old possum's book of pratical cats*, livro de poemas de T.S. Eliot, de 1939, e a música foi composta por Andrew Lloyd Webber, o mesmo autor de *O fantasma da ópera* (1986), *Jesus Cristo superstar* (1971) e *Evita* (1976), além de outros êxitos.

Só a circunstância de transpor para o palco a poesia de Eliot, encantadora no *Practical cats*, dá ao espetáculo um lugar à parte na história dos musicais. Foge-se do convencionalismo da quase totalidade dos entrechos do gênero, em benefício da magia poética. *Cats* trouxe novo alento ao musical quando de sua estreia.

O grande moderno New London Theatre, que fecha em semicírculo a área de representação, permite o aproveitamento de engenhosos recursos mecânicos, e John Napier integra na cenografia as paredes da sala. A coreografia, assinada pela diretora associada Gillian Lynne, faz as variações possíveis sugeridas pelos gatos. O elenco está cheio de dançarinos hábeis e dotados de boa voz. O resultado teria de ser muito agradável. Confesso, porém, que me senti incomodado por um certo *kitsch*, que emana do conjunto. Deve ser a doença da maioria dos musicais, a que nem mesmo escapa a inteligente poesia eliotiana. Algumas bonitas melodias não são suficientes para justificar o todo. A leitura de *Old possum's book of pratical cats* proporciona ao interessado um prazer artístico de outro nível.

Minha rápida peregrinação pelos palcos londrinos terminou com *Les liaisons dangereuses,* que o dramaturgo Christopher Hampton (*Total eclipse, Savages, The philanthropist* etc.) adaptou do famoso livro de Choderlos de Laclos (1741-1803), lido por nós, brasileiros, há muitos anos, na excelente tradução de Carlos Drummond de Andrade. Embora adaptação, *As ligações perigosas* obteve o prêmio London Standard Drama de 1986.

A obra inglesa nada tem a ver com *Quartett*, em que Heiner Müller longinquamente se inspirou na mesma fonte (montagem de Gerald Thomas, no Rio, com Tônia Carreiro e Sérgio Britto). Hampton procurou seguir o desenvolvimento do romance epistolar, padrão do gênero, dividindo o espetáculo em dois atos, com nove cenas cada um. A ação da década de 80 do século XVIII e o cenário passa do salão da marquesa de Merteuil ao castelo de Mme. de Rosamonde, no campo, indo aos quartos de dormir de Emillie, Cécile e Valmont, e em outros ambientes, o salão de Mme. de Tourvel e ao bosque de Vincennes parisiense, por exemplo. Esclarece o autor, em nota, que por motivos práticos, para manter a continuidade da ação, o espetáculo é representado sem cortes (exceto o do intervalo) e sem mudanças de cenários, a não ser em pormenores. Por isso Bob Crowley desenhou requintada cenografia, linda em si mesma sem, entretanto, resolver, salvo por extremada convenção, o problema da multiplicidade de ambientes. Precisa-se fazer total abstração das necessidades realistas para aceitar o partido tomado pelo dramaturgo, que o encenador Howard Davies e o cenógrafo acompanharam.

Além da figura e da malícia do diálogo, muito bem transposto para o palco, impressiona no espetáculo a escolha do elenco, notadamente o feminino. No nosso imaginário, não se poderia pensar em atrizes físicas e intelectualmente mais perfeitas para encarnar o século XVIII do que Lindsay Duncan (marquesa de Merteuil), Kristin Milward (Mme. de Volanges), Beatie Edney (Cécile Volanges), Jean Anderson (Mme. de Tourvel) e Lucy Aston (a cortesã Emilie). Se Alan Rickman (visconde de Valmont) não tem a mesma convicção interpretativa, a personalidade das atrizes proporciona deleite raro ao espectador.

O *West End* oferece muitas outras atrações, a quem pode desfrutar mais tempo em Londres. Está em cartaz há 33 anos, no St. Martin's, *A ratoeira*, de Agatha Christie (vi praticamente a estreia, em 1953). Apresentam-se no National Theatre (Lyttelton), no sistema de repertório: *Escola de mulheres*, de Molière; *The magistrate*, de Pinero; *Coming in to land*, de Stephen Poliakoff; *Tons of money*, de Will Evans e Valentine; e uma coletânea de pequenas peças de Samuel Beckett; e, na sala Olivier, *Rei Lear*, de Shakespeare; *The pied piper*, que Adrian Mitchell e Alan Cohen adaptaram do poema de Roberto Browning (música de Dominic Muldowney); e *The american clock*, de Arthur Miller.

A Royal Shakespeare Company, no Barbican Theatre, reveza *Misalliance*, de Shaw; *A penny for a song*, de John Whiting; *O pedido de casamento*, de Tchekhov; e *Venus and Adonis*, poema de Shakespeare. O Shaftesbury encena *Um chapéu de palha da Itália*, de Labiche; The Strand, *Cabaret*, de John Kander e Fred Ebb; o Vaudeville, *Woman in mind*, de Alan Ayckbourn; o Lyric Shaftersburry Avenue, *A chorus of disapproval*, também de Alan Ayckbourn; o Royal Court, *Road*, de Jim Cartwright, revelação de autor; o Aldwych, *Brighton beach memoirs*, de Neil Simon; o Fortune, *Lillian*, de William Luce, baseada nos livros autobiográficos da dramaturga Lillian Hellman; *One woman show* com Frances de la Tour; o Old Vic,

Holiday, de Philip Barry; o Duchess, *No sex please, we're british*, de Anthony Marriott e Alistair Foot, levada há dezesseis anos; e o Adelphi, o musical *Me and my girl*, vencedor de três prêmios, em 1985.

É impossível fugir ao lugar comum de que as encenações inglesas costumam ser mais conservadoras que as francesas ou as alemãs. Impõe-se, contudo, a outra evidência de que dificilmente se encontram em qualquer parte do mundo tão bons e sólidos atores.

Teatro em Nova York

16 de fevereiro de 1981

Uma viagem de poucas semanas só enlouquece quem deseja ver teatro em Nova York. Sem minúcia de pesquisa, podem ser encontradas indicações de 170 espetáculos em cartaz, na Broadway, Off-Broadway e Off-off--Broadway. Qual o critério para uma seleção, se não se acompanhou pelo menos a triagem dos comentários especializados? Os grandes êxitos, os grupos de vanguarda, os dramaturgos, encenadores e intérpretes de nome passam a ser um possível guia em meio a uma oferta sem paralelo em todo o mundo.

Algumas particularidades chamam a atenção de qualquer observador. A primeira delas: o teatro é uma poderosa realidade econômica em Nova York. Estreia uma montagem, a crítica elogia, logo aparecem páginas de anúncios nos jornais e chamadas na televisão (no Brasil as dificuldades financeiras praticamente aboliram até os tradicionais "tijolinhos"). Os imensos edifícios, com mais de mil lugares, no velho estilo italiano, estão sempre lotados. O teatro parece enraizado entre os hábitos da população, apesar do preço caríssimo das poltronas.

Quem deseja um curso prático de história do teatro não precisa esperar anos para conhecer alguns autores: os grandes nomes da dramaturgia acotovelam-se em palcos diversos, numa prova de interesse cultural, que desmente qualquer juízo leviano sobre os Estados Unidos. Passado e presente, tradição e vanguarda formam um tecido comum, que alimenta os variados gostos e não deixa ninguém fora do circuito de consumo.

Não vou negar que senti inveja diante da possibilidade de assistir a três tragédias de Sófocles em repertório (*Édipo*, *Antígona* e *Édipo em Colona*), quatro de Shakespeare (*Macbeth, Sonho de uma noite de verão, Péricles* e *Uma noite de reis*), Ibsen (*João Gabriel Borkman, Casa de bonecas, Espectros*), Strindberg (*Pai*), Tchekhov (*Tio Vânia, A gaivota*), Shaw (*Don

Juan no inferno e peças em um ato) e ainda um milagre medieval, Molière, Farquhar, Büchner, Wilde, Hauptmann, Brecht, Lorca, O'Neill, Ben Hecht, Martin Walser, Tennessee Williams, Christopher Fry, Terence Rattigan, Harold Pinter, Israel Horovitz e muito mais. Tudo o que é bom, venha de onde vier, tem acolhida em Nova York, uma feira internacional permanente.

Premido pelo tempo, pelo cansaço da última temporada paulista e pelo desejo de não perder outras artes, concentrei-me nas atrações mais evidentes e típicas dos norte-americanos. Isto é, nas comédias musicais. E não me decepcionei: *Barnum*, *42nd Street*, *The pirates of Penzance* e *Evita*, cada uma no seu estilo, justificam plenamente a sua aceitação (*A chorus line*, *Oh! Calcutta* e *Brigadoon* já havia visto em outras oportunidades), e lamentei perder *Sugar babies*, com Mickey Rooney e Ann Miller, e *Ain't Misbehavin'*, com músicas de Fats Waller.

Talvez *Barnum*, mais do que outra homenagem, exemplifique o sortilégio da reunião de tantos recursos cênicos. O texto de Mark Bramble, com música de Cy Coleman, dramatiza a vida do grande animador do Circo Barnum & Bailey, que encantou o mundo no século passado. Todos os atores dançam, cantam, fazem acrobacias e mágicas, e o intérprete inglês Jim Dale, que Laurence Olivier já convidou para desempenhar diversos protagonistas no Teatro Nacional britânico, mostra uma versatilidade quase inconcebível.

42nd Street, a fábula convencional da ascensão de uma desconhecida ao estrelato, na Broadway, aproveitando a oportunidade dada pela perna quebrada da velha atriz, impressiona pelo aspecto visual. Os cenários *artdéco* de Robin Wagner sucedem-se em combinações admiráveis, recriando o fascínio do próprio teatro na tradicional rua de diversões de Nova York. Como se sabe, o excelente diretor e coreógrafo Gower Champion morreu, no ano passado, sem ver a estreia do seu espetáculo.

A famosa dupla inglesa Gilbert e Sullivan (*H.M.S. Pinafore*, *The Mikado* e mais de uma dezena de outras operetas, hoje clássicos do século XIX) é um dos mais recentes encantos da Broadway, com *The pirates of Penzance*, produção feita inicialmente por Joseph Papp para o New York Shakespeare Festival, no Central Park. O dinâmico homem de teatro, que anima na rua Lafayette o Public Theater, enfeixando dez diferentes salas, afirma que precisa de um sucesso como *The Pirates* para assegurar a continuidade ameaçada do festival shakespeariano. A partir do achado de um navio pirata que atravessa o palco, inspirado na pintura do pós-impressionista Henri Rousseau, tudo se movimenta como deliciosa brincadeira, sob a direção de Wilford Leach. E encabeçam o elenco os ótimos comediantes Kevin Kline, Estelle Parsons e George Rose, e os astros do rock Linda Ronstadt e Rex Smith.

Sem documentos em que me apoiar, não sei se devo atribuir a uma traição da memória ter gostado mais do espetáculo londrino do que do norte-americano de *Evita*, musical de Tim Rice e Andrew Lloyd Webber, dirigido por Harold Prince e estrelado por Derin Altay (Eva Perón), James Stein (Che Guevara) e Davis Cryer (Perón). A lembrança é de que a montagem inglesa era mais grandiosa e complexa. Vale a pena lembrar a importância de sair do gênero de histórias convencionais para uma trama política e sob certos aspectos ousada. Evita recebeu sete prêmios Tony (o Oscar do teatro), e o de melhor musical de 1980 do Círculo de Críticos de Nova York.

Numa linha próxima, definindo-se mais como *vaudeville*, situa-se o excelente *One Mo'Time*, em que quatro atores negros evocam uma noite dos anos 20. Sylvia Kuumba Williams, Thaís Clark, Topsy Chapman e Bruce Strickland dançam e cantam na melhor tradição da arte negra, ao som de The New Orleans Blue Serenaders. Um entretenimento de raro prazer.

Depois do lançamento no Teatro Nacional Inglês, *Amadeus* chegou à Broadway, com o mesmo êxito. Se já tenho reservas a *Equus*, fico mais reticente em relação a essa nova peça de Peter Shaffer, escrita a partir da admiração e da inveja que Antonio Salieri sentiu de Mozart, na corte de Viena do século XVIII. A facilidade do texto não impediu que Peter Hall fizesse uma grande montagem, com efeitos cenográficos estupendos de John Bury e uma interpretação irrepreensível, mesmo Jeremiah Sullivan e Caris Corfman substituindo, na noite em que vi o espetáculo, os criadores Ian McKellen (Salieri) e Jane Seymour (Constanze Weber, mulher de Mozart), enquanto Tim Curry continuou no papel de Mozart. Embora não faça nenhuma falta ao nosso palco, *Amadeus* não teria condições de ser montado aqui, pela precariedade dos recursos técnicos brasileiros.

O amor de uma surda-muda e um homem sem problema físico é o tema de *Children of a lesser God (Filhos de um Deus menor)*, peça de Mark Medoff, com David Ackroyd e Phyllis Frelich (melhor atriz, em 1980). Um relacionamento bem desenvolvido, só apelando para uma certa melodramaticidade no desfecho. Dentro das exigências comerciais da Broadway, uma experiência séria e digna.

Eu me decepcionei com o que deveria ser a vanguarda. A Mabou Mines Production de *Dead end kids (Moleques de rua)* traça a história do poder nuclear, da velha alquimia à Guerra Fria, concebida e dirigida por Joanne Akalaitis. Alguns bons achados cênicos não superam a pesada estrutura do texto, além de seu gosto duvidoso. E me pareceu um exercício de gratuidade de *Penguin Touquet*, de Richard Foreman, diretor de Ontological-Hysteric Theater.

A explosão contestadora dos grupos da década de 60 não encontrou ainda uma força equivalente no início dos anos 80. Esse será, talvez, o grande desafio para uma geração que não perdeu a mestria das anteriores, mas não descobriu ainda um caminho convincente.

Teatro em Portugal

15 de fevereiro de 1988

Esquecido o cordão umbilical que nos liga historicamente ao teatro português, não podemos omitir trocas importantes das últimas décadas. Quando a ditadura lá votava quase todos os textos à gaveta ou à publicação, impedindo-os de chegar ao palco, foram os elencos brasileiros, sobretudo o Teatro Popular de Arte (Cia. Maria Della Costa-Sandro Polloni), que mitigaram a fome cênica lusitana. No Brasil devastado pela censura, principalmente a partir de 1968, trouxeram-nos reconfortante alento grupos que atravessaram o Atlântico, a exemplo do Teatro Experimental de Cascais, A Comuna e A Barraca. Hoje cabe-nos lamentar a rarefação do intercâmbio, agravada pelo término dos festivais promovidos pela atriz empresária Ruth Escobar. E pedir que a Fundação Nacional de Artes Cênicas, do nosso Ministério da Cultura, retome o diálogo com órgãos equivalentes de Portugal.

Alguns dias passados em Lisboa não permitem – é claro – uma avaliação da atividade desenvolvida pelos vários conjuntos. Muita gente se queixou, para mim, da pequena oferta dos cartazes. De fato, o Rio e São Paulo apresentam número muito maior de espetáculos. Chego a admitir que a grande popularidade das telenovelas brasileiras tenha contribuído para o esvaziamento das salas (*Roque Santeiro* ocupa, agora, expressivo primeiro lugar na audiência). Mas, proporcionalmente à população, o movimento teatral português não é inferior ao nosso. Não lhe faltam, por outro lado, as indispensáveis características de seriedade, pesquisa e mérito artístico. A clara consciência dos problemas ajudará a expandir-se o teatro português.

Tive oportunidade de assistir às três mais importantes montagens: *O balcão*, de Jean Genet; *Grande paz*, de Edward Bond; *A dama do Maxim's*, de Georges Feydeau. Faltou-me tempo para ver *O lagarto de âmbar*, de Maria Estela Guedes, no Centro de Arte Moderna; *Criada para todo o serviço*, de Barillet e Grédy, no Teatro Villaret; *Lendas de amor e morte*, de Yukio

Mishima, no Teatro Ibérico; *Faça uma cara inteligente e depois volte ao normal*, do brasileiro Marcos Rey, no Teatro Trindade; *A viagem*, de Sophia de Mello Breyner, em A Comuna; *O nosso amor é Lisboa*, de Paco Gonzalez, no Teatro Laura Alves; e *Aoi* e *Le tambourin de soie*, também de Mishima, em versão francesa de Marguerite Yourcenar, no Instituto Franco-Português. Como várias peças são encenadas poucas semanas, mesmo se lotam, em razão de imperativos contratuais (os subsídios exigem diversas estreias numa temporada), o espectador dispõe de múltiplas escolhas durante o ano.

Para mim, era muito difícil enfrentar uma nova leitura de *O balcão*, depois da de Victor García, nos últimos dias de 1969, no Teatro Ruth Escobar. A criação, a maior deste ano atribuída a uma companhia particular. Durante a minha viagem, achava-se em cena, em sua sala própria, o Teatro do Bairro Alto, a segunda parte da *Trilogia da guerra*, do autor inglês Edward Bond, de quem, há anos, Ademar Guerra montou *Saved*, com Miriam Mehler. O espetáculo chama-se *Grande paz* e eu gostaria de ter visto a primeira parte, composta por *Vermelhos, negros e ignorantes*, e *As pessoas das latas*, do encenador argentino, tão cedo desaparecido, julgada um marco do teatro moderno, em todo o mundo, que a conhece por meio de um documentário de quarenta minutos, onde muitos valores naturalmente se perdem. Carlos Avilez, diretor do Teatro Experimental de Cascais e do espetáculo português, agora na nova sede do conjunto, no Teatro Municipal Mirita Casimiro, no Estoril, teve o bom senso inicial de afastar-se da concepção de Victor García, que, aliás, havia feito para seu elenco uma memorável *As criadas*, também de Genet (vi o espetáculo no princípio de 1973, no extraordinário desempenho de Eunice Muñoz, uma das primeiras atrizes da língua). O elogio inicial que faço a esse novo *Balcão* é o de que em nenhum momento ele se apagou em face do brilho e da ousadia da criação paulista.

O paralelo que esboçarei entre as duas encenações persegue apenas o objetivo de facilitar didaticamente, para o leitor brasileiro, o entendimento dos caminhos trilhados. Enquanto Victor García buscou, na admirável plasticidade da construção metálica afunilada de 17 metros de altura, um equivalente cênico do ritual proposto por Genet, Carlos Avilez concentrou-se na magia da palavra, apoiada no jogo de espelhos do mundo ilusório propiciado por Irma, dona do bordel. Se é certo que o cenário brasileiro permitiu, entre outros achados, a linda metáfora da última cena, em que os homens quase nus, amontoados no subsolo do inferno, escalavam as paredes em busca da liberdade, nossa familiaridade com a palavra facilita, no espetáculo português, a compreensão permanente do texto, não obstante a diferença da prosódia. Forçoso é reconhecer que, sem distrair-se com a maquinaria, o público se deixa mais facilmente tomar-se pela emoção.

De nada adiantaria esse partido da palavra se não estivesse a sustentá-lo um elenco maduro, consciente de seus meios intelectuais e físicos. Pode haver uma ou outra atuação de maior relevo, mas importa o rendimento geral alcançado pelo elenco: João Vasco (O Bispo), Anna Paula (Irma/A Rainha), Ilda Roquete (A Mulher, A Ladra, A Senhora), Santos Manuel (O Juiz), Sérgio Silva (O Carrasco/Arthur), Carlos Freixo (O General), Zita Duarte (O Indivíduo), Lia Gama (Carmen), Antônio Marques (O Chefe de Polícia), Alexandra Lencastre (Chantal), e Fernando Côrte-Real (Roger), entre outros. A austera cenografia de Vasco Eloy, jogando com espelhos, sublinha o "teatro dentro do teatro", em que assumem especial valor simbólico as reproduções de quadros de Francis Bacon. Um espetáculo de nível de *O balcão* situa o teatro português em pé de igualdade com os mais sofisticados de todo o mundo.

O Teatro da Cornucópia, dirigido por Luís Miguel Cintra, é o mais prestigiado do país, tanto pelo aplauso da crítica militante como pelo subsídio que lhe concede a Secretaria de Estado de Cultura, de Conserva. Obviamente, desconhecendo desde o início a *Trilogia*, não me sinto à vontade para emitir um juízo.

Qualquer comentarista experimentado, porém, não sentirá dificuldade em reconhecer o extremo rigor da criação de Luís Miguel Cintra, artista íntegro, avesso a concessões, prestando ao público a homenagem de confiar-lhe um trabalho de quatro horas e meia, sem nenhum enfeite, deslize superficial ou apelo menor. Já aí vai um grande elogio à montagem, situada no campo oposto ao das facilidades televisivas, que acredita no teatro como arte superior, questionadora dos problemas fundamentais do homem.

No programa relativo à primeira parte da *Trilogia*, Luís Miguel escreve que "é com algum arrepio que neste espetáculo voltamos a um teatro didático em que julgávamos já não acreditar". Adiante ele acrescenta: "Estamos a fazer-nos uma provocação no mais digno sentido da palavra, ao pôr em cena um teatro assim didático, um teatro político à antiga". Uma última citação: "Cada vez nossos espetáculos defendem menos os atores, os 'cenários' que inventamos, ou que cada vez inventamos menos, são cada vez mais vazios, cada vez mais um terreno só, estão cada vez mais perto do antigo estrado, cada vez pomos menos 'ideias' no palco, cada vez mais nos repugna a 'decoração', cada vez queremos mais uma maneira de representar despida de todo o artifício, queremos o ator ameaçado".

Nada mais claro e legítimo do que essa profissão de fé. Admiro artista que não corteja a plateia, convencido de que ela deve acompanhá-lo em sua busca especial. E o tema de *Grande paz* é difícil, para não dizer árido. Seus pressupostos estão contidos numa observação do autor (*Short note on violence and culture*), que extraio do programa: "Infelizmente, já que vivemos num mundo pequeno, temos de pensar não tanto numa sociedade nacional, mas numa sociedade mundial. Tornar-se-á então claro que a nossa espécie está ameaçada não por criminosos sociais, mas por criminosos políticos: esses que nos ameaçam com o crime supremo do holocausto nuclear. Com a classe dirigente que temos, bem podemos esperar encontrar violência nas ruas. Não porque as pessoas sejam bárbaras – mas porque a sociedade o é". Com esse ponto de partida, a trama coloca em cena soldados que matam inocentes para diminuir o número de bocas. A mãe que viu o filho sacrificar a irmã menor carrega no colo, como se fosse ela, dezessete anos mais tarde, um rolo de panos. Melodrama lacrimogênio? Não. Alerta sincero contra os riscos que ameaçam a humanidade.

Embora eu partilhe os receios de Bond, não consigo motivar-me por essa parábola. A alegoria resulta primária, o teor probante parece-me excessivo, provocando o cansaço. O intransigente apego da encenação às minúcias do diálogo leva a um clima de quase insuportabilidade. Admira-se o vigor de todo o elenco, assinalando-se Alda Rodrigues no papel da Mãe, de pungência efetiva, obra-prima da dramaticidade enxuta. Temo, contudo, que a convicção sincera do espetáculo se transforme em sacrifício físico do público. E tanta perfeição didática se torne, assim, contraproducente. Faço votos que os dois últimos lançamentos do Teatro da Cornucópia na temporada 1987-88, a encerrarem-se no mês de agosto – *As três irmãs*, de Tchekhov, e o *Auto da feira*, de Gil Vicente – restabeleçam para a plateia o gosto lúdico do palco.

Produção menos ambiciosa e feliz, *A dama do Maxim's* tem a assinatura do elogiado João Lourenço para o Novo Grupo, no Teatro Aberto.

Esquecendo o lugar comum segundo o qual Georges Feydeau compõe as histórias com precisão de relojoeiro, o diretor incluiu-o como personagem na trama, o que só prejudica o ritmo do diálogo. Mas não se encontra aí a fragilidade maior da apresentação: o cenário de Nuno Carinhas está longe de resolver a contento as mudanças de ambientes e deixa de aproveitar as possibilidades estéticas da decoração, sempre tão refinada no caso de Feydeau (o cenógrafo, entretanto, havia optado com acerto por "sacar as essências sem tentar imitar o estilo da época").

A tradição interpretativa portuguesa é muito boa e sempre convence a solidez dos desempenhos. Em *A dama do Maxim's*, ao lado de veteranos, como Canto e Castro (Dr. Petypon) e Fernanda Montemor (Gabriela), distingue-se Irene Cruz no papel da Gatinha Naná – uma atriz de personalidade e força, com extenso leque de *emplois*. Pela leveza e malícia do *vaudeville*, o espectador não se sente frustrado.

Visitei a Escola Superior de Teatro e Cinema, nova denominação do antigo Conservatório, que festejou no ano passado 150 anos de existência. A sede, na rua dos Caetanos, 28, no bairro Alto de Lisboa, me pareceu acanhada, porque o espaço está dividido com o ensino de música e dança, sem uma ampla sala de espetáculos (os cursos de teatro ocupam o segundo andar do prédio, quando antes não era seu apenas o primeiro pavimento). Fornecem-se diplomas de Formação de Atores, Realização Plástica do Espetáculo e Dramaturgia, esperando-se instalar em breve um curso de Produção. As disciplinas não se distanciam muito das ministradas nas escolas brasileiras, assinalando-se a presença da cadeira de Semiologia do Espetáculo e Semiologia do Espaço, a cargo dos professores Jorge Listopad e Eugénia Vasques (o primeiro divide com a atriz Anna Paula, protagonista de *O balcão*, a responsabilidade de dirigir os cursos).

O aluno permanece na Escola das 9 às 17 horas, num ano letivo que principia em fins de outubro, para acabar em fins de junho. Em 1987-1988, no curso de Interpretação, o primeiro ano ocupa-se com ateliês que partem de improvisações. Vários textos de Gil Vicente serão apresentados nos trabalhos de avaliação. Formam o segundo ano três ateliês: Realismo e Naturalismo (Stanislavski), Tragédia e Teatro Épico. O terceiro ano prepara, no momento, *Macbeth*, de Shakespeare, e ainda encenará *D. João perdeu a Guerra*, de Ödön Von Horváth (1901-1938), autor de língua alemã, nascido em Fiume e morto em Paris. A Escola propicia, à noite, cursos livres, sem necessidade de grau acadêmico. Os exames conclusivos de Interpretação estão previstos num espaço fora da Escola, por ser pequena a sala existente na sede (há intenção de equipar outra, maior).

Fiquei muito bem impressionado com a visita ao Museu Nacional de Teatro, situado na Estrada do Lumiar, 10 – certamente um dos melhores do mundo. Ali pude ver uma excelente exposição dedicada à Companhia Amélia Rey Colaço-Robles Monteiro (1921-1974), compreendendo desde os anos anteriores à formação até o período final, no Teatro Nacional de D. Maria II. Organizou-a Vítor Pavão dos Santos, museólogo competentíssimo, que desenvolve uma obra evidentemente muito superior aos recursos que lhe são destinados. Em numerosas salas, divididas com inteligente critério, estão documentadas todas as fases do elenco, por meio de fotos, ampliações, maquetes, correspondência, figurinos completos e até, na saída, como num palco, imagens dos atores, nos trajes mais característicos. Soube que Vítor prepara um livro sobre a história da companhia, que será sem dúvida muito importante para o melhor conhecimento do teatro português.

A par dessas notícias auspiciosas, verifiquei que, em pleno apogeu da temporada, está fechado o Teatro Nacional de D. Maria II, sede do conjunto oficial. Animei-me ao tomar ciência de que o elenco estreará breve a *Trilogia portuguesa*, de Miguel Rovisco, que se matou no dia 3 de outubro último, com 27 anos de idade. Entre mais de duas dezenas de peças escritas, Rovisco deixou *O bicho*, *O tempo feminino* e *A infância de Leonor de Távora*, que formam a *Trilogia portuguesa*, Prêmio Nacional de Teatro de 1986, concedido pela Secretaria de Estado da Cultura. O dramaturgo venceu, no ano passado, o Prêmio Garrett de Teatro, com *Retrato de uma família portuguesa*, e o Prêmio Nacional de Teatro para a peça juvenil, com *Histórias de Tobias*, láureas reveladas postumamente. Consideram Miguel Rovisco a maior revelação da dramaturgia portuguesa, neste último quartel do nosso século.

Chegaram-me ecos da polêmica travada em torno da concessão de subsídios. Carlos Porto faz meticulosa análise da questão, no *Diário de Lisboa* de 12 de janeiro, sob o título "As pequenas justiças e as grandes injustiças da SEC. Nas pequenas justiças, o crítico inclui: os três contratos--programas, celebrados com o Teatro de Cornucópia (22 mil contos ou 13 milhões); Teatro Experimental de Cascais (20 mil contos ou 12 milhões) e

Novo Grupo (20 mil contos ou 12 milhões). Com subsídios anuais, foram distinguidos: Comuna-Teatro de Pesquisa (14 mil contos ou 8 milhões); Centro Cultural de Évora (14 mil contos ou 8 milhões); Teatro Animação de Setúbal (12 mil contos ou 7 milhões,); Grupo Teatro Hoje (11.500 contos ou 7 milhões); O Bando (10 mil contos ou 6 milhões); Cena/Cia. de Teatro de Braga (10 mil contos ou 6 milhões); e Teatro da Rainha (10 mil contos ou 6 milhões). Observa Carlos Porto: "Destes grupos é inteiramente incompreensível que a Comuna e o Centro Cultural de Évora não tenham sido incluídos na primeira seção, dos contratos-programa. Não descobrimos qualquer razão para isso, o que leva a considerar esta exclusão como das grandes injustiças do Despacho de Subsídios". Argumenta ainda o crítico que os 143 mil contos atribuídos aos dez grupos (não foram atendidos catorze outros postulantes) correspondem ao que a Espanha concede a um único Centro Dramático. Brasileiro que sou, sinto-me envergonhado: enquanto nossa pretensa democracia se decompõe em novo mar de lama, com intermediários para liberação de verbas de governo a governo, confiou-se à iniciativa privada, omitindo-se o Estado, o subsídio à atividade cênica. Perto do Brasil, a situação portuguesa é ainda paradisíaca...

São grandes injustiças, no dizer de Carlos Porto, o corte das verbas, neste ano, ao Teatro Ibérico (Lisboa), à Companhia de Teatro Almada/ Grupo de Campolide e à Seiva Trupe (Porto). Teria essa exclusão raízes políticas. Por outro lado, considera o crítico sinistro o propósito da secretaria de sugerir, a três grupos portuenses, a sua fusão, "como se tratasse de grupos de futebol de segunda divisão desejosos de passar para a primeira divisão". Várias regiões do país são omitidas pela secretaria, bem como são ignoradas muitas outras realidades do teatro português.

Antonio Reis, que já foi secretário da Cultura, denomina o seu artigo, no Jornal de Letras de 19 a 25 de janeiro, de "A estratégia da pequenez", afirmando que "a primeira opção política do fundo consiste na secundarização do teatro como ramo de criação e circulação cultural, com total desprezo pelas suas potencialidades de veículo de animação e participação cultural global". Adiante lê-se: "Um segundo vetor da estratégia montada alia a concentração dos subsídios a um propósito centralizador e mesmo dirigista. É o que decorre da decisão de condicionar a atribuição do subsídio regular por via do contrato-programa a três companhias do Porto à prévia fusão das mesmas, com flagrante desrespeito pelo direito a diferentes opções estéticas e de métodos de trabalho". A análise leva o articulista a concluir que "este governo bem poderia ser considerado um governo teatricida, não fora a secular capacidade de resistência das gentes do meio".

Menciono esses problemas à guisa de informação, já que um turista de poucos dias não se sente seguro para opinar sobre questões que reclamam grande familiaridade. Os portugueses, de qualquer modo, exercem o saudável direito de espernear, ao passo que nós, no Brasil, violentados por tantos absurdos, mergulhamos simplesmente na paralisia da perplexidade.

Teatro em Roma

25 de abril de 1986

Era natural que, chegando a Roma, eu procurasse assistir logo a *I misteri di Pietroburgo*, cuja segunda parte é a última direção de Adolfo Celi, um dos mais importantes construtores do teatro brasileiro moderno. Além de encenador e adaptador de Dostoiévski, ao lado de Vittorio Gassman e Gerardo Guerrieri, ele deveria interpretar Ivan Ilich Pralinski, sendo hospitalizado, duas horas antes da estreia do espetáculo, em Siena, onde faleceu dois dias depois.

Como Celi se incumbiria de protagonizar *Una brutta storia* e não ensaiou Alvaro Piccardi, que o substitui, cabe refletir que a atual montagem difere da concebida por ele. Muitas marcações parecem pensadas em função das suas características interpretativas, que não correspondem exatamente às do substituto, de resto há algum tempo fora do palco. Tenho a plena consciência, assim, de que não vi um trabalho da inteira responsabilidade de Celi.

A partir de 1949, o jovem diretor italiano imprimiu a orientação adotada pelo Teatro Brasileiro de Comédia de São Paulo, renovando profundamente o nosso profissionalismo. Os princípios do teatro de equipe e ecletismo de Pertório nortearam não só o TBC como as diversas companhias dele saídas ou que receberam a sua influência: Cia. Nydia Licia-Sérgio Cardoso, Cia. Maria Della Costa-Sandro Polloni (Teatro Popular de Arte), Teatro Cacilda Becker, Teatro dos Sete e Cia. Tônia-Celi-Autran (não se distancia deles a primeira fase do Teatro de Arena e do Teatro Oficina).

Em sua rica e fecunda trajetória brasileira, Celi responsabilizou-se por numerosos espetáculos memoráveis, em que sobressaía o extraordinário senso de teatralidade, estabelecendo espontânea comunicação com o público. Professor dos intérpretes que atuaram sob a sua direção, Celi estendeu a sua escola a jovens encenadores brasileiros, sendo Flávio Rangel, sem dúvida, seu mais brilhante continuador.

De volta à Itália, Celi não encontrou, na encenação, o espaço que merecia. Absorveu o desempenho cinematográfico, e confesso que no início me incomodava certo feitio de "canastrão". Já em *Amigos e companheiros*, no papel de um médico, ele se ajustava maravilhosamente à linguagem cinematográfica. Professor na Bottega Teatrale de Florença, cujos cinco anos de vida resultaram em *I misteri di Pietroburgo*, montagem a cargo de ex-alunos, sente-se que Celi procurava retomar a função de encenador e intérprete de teatro, interrompida pela morte imprevista.

Nas condições desfavoráveis de carreira de *I misteri di Pietroburgo* (na temporada itinerante, típica dos elencos italianos, a produção passou a ser oferecida no Teatro Quirino de Roma), não fico à vontade para julgar o resultado artístico. Em cada cena, imagino como Celi estaria melhor do que Alvaro Piccardi, aliás, bastante satisfatório. A mão firme do encenador está presente no ritmo, que não permite vazios. Às vezes, os traços se tornam caricaturais, embora convença o desembaraço dos jovens atores. Não vou esconder que, feitas as contas, prefiro preservar a imagem que Adolfo Celi me deixou no Brasil.

Na primeira parte, dirigida por Vittorio Gassman, o texto funde fragmentos de *Pobre gente, Noites brancas, Memórias do subsolo* e *Bobok*. A adaptação valoriza a teatralidade latente em qualquer narrativa dostoievskiana. Não creio, porém, que os adaptadores tenham sido inteiramente felizes. O corte de uma história, para passar a outra, retomando-se depois o fio interrompido, dificulta a criação da atmosfera, buscada no título unificador de *Os mistérios de São Petersburgo*. Nossa montagem isolada de *Noites brancas* tinha muito mais encanto e poesia.

Gassman fez todos os papéis serem representados por dois atores. A justificação teórica é a pesquisa do tema do duplo, o problema da identidade. A ideia, contudo, não se materializa em cena. A impressão transmitida é a de que havia dezesseis formandos e convinha apresentá-los, sem que ninguém ficasse de fora. Critério muito mais de escola do que de companhia profissional.

Desse ponto de vista, rendo-me ao talento de numerosos jovens. Eles dominam o palco – souberam incorporar o histrionismo (no bom sentido) de Gassman e Celi. Não demorará muito para que vários nomes saídos da Bottega Teatrale de Florença se convertam em astros do teatro, do cinema e da televisão italiana.

Teatro Experimental de Cascais

21 de junho de 1980

Com a montagem de *A maluquinha de Arroios*, que estará em cartaz até amanhã, no Teatro Ruth Escobar, encerra-se a série de seis estreias do Teatro Experimental de Cascais. Uma importante contribuição ao nosso palco, permitindo-nos entrar em contato com um grupo sólido e maduro, do qual, por infelicidade, não temos um equivalente no Brasil.

O TEC adota, na aparência, um ecletismo de repertório que o aproximaria do antigo Teatro Brasileiro de Comédia. Entretanto, o nosso conjunto acolheu, diversas vezes, peças puramente comerciais, o que não sucede com a companhia portuguesa. Mesmo *A maluquinha de Arroios*, texto do começo do século, escrito nos moldes do *vaudeville* francês, apresenta hoje uma curiosidade cultural, distante dos cartazes digestivos, encenados apenas com o olho na bilheteria.

O diretor Carlos Avilez justificou, no programa da excursão, a ausência de espetáculos criados após a Revolução de 25 de abril de 1974 porque não estariam suficientemente amadurecidos. *A mãe*, de Witkiewicz, que obteve grande êxito na última temporada, deixou de figurar na viagem porque se aproximaria da vanguarda brasileira, portanto sem maior atrativo para nós. Mas, na verdade, lamentamos de fato a omissão de nomes representativos da dramaturgia portuguesa de hoje. Teria sido importante ver como Avilez se entende com os autores contemporâneos de sua terra.

A lacuna, de qualquer forma, foi largamente compensada pela modernidade na encenação de clássicos e pela presença de Gombrowicz e Arrabal. Nem de longe se poderia pensar que *Fuenteovejuna* data do século XVII. Avilez montou com tanto vigor e beleza a epopeia de Lope de Vega que ela parece ter sido concebida agora. A força do povo, a simplicidade e a eficácia dos recursos cênicos, o ritmo violento tornam *Fuenteovejuna* a mais bela realização da temporada.

Impressionou-me muito, também, a concepção do espetáculo vicentino. Em geral, a estrutura tosca dos autos costuma deixar à mostra os andaimes das marcações. Avilez imprimiu tal vivacidade ao *Auto da Índia* e ao *Auto da barca do inferno* que não se percebe o esquematismo da construção. É muito sedutora a forma ágil impressa a Gil Vicente.

Havia um interesse especial pela montagem de *Ivone, Princesa de Borgonha*, porque Gombrowicz, hoje tão valorizado como ficcionista, ainda era desconhecido no palco brasileiro. E valeu a pena a revelação: viu-se um dramaturgo original, com uma imaginação poderosa, propiciando um espetáculo muito diferente daquilo a que estamos habituados. Avilez enveredou pelo expressionismo centro-europeu, carregadas as tintas de grotesco e de caricatura, criando um quadro incômodo e perturbador.

O espetáculo Arrabal valeu, sobretudo por *Oração*, um dos momentos mais perfeitos da amostra do TEC. Com despojamento, Avilez concentrou a encenação no requintado desempenho de Ivone Silva e João Vasco. Vêm à tona todas as intenções de Arrabal, num diálogo que, encarado sob o prisma convencional, jamais sugeriria teatralidade. E, no entanto, valorizando a máscara e as inflexões, os dois atores fizeram o mais puro teatro. Já a montagem de *Os dois verdugos*, de evidente sentido reivindicador na época em que foi realizada, se ressente de certa melodramaticidade.

Tive oportunidade, na primeira crítica ao elenco português, de elogiar *Dom Quixote*. No quadro geral da excursão, *A maluquinha de Arroios* se insere como um instante de repouso – a brincadeira em que o teatro não deseja ser mais que passatempo. Depois de tantas estreias de peso, se aceita o *vaudeville* de André Brun, principalmente porque enseja uma bela coleção de desempenhos, mostrando a versatilidade do elenco. Talvez o diretor pudesse cortar um pouco o texto e agilizar o ritmo, para que *A maluquinha* modernizasse completamente seu espírito e funcionasse como uma comédia dos nossos dias.

Ficou patente, na temporada, que Avilez soube incorporar todas as inovações do teatro contemporâneo, de Artaud a Brecht e de Vilar a Peter Brook e Grotowski, sem sucumbir a outra personalidade. As conquistas da encenação estão amalgamadas num estilo pessoal, despojado e prenhe de teatralidade. Há, no bom sentido, uma vocação enciclopédica em Carlos Avilez, que lhe permite surpreender e exprimir a perenidade dos clássicos.

Várias de suas criações, com mais de uma década, não envelheceram nada – e poucos são os diretores, em todo o mundo, que podem gabar-se desse feito: o teatro costuma ser implacável com as modas.

  É verdade que o Teatro Experimental de Cascais, mesmo reforçado com o concurso de alguns intérpretes ilustres, tem um admirável elenco estável. No Brasil, apenas o TBC, na sua melhor fase, reuniu tantos valores. A sucessão de estreias foi revelando novos talentos e facetas diferentes dos mesmos atores, numa soma surpreendente de ótimos desempenhos: João Vasco, Ivone Silva, Antonio Marques, Zita Duarte, Rogério Paulo, Maria Albergaria, Ruy de Matos, Maria Otília, Fernanda Coimbra, Luísa Salgueiro, Isabel de Castro e tantos outros têm uma bela formação profissional e a exploram às últimas consequências. O teatro português conserva a tradição de excelentes intérpretes. A atual visita, além de prová-lo, deve servir como exemplo aos nossos realizadores.

Teatro Negro de Praga

8 de agosto de 1980

O Teatro Negro de Praga em carreira até domingo, no Teatro Municipal, já é, há duas décadas, um fenômeno aplaudido internacionalmente, em festivais e excursões. Sem se estabelecer hierarquias de méritos, gêneros ou estilos, ele figura naquele universo em que brilham igualmente a Ópera de Pequim, o Bolshoi, o Circo de Moscou e outras realidades semelhantes. Não tem sentido questionar um valor que passou em julgado.

Pode-se pensar, de outro lado, que O Teatro Negro de Praga tem um parentesco implícito com o desenho de animação de Jiři Trnka e com toda a excelente cenografia checoslovaca, à cuja frente se encontra o nome admirável de Josef Svoboda. Só um país que desenvolveu demais o aspecto visual dos espetáculos parte para este tipo de caixa de surpresas, em que os olhos se espantam a cada momento, com as novas imagens que desfilam diante deles.

Não é segredo que Jiři Srnec, o criador do Teatro Negro de Praga, remontou na sua experiência ao tradicional "gabinete negro", em que manipuladores invisíveis se valem dessa condição para animar de forma insólita tudo o que possa ser visto pelo público. O espetáculo *A semana dos sonhos*, que abriu e encerrará a rápida temporada do conjunto, aproveita a dupla liberdade oferecida pelo "gabinete negro" e pelas associações oníricas para criar um mundo de fantasia.

Estão arregimentados os mais diversos recursos: quanto aos atores, da mímica à dança e ao canto; e os objetos contracenam com eles, complementando uma situação ou servindo como obstáculo dramático. Sobretudo no clima do sonho, nada obedece à lei da gravidade e há efeitos inusitados que fazem desaparecer aos poucos, da cabeça aos joelhos, uma figura humana.

Ninguém terá dificuldade em reconhecer procedimentos surrealistas. Artista plástico de boa formação, Jiři Srnec se associa aos cenógrafos

Emma Srncová e Bohumil Žemlička para obter imagens sempre sugestivas. Sob o aspecto visual o espetáculo nunca se repete e apresenta estímulos contínuos à plateia. O diretor e roteirista Jiři Srnec cria uma música adequada a cada personagem e episódio, e que marca muito bem o ritmo dos acontecimentos.

São essas atrações mais do que suficientes para assegurar o interesse do Teatro Negro e garantir a validade da experiência. Todo o mundo gostará de ver como se processa a mágica. Alguns efeitos visuais nascem de fato de uma grande maestria e atestam o requinte formal a que chegou o grupo. Desse ponto de vista, não há o que reprovar.

A insatisfação tem outra origem, sente-se que Jiři Srnec e seus colaboradores se empenharam com afinco nos meios, na técnica, nos recursos de toda ordem. Ficaram faltando os fins, a arte propriamente dita, aquilo que era importante comunicar. Ao término do espetáculo (ao menos de *A semana dos sonhos*) fica um indisfarçável vazio, que seria preciso preencher com alguma ideia.

Isoladamente, muitos achados satisfazem e funcionam como *gags*, comentários irônicos ou sortilégios poéticos. Parece que todos se aplicaram nos pormenores, impedindo que o efeito mágico se perdesse por erro na manipulação. O espetáculo, nesse particular, é perfeito, e ninguém verá uma intenção mal executada. Quando tudo se junta, a sintaxe torna-se pobre – não havia muito o que dizer. Mal se consegue lembrar de um ou outro momento marcante.

É possível que essa impressão nasça de *A semana dos sonhos*, a mais recente estreia do conjunto, que, ao longo de tantos anos, já criou alguns espetáculos considerados clássicos. Talvez essa montagem surgisse numa fase de esgotamento ou num instante pouco inspirado. Só acompanhando um pouco mais o trabalho do grupo se terá condições de emitir um juízo seguro. O Teatro Negro de Praga apresenta, em qualquer caso, uma curiosidade que não se deve perder.

Temporada teatral em Paris

22 de fevereiro de 1973

Se eu tivesse visto *1789* há dois anos, quando o espetáculo foi criado, talvez o julgasse com olhos mais benevolentes. Ou porque a montagem do Théâtre du Soleil se desgastou, ou porque já foi incorporada às produções brasileiras e não é novidade para nós, ou porque me cansei desse gênero de teatro, a verdade é que cheguei ao fim das duas horas e meia de desempenho, sem intervalo, no maior desconforto e enfado.

A apresentação de Ariane Mnouchkine é na Cartoucherie de Vincennes, um amplo galpão metálico, cheio de colunas de sustentação e com grandes arquibancadas de um só lado do retângulo. Para o espectador não motorizado, poucos metros à saída o metrô Château de Vincennes, há ônibus especiais, que fazem de graça o percurso de dois quilômetros e meio até a Cartoucherie.

O espaço cênico são passarelas que formam um retângulo, tendo em cada lado menor um praticável amplo, lugar privilegiado de ação. Num lado grande há dois palcos desse tipo, enquanto no outro, onde fica a arquibancada, apenas um, no meio. Ao fundo dos praticáveis (menos o que está diante do público) há cortinas que servem de cenário e mudam de acordo com o desenrolar da ação. No centro do retângulo, comprimia-se parte dos 725 espectadores (quase só jovens estudantes), solicitada a permanecer de pé.

Consegui sentar num cantinho da arquibancada, numa situação extremamente incômoda. Aliás, todos os lugares são ruins, como se, para fazer teatro popular ou de vanguarda, fosse obrigatório o mal-estar da plateia (prática em início também no Brasil). Duvido que um operário, depois de tantas horas de trabalho, tenha paciência para aguentar, tão mal acomodado, essa apresentação.

1789 pretende ser a história da Revolução Francesa, contada de um ângulo diferente dos compêndios oficiais. Momentos bonitos há, sem dúvida. Principalmente aquele em que os atores, em pontos diferentes do teatro, falam dentro da própria arquibancada a um pequeno grupo de espectadores. As vozes se superpõem e, no final, o efeito é magnífico. A festa que se segue à tomada da Bastilha (que é essa a narração) é também muito bonita. Mas o resto não convence muito, enveredando por um inútil primarismo – uma preocupação de escotismo de esquerda, bobo e ultrapassado. O resultado é uma propaganda quase infantil, que só pode convencer quem já está de antemão convencido.

São numerosos os atores de valor, que têm ademais voz poderosa, para atravessar aquela imensidão de espaço. Curiosamente, eles se trocam nos fundos dos dois lados menores do retângulo, à vista do público. Não há possível ofensa ao pudor, porém, porque os intérpretes sempre conservam roupas de baixo inteiriças.

A ideia de que há sempre bons atores em cena é um lugar-comum do teatro francês (eu diria mesmo do teatro europeu). A insuficiência, quase sempre, está nas peças contemporâneas sem interesse e nas montagens acadêmicas. A impressão final é de um lamentável desperdício de talento.

Em *Honni soit qui mal y pense*, há uma admirável interpretação de Claude Rich, secundado no elenco por figuras como Raymond Gérôme, Pierre Bertin e Françoise Christophe. Mas o espetáculo provoca uma incrível sensação de perda de tempo. *Victor ou les enfants au pouvoir* é a belíssima peça de Roger Vitrac, já um clássico do teatro moderno. Aqui também o elenco é bom, mas a direção de Jean Boucaud provoca a vontade de reler o texto.

Chez les Titch é uma montagem do Petit Odéon, destinado por Pierre Dux, administrador da Comédie Française, a estimular em vesperais o aparecimento de jovens dramaturgos franceses. Boa iniciativa, por certo, mas Louis Calaferte ainda parece a mistura de um mau Ionesco e um mau Beckett. Está por demais atrasado.

Godspell, que não é nada, agrada mais do que *Jesus Cristo superstar*. A vantagem está em não ser um musical pretensioso. Em cena, apenas cinco moças e cinco rapazes, que, não tendo uma grande coreografia a explorar, tiram partido das boas vozes e das marcantes individualidades. Se o espetáculo brasileiro tiver a qualidade do francês, fará sucesso garantido de público.

Resta *O burguês fidalgo*. Fui vê-lo menos por curiosidade pelo espetáculo do que pelo desejo de ver o circo em que a Comédie passou a atuar, depois da briga com o governo. Sala imensa, com acomodações laterais mais baratas, o que, sem os balcões e as galerias, é quase a reprodução de um teatro normal. E a solenidade da Salle Richelieu está preservada apesar do piso de terra batida.

A crítica havia sido impiedosa com a encenação de Jean-Louis Barrault, em que os atores dançam rock'n'roll na festa do burguês fidalgo. O espetáculo ficou fora de cartaz algumas semanas, por suposta doença de Jacques Charon, o ator principal, e é possível que tenha sido reensaiado nesse intervalo, porque o vi com bastante prazer.

Talvez eu ficasse a favor dessa versão, também, porque em vários momentos parte da plateia a vaiava, enquanto a outra aplaudia. Como a vaia nascia de um motivo burro – o uso do rock'n'roll – a gente tinha de solidarizar-se com o elenco.

Afinal, a ideia de Barrault não foi das mais felizes. Uma interpretação moderna da comédia de Molière deveria buscar outras formas não se satisfazendo com o gosto de *épater* do rock'n'roll. A solução cênica é das mais fáceis e superficiais. Tudo o que serve para tirar a poeira da Comédie, contudo, é mais recomendável.

No palco improvisado, um cenário pobre e de mau gosto está longe do requinte da montagem de mais de duas décadas, feita por Jean Meyer. Mas gostei da linha dada a Charon de uma efetiva simplicidade, que provoca riso justamente porque não recorre a nenhum exagero. Robert Hirsh é o professor de filosofia – num solo que não tem muito a ver com o resto do espetáculo, mas impressiona pela incrível inventividade, uma brilhante criação solitária. E, como é este o ano tricentenário da morte de Molière, viva a Comédie por quebrar seus padrões rotineiros.

The labours of love

Barbara Jefford e John Turner
27 de março de 1969

Em meio a um teatro que frequentemente negligencia a parte vocal, o espetáculo dos atores ingleses Barbara Jefford e John Turner, realizado ontem, no Municipal, reinstala no palco o reinado da palavra. O espectador pode perder o sentido ou desinteressar-se do jogo permanente de apenas dois intérpretes, que utilizam um mínimo de recursos cênicos, mas é embalado pela beleza da língua e pelo impecável estilo em exprimi-la.

The labours of love (As penas do amor), definido como "o namoro e o casamento vistos por alguns dramaturgos britânicos", é antes uma antologia de cenas que permite mostrar os atores em diferentes gêneros e situações, para que se patenteie sua versatilidade interpretativa. Barbara Jefford passa pelo teste com nota cem – indo da sofisticação de Lady Teazle, de *A escola do escândalo,* à dramaticidade intensa de Lady Macbeth e à malícia cômica de Catarina de *A megera domada,* ao dar conselho a todas as mulheres. John Turner, elegante e dono de bonita voz, lembra o à vontade de movimentos de John Gielgud, mas convence muito mais nos papéis ligeiros do que nos dramáticos. Seu Macbeth resulta algo histriônico e superficial.

Quase se pensaria num virtuosismo acadêmico. Mas cabe retificar: o espetáculo é uma lição de estilo e de bom gosto.

The life and times of Dave Clark I

Bob Wilson
11 de abril de 1974

Muita gente deixou o Municipal, anteontem, enquanto se representavam os três primeiros atos de *The life and times of Dave Clark*. Os espectadores que permaneceram até depois de uma hora da madrugada, quando se encerrou o espetáculo (nem foi encenado o quarto ato, como constava no programa), aplaudiram delirantemente Bob Wilson e seu elenco de mais de cem figuras. Alguma coisa diferente havia acontecido no teatro.

Se o público examinar a montagem pelos padrões a que está habituado, poderá considerá-la belíssima, em termos visuais (Bob Wilson se mostra um artista plástico requintadíssimo). Mas estranhará o seu tempo – um ritmo lento, que no início chega a exasperar, sobretudo, a plateia paulistana, condicionada pela pressa e pela agitação. Aos poucos, o espectador que vencer as resistências a essa construção onírica, de uma quase irrealidade no combate ao nosso tempo veloz, se sentirá envolvido por um clima de beleza e encantamento.

Já que os instrumentos tradicionais da crítica não funcionam para aferir a experiência de *Dave Clark*, prefiro testemunhar o que senti, como espectador. O começo me deixou cansado e perplexo, embora a plasticidade do espetáculo, bebida fortemente em sugestões surrealistas, trouxesse um estímulo contínuo. Por incrível que pareça, o cansaço foi cedendo lugar a uma espécie de beatitude, sentimento dominante ao fechar a cortina. Se tivessem sido levados dessa primeira vez os sete atos, com a duração de doze horas (como ocorrerá somente no sábado), sinto que, fora o eventual desgaste físico, eu penetraria por inteiro nos segredos de um mundo maravilhoso.

A obra de Bob Wilson parece uma síntese de todas as pesquisas artísticas do século XX que, reunidas numa só concepção, formam uma linguagem nova e reveladora. Ele isola o fato comum, repete-o e situa-o num ângulo diverso, o que de súbito lhe transmite uma poderosa carga de comunicação e poesia. Sem quase utilizar a palavra, que é distorcida ao ponto de não ser mais perceptível numa análise lógica, Wilson obtém um efeito de estranhamento que devolve o mundo ao espectador numa imagem insólita e pungente.

O mal, no caso de *Dave Clark,* é desejar reduzir o espetáculo a formulações racionais, numa busca desesperada de significados. Preso a esse empenho, o espectador perderá a luta e a paciência. É preciso fruir a representação no seu ritmo próprio, sorver os movimentos, os gestos e a composição plástica. Não se trata de uma demissão da racionalidade, mas de uma incorporação dos valores sensíveis.

O primeiro ato passa-se numa praia, o segundo numa sala de estar vitoriana e o terceiro numa caverna. Fora alguns dados específicos de cada cenário, a ação poderia transcorrer, na verdade, em qualquer lugar, porque ela se alimenta principalmente do imaginário. Há personagens com nomes definidos (desde a Rainha Vitória a Sigmund Freud e Ivã, o Terrível), mas não faria diferença se outras estivessem em seu lugar. A peça assemelha-se a um grande *flash* ou a um mistério da Idade Média, com componentes espirituais da vida contemporânea.

Temeu-se ver implicações políticas no espetáculo, devidas a um dos títulos com o qual ele foi apresentado nos Estados Unidos (*The life and death of Joseph Stalin*). Se *Dave Clark* pode ser encarnado pelo prisma político, ele é o que a crítica dogmática de esquerda considera – como o teatro do absurdo – um dos signos da decadência da civilização ocidental. A peça seria condenada como expressão alienadora.

Resguardemo-nos de utilizar esses chavões, porque a criação de Bob Wilson vale principalmente como um impacto contra qualquer gênero deles. Admito que o espectador odeie a lentidão da peça, como pode sentir deslumbramento. A indiferença está fora de cogitações. Quem sente ao menos curiosidade artística e cultural precisa confrontar-se com o mundo de Bob Wilson.

É possível que *A vida e a época de Dave Clark* seja o maior acontecimento do I Festival Internacional de Teatro de São Paulo, incluindo a admirável *Yerma*, de Victor García, a estranheza de Andrei Serban (falada em grego) e a reconhecida importância da presença de Grotowski. Estamos assistindo a uma rica tentativa de revolução da linguagem teatral que precisamos apoiar de coração aberto.

The life and times of Dave Clark II

Bob Wilson
15 de abril de 1974

Quem julgava o teatro uma linguagem gasta, pouco afeita para exprimir a complexidade do nosso tempo, deve ter sentido do que ele é capaz, ao assistir das sete horas da noite, no sábado, às seis e meia da manhã de ontem, no Municipal, à representação inteira de *The life and times of Dave Clark*. O palco pareceu de novo um instrumento apto para sintetizar a ópera mundi.

Robert Wilson, o autor, é um desses artistas privilegiados, cuja capacidade criadora não se limita a um campo. Sua força visionária mostra a amplitude dos que encontram uma fórmula para o universo. Numa construção visual em movimento, ele resume todas as artes e uma filosofia de vida. O mundo de Wilson é tão rico e variado que verbalizá-lo se torna sinônimo de empobrecê-lo.

O espetáculo procede por um sistema extremamente válido: ao mesmo tempo que identifica e traz à tona alguns personagens fundamentais da vida moderna, vai escavar, no íntimo coletivo, aquelas matrizes que os mitos consideram eternas na espécie. Daí a simbologia haurida em temas que servem, aliás, de títulos a alguns atos: a praia, a caverna, a floresta, o templo, o planeta.

Wilson não se vexa de misturar o inconsciente primitivo às criações da natureza, e o homem se instala no mesmo ritmo dos animais. Rã, urso, leão, tartaruga, camelo, elefante e até avestruzes dançando participam desse reencontro do homem com seu elemento natural, numa tentativa de apreensão das raízes. E a matéria-prima das personagens se lança contra o pano de fundo de Freud, uma Rainha Vitória, um George Washington ou um Wilhelm Reich para que se alicercem todos os componentes da nossa realidade.

As imagens se superpõem na imagem de um desfile. É a grande parada das personagens e dos bichos, num devir constante, que poderá projetar-se no infinito. As imagens, além de lentas, se repetem como um *leitmotiv* que não nos abandona nunca.

Não é uma visão trágica nem cômica (ainda que alimentada com seus elementos), mas uma sabedoria vinda de quem superou as contingências. Uma quase quietude, que não se ajusta às conturbações sociais. Wilson parece acima do bem e do mal. A pergunta (*What? O quê?*), o sim e o não se amalgamam numa mesma tessitura, que parece a resposta do tempo às inquietações de qualquer gênero. Toda a realidade se fragmenta em recortes fluidos, cujo fim é quase sempre o nada.

A atomização, entretanto, se faz espetáculo com extremo rigor. Cada tempo está cronometrado e os atos, embora valendo cada um por si, se encadeiam e sugerem a perfeita unidade. Um banhista que corre pela areia pertence tanto ao cenário da praia (primeiro ato) como às crateras do planeta (sétimo ato). O universo é o mesmo, embora, do ponto de vista artístico, os quatro primeiros atos pareçam os mais realizados.

Dave Clark se tornou, por todos os títulos, um acontecimento. Lamentáveis mal-entendidos por pouco impediram o público brasileiro de tomar conhecimento de uma obra que acaba de ser vista em Nova York. Superados os problemas, uma explicável incompreensão inicial quase derrotou o espetáculo. Na representação integral, porém, ao lado do público estavam praticamente todas as personalidades do nosso teatro, ávidas de encontrar um artista maior.

Tio Vânia

Pitoëff
20 de novembro de 1952

A ida ao Théâtre de Poche (72 lugares, palco de pequena altura e pouca profundidade), depois de atravessar um longo corredor no *boulevard* Montparnasse, era especialmente significativo, pois o espetáculo em cartaz representa um trabalho coletivo da família Pitoëff. Com efeito, *Oncle Vania*, de Tchekhov, tem adaptação francesa de Georges e Ludmila Pitoeff, esse grande casal que marcou época no teatro, e cuja perda é ainda um dos sentimentos doloridos na França, está sendo apresentada na *mise-en-scène* de Georges, e reúne, no palco, três nomes da família: Sacha, Carmem e Svetlana. Quem sentia pelo casal Pitoëff uma enorme admiração, embora não tivesse chegado na Europa nem a tempo de conhecer Ludmilla, falecida no ano passado, não podia deixar de ir ao espetáculo sem um certo respeito, uma contribuição, um carinho quase por tão sugestivas presenças.

A peça de Tchekhov não comporta o meio termo da crônica – um pouco mais do que notícia e muito menos do que ensaio. Ficarei, assim, na informação, para dizer que o drama escrito em 1896, fixando vidas frustradas, pessoas que amargam e amargarão um destino vazio, um caminho solitário, já sem possibilidade de revolta ou de novas tentativas, permanece muito atual, próximo de experiências recentes da literatura, é uma peça, como de resto a maioria na obra de Tchekhov, que vale como testemunho dos mais completos e importantes do teatro moderno. Se agora, sentimentalmente, eu me coloque contra a resignação final dos personagens, embora haja uma passividade na derrota, a ternura e o lirismo dão um sopro fortemente humano ao *Tio Vânia*, o que torna muito comunicativo o entrecho. Se o começo é lento e fatigante, o desenrolar da história e a cena de violência do tio Vânia prendem interessadamente o espectador.

Não me sinto à vontade para criticar a encenação de Georges Pitoëff. Porque nunca se sabe até que ponto uma reconstituição pode ser fiel ao original, não obstante feita pelo filho. Neste espetáculo havia pobreza de recursos, mas a pobreza comprometeu o resultado. A simples utilização de cortinas, em lugar das portas e paredes, não conseguiu sugerir a ilusão teatral. O espetáculo, no conjunto, não passou de uma caricatura do que deve ter sido a encenação de Georges Pitoëff. A lembrança do grande diretor do "Cartel" só me ocorreu em algumas marcações fáceis e naturais, que não poderiam ser trabalho de mãos inexperientes.

Como ator, Sacha Pitoëff me desagradou completamente. Afirma-se que seu pai também não era um grande intérprete, mas sim um extraordinário diretor. Não acredito, porém, que tenha sido tão ruim como é o filho. Nesta quinzena de espetáculos a que assisti em Paris, Sacha é o pior comediante que tive oportunidade de conhecer. Não tem presença, não se compreende o que fala, revira inexplicavelmente os olhos o tempo todo. Creio que sua dedicação ao palco seja um equívoco, esse tremendo equívoco que é a herança de um grande nome.

Em compensação, Carmem e Svetlana, se não são atrizes admiráveis, saem-se satisfatoriamente. Carmem toca pela sinceridade, e Svetlana por uma doçura que deve ter sido um dos segredos de sua mãe nos papéis místicos. Ia me esquecendo da referência aos outros intérpretes, que secundam a família Pitoëff. Raymond Daynal é um tio Vânia convincente, expressivo na revelação do conflito interior. Chauffard é um intelectual falso e inflado, como pede o personagem. O restante do desempenho mostra a habitual segurança dos palcos franceses.

Gostaria que fosse outro esse primeiro contato com a família Pitoëff. Mas devo convir que já é demais haver dois na história do teatro.

Todos contra todos

Adamov
17 de junho de 1953

Com o insucesso de *Incêndio da ópera*, peça de Kaiser, o teatro Babylone passou a apresentar *Todos contra todos*, de Adamov que estreara nos "mardis" do Théâtre de l'Oeuvre. Vi a peça ainda numa das encenações da terça-feira, dedicada à classe de atores.

Adamov pertence ao grupo da vanguarda ao lado de Samuel Beckett, Ionesco, Pichette e alguns outros. Conhecia dele somente o alto conceito público na Nouvelle Révue Française. No palco, esse foi o primeiro contato que tive com o autor de *La grande et la petite manoeuvre*.

Contato decepcionante – informo desde logo. Segundo declarou-me Jean-Marie Serreau, diretor do espetáculo, a peça mereceu elogios, porque é a primeira em que Adamov atinge de fato o público. Na verdade, na representação a que assisti, o fim de alguns episódios era saudado com palmas calorosas.

Nem mesmo desse favor creio que a peça possa gozar. A plateia reage a certas passagens, não ao espetáculo em bloco. Quando baixa o pano, continua ainda uma insatisfação, pela forma sumária com que foi precipitado o fim.

Adamov faz uma experiência curiosa no tocante aos cortes. Desenrola-se um episódio, e o seguinte avança tremendamente os acontecimentos, sem que tenha sido necessária a ligação convencional. As sugestões são válidas para que o espectador pudesse associar os fatos. Mas o desenvolvimento é passível de outra crítica: os diferentes quadros parecem ilustrações de uma tese que o autor procurou demonstrar.

Aí está a falha maior de *Todos contra todos*. O tema não foi resolvido dramaticamente, mas segundo uma ideia preconcebida que era preciso levar a termo. Numa peça de vanguarda, como, aliás, de qualquer outra, a impressão de velhice, de inatualidade, condena sem remédio o resultado. E é isso que sugere o espetáculo.

Num país imaginário, ora os "refugiados" sofrem violenta perseguição, ora são convocados a colaborar com o poder. Ora o governo é intransigente, ora brando, e os próprios brandos perseguirão aqueles que fizeram política intransigente. Vários processos de ditadura são revividos. O esquema pode aplicar-se a muitos países, e seria simples assimilar a perseguição dos "refugiados" às várias perseguições de caráter racista. Sem que a peça precisasse ser de vanguarda, o tema é sempre atual. Mas *Todos contra todos* não, porque usa de processos superados, como uma violência inútil em cena, uma crueldade sem objetivo, procurando suprir pelo clima pesado o que falta de autêntico à ação. Os poderosos de um dia serão os perseguidos do outro, e no fim, todos contra todos, todos são condenados.

Jean-Marie Serreau fez uma montagem nua e convincente, e sobretudo o seu desempenho num "refugiado" foi de um vigor extraordinário.

Três peças de Ionesco

Cia. Jacques Mauclair
4 de junho de 1970

Para o público, foi incomparavelmente melhor o segundo programa da Cia. Jacques Mauclair, encenado ontem, no Teatro Municipal. *Les chaises* representa um dos momentos mais altos da criação de Ionesco e se viu um desempenho brilhante, que transmite todo o insólito do mundo construído por esse mestre da vanguarda.

A primeira parte do espetáculo compõe-se de três peças curtas, que seriam mais apropriadamente chamadas de *sketches*. Um comediógrafo como Ionesco, imaginoso ao ponto de extrair de um lugar comum uma série de variações insuspeitadas, sente apelo para as brincadeiras inconsequentes, que não empenham mais do que uma faceta ligeira de seu humor. *Le salon de l'automobile* é quase uma anedota, provavelmente nascida do desejo de fazer uma caçoada simples, em que se salvam algumas réplicas. Está claro que, como toda anedota, provoca um certo riso, enquanto é dita mas é esquecida um minuto depois. *La jeune fille à marier* começa com um diálogo de boa qualidade, fixando uma das características marcantes do autor: a decomposição da linguagem convencional, o vazio das conversas mantidas para não se dizer nada. Desse ponto de vista, há deliciosas falas e um admirável senso da incomunicabilidade. Mas, quando a jovem casadoira surge com um rapagão de imponente bigodeira, pensa-se no absurdo menos eficaz, isto é, da total gratuidade. *La lacune* tem substrato mais apreensível, porque desmonta a glória de um medalhão que se vê em apuros porque falhou no exame do curso secundário. Vê-se que Ionesco tem o sadio humor de caçoar dos qualificativos que lhe são imputados pejorativamente, como professor de Humanismo. Esse acadêmico falido era um humanista egrégio. Se a peça não rende mais é que seu fôlego nasceu propositadamente curto – liberdade que tem o autor de uma obra numerosa e densa de permitir-se um jogo ameno.

Em *Les chaises,* a mensagem final (o próprio Ionesco chama-a mensagem, sem por isso julgar-se carteiro), de profundo niilismo, surge como consequência de uma comicidade levada ao paroxismo. O velho *concierge* era apesar de tudo *maréchal des logis,* quando poderia ter sido general--chefe, ministro-chefe, rei-chefe. O que o texto mostra não é apenas a falência de uma vida menor, mas a destruição de todos os valores, sob os olhos impotentes de um imperador invisível. O riso do diálogo converte-se no travo que deixa suspenso o espectador.

Jacques Mauclair e Tsilla Chelton matizam o seu desempenho com as mais variadas intenções da peça, exibindo, sobretudo, o desamparo dos velhos que recolheram da vida apenas sua falta de significado. Riqueza de meios, inteligência interpretativa, perfeita composição física são dados que valorizam seu trabalho.

Pela própria natureza dos textos, outros desempenhos não poderiam ser mais que silhuetas. Conseguiram marcar suas presenças Robert Bazil e Mau Vaubert, em *La jeune fille à marier,* e Marcel Champel, em *La lacune.* A encenação de Mauclair, nessas peças curtas, foi menos elaborada, e em *Le salon* e *L'automobile* ela chega a buscar recursos fáceis. É evidente que o ótimo rendimento alcançado em *Les chaises* vale, por si só, uma ida ao teatro.

Tueur sans gages

Jacques Mauclair
3 de junho de 1970

Alguma coisa deixou o público insatisfeito ao término da apresentação de *Tueur sans gages,* ontem à noite, no Teatro Municipal. Seria o estilo de Ionesco, em que o apego excessivo à palavra sobrecarrega o espetáculo, tornando-o cansativo e pesado? Poder-se-ia responsabilizar o amplo palco, em que o proscênio cria um abismo entre o ator e a plateia? Dever-se-ia pensar numa certa inadequação da montagem aos métodos interpretativos recentes, que falam mais à nossa sensibilidade? Tudo contribuiu, sem dúvida, para que não se tivesse um acontecimento de plenitude artística. Mas nem por isso a experiência deixou de ser produtiva e enriquecedora.

A interpelação permanente de Ionesco à morte ajusta-se pouco ao inevitável mundanismo de uma estreia de gala no Municipal. Uma sala apropriada precisaria guardar uma total intimidade, em que o quase monólogo se transformaria num verdadeiro solilóquio do espectador. Esse assassino sem paga pratica uma espécie de eutanásia universal, como um instrumento da morte que liberta o homem da infelicidade da existência. Não adianta que Bérenger renasça com a "cidade radiosa" e se maravilhe com a beleza de uma arquitetura perfeita. O fundamental é o diálogo com a morte, o encontro com as verdades essenciais, e ali está o assassino para lembrar a decisão de todos os sentimentos e de todas as crenças. Como o teatro inteiro de Ionesco, *Tueur sans gages* é uma meditação sobre o efêmero, a evanescência, o absurdo da finitude humana.

Só que Ionesco se compraz com a palavra explorada na peça nos mais diferentes matizes e numa multiplicidade de associações, que fazem o texto transbordar de literatura. Uma insistência menos obscura tornaria o espetáculo mais fluente, embora seja necessário reconhecer que o desenvolvimento carregado prepare o clima para o desfecho. Ionesco brinca com a palavra para mostrar por fim todo o seu peso.

Jacques Mauclair, que interpreta Bérenger, luta como um leão para encher o vazio do palco. Quem já viu o sutil e preciso em *O eterno marido*, de Dostoiévski, ou em *Vítimas do dever*, do próprio Ionesco, estranha a impostação algo declamatória que adotou, para tentar o domínio da plateia. Ainda assim, percebe-se a presença do ator de grandes recursos. Outros desempenhos assinaláveis são o de Tsilla Chelton, comediante poderosa, e o de Robert Bazil, que tem uma bela voz. A maioria dos pequenos papéis é bem preenchida.

Deixa a desejar a encenação de Mauclair, que, talvez por excessivo respeito ao texto, abdique de uma inventividade que a faria muito mais comunicativa para o público.

Um dia na capital do Império

Grupo A Barraca, Portugal
13 de junho de 1983

Ao ler *Um dia na capital do Império,* que A Barraca apresentou anteontem e ontem, no Centro Cultural São Paulo (o elenco despede-se hoje do público paulista, com *Tudo bem,* no mesmo local), temi que o espetáculo funcionasse mais como curiosidade histórica do que realização de teatro. O grande mérito do diretor Hélder Costa e dos atores foi o de ter conseguido transformar a colagem de textos de António Ribeiro Chiado em fenômeno autêntico no palco.

As quatro peças profanas que restaram do autor quinhentista – *Auto das regateiras, Prática das oito figuras, Prática dos compadres* e *Auto da natural invenção* – não atingem, como é sabido, o nível de um Gil Vicente, o maior dramaturgo mundial de seu tempo. O próprio título de "práticas" sugere o estilo da conversa trivial, os flagrantes pitorescos, sem o compromisso da composição dramática totalmente assumida. Chiado escreveu cenas de costumes, que fornecem um retrato da vida miúda de Lisboa, paralela à saga dos descobrimentos e das conquistas.

Numa perspectiva moderna, essa focalização tem o mérito de revelar o cotidiano do povo, à margem dos falares embelezados dos heróis nacionais. Não a palavra altissonante, mas a verdade crua dos preconceitos, os ajustes prosaicos de casamento, o teatro ambulante representado como diversão em casa de fidalgo. Uma imagem viva da pulsação popular na capital do império português.

Se A Barraca tivesse decidido oferecer, na íntegra, apenas um dos autos ou uma das práticas de Chiado, ficaria patente a rudimentaridade dessa dramaturgia, hoje confinada aos compêndios especializados. A adaptação do texto, feita por Maria do Céu Guerra, propiciou a montagem de um painel, que transcende as modestas fronteiras do original, projetando-se como quadro de costumes de toda uma época.

Para o público português, *Um dia na capital do Império* deve ter significado, antes de mais nada, a recuperação de um autor que estava próximo do esquecimento. A Barraca, aliás, vem procedendo, no palco, a uma extraordinária revisão histórica de seu país, diferente do falso ufanismo oficial, mas profundamente impregnada das legítimas fontes da nacionalidade. Só na atual temporada, tivemos oportunidade de aplaudir, em *Fernão, mentes?*, lúcido e consequente aproveitamento cênico da *Peregrinação*, de Fernão Mendes Pinto.

A plateia brasileira, cada vez mais distanciada dos valores clássicos da língua (o que só acelera nosso analfabetismo progressivo), não pode ter a mesma sensibilidade portuguesa em face do espetáculo. A prosódia e certos arcaísmos tornam menos direta a comunicação. Entretanto, Chiado acaba por obter a irrestrita adesão do espectador, envolvido pela energia vital dos tipos vindos à cena.

Sem esquematismo, atendendo a um imperativo da situação, a semiarena em que se transformou a Sala Adoniran Barbosa abriga um grande estrado, em que ocorrem os bate-papos do cotidiano, em um praticável vertical, em que o rei, estátua cabisbaixa, ouve as sugestões antipopulares de toda ordem, por diferentes atores utilizando a mesma veste simbólica.

Os diálogos adquirem vida intensa pela vibração que lhes transmite todo o elenco. Cada silhueta é recortada com perfeita nitidez, colorindo de rica individualidade o coro de vozes. Distribuídos pelas quatro peças, de acordo com a sua natural inclinação, os atores marcam, pela estuante teatralidade, as mínimas intervenções.

Maria do Céu Guerra, Orlando Costa, José Gomes, Madalena Leal, Manuel Marcelino, José Carretas, Carla Mourão, Luz Camara e João Maria Pinto, pela entrega completa às personagens, fazem do desempenho um equilíbrio contínuo, animado por jogo alegre e inteligente. Um grupo com identidade própria, que orgulha o teatro em nossa língua.

Une fille pour du vent (Ifigênia)

Comédie Française
12 de maio de 1953

Prossegue vitoriosa a moda de retomar temas clássicos, dando-lhes tratamento e significação modernos. Não vou discutir, mais uma vez, a validade desse processo, incapaz de instaurar uma literatura realmente nova, mas que produz de vez em quando uma obra interessante. Basta que Corneille, Racine e tantos outros o tenham feito. Inclinamo-nos para o *Caixeiro-viajante* e os outros heróis de nosso tempo.

Agora foi a vez de *Ifigênia*, recriada por André Obey e apresentada em primeiro lançamento pela Sala Richelieu, da Comédie Française. *Une fille pour du vent* (*Uma menina em troca do vento*), bonito título, sugestivo, de uma peça que tem uma boa ideia e uma realização insatisfatória. Todos sabem: em virtude do rapto de Helena por um troiano, seu marido Menelau e seu cunhado Agamenon vão guerrear Troia. Não sopra o vento para a partida da frota. O oráculo diz que os deuses só se renderiam com o sacrifício de Ifigênia, jovem princesa filha de Agamenon. A menina é sacrificada, sopra o vento...

O leitor pode imaginar quantas sugestões oferece o episódio. Thierry Maulnier, na sua crítica de Combat, afirma que trataria da seguinte maneira o assunto: como a guerra seria realizada pelo capricho de um homem que não soube guardar a mulher, e morreriam muitos filhos de muitas famílias, o sacerdote Calchas exigiria, em primeiro lugar, o tributo do rei – que ele pagasse com o sangue da filha o sangue dos outros que iriam morrer. Lição de moral cheia de sabedoria e algo ingênua.

André Obey feriu aspecto menos prosaico e talvez mais simbólico: em nome de valores em que não acreditam, mas que são alimento para a massa, Menelau, Agamenon e Ulisses permitem o sacrifício de Ifigênia. Os três grandes (Obey declara que foi um retrato dos "três grandes", após a reunião de Yalta, o que lhe desvendou o mistério do tema), embora contrafeitos, não veem obstáculos para suas ambições. Resultado: enquanto os dirigentes maquinam as guerras, pagam os inocentes, aqueles que não têm nada a ganhar. Ifigênia, símbolo da pureza, é a vítima. André Obey teve outro achado interessante: um soldado já havia morrido antes da batalha. Ele passa o tempo todo da peça a querer revelar um segredo, que ninguém escuta. Não há inimigos, depois da morte o homem reconhece uma fraternidade absoluta. Pena que só Ifigênia, decidida a morrer, o compreendesse. Ulisses ainda exclama que o preço da velhice é a avareza e a covardia. O mal da peça é que não é bem-feita, cansa, tem palavras demais. O pano poderia cair com os tambores abafando a morte de Ifigênia, e o vento começaria a soprar. Mas o diálogo ainda se arrasta inutilmente, pois o autor não quer sugerir suas conclusões, mas explicá-las.

O desempenho é bom, seguro, autoritário. Não vou fazer pequenas restrições ao trabalho de Julien Bertheau (intérprete de Ulisses e ao mesmo tempo diretor do espetáculo), Jean Davy (Agamenon), Jean Piat (o soldado morto), Jean-Paul Roussillon (o ordenança), Jean Marchat (Menelau) e Annie Ducaux (Clitemnestra). Só a aluna do Conservatório, Suzanne Bernard, que vive Ifigênia, destoa no conjunto, na sua flagrante inexperiência.

O espetáculo ia terminar muito bem e com a encenação de *Le carrosse du Saint-Sacrement*, peça também em um ato de Prosper Mérimée, dirigida por Jacques Copeau. Satírica deliciosa, passada em Lima, no século XVIII. O vice-rei do Peru, que sofre de gota, está ligado à atriz Camila Périchole. Ela o trai com um capitão, um torturador, mas o vice-rei não quer ouvir as "calúnias" e faz tudo o que ela quer. Dá-lhe uma linda carruagem, com a qual ela desacatará os nobres e mesmo atropelará a liteira de uma duquesa. O padre vai denunciar ao vice-rei o escândalo. Pouco depois chega o Bispo, junto com a atriz. Arrependida do seu orgulho, Périchole presenteia a Igreja com a carruagem. Ganhou o caminho do céu. A profissão de comediante não é vergonhosa. A carruagem levará aos fiéis o santo sacramento...

Diverti-me muitíssimo com a interpretação de Maria Casarès no papel da atriz. Bem como a de Aimé Clariond vivendo o vice-rei, e Georges Chamarat o padre. Saborosa comédia e ótimo desempenho, e o que se deve ter guardado da encenação do Copeau satisfaz sem o menor reparo. Decididamente, quando a comédia abdica do tom grandioso e solene, o mérito dos atores sempre faculta ao espectador um grande prazer.

Une grande fille toute simple

Companhia Claude Dauphin
15 de agosto de 1951

Um belo espetáculo, verdadeiramente um belo espetáculo, a segunda programação da Cia. Claude Dauphin no Copacabana. A peça de André Roussin é uma obra excelente no gênero *boulevardier*, e creio mesmo que supera as limitações nele convencionadas, para se colocar como expressão de bom teatro, um teatro completo, pela sutileza, pela inteligência, pela forma cênica de indiscutível qualidade. O talentoso autor de *Bobosse* realizou nesse texto, talvez, seu melhor momento teatral, ainda que o valor do tema sugerisse encaminhamento mais profundo, que a peça recusa por fim. Em tom próximo da brincadeira, *Une grande fille toute simple* aflora problemas psicológicos sérios. Esse o seu encanto, a marca da personalidade de Roussin. Daí, também, a recusa de considerá-lo na primeira linha, sentir que, na escolha entre o risco e o sucesso mais fácil, ele prefere o sucesso, não quer inquietar muito o público.

A configuração da personalidade de uma atriz foi feita com admirável agudeza. O destino de representar continuamente mostrou-se sob a face impiedosa, satírica, trágica, humorística – numa multiplicidade de situações que explora os mais diferentes matizes e torna rico o entrecho. Na aparência cômica, a cena, entre outras, em que a personagem passa da vida real para a vida do palco, comandada pela atmosfera do piano e do *décor*, com a luz de penumbra, assume um caráter quase pungente, de forte emoção. No final, apenas, certamente pela certeza de que a vida e as pessoas continuam, não obstante as vicissitudes, Roussin conclui pelo melhor, evitar as consequências últimas. Quanto à fatura cênica, embora, mais uma vez, seja revelada a presença de um autor habilíssimo, mestre na composição da intriga, o texto se ressente de certas passagens dispensáveis, o toque demasiado numa tecla completa, e um terceiro ato inferior aos demais. O desdobramento em quadros pouco acrescenta à situação em andamento, fragmentando a ação que poderia ser direta, sem prejuízo.

No elenco, pudemos conhecer Jacqueline Porel. Interpretação extraordinária. Viveu uma *jeune fille toute simple*, inconsciente na estranha personalidade que a fazia teatralizar os casos do cotidiano. Lírica, suave, contraditória e profunda, dificilmente conseguirá uma substituta para o papel. Um pormenor aparentemente sem significação, mas que indica como se compenetrou da personagem, eram as lágrimas que escorriam, de verdade, nas cenas que as pediam. Atingiu alto nível interpretativo nos momentos em que, transfigurada da realidade, vivia uma autêntica representação teatral.

Outra revelação, para o público que não o conhecia anteriormente, foi Michel Marsay. Expressivo, com excelente figura de ator, fez muito bem o primeiro elemento da Companhia. E colocou os dois à frente para não falar de Claude Dauphin, que já mostrara, no primeiro espetáculo, suas amplas qualidades. Aqui, foi um *metteur en scène* completo, homem lúcido que conhecia muito bem a primeira atriz e manobrava com segurança humana e artística o elenco. Os demais achavam-se todos à altura dos papéis.

Espetáculo bem vestido, com modelos de excepcional bom gosto, cenário mais adequado que os do programa anterior, não obstante as poltronas de feio tecido – *Une grande fille toute simple* significa, sem dúvida, um dos pontos altos da Cia. Claude Dauphin. Elenco homogêneo, que poderá ser visto em qualquer peça.

Vítimas do dever

Ionesco
28 de janeiro de 1953

Vítimas do dever, para Ionesco, seu autor, apresenta um homem prisioneiro do seu passado, de sua culpabilidade, de si mesmo. Sem estar à procura de outras interpretações engenhosas, não me furto como assinalei na primeira crônica, a aproximar essa peça de *A cantora careca*, anteriormente apresentada, e de encontrar-lhe uma ideia paralela.

Ionesco dispensa-nos do trabalho de descobrir que o policial personifica a consciência moral desse homem. Pois bem, em que se remói essa consciência? Acredito que aquele ex-inquilino, Malloux (com x – a meu ver delicioso toque humorístico consigo mesmo), que Choubert nunca encontra, simboliza a chave perdida do próprio segredo, da vida que se esvaiu sem que soubesse por quê. Num certo momento do diálogo conjugal, os dois esposos se perguntam por que o cotidiano os levou àquele convencionalismo, e partem à procura da felicidade perdida, tentam reconstruir uma possível unidade que se desmoronou. Malloux (com x) lhes restituiria a vida, mas Malloux não aparece, Choubert só se lembra que esse nome deveria ter ouvido no passado, em algum lugar. A peregrinação ao passado, na sua busca, tem uma dramaticidade pungente e a peça atinge uma força extraordinária quando Choubert sobe as montanhas, simbolizadas no palco por uma cadeira que se coloca sobre a mesa.

A ausência de Malloux é, assim, o símbolo da frustração, da salvação que não virá do aniquilamento do cotidiano que apaga todos os sonhos e as esperanças. A mulher perguntaria ao marido: por que nos reduzimos a esse presente igual em todos os dias? O marido tentaria descobrir o que se perdeu, e nada lhe responde. Apenas a consciência da prosaica derrota, a impossibilidade de comunicação. A morte do policial pelo poeta representa a tentativa de evasão pela poesia. Já que a consciência não o atenderia, no apelo, talvez matá-lo fosse a salvação. A poesia substitui o drama ético. Mas a própria poesia se volta contra ele. Não soluciona. Sentindo-se culpado, o poeta passa à inquisição, tortura, torna-se implacável. Quereria Ionesco concluir que nosso lado poético é mais exigente que o lado moral, a propósito da integridade de nossa vida? Que, se a consciência não explica a frustração, a poesia a justifica ainda menos?

De tudo, resta uma impressão desoladora, em que o passado não responde ao nosso apelo, e o presente, ou a própria sucessão dos dias, se curva à universalidade do dever. Suicidamos-nos pela implacável mecanização da vida (mastigar, engolir), e essa mecanização é a única mostra de nossa própria vida.

A par desses problemas, *Vítimas do dever* contêm outros aspectos muito ricos e curiosos. Faz-se uma sátira ao teatro, ou, simplesmente, uma espécie de coro, o autor brinca com o recurso que utilizou. Choubert, na conversa convencional com a esposa, afirma que todas as peças se resumem em tramas policiais. Dá-se uma situação enigmática, que se desvenda, no fim. Às vezes, no meio mesmo. O clássico? Um policial com estilo. Proliferando as imagens das "vítimas do dever", Ionesco inclui, num quadro, uma mulher, que fica a um canto, sentada, alheia completamente à ação, e a quem os outros personagens perguntam, no entanto, com irreprimível frequência: "*N'est-ce pas, madame*?" Numa imagem correlata dos excessos convencionais, a esposa, para servir o café a três pessoas, traz para a mesa uma infinidade de xícaras, que chegam a superpor-se.

A encenação de Jacques Mauclair para *Vítimas do dever* é um trabalho da melhor qualidade. Sem a apresentação que teve no teatro do Quartier Latin, talvez a peça não alcançasse o mesmo efeito. E o desempenho é também de alta categoria, confiado a um bom e inteligente elenco de que participam, além de Mauclair (o policial), os atores Tsilla Chelton (a esposa), R. J. Chauffard (Choubert), e Jacques Alric (o poeta).

O espetáculo se compõe ainda de *Musique pour sourds*, um ato do conhecido nome cinematográfico Charles Spaak. A peça não se sustenta, não tem o menor mérito. Possivelmente, por não oferecer apoio, essa mesma equipe de atores, e mais Nane Germon, se mostrassem tão fracos no desempenho.

Waters of the moon

N.C. Hunter

The deep blue sea

Terence Rattigan
28 de fevereiro de 1953

O comentário de *Waters of the moon* e de *The deep blue sea*, numa única crônica, só se explica pela economia de espaço: não pertence ao mesmo gênero. Encontro, porém, outras justificativas para a aproximação: a primeira, comédia de N. C. Hunter, é um dos maiores êxitos ingleses das últimas temporadas, e mantém um grande interesse, desde a estreia, no Theatre Royal Haymarket, em abril de 1951; a segunda, de autoria de Terence Rattigan, faz também bela carreira, no Duchess Theatre, desde março do ano passado. E uma razão maior as aproxima: ambas constituem excelentes espetáculos, montagens que eu chamaria perfeitas, dando a alta medida do teatro inglês.

Waters of the moon lembra o estilo tchekoviano, em que o acento de melancolia, de solidão e de ternura inunda as pequenas vidas. Num hotel de montanha aparece, nos últimos dias do ano, uma família que não pode prosseguir o caminho, e sua presença agitará o cotidiano pacato dos moradores. No primeiro dia do novo ano, a família parte, voltando o cotidiano com o misto de amargura e frustração. A peça, sem grandes voos, é bem-feita e tem a virtude de facultar um bom desempenho, que se mostra absolutamente excepcional na segunda cena do segundo ato, quando se comemora a passagem do ano. O champanhe sobe à cabeça de alguns convivas, e aí o espectador tem oportunidade de aplaudir o senso de medida, o virtuosismo, a segurança e a perfeição do intérprete inglês. Num verdadeiro duelo onde não se sabe quem sai melhor, estão esplêndidas as duas grandes veteranas de palco Edith Evans e Sybil Thorndike, e aparece admiravelmente Wendy Hiller. Completando o quadro perfeito, movem-se com inteira justeza os outros atores, percebe-se a inteligente presença do diretor pelo ritmo e pelo equilíbrio, e os cenários corretamente construídos de Reece Pemberton situam bem a ação.

Em *The deep blue sea*, o espetáculo interessa também, e, sobretudo, pelo excelente desempenho. Terence Rattigan – o autor profissional de maior evidência na geração teatral inglesa dos quarenta anos – tem as qualidades exigidas pelo posto, mas padece das limitações do gênero que cultiva. Esse texto por pouco atravessa a fronteira do melodrama, em que se debate, e só se salva pela maestria técnica, pela consciente sobriedade do autor. Outro dramaturgo menos seguro o tornaria inevitavelmente insuportável. Mas o mérito que revela não pode conferir-lhe mais que o título de uma peça bem-feita.

Eis a trama: a mulher, salva casualmente do suicídio, se define de novo em face do amante e do marido que abandonara há algum tempo, e que a chama ainda, e decide viver solitária, sem esperança, mas superado o desespero.

Nesse papel, criado por Peggy Ashcroft, Georgia Withers, atriz sobretudo do cinema e que se revelou no teatro em *Winters Journey* (ou *The country girl*), do dramaturgo americano Clifford Odets, ao lado de Michael Redgrave e Sam Wanamaker – tem um desempenho de primeira qualidade, com poderosa força dramática e apuro técnico. Ainda aí, o espetáculo não teria o mesmo rendimento se não fosse tão homogêneo o elenco, servido pela precisão de Frith Banbury e pelos cenários realistas, muito adequados, de Tanya Moiseiwitsch.

Apresentações cuidadas em todos os pormenores, como as de *Waters of the moon* e de *The deep blue sea*, devem ser certamente o exemplo do bom teatro inglês.

Woyseck

Teatro de La Plaza, Madrid
1º de outubro de 1976

A expectativa era de um grande acontecimento: *Woyseck,* a peça genial de Buechner, encenada por José Luis Goméz García, diretor de *Informe para uma academia, O pupilo quer ser tutor* e *Mockinpott* (além de melhor intérprete do último Festival Cinematográfico de Cannes), com o elenco do Teatro de La Plaza, Madrid, quando as últimas amostras de grupos espanhóis no Brasil se tornaram as mais impressionantes surpresas. E, no entanto, algo falhou no espetáculo estreado anteontem e repetido ontem, no Teatro Municipal.

Pergunto o que teria ocorrido e não me sinto à vontade para responder. Talvez, como apaixonado pela obra de Buechner, eu imaginasse uma montagem impossível, e o trabalho do elenco visitante, com imperfeições intermináveis, só poderia decepcionar-me. Ou eu precisaria admitir que o texto, fragmentado em 25 cenas, fica mesmo impraticável, na prova do palco? Tenho para mim que uma encenação feita com outros recursos, valendo-se de projeções ou enveredando pela nudez pura da cenografia, com praticáveis dispostos em vários planos, transmitiria muito mais a perfeita imagem de *Woyseck*.

Pobre diabo que compensa no assassínio da amante infiel e no mergulho final nas águas a opressão do mundo à volta, esse barbeiro-soldado surge como uma figura incrivelmente contemporânea numa obra escrita em 1835, quando era outra a tônica literária e teatral. Parece que Büchner, que morreria com 24 anos de idade (nasceu em 1813, vindo a falecer em 1837), concentrou na vibração da juventude toda a experiência humana, projetando-se para a posteridade.

Ressaltar o materialismo, o pessimismo ou a tragicidade de *Woyseck* seria pouco. É incrível como, em flagrantes quase desconexos, Buechner passa de uma reflexão metafísica a uma vivência íntima do desespero existencial, sem perder de vista a crueldade consciente ou inconsciente dos poderosos em face dos fracos. Súmula do pensamento no teatro, *Woyseck* ilumina toda a dramaturgia do século XX.

A falta de acabamento não sugere lacuna de nenhuma espécie. O fragmentário é sinônimo de descarnamento, de essencialidade. Uma palavra a mais incorreria no discurso, quando o diálogo apresenta uma teatralidade explosiva. A pulverização das cenas conduz a uma unidade superior.

Mas o entra e sai de objetos cênicos, o apagar e acender de luzes imperfeitas quebram a magia poética do espetáculo. O aspecto material da montagem passa a incomodar o público. Aí teria sido necessária uma solução mais engenhosa para o acúmulo de cenas curtas. Dessa vez o inteligente encenador espanhol não foi feliz.

A concepção não sucumbe, por outro lado, a uma leitura falsa do texto. Está preservado o universo de Buechner. O desempenho não se simplificou para exprimir apenas um aspecto da obra. Sente-se a carga variada e complexa das intenções. Talvez alguns atores não sejam suficientemente maduros, deixando um laivo de amadorismo. No conjunto, está-se longe do desempenho ideal.

O Rio de Janeiro já viu duas montagens brasileiras de *Woyseck* infelizmente malsucedidas. Foi essa a primeira oportunidade que o público paulista teve de conhecer a obra. Por essa importante iniciativa, cabe agradecer, uma vez mais, à admirável ação cultural do Instituto Goethe.

Yerma

Núria Espert
14 de março de 1974

"O teatro que perdurou sempre é o dos poetas". "O teatro é poesia que se levanta do livro e se faz humana". Verdadeiras ou não essas convicções de García Lorca, o certo é que na dramaturgia têm perdurado através de décadas, e a montagem de *Yerma* – cartaz do Municipal – prova que o "poema mágico" oferece substância para um espetáculo fascinante assinado por Victor García.

Segunda peça de uma tragédia inacabada (a primeira foi *Bodas de sangue*), *Yerma* deveria tornar-se para o próprio Lorca a tragédia da mulher estéril. Sabe-se que esse tema pouco interessava ao encenador, que prefere ver na obra o problema da liberdade, "a impossibilidade de realização, de procriar, de criar". Embora essas várias sugestões estejam sutilmente ligadas, a perspectiva se transforma num grito contra a frustração imposta ao ser humano.

Desconfio um pouco das exegeses extremamente livres, porque em qualquer texto se pode ver o que se bem entende, dá um risco de gratuidade em fugir das intenções expressas do autor, já que um fundo comum praticamente une todas as obras-primas. No caso de *Yerma*, porém, os elementos subconscientes estão todo o tempo a saltar do diálogo, justificando a escolha de Victor García.

Declarou Lorca: "Cinco anos demorei para fazer *Bodas de sangue*; três apliquei em *Yerma*... As duas obras são fruto da realidade. Reais são suas figuras, rigorosamente autêntico o tema de cada uma delas". Tragédia sem argumento, no sentido tradicional da palavra, *Yerma* apresenta, na verdade, a revolta e a destruição da criatura não fecundada pelo amor. *Yerma* aceitou o marido João, quer um filho dele, mas só fremiu diante de Victor, a quem não se entregará porque o "primeiro ponto de minha casta é a honradez". A honra (tema fundamental do teatro clássico espanhol) sufoca o amor. E o amor não consumado provoca a tragédia. *Yerma* é a tragédia da irrealização do amor e em consequência da própria criatura humana.

Núria Espert é bem a atriz vital, cheia de feminilidade (no bom sentido da palavra), que explode energia e, por não vê-la aplicada, acaba por matar o objeto da sua frustração. Por isso fica verossímil em sua boca, depois de assassinar o marido, a confissão: "eu mesma matei meu filho!" No seu ímpeto insatisfeito, Núria fala um pouco depressa e talvez, por esse motivo, os nossos ouvidos, não acostumados ao castelhano, percam um pouco as suas réplicas. Louve-se a grande atriz e chefe de companhia que, lutando contra perseguições, é quem mostra em todo o mundo a perenidade do teatro espanhol.

Com exceção das poucas personagens centrais, *Yerma*, como as tragédias antigas, se constitui num grande coro que comenta os acontecimentos. Assim, tem oportunidade de distinguir-se José Luis Pellicena (um João ensimesmado e ao mesmo tempo gritando a sua necessidade de honra), Julieta Serrano (plena de alegria na sua maternidade) e Maria Esperança Navarro (uma velha pagã com uma linda voz). Ninguém destoa em nenhum papel, o que é admirável, sabendo-se que Victor García não se preocupa muito com o preparo individual dos atores.

A vedeta de *Yerma*, como em todos os espetáculos de Victor García, é a encenação. Não se deve ver nesse fato nenhuma característica negativa ou reprovável, mas a presença do verdadeiro artista criador, que imprime a sua marca onde quer que se realize. *Yerma* se encontra profundamente vinculada a *Cemitério de automóveis*, a *Balcão* e a *Criadas*, e ao mesmo tempo revela a originalidade da obra única.

O achado do espetáculo está nos cenários (de Victor e Fabià Puigserver). Uma estrutura metálica pentagonal, inclinada, prende por cordas, no centro, uma vasta lona, lugar das ações principais. Os atores ora pisam a lona, ora dialogam debaixo dela, suspensa por fios vindos dos urdimentos. O que há de comum com as outras montagens de Victor: o gosto pelos engenhos mecânicos e a plasticidade visual do artista requintado, feita ainda do admirável gosto dos figurinos. A marca nova se acha na simplicidade e na extrema eficácia cênica da invenção. Um erotismo estuante enriquece as marcações e os gestos e atitudes dos atores, como a sublinhar o absurdo da secura na relação do casal. O desespero da maternidade frustrada faz Nuria levantar as pernas em vertical, numa imagem inesquecível. Um belíssimo espetáculo, que se comunica ao público, não obstante a inadequação da sala.

Com *Yerma*, não poderia ser melhor inaugurado o I Festival Internacional de Teatro de São Paulo, em boa hora promovido pela atriz-empresária Ruth Escobar, com a colaboração da Prefeitura. Se, por esse ou aquele motivo, nosso teatro passa por dificuldades, o Festival deve ser capitalizado como um possível estímulo e abertura. Durante alguns meses, com as excelentes realizações anunciadas, seremos a capital do teatro. O que resultará, por certo, no engrandecimento do teatro brasileiro.

Zoé

Comédie Wagram
15 de julho de 1953

Zoé se acha entre as peças que voltarão ao cartaz logo se inicie a temporada do próximo inverno. Durante o verão, a Comédie Wagram decidiu poupar uma comédia de êxito tão grande e apresenta atualmente três peças em um ato, uma de Pirandello (*Um imbecil*), uma de Salacrou (*Sens interdit*), e outra de Arnaud (*Les aveux les plus doux*).

Que dizer de *Zoé*? É uma comédia agradável. Ri-se a valer no primeiro ato. No segundo, menos. No terceiro, apesar de uma injeção suplementar do autor Jean Marsan, quase nada. A culpa? Do fio um tanto raquítico da história, que alimenta as situações iniciais, mas não tem fôlego para ir até o desfecho.

O autor faz questão de esclarecer que conheceu Zoé na realidade. Uma jovem que, no restaurante, pedia ao cavalheiro mais próximo para pagar-lhe a conta, sempre pronta a dizer a verdade, isenta de intenções dúbias. Luis, cansado do jugo da companheira, instala Zoé no "*ménage à quatre*", e aí começam as peripécias cômicas. Mas, depois de esgotados os recursos da aparição dos personagens tão estranhos, o autor fica sem saída verossímil para o entrecho e adota o mais convencional. O providencialismo de uma fortuna soluciona todos os problemas, e Zoé, boazinha, se recolhe ao silêncio.

Não é preciso mais uma vez dizer que, num gênero semelhante, o sucesso depende em maior parte do desempenho. Aí, todos os atores trabalham com grande desenvoltura, e o espetáculo não tem descaídas. Destaca-se Nicole Courcel vivendo Zoé, com extrema naturalidade, com uma inconsciência da situação verdadeiramente deliciosa. Jean Marsan, o autor, representa também, insuflando bastante vitalidade ao papel, mas com o pecado de um certo exagero. Pierre Trabaud, Huguette Fagel, Micheline

Gay e Jacqueline Jehanneuf espontâneos e sabendo valorizar os momentos cômicos do texto. Direção de Christian-Gerard válida pelo ritmo intenso e conveniente leveza.

A comédia é bem, no Rio, do gênero *Aimée*. Penso que uma boa apresentação teria, já, o mesmo êxito popular da montagem parisiense.

IMPRESSÃO E ACABAMENTO: GRAPHIUM